荊州博物館 編
彭 浩 主編

張家山漢墓竹簡

〔三三六號墓〕

（上）

文物出版社

責任編輯 蔡 敏 吴 然
封面設計 程星濤
責任印製 蘇 林

圖書在版編目（CIP）數據

張家山漢墓竹簡：三三六號墓 / 荆州博物館編；彭浩主編. -- 北京：文物出版社，2022.11
ISBN 978-7-5010-7866-0

Ⅰ. ①張… Ⅱ. ①荆… ②彭… Ⅲ. ①漢墓－竹簡－研究報告－江陵縣 Ⅳ. ①K877.54

中國版本圖書館CIP數據核字（2022）第212255號

張家山漢墓竹簡〔三三六號墓〕（上下）

編　者　荆州博物館
主　編　彭浩
出版者　文物出版社
發行者　文物出版社
（北京市東城區東直門内北小街二號樓）
www.wenwu.com
印刷者　天津圖文方嘉印刷有限公司
經銷者　新華書店
二〇二二年十一月第一版第一次印刷
定價：一六〇〇圓

787毫米×1092毫米　1/8　印張：59.5
ISBN 978-7-5010-7866-0

本書出版得到國家重點文物保護專項補助經費資助

上册目録

前言

張家山距江陵縣（今荊州市荊州區）西門外約一・五千米，是一條東西向的崗地，屬長江二級階地，其東部是原江陵磚瓦廠的土場。三三六號墓（原編一三六號）是一九八五年冬配合廠方取土而發掘的。此前發掘的二四七號墓位於該墓之東四百餘米。三三六號墓是一座土坑木椁墓，墓坑上部已被破壞。葬具是一椁一棺，部分腐朽，椁室内充滿淤泥。大部分隨葬器物放置於椁室内的頭箱和邊箱中。漆木器是隨葬器物的大宗，但保存不好，主要器類有盒、奩、耳杯、木俑、馬、車、船等。陶器主要有筒形倉、曲尺形竈、釜、盂、甑、甕、罐等。大部分竹簡存於頭箱南端的殘破竹笥中，竹笥中殘留有包裹竹簡的麻布。由於蜣螂蟲害，一些竹簡的中段殘失。遣册散置於邊箱西端底部。隨葬陶器的組合及器形與鄰近的二四七號墓的同類器物相同，據此推測墓葬年代屬西漢早期（參看《江陵張家山兩座漢墓出土大批竹簡》，《文物》一九九二年第九期）。

整理後的竹簡共八百二十七枚（含空白簡十一枚），包含七種書卷：《功令》《漢律十六章》《徹穀食氣》《盗䟫（跖）》《祠馬禖》《七年質日》和遣册。《功令》《盗䟫（跖）》和《七年質日》是原有篇名，另四種由整理者擬定。

《功令》是考核、任免官吏令文的彙編，核心内容是按照功勞考課決定官吏的選拔、遞補、升遷和免職。《史記》《漢書》雖然有「功令」之名，但内涵却語焉不詳。《功令》的發現填補了文獻記載的空白，對深入了解西漢初期官吏的考核、任用有重要價值。《漢律十六章》是繼《二年律令》之後新出的西漢法律文本。它較《二年律令》新增囚律、遷律、廐律和朝律。其他律章名雖見於《二年律令》，但律條多有增删和補充。最明顯的是，不再出現《收律》，相關律條皆删去「收」和「收孥相坐」的刑罰，是漢文帝時期刑制改革的直接反映。《徹穀食氣》包含《槖氏》《載氏》《擇氣》三章。《槖氏》和《載氏》分别記載徹穀、食氣之道。《擇氣》記述可食與不可食氣的種類、出現時段等，部分内容與馬王堆一號漢墓帛書《却穀食氣》篇極爲接近，因文字保留完整，可以補充帛書本的缺失，并獲得一些新的認知。它是目前所見辟穀類文獻中最完整的一種。《盗䟫（跖）》的内容與傳本《莊子・盗跖》「子張問於滿苟得」以前部分極爲接近，但在文句和用字等方面却有頗多出入，是了解《莊子》成書過程的重要資料。《七年質日》是漢文帝七年（公元前一七三年）的曆日，也是這批書卷的年代下限。各篇書卷的形制和字體不盡相同，所本或有不同。

由於簡書年代久遠，文意古奥，不易理解，竹簡整理報告必定存在不少錯誤，敬請讀者指正。

竹簡出土後，曾成立整理小組，相關資料分到各位承擔者。後因數次人事變動，工作陷於停頓。二〇一四年七月，我館重新啓動整理工作，由彭浩主持。雖經多方努力，僅收集到早期拍攝的黑白負片，其餘資料皆已散失。本次工作對已有黑白負片重新整理并數字化，對現存竹簡補拍了彩色數碼片。竹簡釋文、編聯和注釋由彭浩承擔。攝影郝勤建、張正發、彭浩、史少華，負片冲印金陵，數字圖像後期處理陳新平，竹簡保護吴順清、方北松、史少華、白雲星。

陳劍對《徹穀食氣》篇文稿提出了修改意見，多有貢獻。

國家文物局提供了出版補助經費，湖北省文物局提供了整理補助經費。

謹向支持、幫助竹簡整理和出版的單位和人員致以謝忱。

荆州博物館

二〇二〇年十二月

凡例

一　本書收録張家山三三六號漢墓出土的七種簡書，含圖版和釋文。上册爲竹簡原大圖版、釋文注釋和附録，下册爲竹簡放大兩倍圖版。

二　簡書《功令》《盗𧳌（跖）》《七年質日》係原有篇題，其餘篇名皆由整理者擬定。

三　竹簡按各部簡書排列次序編號，標注於每簡圖版和釋文的末尾。竹簡出土時已散亂，部分殘損。整理者重新綴合，盡可能恢復原有編次。

四　釋文采用通行字體排印。酌情保留一些异體字，如脈、鬬、閒、異、脩、託、雞、冣、褋、淩、褢等。其他异體字、假借字隨文注出正字和本字，外加（）；疑似的本字後加「？」。簡文中的錯字，隨文注出正字，外加〈〉。

五　簡文殘泐，據殘存筆畫或文例釋、補之字，外加方框。不能釋出或辨識之字，用□號表示，一個□表示一字。殘缺字數不能確定的，用☒表示。

六　簡文中原有的空白，無論空白大小，釋文均保留一個字的字空，并在注釋中說明。釋文一般按原簡分條、分段，對《徹穀食氣》《盗𧳌（跖）》《祠馬禖》有部分調整，以便閲讀。

七　簡文脱字，據相關文獻擬補，外加【】。因竹簡殘斷缺字，據其他簡文或文意擬補，外加【】，并在注釋中說明。簡文的衍文皆照録，在注釋中說明。

八　簡文的重文號、合文號皆不保留，直接釋寫成文字。表示句讀的勾識符號皆不保留。簡文提示篇章題的黑塊和分條、分段的圓點，皆保留在釋文中。釋文另加標點符號。

九　部分簡書的背劃綫圖見附録一。

十　引用書目和論文標出書名和篇名，詳細信息見附録二。引用《二年律令》及整理者注皆出自《張家山漢墓竹簡〔二四七號墓〕》（釋文修訂本），爲免繁瑣，不再標注出處。

功令原大圖版

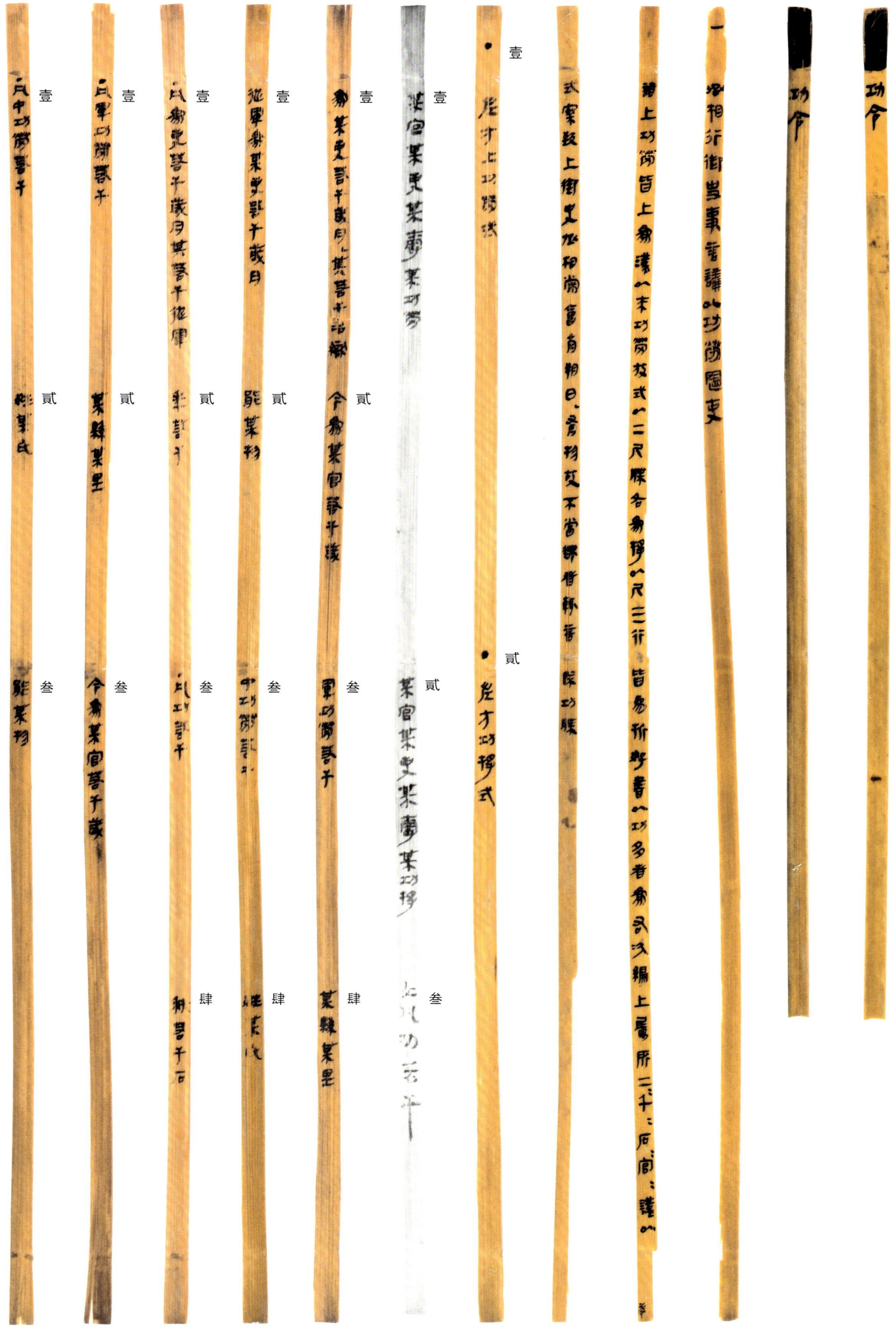

一二　一〇　九　八　七　六　五　四　三　二　一　一背

一二　一三　一四　一五　一六　一七　一八　一九　二〇　二一　二二　二三

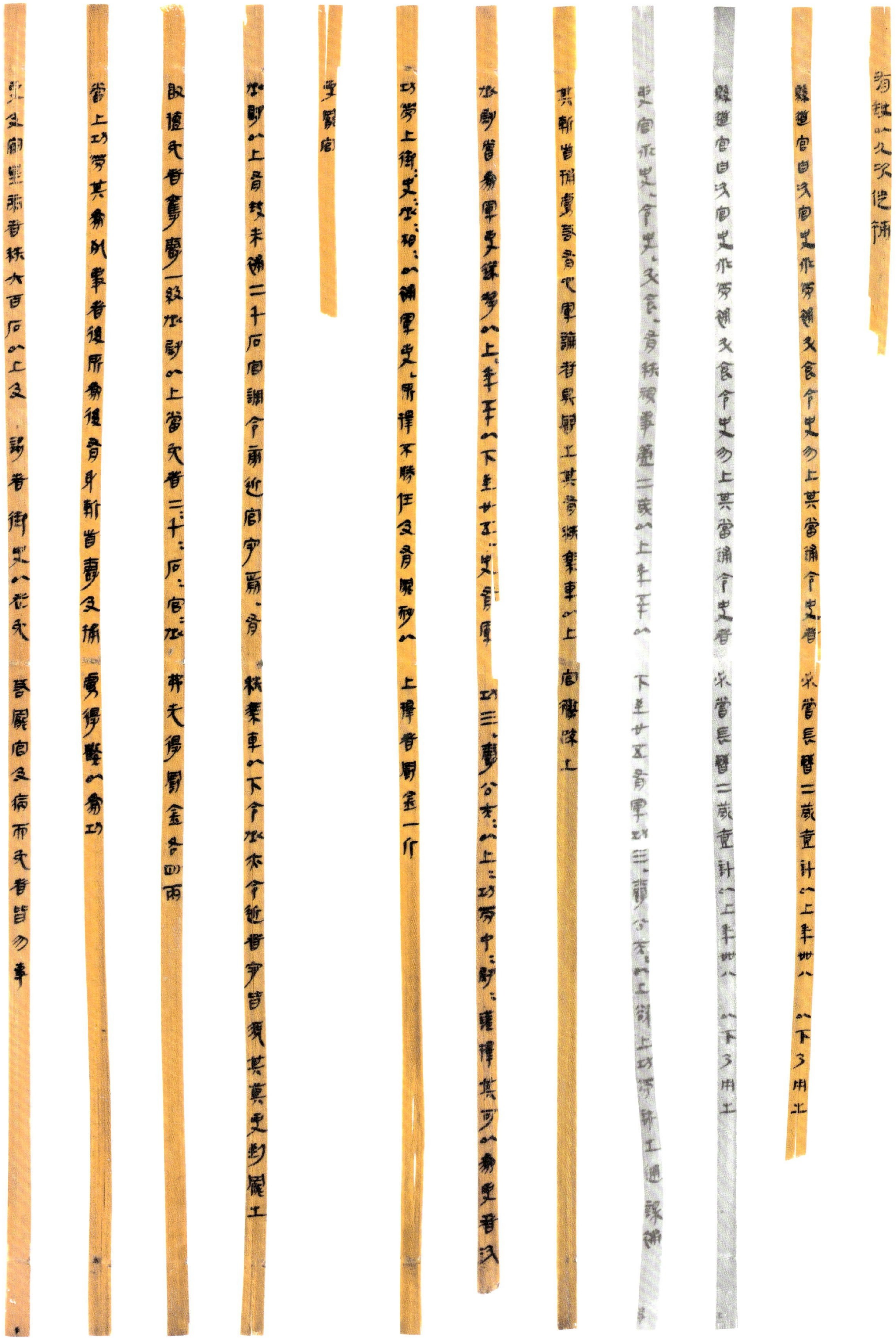

三四 三三 三二 三一 三〇 二九 二八 二七 二六 二五 二四

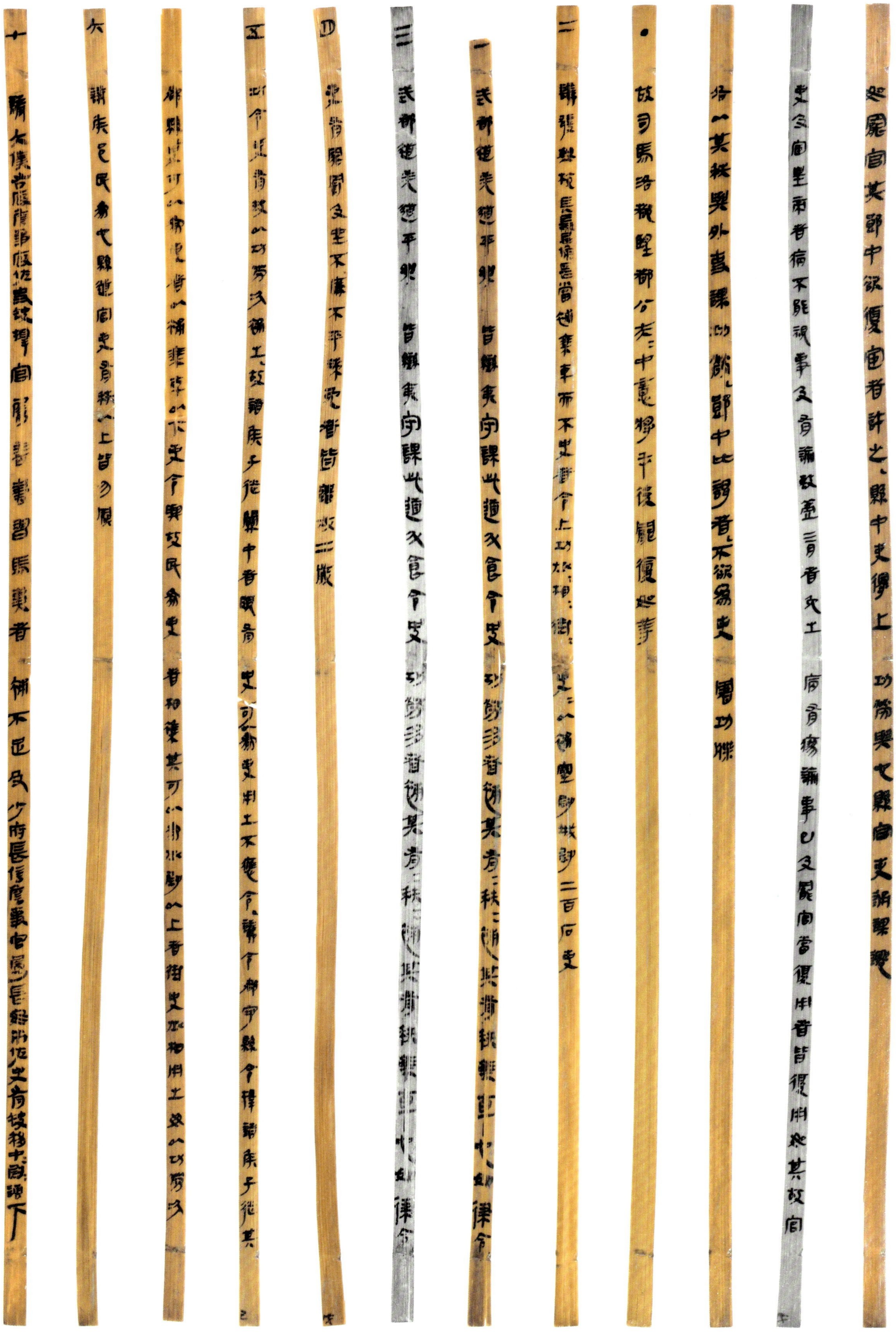

三五 三六 三七 三八 三九 四〇 四一 四二 四三 四四 四五

四六 四七 四八 四九 五〇 五一 五二 五三 五四 五五 五六 五七

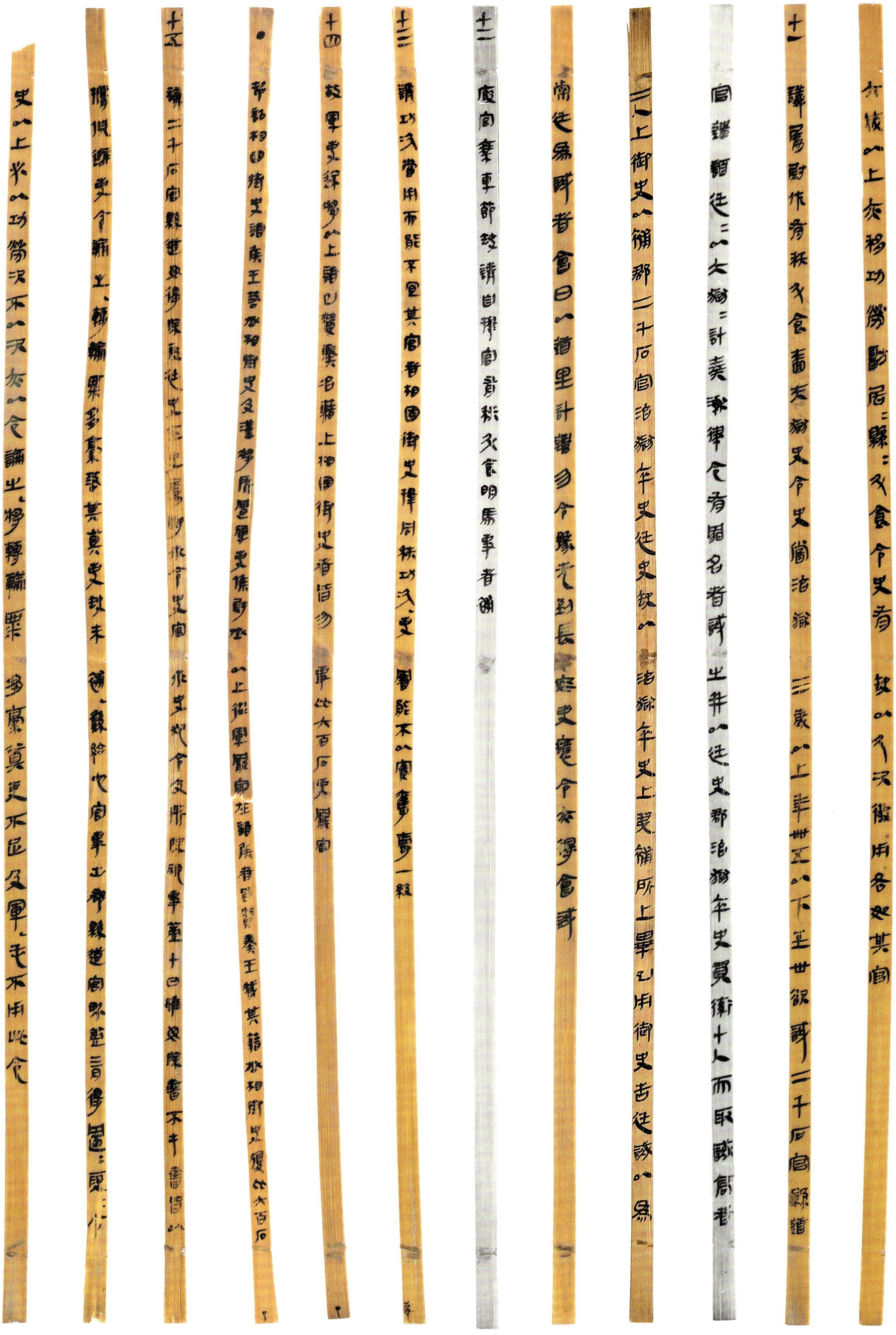

六九 六八 六七 六六 六五 六四 六三 六二 六一 六〇 五九 五八

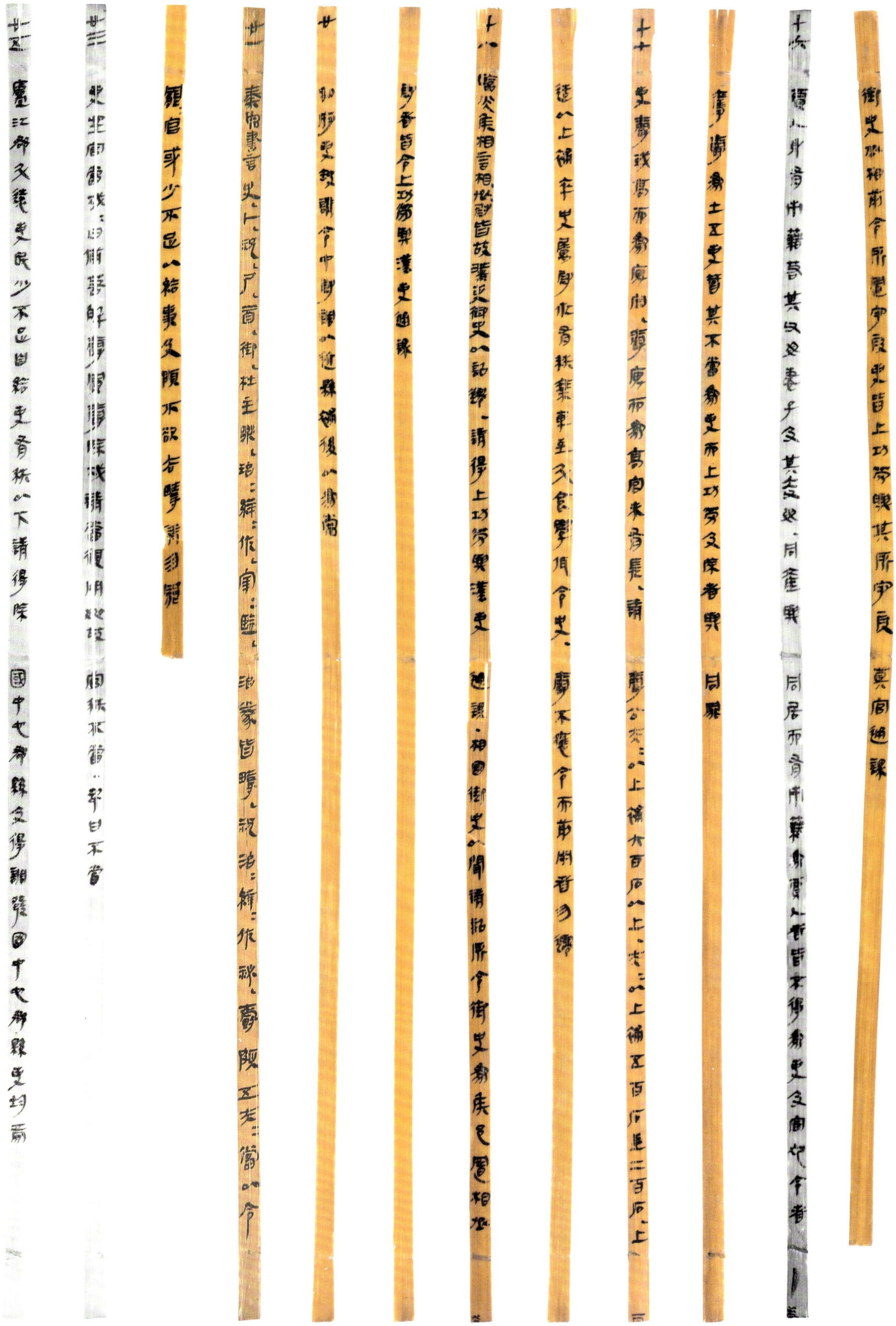

七〇 七一 七二 七三 七四 七五 七六 七七 七八 七九 八〇 八一

八二 八三 八四 八五 八六 八七 八八 八九 九〇 九一 九二 九三

九四 九五 九六 九七 九八 九九 一〇〇 一〇一 一〇二 一〇三 一〇四 一〇五

一〇六 一〇七 一〇八 一〇九 一一〇 一一一 一一二 一一三 一一四 一一五 一一六 一一七

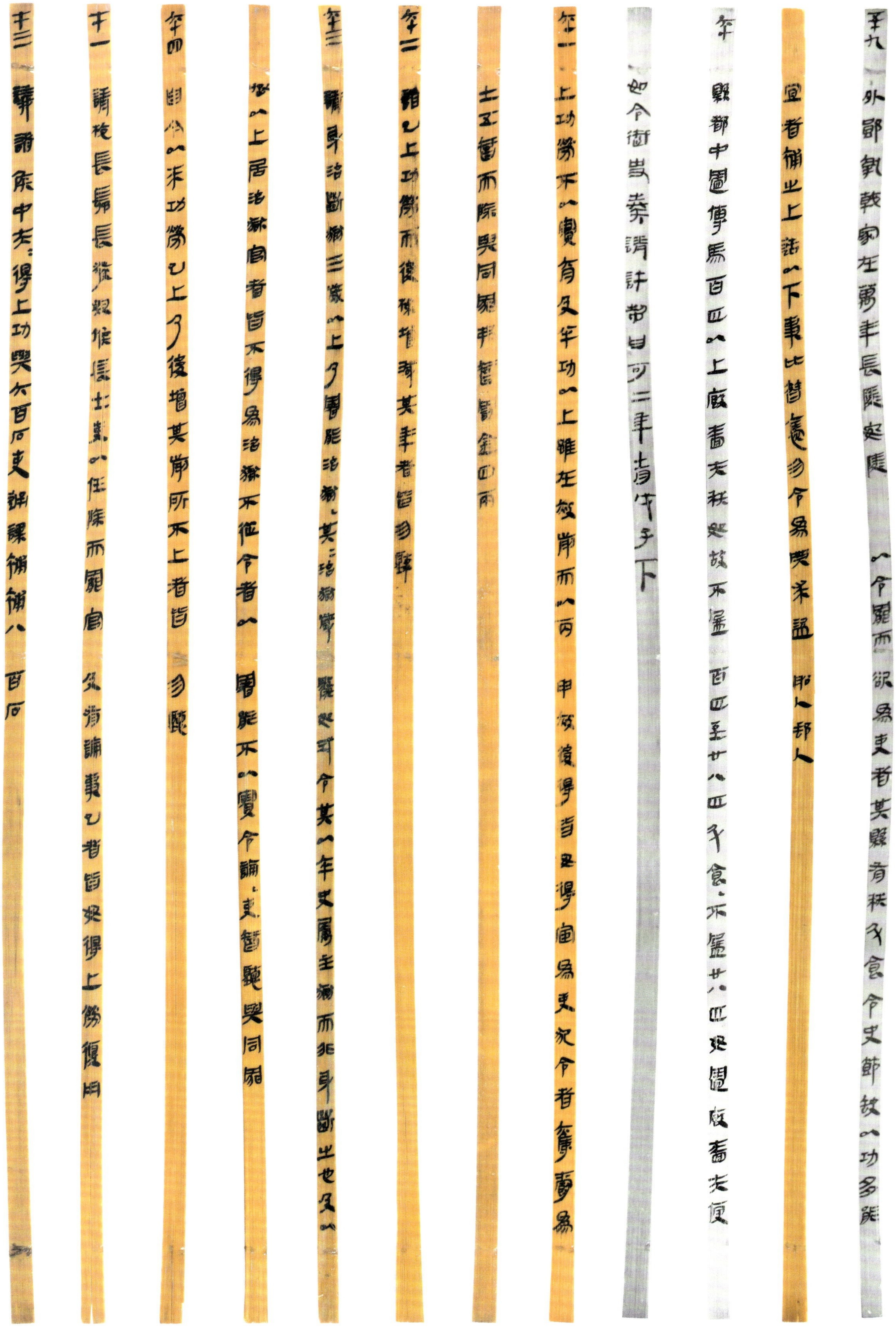

二一八 二一九 二二〇 二二一 二二二 二二三 二二四 二二五 二二六 二二七 二二八 二二九

一三〇 一三一 一三二 一三三 一三四 一三五 一三六 一三七 一三八 一三九 一四〇 一四一

功令原大圖版

一四二 一四三 一四四 一四五 一四六 一四七 一四八 一四九 一五〇 一五一 一五二 一五三

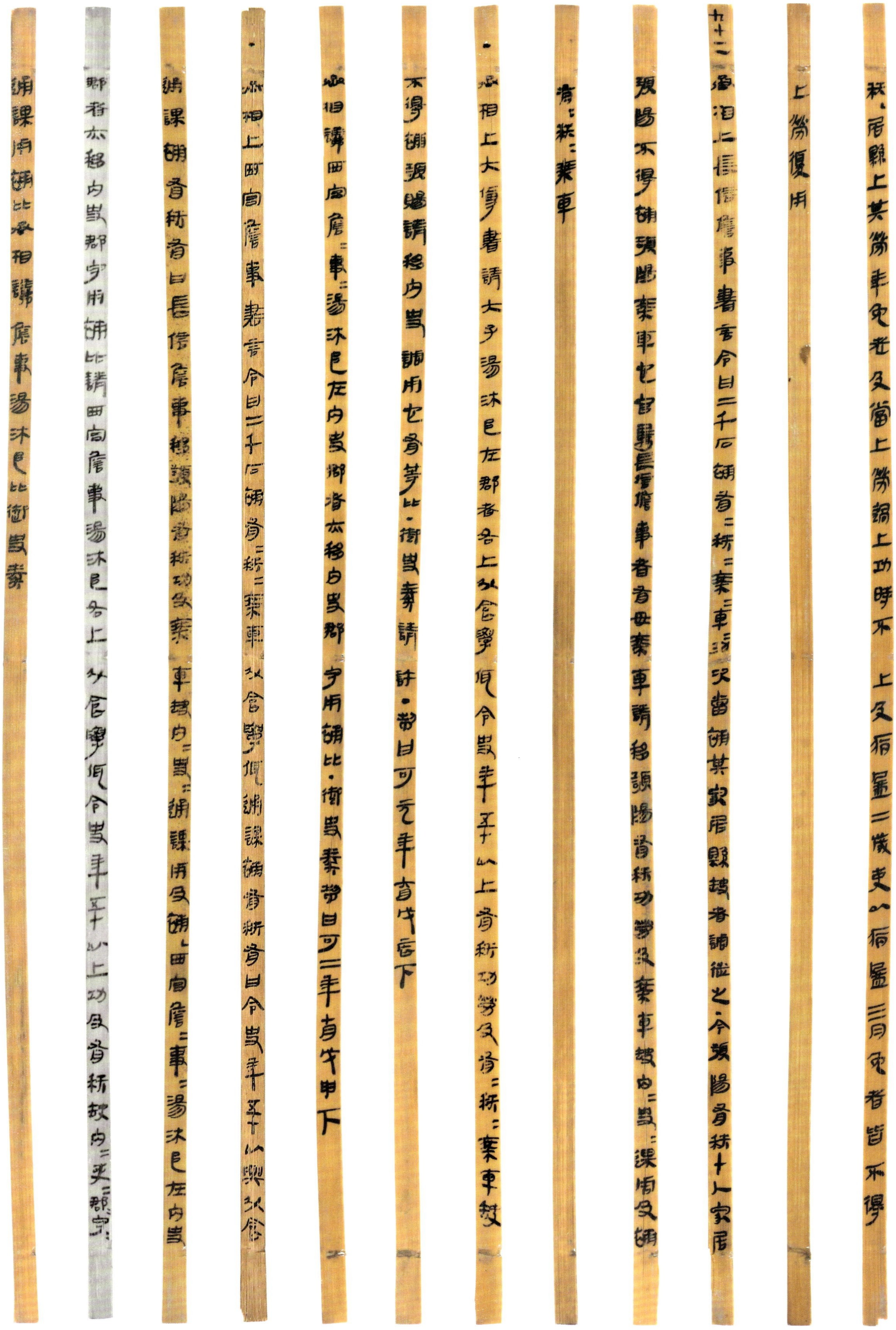

一五四 一五五 一五六 一五七 一五八 一五九 一六〇 一六一 一六二 一六三 一六四 一六五

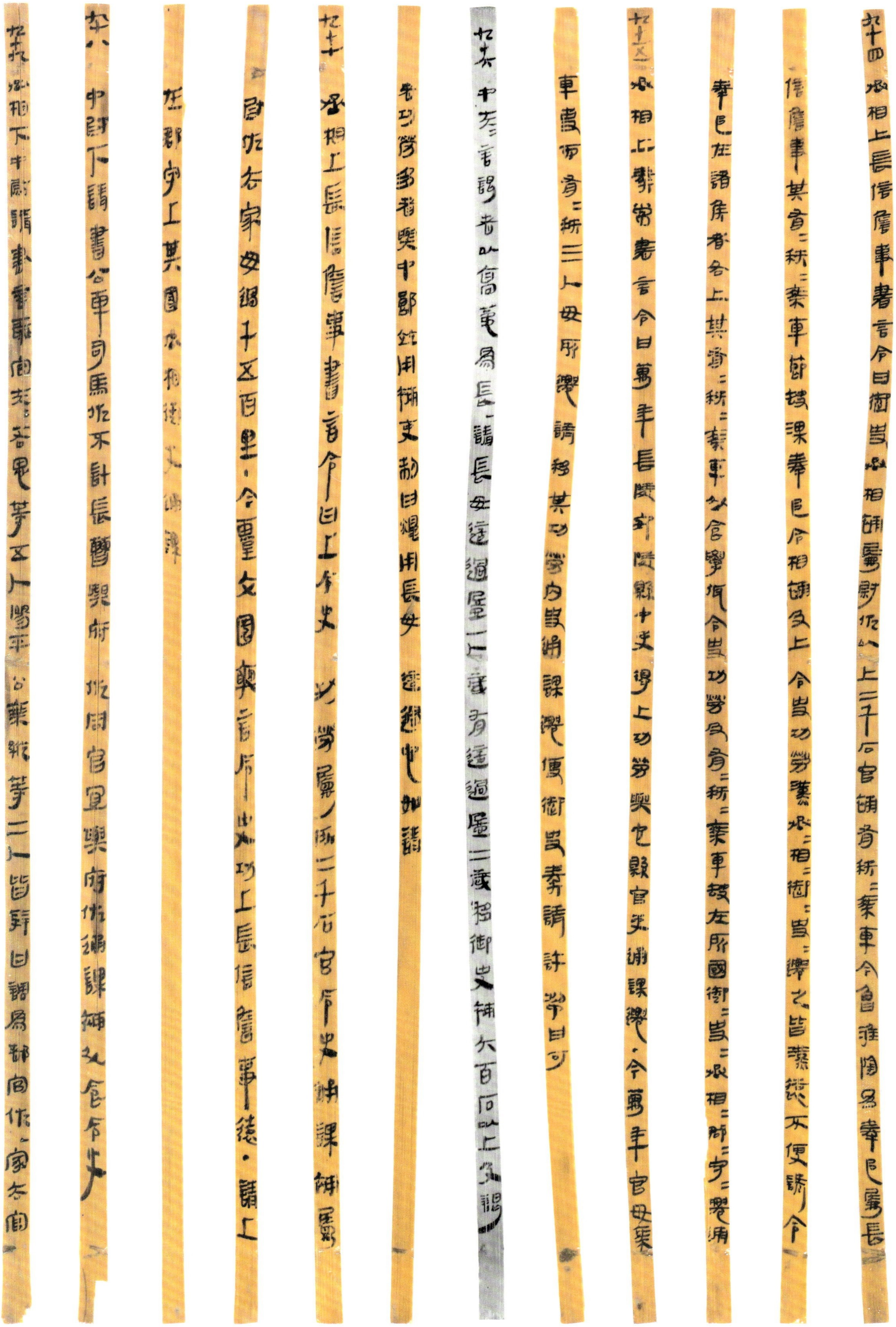

一六六　一六七　一六八　一六九　一七〇　一七一　一七二　一七三　一七四　一七五　一七六　一七七

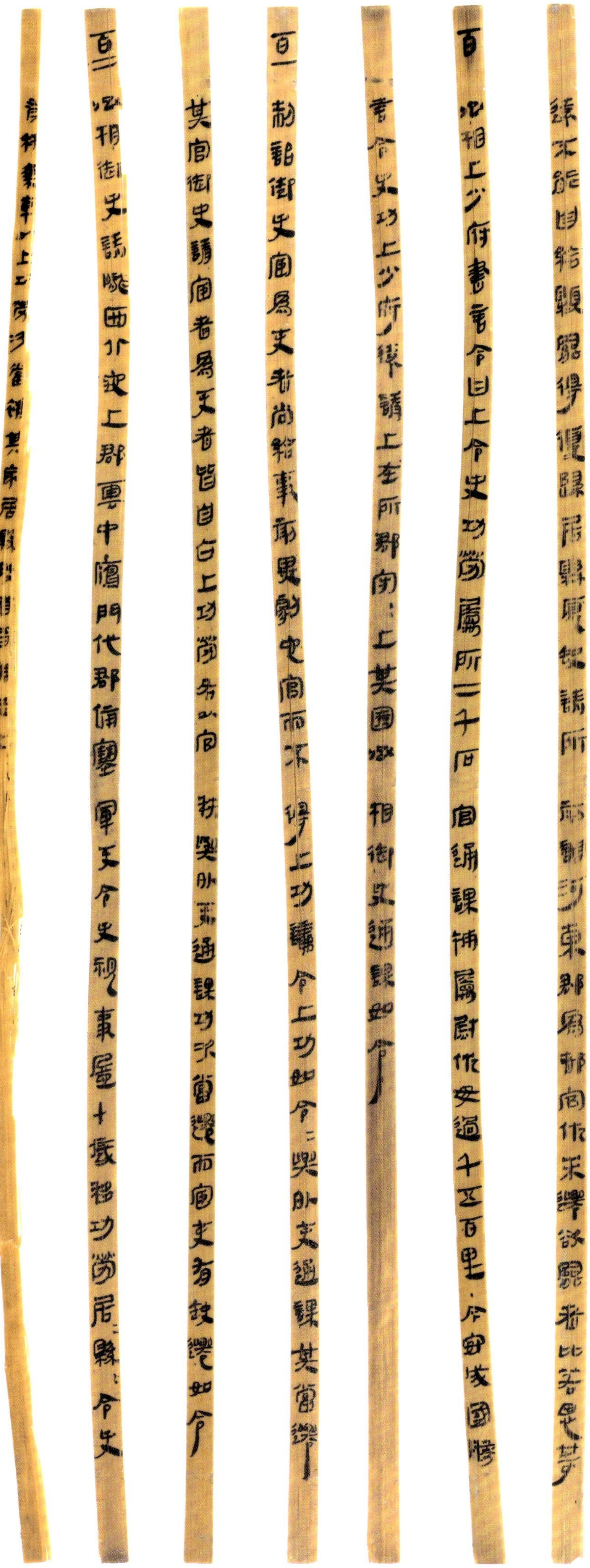

一七八 一七九 一八〇 一八一 一八二 一八三 一八四

徹穀食氣原大圖版

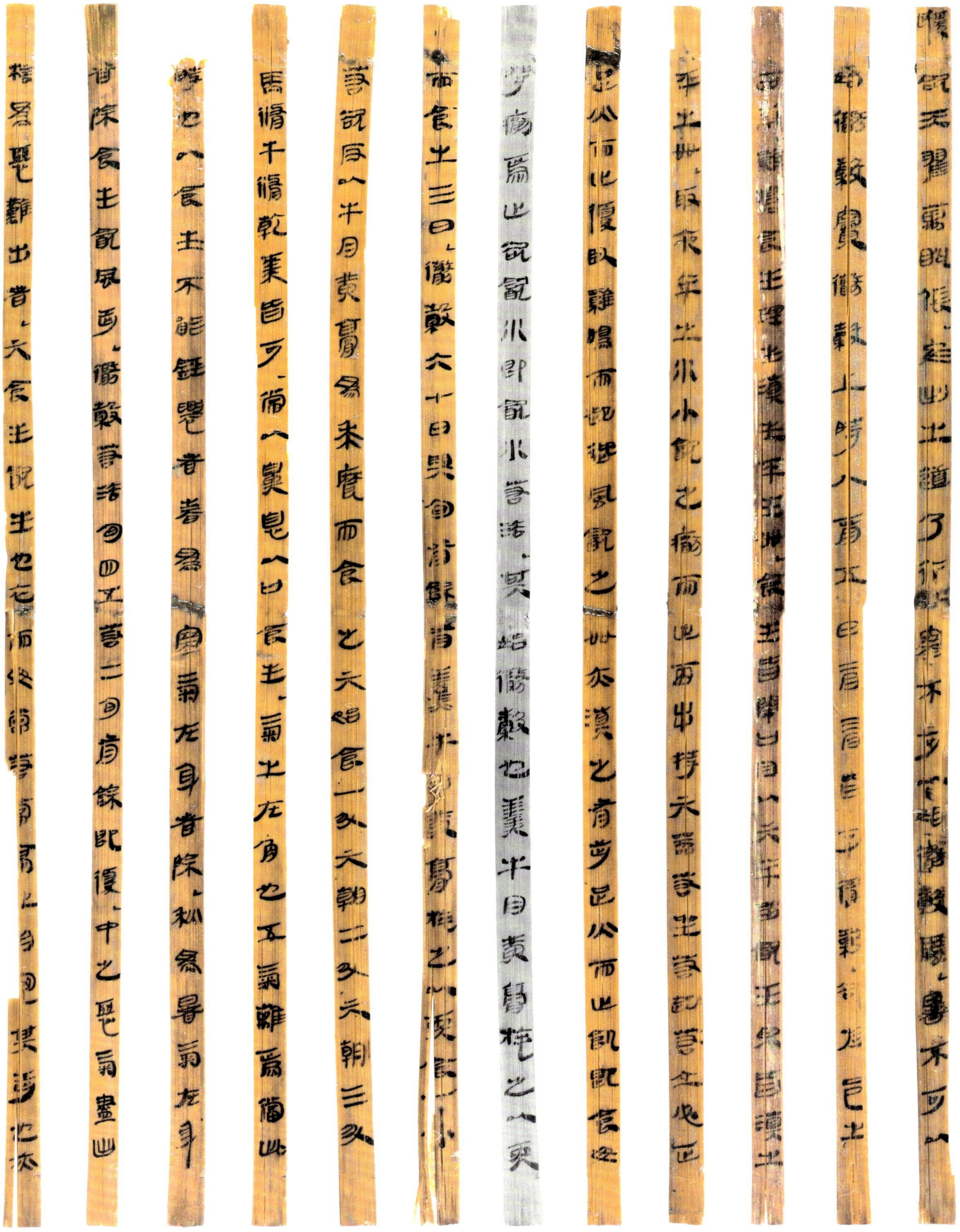

一　二　三　四　五　六　七　八　九　一〇　一一　一二　一三

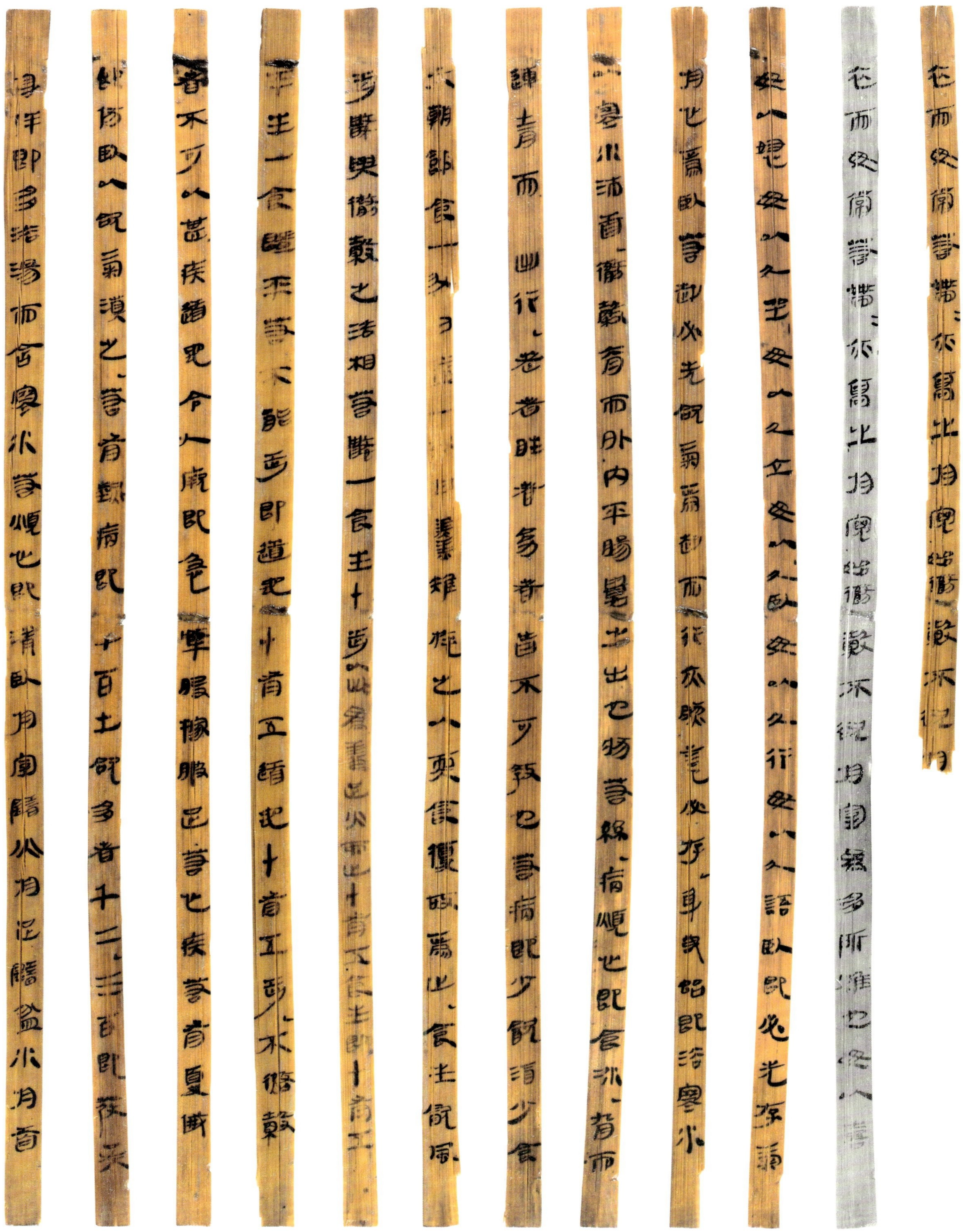

一三 一四 一五 一六 一七 一八 一九 二〇 二一 二二 二三

徹穀食氣原大圖版

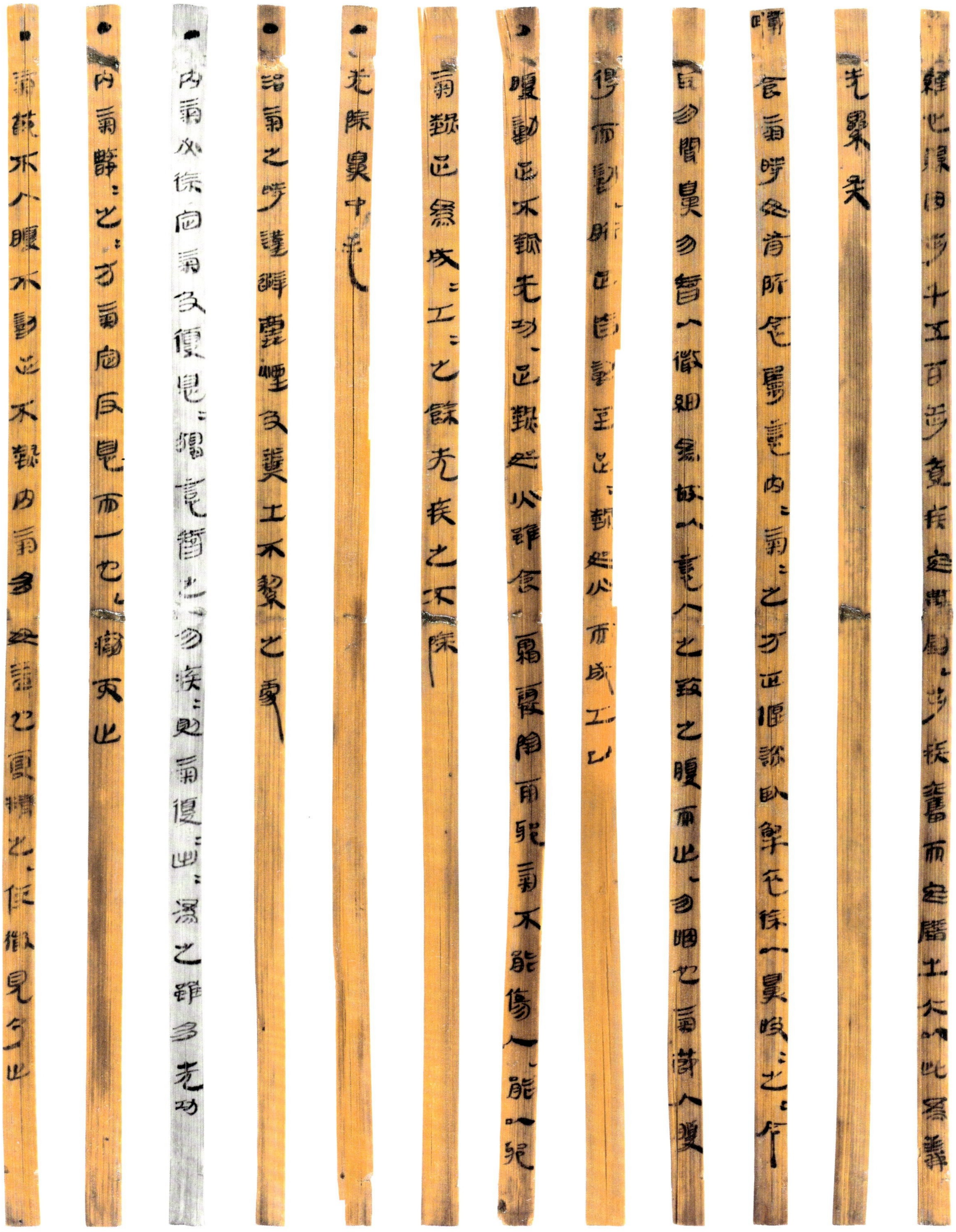

三五 三四 三三 三二 三一 三〇 二九 二八 二七 二六 二五 二四

三六 三七 三八 三九 四〇 四一 四二 四三 四四 四五 四六 四七

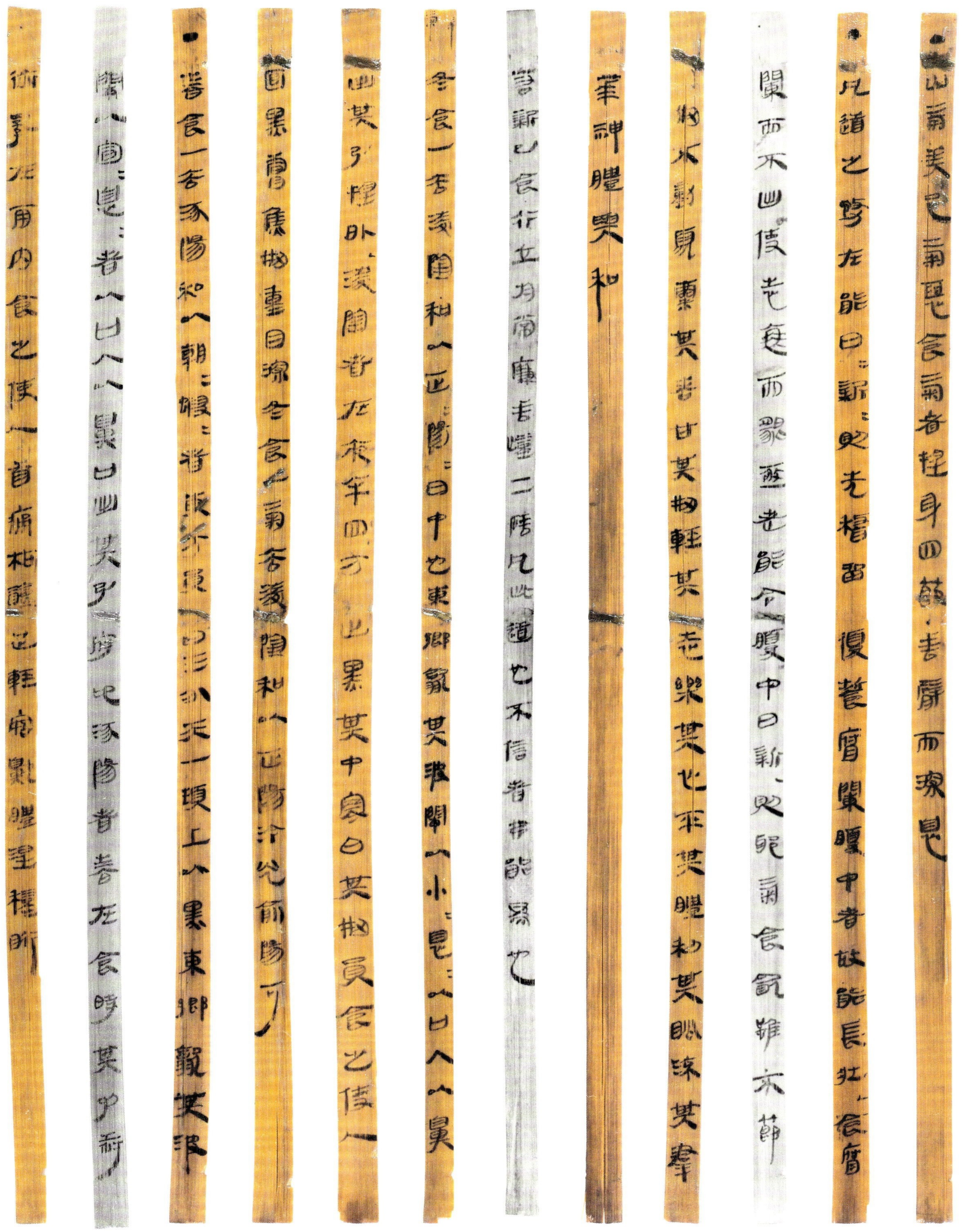

四八 四九 五〇 五一 五二 五三 五四 五五 五六 五七 五八 五九

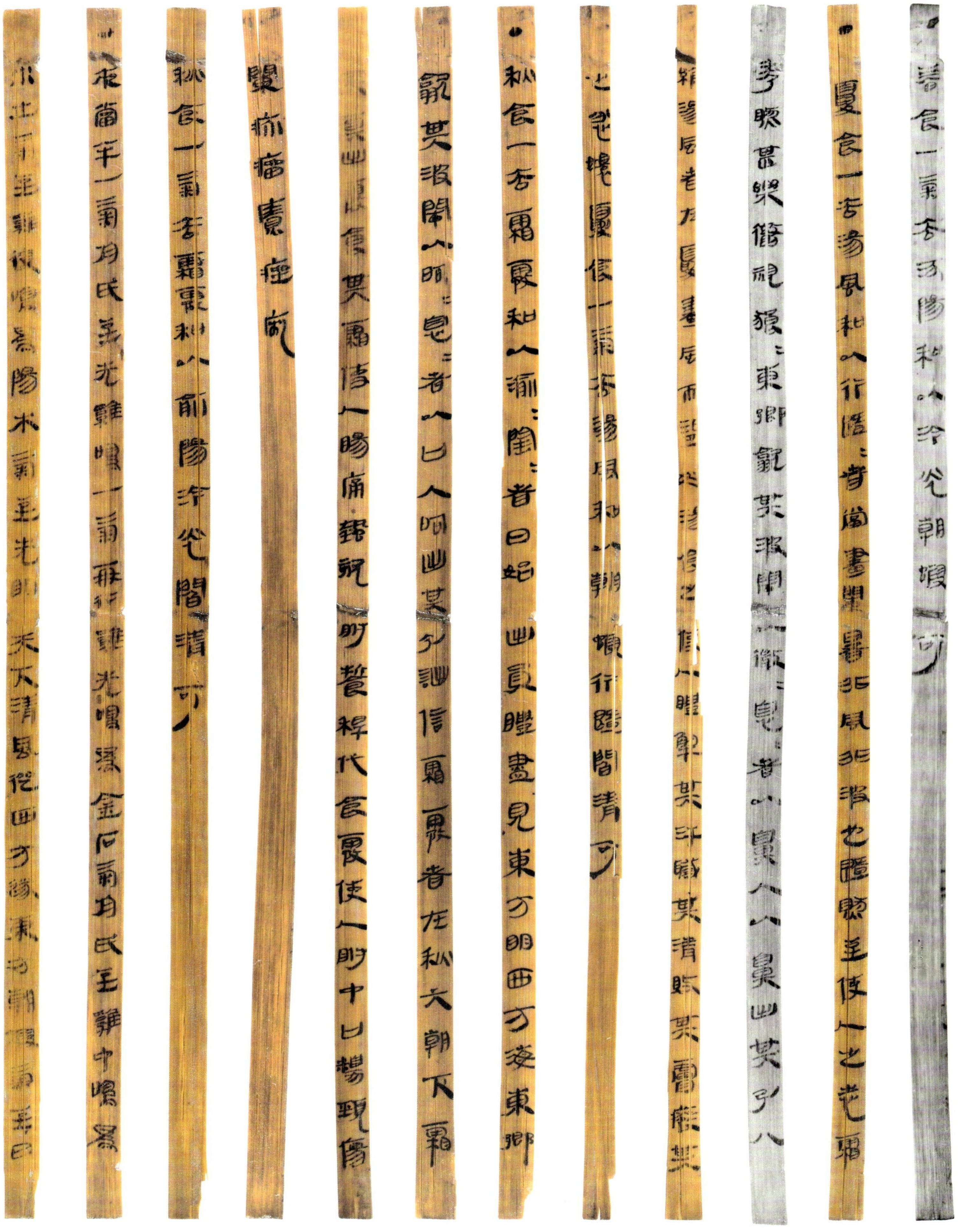

七一 七〇 六九 六八 六七 六六 六五 六四 六三 六二 六一 六〇

八三　八二　八一　八〇　七九　七八　七七　七六　七五　七四　七三　七二

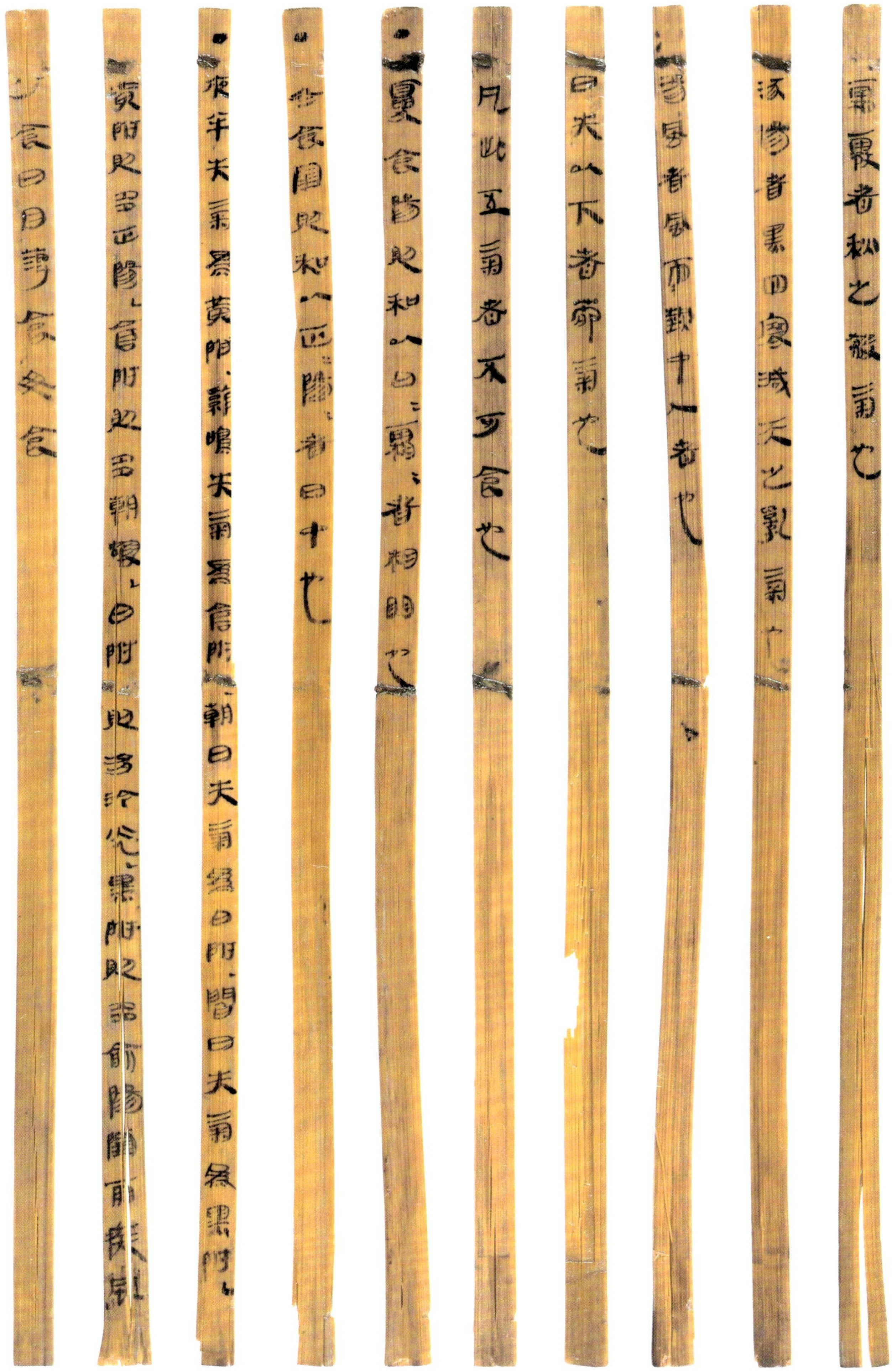

八四 八五 八六 八七 八八 八九 九〇 九一 九二 九三

盗貂（跖）原大圖版

一背 一 二 三 四 五 六 七 八 九 一〇 一一

一二　一三　一四　一五　一六　一七　一八　一九　二〇　二一　二二　二三

二四 二五 二六 二七 二八 二九 三〇 三一 三二 三三 三四 三五

四四　四三　四二　四一　四〇　三九　三八　三七　三六

祠馬禖原大圖版

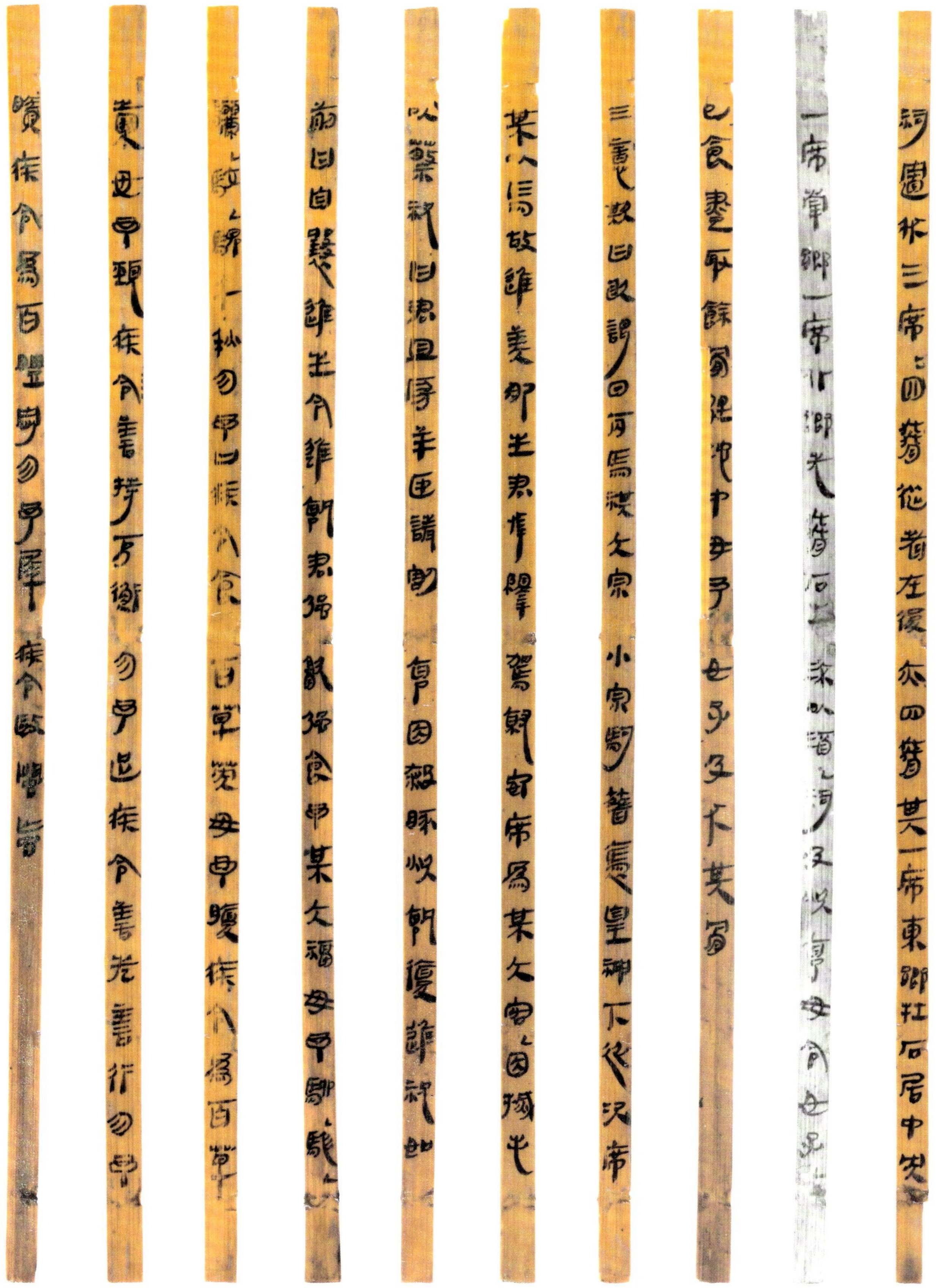

一 二 三 四 五 六 七 八 九 一〇

漢律十六章原大圖版

漢律十六章原大圖版

一二　一一　一〇　九　八　七　六　五　四　三　二　一

一三 一四 一五 一六 一七 一八 一九 二〇 二一 二二 二三 二四

二五 二六 二七 二八 二九 三〇 三一 三二 三三 三四 三五 三六

三七 三八 三九 四〇 四一 四二 四三 四四 四五 四六 四七 四八

六〇 五九 五八 五七 五六 五五 五四 五三 五二 五一 五〇 四九

六一 六二 六三 六四 六五 六六 六七 六八 六九 七〇 七一 七二

七三 七四 七五 七六 七七 七八 七九 八〇 八一 八二 八三 八四

九五 九四 九三 九二 九一 九〇 八九 八八 八七 八六 八五

九六 九七 九八 九九 一〇〇 一〇一 一〇二 一〇三 一〇四 一〇五 一〇六 一〇七

一〇八 一〇九 一一〇 一一一 一一二 一一三 一一四 一一五 一一六 一一七 一一八 一一九

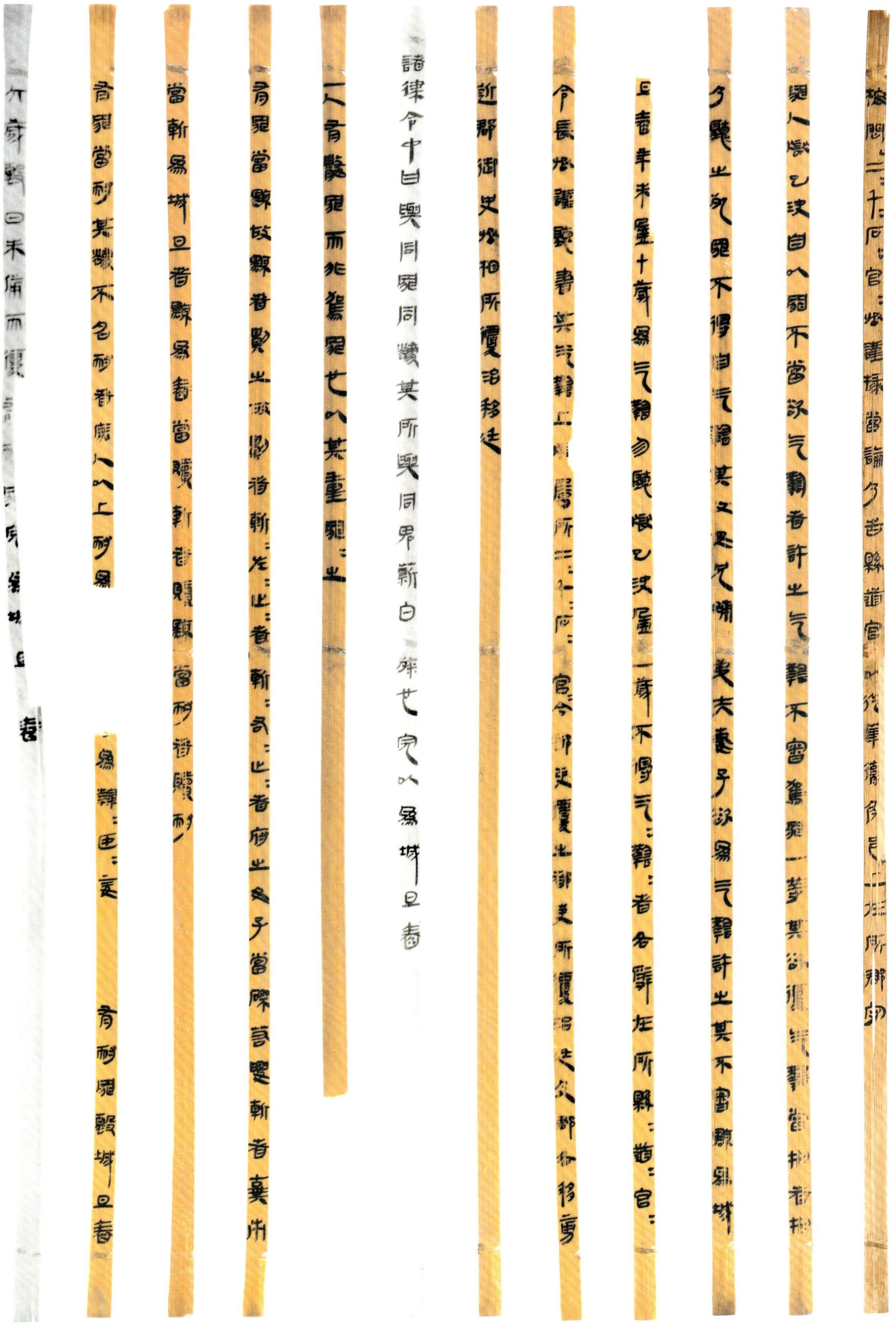

一二〇 一二一 一二二 一二三 一二四 一二五 一二六 一二七 一二八 一二九 一三〇 一三一

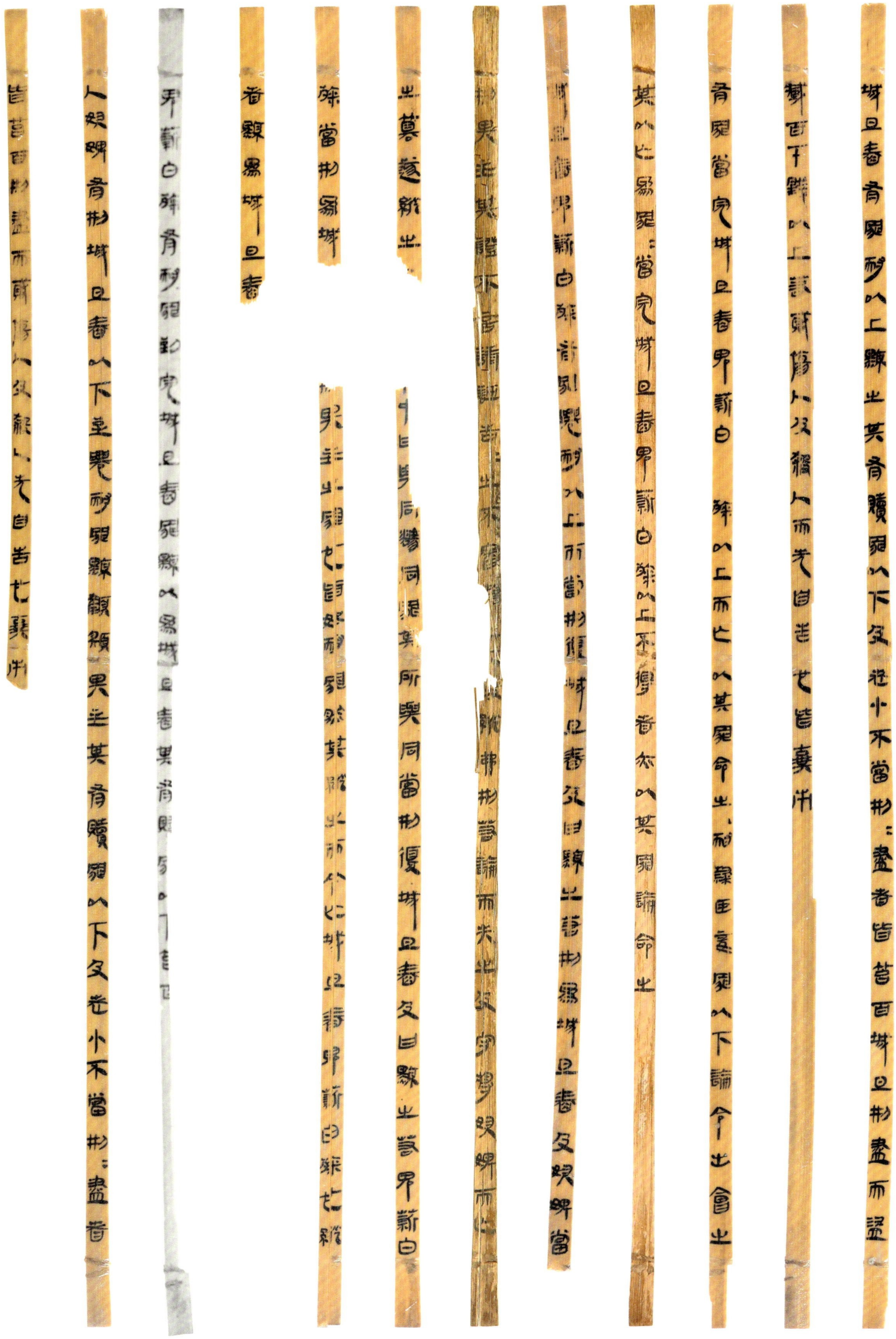

一三二　一三三　一三四　一三五　一三六　一三七　一三八　一三九　一四〇　一四一　一四二　一四三

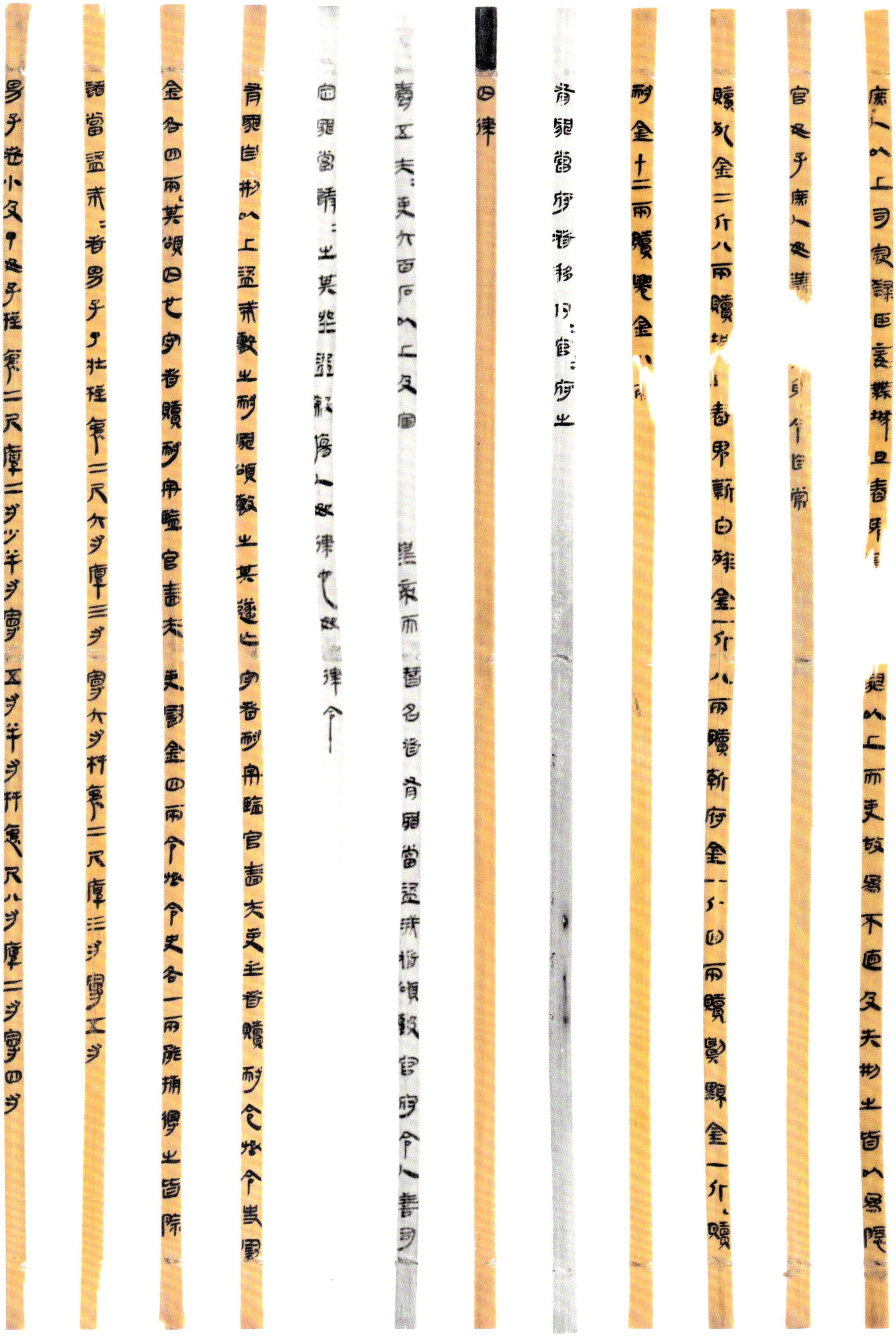

一四四 一四五 一四六 一四七 一四八 一四九 一五〇 一五一 一五二 一五三 一五四 一五五

一五六 一五七 一五八 一五九 一六〇 一六一 一六二 一六三 一六四 一六五 一六六

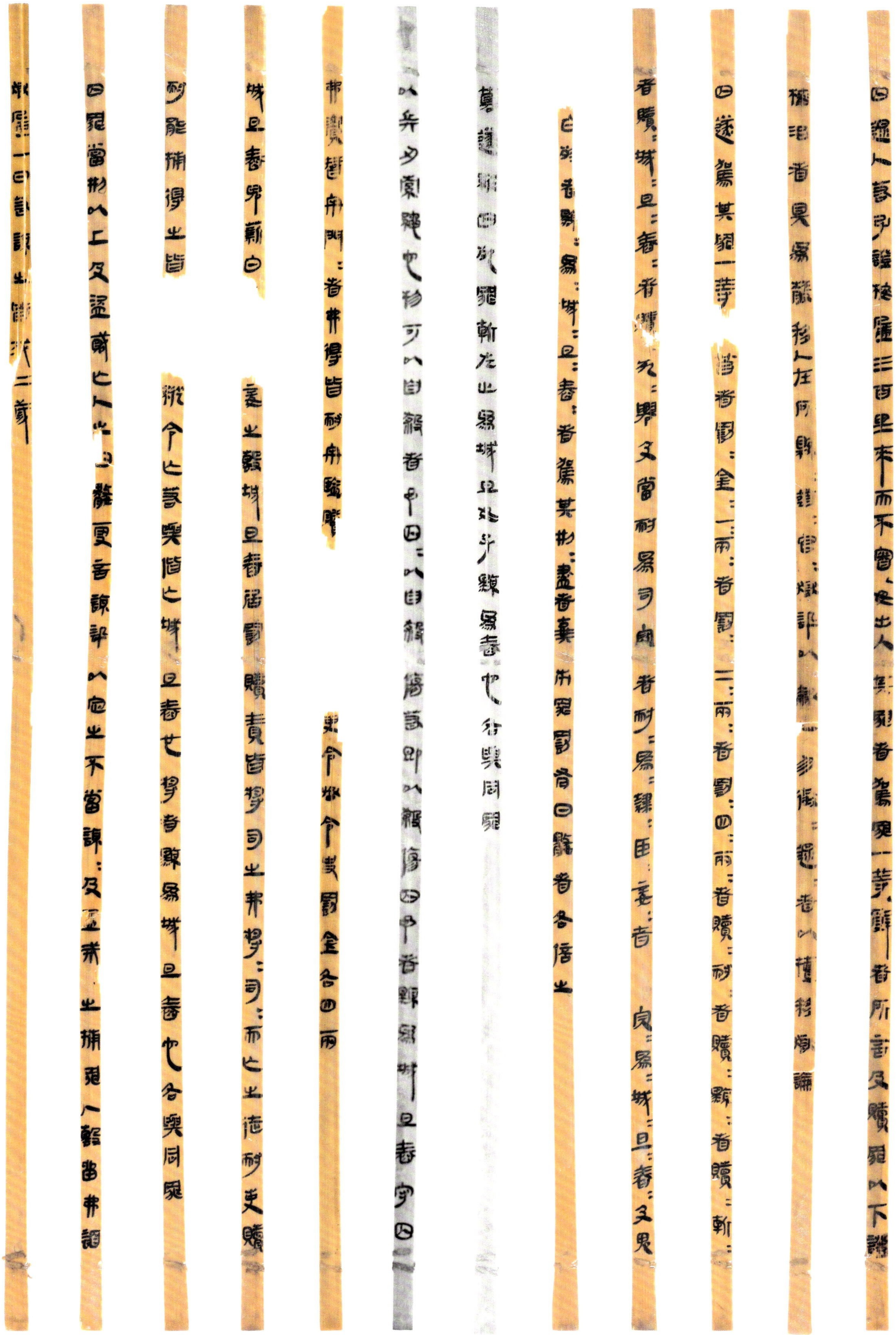

一六七 一六八 一六九 一七〇 一七一 一七二 一七三 一七四 一七五 一七六 一七七 一七八

一七九　一八〇　一八一　一八二　一八三　一八四　一八五　一八六　一八七　一八八　一八九　一九〇

一九一 一九二 一九三 一九四 一九五 一九六 一九七 一九八 一九九 二〇〇 二〇一 二〇二

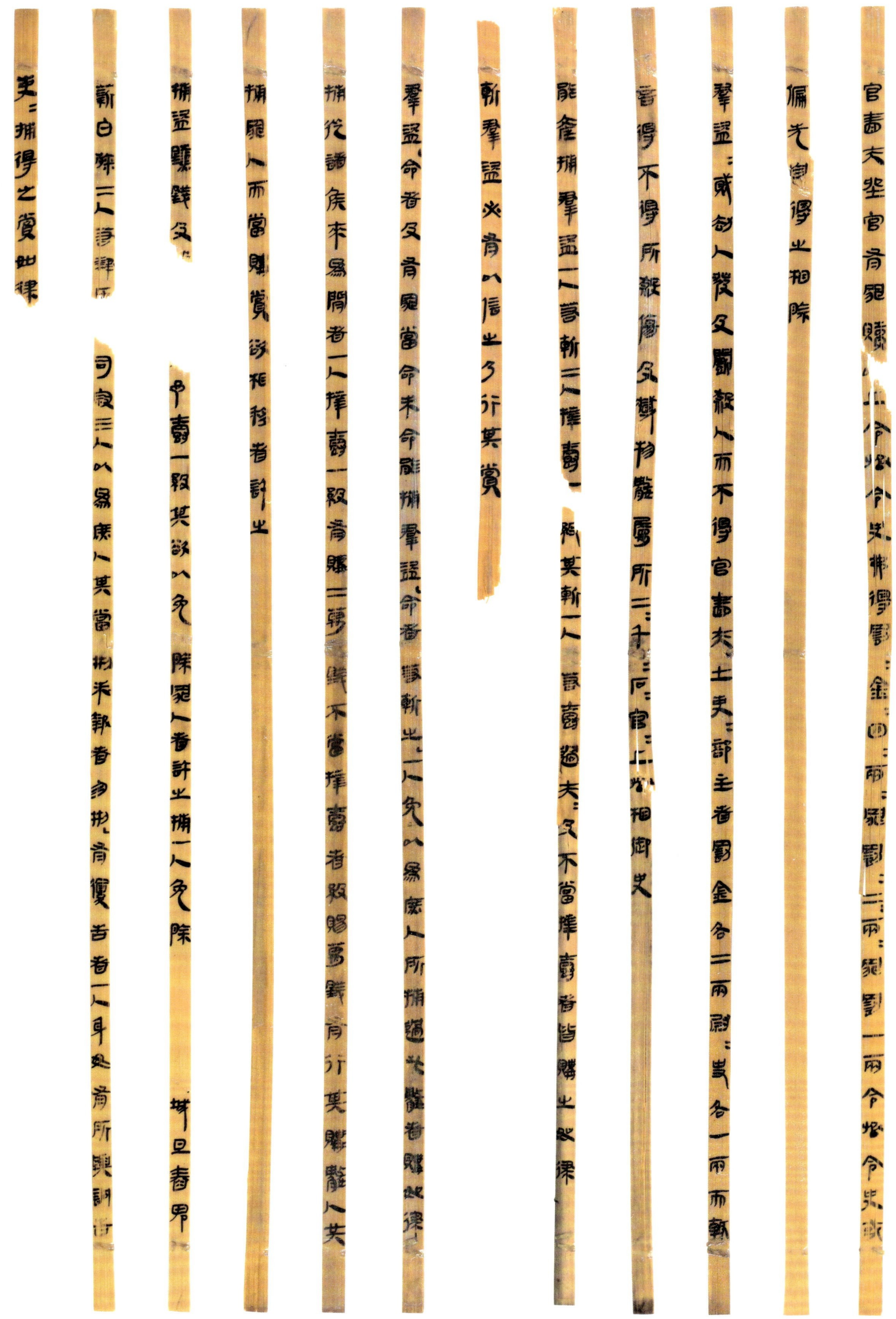

二〇三 二〇四 二〇五 二〇六 二〇七 二〇八 二〇九 二一〇 二一一 二一二 二一三 二一四

漢律十六章原大圖版

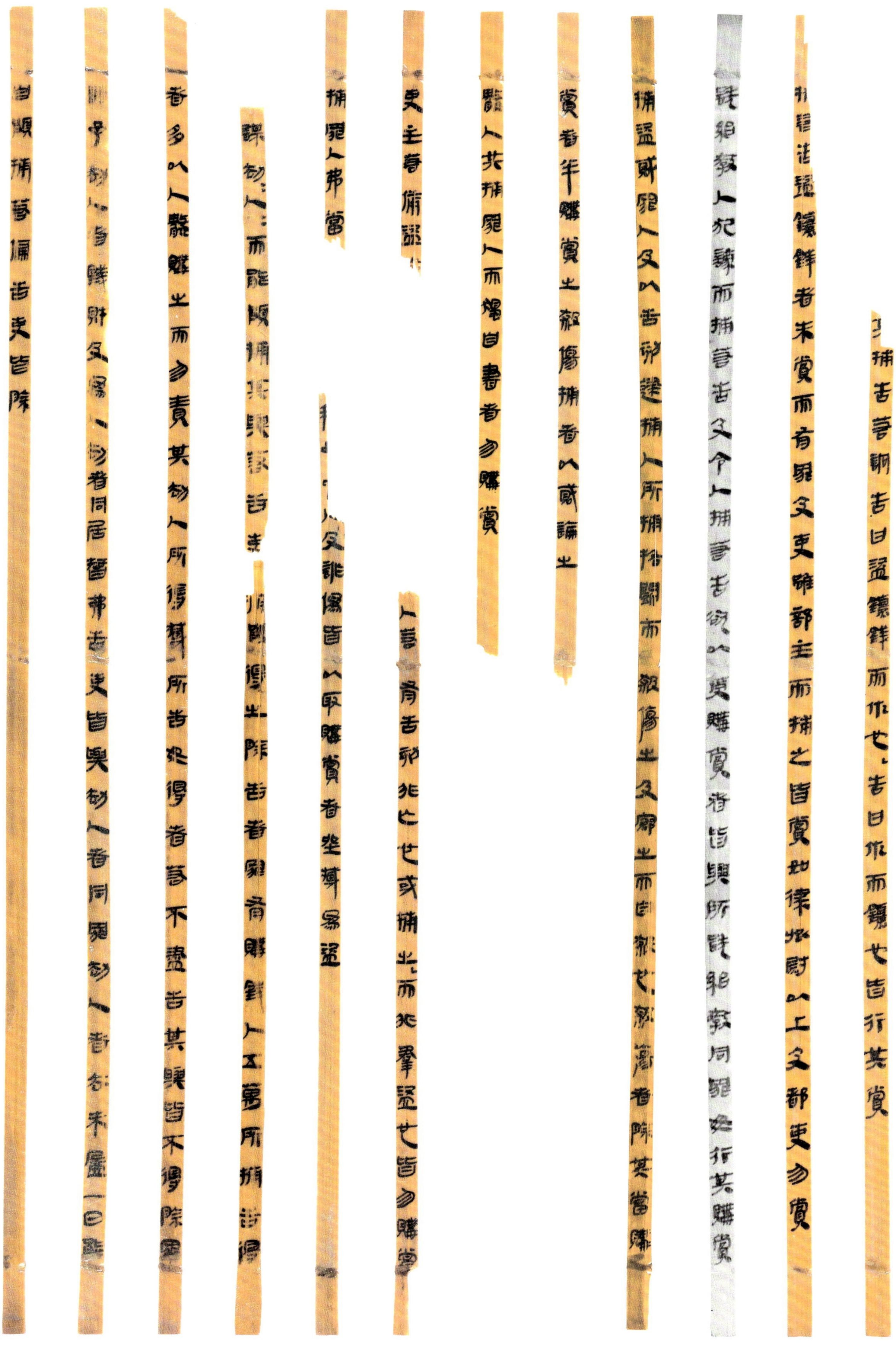

二一五 二一六 二一七 二一八 二一九 二二〇 二二一 二二二 二二三 二二四 二二五 二二六

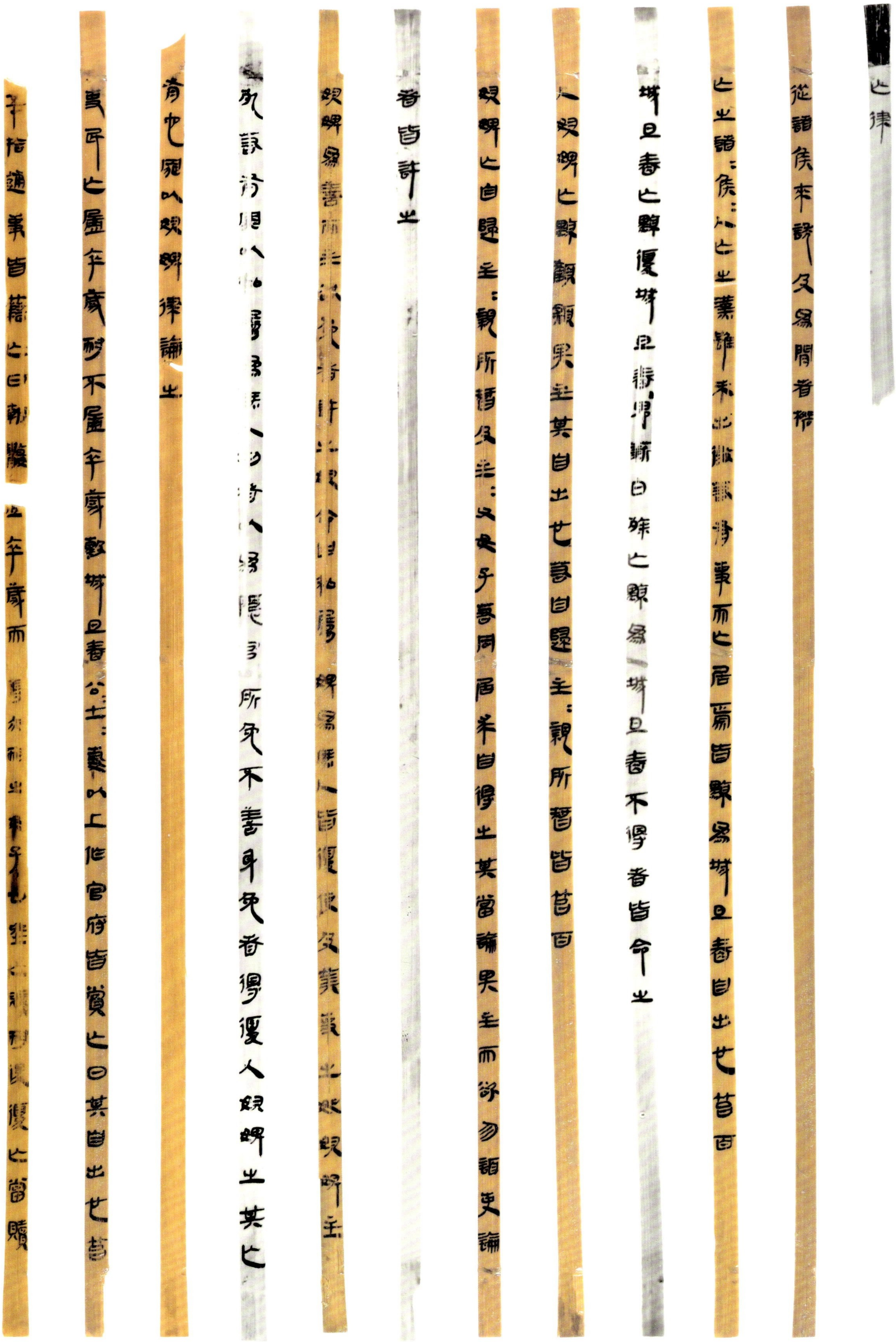

二二七　二二八　二二九　二三〇　二三一　二三二　二三三　二三四　二三五　二三六　二三七　二三八

二三九 二四〇 二四一 二四二 二四三 二四四 二四五 二四六 二四七 二四八 二四九 二五〇

二五一 二五二 二五三 二五四 二五五 二五六 二五七 二五八 二五九 二六〇 二六一 二六二

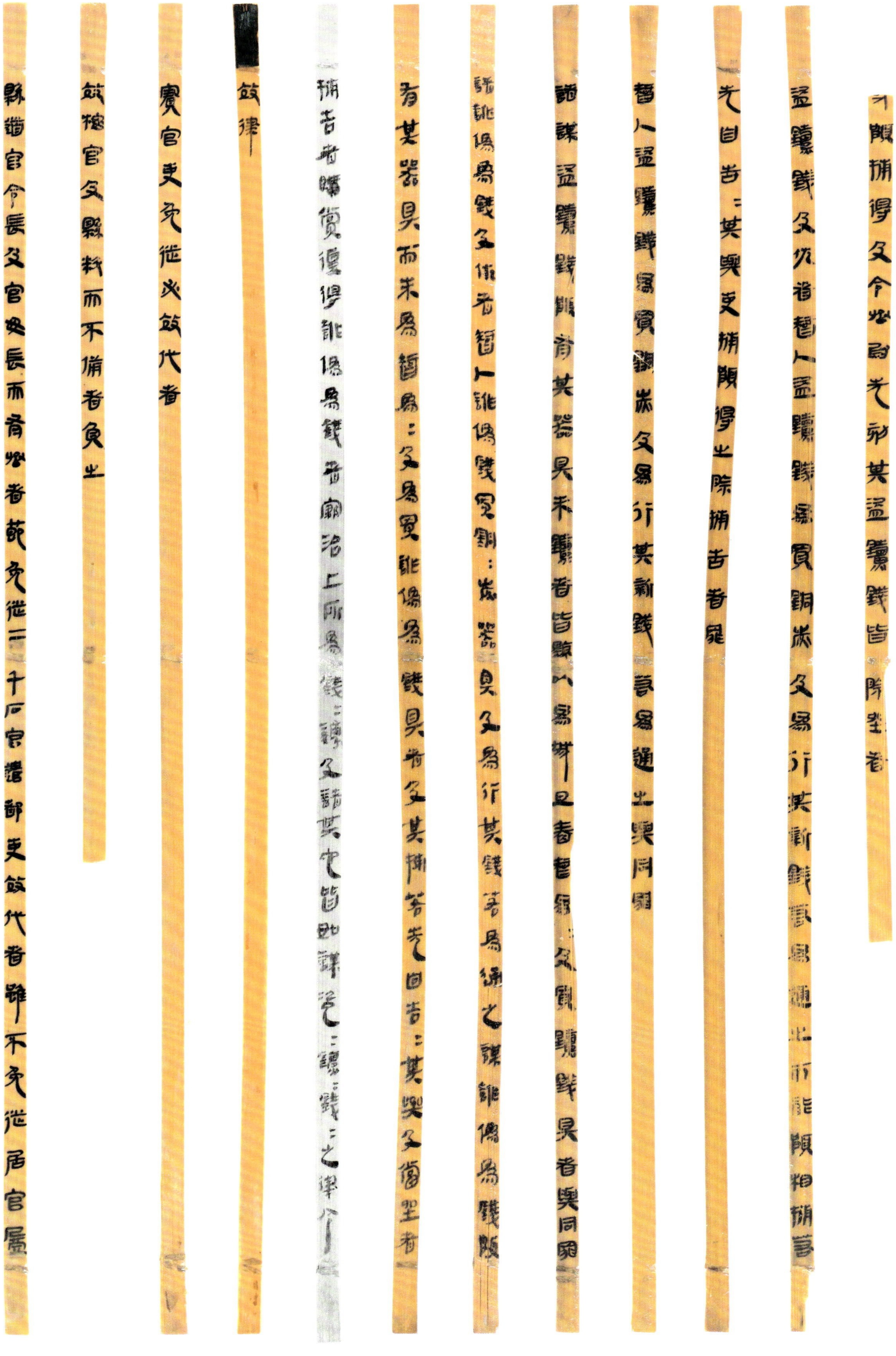

二六三 二六四 二六五 二六六 二六七 二六八 二六九 二七〇 二七一 二七二 二七三 二七四

二七五 二七六 二七七 二七八 二七九 二八〇 二八一 二八二 二八三 二八四 二八五 二八六

二八七 二八八 二八九 二九〇 二九一 二九二 二九三 二九四 二九五 二九六 二九七 二九八

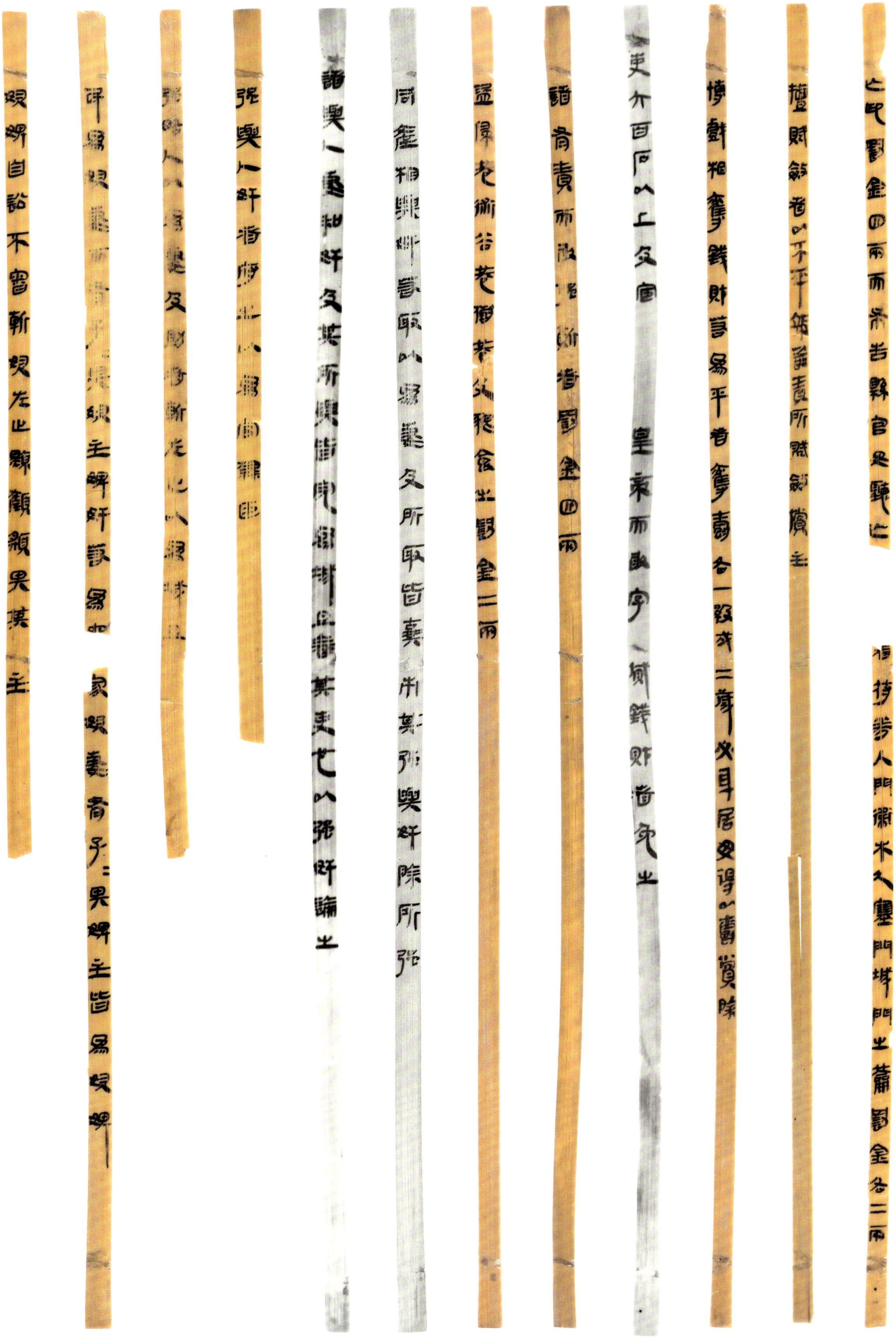

二九九 三〇〇 三〇一 三〇二 三〇三 三〇四 三〇五 三〇六 三〇七 三〇八 三〇九 三一〇

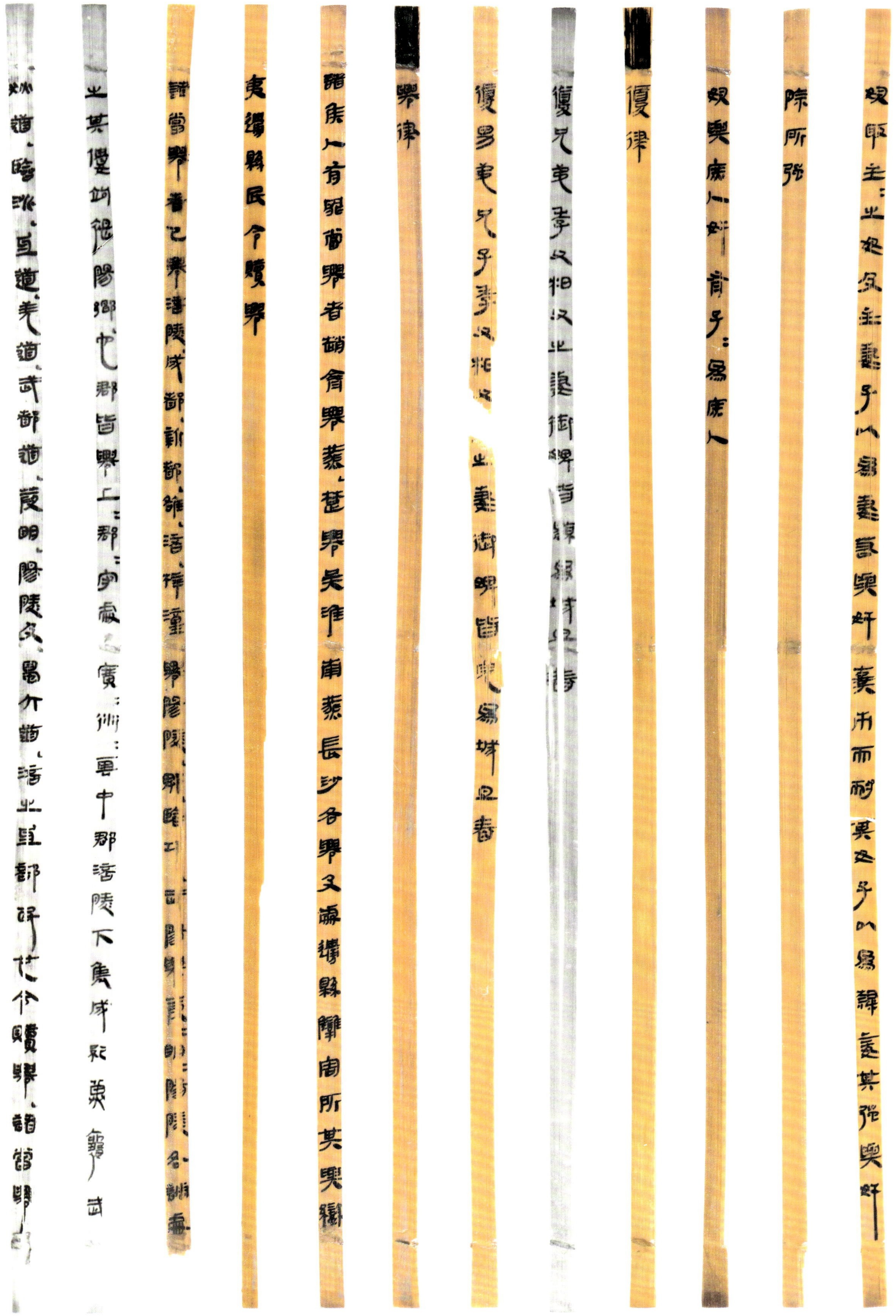

三一一 三一二 三一三 三一四 三一五 三一六 三一七 三一八 三一九 三二〇 三二一 三二二

三二三　三二四　三二五　三二六　三二七　三二八　三二九　三三〇　三三一　三三二　三三三　三三四

三三五 三三六 三三七 三三八 三三九 三四〇 三四一 三四二 三四三 三四四 三四五 三四六

三四七 三四八 三四九 三五〇 三五一 三五二 三五三 三五四 三五五 三五六 三五七 三五八

三五九 三六〇 三六一 三六二 三六三 三六四 三六五 三六六 三六七 三六八 三六九 三七〇

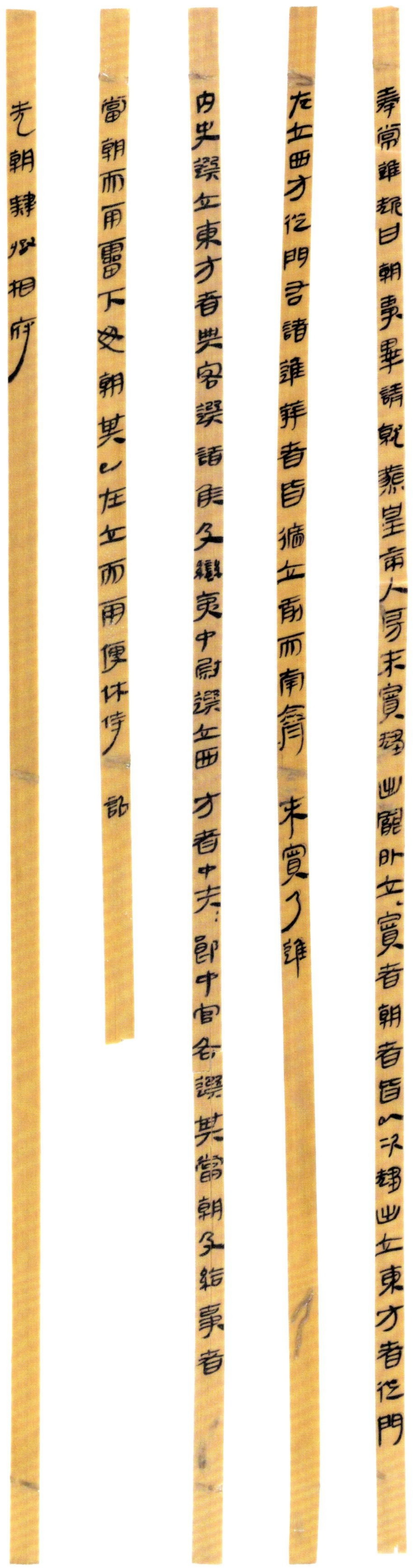

三七一 三七二 三七三 三七四 三七五

七年質日原大圖版

七年質日原大圖版

一背 一 二 三 四 五 六 七 八 九 一〇 一一

一二　一三　一四　一五　一六　一七　一八　一九　二〇　二一　二二　二三

二四　二五　二六　二七　二八　二九　三〇　三一　三二　三三　三四　三五

四七 四六 四五 四四 四三 四二 四一 四〇 三九 三八 三七 三六

四八 四九 五〇 五一 五二 五三 五四 五五 五六 五七 五八 五九

六〇 六一 六二 六三 六四 六五 六六 六七 六八 六九 七〇 七一

遣册原大圖版

（附紅外綫掃描圖版）

一 二 三 四 五 六 七 八 九 一〇

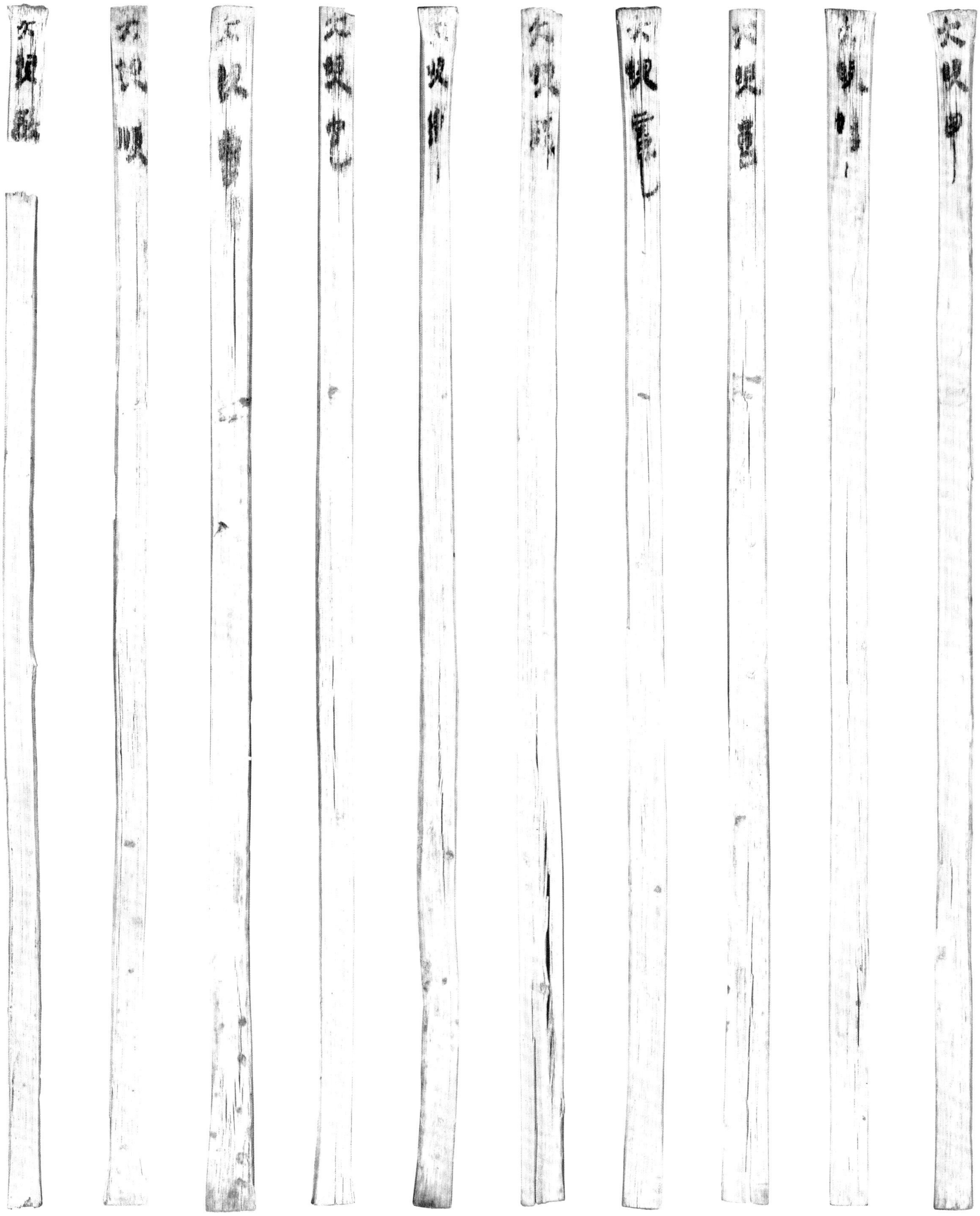

一 二 三 四 五 六 七 八 九 一〇

一一 一二 一三 一四 一五 一六 一七 一八 一九 二〇

一一　一二　一三　一四　一五　一六　一七　一八　一九　二〇

二一　二二　二三　二四　二五　二六　二七　二八　二九　三〇

二一 二二 二三 二四 二五 二六 二七 二八 二九 三〇

三一 三二 三三 三四 三五 三六 三七 三八 三九 四〇

三一 三二 三三 三四 三五 三六 三七 三八 三九 四〇

四一 四二 四三 四四 四五 四六 四七 四八 四九 五〇

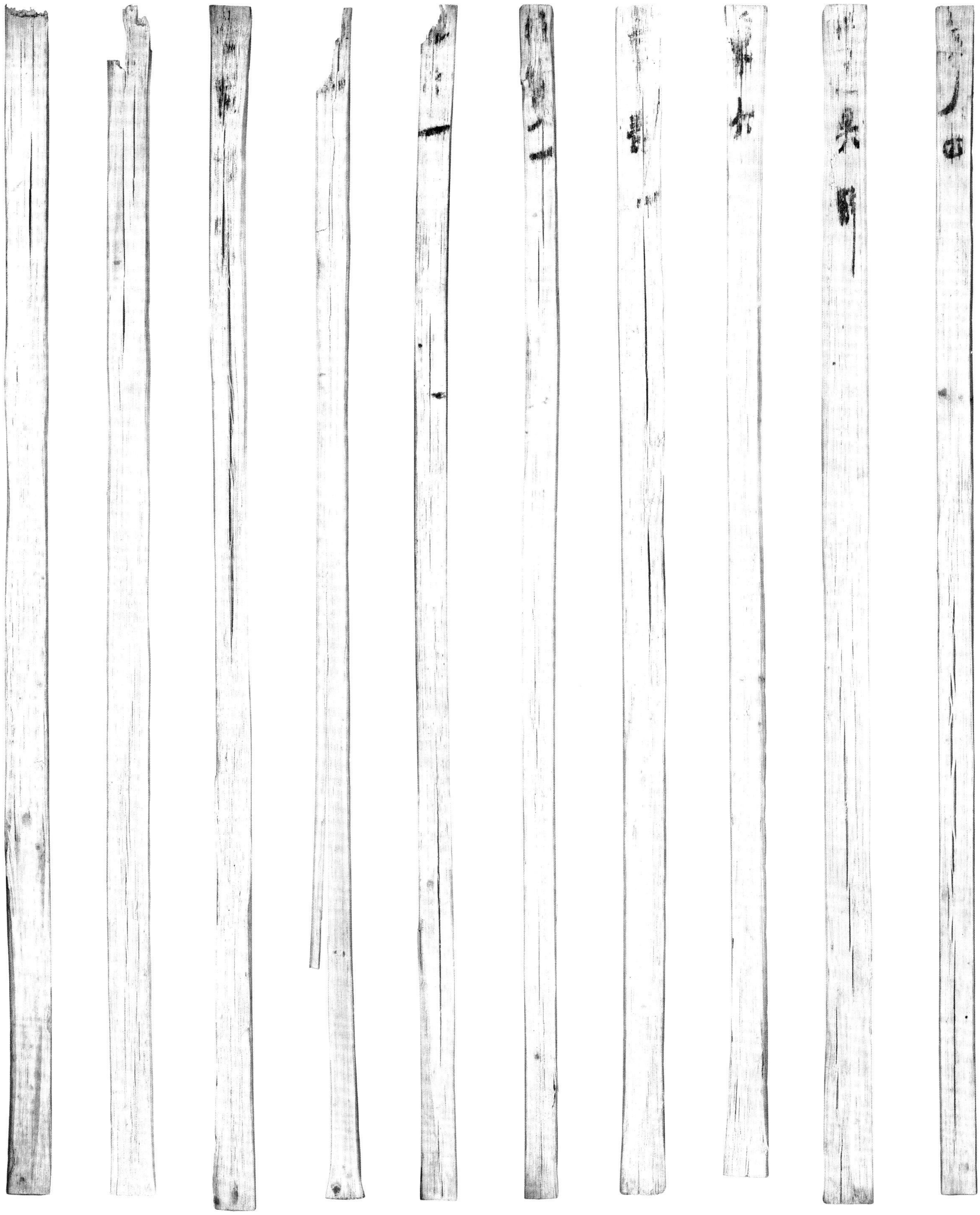

四一 四二 四三 四四 四五 四六 四七 四八 四九 五〇

功令釋文注釋

【說　明】

本篇有竹簡一百八十四枚，簡長二九·八至三〇、寬〇·五、厚〇·一厘米。有上、中、下三道編綫。《功令》係原篇名。全篇由若干條「令」集成，有數字和干支兩種編號系統。數字編號從一至百二，間有少量空缺，書於竹簡頂端（天頭），與張家山二四七號漢墓竹簡《津關令》編號位置相同，是本篇《功令》使用的編號系統。天干編號見於十九枚竹簡，有乙、丙、丁、戊、己、庚、癸，有的重復出現，皆書於相關令文首簡的末端（地脚），位於左角或中間，它們是本篇《功令》形成前的令文排序。編號二十六之令有三簡，末簡地脚書「置吏　子」，「置吏」是該令文原來歸屬的律名，「子」是該律文納入《功令》前的地支編號，證明《功令》的部分令條或源自相關的律文。此外，《功令》的部分令條没有編號，僅在首簡頂端（天頭）以墨點標示。其中一類簡文屬於《功令》的基本規定，列於全篇之首，如「上功勞式」、中二千石及以下各級官吏的升遷次序、功與勞的折算標準等，就内容看，類似總綱。另一類則依事類附於某一令條之下。

部分竹簡背面有很細的劃綫，多位於竹簡下部。同一令文的各簡劃綫有的可以銜接，有的則不相銜接；部分相鄰的數字編號簡的劃綫可以相銜。各組劃綫之間多未形成連續的長劃綫，推測其原因，一是文本經過數次變動，引起編序調整；二是抄手取簡與製簡劃綫的起始順序不同。劃綫的分布狀況見本書附録一。竹簡的數字編號是確定《功令》編聯的基本依據。

令文存有四個漢文帝紀年：「二年十一月戊子下」（漢文帝二年，公元前一七八年，簡一二一）；「元年六月戊辰下」（漢文帝元年，公元前一七九年，簡一六〇）；「二年十月戊申下」（漢文帝二年，公元前一七八年，簡一六一）。另外，令九十紀年爲「高皇后時八年八月丙申下」，即吕后八年（公元前一八〇年，簡一五二）。吕后於八年七月辛巳去世，漢文帝即位，未改年号。此令實由文帝於吕后八年八月丙申（八月十五日）頒行。結合同墓所出《七年質日》（漢文帝七年，公元前一七三年）的紀年，推測《功令》的編成年代當在漢文帝二年至七年之間。

《功令》記載的官吏考核、遷調制度填補了史書的缺失，是了解西漢初年官制的重要資料。它保留的不同編號和若干實例的處置方式，得以再現其補充和修訂的過程，對了解令集的形成至關重要。

■功令〔注一〕一背

■功令一

【注　釋】

〔一〕竹簡頭端（即上編綫以上部位）塗墨，長約一·七、寬〇·五厘米。正、背面的符號、文字相同。功令，篇題。《漢書·儒林列傳》「請著功令」師古曰：「新立此條，請以著於功令。功令，篇名，若今選舉令。」竹簡《功令》是關於官吏任免的令文彙編，核心内容是依功勞考課來決定官吏的選拔、遞補、升遷和免職。秦代有《功令》，見於《嶽麓書院藏秦簡（肆）》簡二〇八：「縣以攻（功）令任除有秩吏」。

一　丞相行御史事言〔注一〕，議以功勞置吏。二

【注　釋】

〔一〕一，本條令的編號，位於竹簡頭端上編綫之上。行，高秩級官員兼理低秩級官員事務。《漢書·淮南衡山濟北王傳》：「丞相張蒼，典客馮敬行御史大夫事。」御史，御史大夫省稱。

●諸上功勞皆上爲漢以來功勞〔注一〕，放（仿）式以二尺牒各爲將（狀）〔注二〕，以尺三行皆參（三）折好書〔注三〕，以功多者爲右次編〔注四〕，上屬所二千石官，二千石官謹以　庚〔注五〕三式案致〔注六〕，上御史、丞相，常會十月朔日〔注七〕。有物故不當遷者〔注八〕，輒言除功牒〔注九〕。　已〔注一〇〕四

【注　釋】

〔一〕頭端以墨點提示令文的開始。本組簡文皆無數字編號。簡文内容包含功勞文書的格式和官吏考課、任用的總則。勞，官吏以日爲計的考績。功，比「勞」高一級的考績計量單位。若干視事、從軍時日（勞）和軍功（捕虜、斬首）可分別折合爲「一功」，參看簡一二、一三之規定。上爲漢以來功勞，上報在漢朝任職以來的功勞，不計入在秦朝任職期間的功勞。

〔二〕放（仿）式，仿照「功將（狀）式」。二尺牒用作多種文書的載體，如：《漢書·申屠嘉傳》「嘉爲檄召通詣丞相府」師古曰：「檄，木書也，長二尺。」《漢書·元帝紀》「得爲大父母父母兄弟通籍」應劭曰：「籍者，爲二尺竹牒。」蔡邕《獨斷》：「策書。策者，簡也。《禮》曰：『不滿百文，不書於策。』其制長二尺，短者半之，其次一長一短，兩編，下附篆書，起年月日，稱皇帝曰，以命諸侯王、三公。」將，讀作「狀」（詳看簡五注四）。《玉篇·犬部》：「狀，書狀。」《漢書·趙充國傳》：「充國上狀曰……」

〔三〕三行，直書三行文字。三折，文字横向隔斷成三欄。折，《説文》：「斷也。」「功將（狀）」文書格式參看《居延新簡》EPT50：10。

〔四〕以功多者爲右次編，指功多者列於右邊，即文書前部，功少者隨其後，列於其左。

〔五〕庚，天干編號，位於竹簡末端左側。本條令文分書於兩枚竹簡，「庚」位於前簡之尾，而非本條令尾。本篇天干編號早於簡首的數字編號。

〔六〕式，法式，範式。《詩·周頌·我將》「儀式刑文王之典」孔疏：「式者，法式。」此簡之「式」與《睡虎地秦墓竹簡·封診式》之「式」類似，指規定的程式、範式。《東觀漢記·光武紀》：「舊制上書，以青布囊素裹封書，不中式不得上。」案致，審查。《二年律令》簡二二〇：「縣道官有請而當爲律令者，各請屬所二千石官，二千石官上相國、御史，相國、御史案致，當請，請之，毋得徑請者。」三國時代出土文字資料研究班訓爲「審查」（《江陵張家山漢墓出土〈二年律令〉譯注稿　その（二）》）。

〔七〕會，總計。《周禮·天官·大宰》：「歲終，則令百官府各正其治，受其會。」鄭注：「會，大計也。」常會十月朔日，年度上計的時間。

〔八〕物故，事故。《墨子·號令》：「屯陳、垣外術衢街皆樓，高臨里中，樓一鼓，聾竈。即有物故，鼓，吏至而止，夜以火指鼓所。」孫詒讓《墨子閒詁》：「物故，猶言事故，言有事故則擊鼓也。」

〔九〕除，授。《漢書·景帝紀》「初除之官」如淳曰：「凡言除者，除故官就新官也。」「有物故不當遷者，輒言除功牒」指因故未按規定升遷者，就原秩

級累計功勞。

〔一〇〕已，此字位於中編綫下不遠處，似爲校對記號。

●左方上功勞式〔注一〕五壹
某官某吏某爵某功勞六壹
爲某吏若干歲月其若干治獄七壹
從軍爲某吏若干歲月八壹
●凡爲吏若干歲月其若干從軍九壹
●凡軍功勞若干一〇壹
●凡中功勞若干一一壹

今爲某官若干歲七貳
能某物〔注二〕八貳
年若干〔注三〕九貳
某縣某里一〇貳
姓某氏一一貳

●左方功將（狀）式〔注四〕五貳
某官某吏某爵某功將（狀）六貳
軍功勞若干七叁
中功勞若干八叁
●凡功若干九叁
今爲某官若干歲一〇叁
能某物一一叁

大凡功若干〔注五〕六叁
某縣某里七肆
姓某氏八肆
秩若干石九肆

【注釋】

〔一〕「●左方上功勞式」和「●左方功將（狀）式」分欄書寫，現按原格式排列。上功勞式，自占功勞文書的範本。文中的「某」「若干」分別指代上報者姓名和有關的數字（參看邢義田《治國安邦：法制、行政與軍事》，第四五〇至四七二頁）。

〔二〕能某物，指《居延新簡》EPT50：10記載的「能書會計、治官民、頗知律令」中的某項或其他專長。

〔三〕年，年齡。

〔四〕功將（狀）式，記載功勞文書的範本。居延漢簡有「功將」一詞，如《居延新簡》EPT50：10「居延甲渠候官第十隧長公乘徐譚功將」。多數學者認爲，「功將」是「功勞墨將」的省稱。唐蘭認爲，「將」是「狀」之誤（《「蔑曆」新詁》）。北京大學歷史系《論衡》注釋小組有相同的看法（《論衡注釋》，第七三一頁）。李天虹認爲「將」非誤字，但以音近可讀爲「狀」，狀況之意（《居延漢簡簿籍分類研究》，第一四四頁）。就簡文看，「功將（狀）」是某人功勞的分項和累計，是從政、從軍的履歷。

〔五〕大凡功若干，墨迹淡，書體也與其他字不類，似後補入。

吏自佐史以上〔注一〕，各以定視事日自占勞〔注二〕，勞盈歲爲中勞〔注三〕，中勞四歲爲一功〔注四〕。從軍勞二歲亦爲一功〔注五〕。壬〔注六〕一二身斬首二級、若捕虜二人各爲一功。軍論之爵二級爲半功〔注七〕。一三

【注釋】

〔一〕佐史，漢代吏員的最低一級，秩等在「斗食」之下。《二年律令》簡二九一、二九二：「賜不爲吏及宦皇帝者……不更比有秩，簪裹比斗食，上造、公

士比佐史。」《漢書·百官公卿表上》：「百石以下有斗食、佐史之秩，是爲少吏。」師古曰：「《漢官名秩簿》云斗食月奉十一斛，佐史月奉八斛也。一説，斗食者，歲奉不滿百石，計日而食一斗二升，故云斗食也。」顔師古注中的「斛」是容量單位，近似王莽改制前的容量「石」。

〔三〕定，確定。定視事日，指減去病、事假和告歸，奪勞等「不爲勞」後的實際視事天數。另加「賜勞」天數，即「上功勞式」和「功將（狀）式」中的「若干歲月」。自占勞，自行申報「勞」的天數（若干歲、月、日）。

〔三〕中，合。《大戴禮記·勸學》「木直而中繩」王聘珍《大戴禮記解詁》：「中，合也。」中勞，合於「勞」的標準。《睡虎地秦墓竹簡·秦律雜抄》簡一五、一六：「●敢深益其勞歲數者，貲一甲，棄勞。●中勞律。」勞盈歲爲中勞，即勞滿一年，爲中勞一。

〔四〕中勞四歲爲一功，中勞四歲折合一功。這裡的「功」和「勞」是按在同一秩級任職時日計算，升遷後的功勞重新計算，不與此前的功勞累計。「中勞四歲爲一功」的折算方式也見於里耶秦簡 10-15：「凡十五歲九月廿五日，凡功三、三歲九月廿五日。」（《里耶秦簡博物館藏秦簡》，第一一八頁）漢代沿襲秦制未改。

〔五〕從軍，在軍中服役、任職。

〔六〕壬，天干編號，位於竹簡末端。釋文空一字排版。後不俱注。

〔七〕軍論之爵，按軍功勞授爵。參看《睡虎地秦墓竹簡·秦律十八種·軍爵律》簡一五三「從軍當以勞論及賜」整理者：「論，論功授爵。賜，賞賜財物。」

上功勞不以實二歲若一功以上，奪爵二級。不盈二歲至六月及半功，奪爵一級，皆免之。●詔所致不用此令。　戊一四

●中二千石有缺，課郡守以補之〔注一〕。郡尉補郡守〔注二〕，它吏千石補二千石。　八百石補千石，六百石補八百石。五百石補六一五百石。四百石補五百石。三百石補四百石。二百石補三百石。斗食、學一六佴通課補有秩〔注三〕，有秩通課補有秩乘車〔注四〕，有秩乘車通課補丞尉〔注五〕。令史通課補屬尉佐〔注六〕，屬尉佐通課補卒史〔注七〕，卒【史】補丞尉、丞相大尉一七史〔注八〕。丞相大尉史年五十以下治獄者補御史〔注九〕，御史補六百石，不當補御史者與秩比通課。謁者、郎中亦上功勞〔注一〇〕，謁者一八其補六百石以上者當聞〔注一一〕。一九

【注　釋】

〔一〕本組簡文是官吏依秩級升遷的規定。中二千石，京師官署的二千石官，有別於郡的同秩官吏。勞榦《秦漢九卿考》：「中二千石之中，亦如中尉之中，猶言京師。京師之二千石乃對郡國之二千石而言。」（《漢代政治論文集》，第八六六頁）據《漢律十六章·朝律》記載，出席朝賀官吏皆依秩級高低排序站位，文職官員以丞相爲首，次位是「吏二千石」，并無「中二千石」，文帝前元時期的「中二千石」或非秩級，係專指京師官署的二千石吏。課，考核。《後漢書·朱浮傳》：「而光武、明帝躬好吏事，亦以課覈三公。」李賢注：「課其殿最，覈其得失。」以下簡文多省略「課」字。

〔二〕據《二年律令》簡四四〇、四四一，郡守、尉秩級皆二千石。年代較晚的《漢書·百官公卿表上》記郡尉秩比二千石，低於二千石。

〔三〕斗食，《漢書·百官公卿表上》：「百石以下有斗食、佐史之秩，是爲少吏。」師古曰：「《漢官名秩簿》云斗食月奉十一斛，佐史月奉八斛也。一説，斗食者，歲奉不滿百石，計日而食一斗二升，故云斗食也。」學佴，見於《二年律令》簡四七四，整理者：《爾雅·釋言》：「佴，貳也」。學佴，輔導者。有秩，此指「有秩毋乘车」，其秩級高於斗食，低於有秩乘車。《二年律令》簡四七〇：「都官之稗官……有秩毋乘車者，各百廿石。」

〔四〕有秩乘車，比「有秩毋乘車」高一級。《二年律令與奏讞書》簡四七一、四七二：「縣、道司馬、候、厩有乘車者，秩各百六十石。」

〔五〕丞尉，縣丞、縣尉。《漢書·百官公卿表上》：「縣令、長……萬户以上爲令，秩千石至六百石。減萬户爲長，秩五百石至三百石。皆有丞、尉，秩四百石至二百石，是爲長吏。」

〔六〕令史，秩級爲斗食。《二年律令》簡二九七：「賜吏酒食，衛（率）秩百石而肉十二斤、酒一斗；斗食令史肉十斤，佐史八斤，酒七〔升〕。」屬尉佐，二千石官署的佐史。《史記·儒林列傳》「乃擇掌故補中二千石屬」《索隱》引蘇林曰：「屬亦曹吏，今縣官文書解云『屬某甲』。」又，「文學掌故補郡屬」，秩級在二百石至百一十石（參看周海鋒《秦官史法研究》，第二一七至二一九頁）。

〔七〕卒史，二千石官署的屬吏，秩級百石或二百石。《史記·儒林列傳》：「公孫弘爲學官……請選擇其秩比二百石以上，及吏百石通一藝以上，補左右内史、大行卒史；比百石已下，補郡太守卒史：皆各二人，邊郡一人。」《漢書·兒寬傳》：「兒寬……以射策爲掌故，功次，補廷尉文學卒史。」臣瓚曰：「《漢注》卒史秩百石。」《漢書·循吏傳》黄霸「後復入穀沈黎郡，補左馮翊二百石卒史。」

〔八〕丞、尉史，二千石官署的丞、尉屬吏。丞相，據《漢書·百官公卿表上》，西漢初年置相國，孝惠、高后置左、右丞相。丞相史，丞相屬官。《漢書·嚴安傳》：「嚴安者，臨菑人也。以故丞相史上書。」大尉，亦稱太尉，不見於《二年律令》。據《漢書》，文帝三年「罷太尉官，屬丞相」，至景帝三年復設。《漢書．景帝紀》：三年「遣太尉亞夫、大將軍竇嬰將兵擊之。」《功令》所記大尉一職當設於文帝三年之前。

〔九〕御史，御史大夫屬吏。《二年律令》簡二九六：「御史比六百石。」

〔一〇〕謁者、郎中，屬宦皇帝者（參看裘錫圭《説「宦皇帝」》），參看簡三四、三七。據令九十六（簡一七一、一七二），謁者係中大夫（令）屬吏。《漢書·百官公卿表上》：「謁者掌賓讚受事，員七十人，秩比六百石。」郎中，郎中令屬吏。《漢書·百官公卿表上》：「議郎、中郎秩比六百石，侍郎比四百石，郎中比三百石。」

〔一一〕聞，向皇帝報告。《晏子春秋·問上六》：「臣數以聞，而君不肯聽也。」

吏有缺，謹以功勞次補之〔注一〕。二〇

【注釋】

〔一〕以功勞次，依功勞多寡的次序。此令重見於令五（簡四一）。

吏缺多而當補者少，益取其次。二一

御史、丞相襍補屬尉、佐以上〔注一〕，二千石官補有秩嗇夫，其有秩、有秩乘車嗇夫二三其所當遷未有缺，二千石官、御史各以其所當遷補官秩聞，令自遷其官如詔。二三有缺，以久次徙補〔注二〕。二四

【注釋】

〔一〕御史，御史大夫省稱。襍，共。《漢書·雋不疑傳》「詔使公卿將軍二千石雜識視」師古曰：「雜，共也。」

〔二〕久次，《後漢書·黄琬傳》「以高功久次才德尤異者爲茂才四行」李賢注：「久次謂久居官次也。」

縣道官自次官史、佐勞，補斗食、令史，勿上〔注一〕。其當逋〈補〉令史者，必嘗長曹二歲、壹計以上〔注二〕，年卌八以下，乃用之。 壬二五

【注釋】

〔一〕此項規定可對照《嶽麓書院藏秦簡（肆）》簡二〇七至二〇九：「置吏律曰：縣除有秩吏，各除其縣中。其欲除它縣人及有謁置人爲縣令、都官長、丞、尉、有秩吏，能任者，許之。縣及都官嗇夫其免徙而欲解其所任者，許之。新嗇夫弗能任，免之，縣以攻（功）令任除有秩吏。任者免徙，令其新嗇夫任，弗任，免。害（憲）盜，除不更以下到士五（伍），許之。」

〔二〕長，《廣雅·釋詁一》：「常也。」曹，官署下設的分科辦事部門。《墨子·號令》「吏卒侍大門中者曹無過二人」岑仲勉注：「曹猶今言『處』或『科』。」（《墨子城守各篇簡注》，第一〇五頁）《史記·高祖本紀》「蕭何爲主吏」《集解》引孟康曰：「主吏，功曹也。」功曹，主管官吏功勞的部門。里耶秦簡記有倉曹、吏曹、户曹、司空曹、尉曹、獄東曹、獄西曹等，皆是秦遷陵縣下屬的事務部門。壹計，簡五五作「一計」，上計一次，指吏員功勞考課須每年上計，參看肩水金關漢簡73EJT31：163：「●功令：諸自占功勞，皆訖其歲，與計俱。初視事若有物故後其等，不上功；來歲，并數上。」（參看徐世虹《肩水金關漢簡〈功令〉令文疏證》）吏員考課升遷的條件可參看簡二六。

吏官佐史、令史、斗食、有秩視事盈二歲以上，年五十以下至廿五；有軍功三、爵公大夫以上欲上功勞〔注一〕，許之，通課補。 庚二六其斬首、捕虜，若有它軍論者，具署之〔注二〕。其有秩乘車以上，官徹疏之〔注三〕。二七

【注釋】

〔一〕公大夫，又名七大夫。《漢書·高帝紀下》：「七大夫、公乘以上，皆高爵也。」又，「其七大夫以上，皆令食邑」，臣瓚曰：「秦制，列侯乃得食邑，今七大夫以上皆食邑，所以寵之也。」師古曰：「七大夫，公大夫也，爵第七，故謂之七大夫。」此令背景可參看漢高祖五年詔。

〔二〕具，皆。《詩·小雅·四月》：「秋日凄凄，百卉具腓。」鄭箋：「具，猶皆也。」署，書，記録。《漢書·鄭當時傳》「翟公大署其門」師古曰：「署謂書之。」

〔三〕徹，通。

丞、尉嘗爲軍吏遂（燧）將以上、年五十以下至廿五〔注一〕；史有軍功三、爵公大夫以上〔注二〕，上功勞中尉〔注三〕，中尉謹擇其可以爲吏者次二八功勞上御史、丞相，御史、丞相以補軍吏。所擇不勝任及有罪耐以上〔注四〕，擇者罰金一斤，二九吏罷官〔注五〕。三〇

【注　釋】

〔一〕燧將，疑指西北邊境地區秩六百石的軍吏，參看令十四（簡六五）。

〔二〕史，書佐。《周禮·天官·叙官》：「府，六人；史，十有二人。」鄭注：「史，掌書者。凡府、史，皆其官長所自辟除。」

〔三〕中尉，《二年律令》簡四四〇、四四一載，中尉秩二千石。中尉「掌徼循京師」，兼管官吏任用。前者見於《漢書·百官公卿表上》，後者見於《二年律令》簡二一五：「受（授）爵及除人關於尉。」秦代對補軍吏者資格和自占責任都有明確規定，如《嶽麓書院藏秦簡（肆）》簡二二〇至二二二：「●置吏律曰：……補軍吏、令、佐史，必取壹從軍以上者，節（即）有軍殹（也），遣卒能令自占，自占不審及不自占而除及遣者，皆貲二甲，廢。」

〔四〕有罪耐以上，指犯有當處「耐」以上的罪。耐，剃去鬢髮。《漢書·高帝紀下》「令郎中有罪耐以上」應劭曰：「輕罪不至於髡，完其耏鬢，故曰耏。」

〔五〕罷官，免職。《淮南子·時則》「罷官之無事、器之無用者」高誘注：「罷，省。」

丞、尉以上有缺未補，二千石官調令旁近官守焉〔注一〕。有秩乘車以下，令、丞亦令近者守，皆須其真吏到罷之〔注二〕，三一敢擅免者奪爵一級。丞、尉以上當免者，二千石官、二千石官丞弗先得，罰金各四兩。三二

【注　釋】

〔一〕守，署理。《漢書·鮑宣傳》：「好學明經，爲縣鄉嗇夫，守束州丞。」

〔二〕真，實授官職。

當上功勞其爲死事者後〔注一〕，所爲後有身斬首爵及捕虜，得數以爲功〔注二〕。三三

【注　釋】

〔一〕死事，死於戰事。《睡虎地秦墓竹簡·秦律雜抄》簡三七：「戰死事不出，論其後。」整理者：死於戰事，《吴子·勵士》：「有死事之家，歲使使者勞賜其父母，著不忘於心。」《二年律令與奏讞書》：「死事」指因公殉職，亦見《二年律令·置後律》三六九號簡（第一四九頁）。

〔二〕數，計。

吏及宦皇帝者秩六百石以上及　謁者、御史以老免若罷官〔注一〕，及病而免者，皆勿事。丁三四如罷官，其郎中欲復宦者，許之。縣中吏得上功勞與它縣官吏通課、遷。三五

【注釋】

〔一〕宦皇帝，指侍臣內官，大致可以分爲四類：中大夫、郎官、謁者和太子舍人，其長官則分別是中大夫令、郎中令、謁者令和太子的家吏（如後來的太子率更令之類）（參看閻步克《論張家山漢簡〈二年律令〉中的「宦皇帝」》）。「謁者」前一字刮去，疑是誤寫。

吏及宦皇帝者病不能視事，及有論毄（繫）盈三月者〔注一〕，免之。病有瘳、論事已〔注二〕，及罷官當復用者，皆復用如其故官。　戊三六
各以其秩與外吏課功勞，郎中比謁者〔注三〕。不欲爲吏，署功牒。三七

【注釋】

〔一〕論，論罪。《後漢書·魯丕傳》「坐事下獄司寇論」李賢注：「決罪曰論，言奏而論決之。」繫，拘留。《玉篇·系部》：「約束留滯也。」

〔二〕瘳，病愈，《說文·疒部》：「疾愈也。」

〔三〕郎中，《漢書·百官公卿表上》：「郎掌守門户，出充車騎，有議郎、中郎、侍郎、郎中，皆無員，多至千人。」

●故司馬洛都、望都公大夫中意將屯〔注一〕，後罷，復如等〔注二〕。三八

【注釋】

〔一〕司馬，都尉屬官。洛都，《漢書·地理志》屬上郡。望都，《漢書·地理志》屬中山郡。將屯，將屯兵（勞榦《居延漢簡考證》第五三頁）。《史記·傅寬列傳》「徙爲代相國，將屯」《集解》：「律謂勒兵而守曰屯。」《索隱》：「孔文祥云『邊郡有屯兵，寬爲代相國兼領屯兵，後因置將屯將軍也。』」

〔二〕復如等，復用如原秩級。

二　議：發弩、校長、髳長、候長當補乘車而不史者〔注一〕，令上功丞相、御史，丞相、御史以補塞尉、城尉二百石吏〔注二〕。三九

【注釋】

〔一〕據《二年律令·津關令》十二（簡五〇九）「相國議……」，此令「議」前省略文字應是相國、丞相或御史大夫。發弩，此指管理發弩的低級軍吏。縣設有發弩嗇夫，見於《睡虎地秦墓竹簡·秦律雜抄·除吏律》簡二「●除士吏、發弩嗇夫不如律，及發弩射不中，尉貲二甲。」校長，見於《睡虎地秦墓竹簡·封診式·群盜》。于豪亮《雲夢秦簡所見職官述略》：秦簡的校長是亭長的別稱（《于豪亮學術文存》）。髳長，張家山二四七號漢墓竹簡《奏讞書》簡九二有「新郪信、髳長蒼謀賊殺獄史武」，廖伯源：「髳長是縣屬吏無疑」（《漢初縣吏之秩階及其任命——張家山漢簡研究之一》）。候長，燧長的上一級官吏。依《功令》簡一六、一七「斗食、學佴通課補有秩，有秩通課補有秩乘車」，本簡的發弩、校長、髳長、候長皆屬有秩。據《二年律令》簡四七一、四七二，發弩、校長、髳長之秩皆百廿石。不史，不善文書。《漢書·兒寬傳》：「時張湯爲廷尉，廷尉府盡用文史法律之吏。」師古曰：「史謂善史書者。」《二年律令》簡四七五：「國史學童以十五篇」，整理者：十五篇，指《史籀篇》。《漢書·藝文志》：「《史籀》十五篇」。

〔二〕塞尉、城尉，《二年律令》簡四六九：「縣有塞、城尉者，秩各減其郡尉百石。道尉秩二百石。」對照《二年律令·津關令》，此令省略後部的格式化套語，如「某

某以聞」「制曰可」等。《功令》的多數令文都是原文的節略。

三　武都道、羌道、平樂皆蠻夷〔注一〕，守課此道斗食、令史功勞多者補其有秩〔注二〕，有秩補其有秩乘車，它如律令。四〇

【注釋】

〔一〕武都道，見於《二年律令》簡四五二，整理者：漢初疑屬雲中郡。《漢書·地理志》歸屬五原郡。羌道，《漢書·地理志》歸屬隴西郡。平樂，見於《二年律令》簡四五三，整理者：漢初屬廣漢郡。《漢書·地理志》歸屬武都郡。

〔二〕守，指以上三縣道所在郡的郡守。

四　吏有罪罰及坐不廉、不平端免者〔注一〕，皆遣戍二歲。　戍四一

【注釋】

〔一〕廉，《大戴禮記·文王官人》「觀其絜廉務行而勝其私也」王聘珍《大戴禮記解詁》：「廉，不貪。」不廉，貪得。「不廉」的界定，可參看令七十六（簡一三一）。平端，即端平。參看簡五〇注一。

五　功令：吏有缺，以功勞次補之〔注一〕。故諸侯子徙關中者頗有史、可以爲吏〔注二〕，用之不癮（應）令〔注三〕。議：令郡守、縣令擇諸侯子徙其　己四二郡、縣，史可以爲吏者，以補乘車以下吏，令與故民爲吏者相襍。其可以爲丞、尉以上者，御史、丞相用之，毋以功勞次〔注四〕。四三

【注釋】

〔一〕引用令文見簡二〇。

〔二〕頗有史，善史書，與「不史」相對。

〔三〕不應令，不響應令條，不合令條。《漢書·匡衡傳》：「衡射策甲科，以不應令除爲太常掌故。」師古曰：「投射得甲科之策，而所對文指不應令條也。《儒林傳》說歲課甲科爲郎中，乙科爲太子舍人，景科補文學掌故。今不應令，是不中甲科之令，所以止爲掌故。」本簡「故諸侯子徙關中者……用之不應令」是引用已頒布的令條。

〔四〕「議……毋以功勞次」是對前引兩條舊令的更改。

六　諸侯邑民爲它縣、道官吏有秩以上，皆勿罷。四四

七　請：大（太）僕右廄、詹事廄佐史缺〔注一〕，擇官屬善書、習馬事者補不足，及少府、長信詹事官屬、長安市佐史有缺〔注二〕，移中尉〔注三〕，中尉調下四五屬旁官〔注四〕。四六

【注釋】

〔一〕大（太）僕右廄，太僕屬官。據《二年律令》簡四四〇、四四一，太僕秩二千石。《漢書·百官公卿表上》：「太僕，秦官，掌輿馬，有兩丞。屬官有大廄、未央、家馬三令。」《二年律令》簡四六三有「右廄」，即右廄長，秩六百石。詹事，《漢書·百官公卿表上》：「詹事，秦官，掌皇后、太子家，有丞。」師古曰：「皇后、太子各置詹事，隨其所在以名官。」屬官有廄長丞。

〔二〕少府，《漢書·百官公卿表上》：「少府，秦官，掌山海池澤之稅，以給共養。」長信詹事，掌皇太后宮。據《漢書·百官公卿表上》，下屬中長秋、私府、永巷、倉、廄、祠祀、食官令長丞。《二年律令》以秩二千石的「長信詹事」取代「詹事」，是專爲吕后所設。本令「詹事」，或爲文帝恢復。長安市，内史屬官。《漢書·百官公卿表上》：「内史……屬官有長安市、廚兩令丞。」《二年律令》簡四六一至四六四載，長安市秩六百石。

〔三〕由「少府、長信詹事官屬、長安市佐史有缺，移中尉」可知，中央各部門及内史屬吏的任免由中尉管理。

〔四〕調下屬旁官，可參看《二年律令》簡二一八「都官除吏官在所及旁縣道。都官在長安、櫟陽、雒陽者，得除吏官在所郡及旁郡。」

●苑見（現）馬六百匹以上〔注一〕，嗇夫有秩。不盈六百匹，斗食如故。過千匹，嗇夫有秩乘車〔注二〕，各以見（現）馬數案四七苑秩課。三歲比最〔注三〕，遷一等；三歲比殿，免之。比歲工（功）課〔注四〕。●請苑馬八百匹以上嗇夫有秩，毋許其爲乘車〔注五〕。四八

【注釋】

〔一〕簡文前墨點位於竹簡上編綫之上，提示本組令文的開始。

〔二〕《二年律令》簡四七〇：「都官之稗官及馬苑有乘車者，秩各百六十石，有秩毋乘車者，各百廿石。」

〔三〕最，考課位列第一。《漢書·宣帝紀》「丞相御史課殿最以聞」師古曰：「殿，後也，課居後也；最，凡要之首也，課居先也。」

〔四〕比歲，連年。《漢書·食貨志下》「衛青比歲十餘萬衆擊胡」師古曰：「比歲，頻歲也。」工（功）課，考功課吏。

〔五〕本組令文由兩部分組成，「●苑見（現）馬六百匹以上……比歲工（功）課」是引述已有的令文，「●請……乘車」是向皇帝的請示，即「苑馬八百匹以上嗇夫有秩」不許升爲有秩乘車。

八　諸上功勞廉者，署之。四九

御史、丞相謹察諸吏行諶（甚）端平、廉絜、毋害、孝弟、脩日有以異者〔注一〕，請遷之，毋以次〔注二〕。五〇

【注　釋】

〔一〕端平，公允。《禮記·月令》：「决獄訟，必端平。」鄭注：「端，猶正也。」孫希旦《禮記集解》：「端，謂明於曲直之辨而無所枉。平，謂得乎輕重之宜而無所頗。」絜，亦作「潔」。廉絜，《楚辭·招魂》：「朕幼清以廉潔兮，身服義而未沬。」王逸注：「不受曰廉，不汙曰潔。」毋害，或作「無害」。《史記·蕭相國世家》「以文無害爲沛主吏掾」《集解》引《漢書音義》：「文無害，有文無所枉害也。律有無害都吏，如今言公平吏。一曰，無害者如言『無比』，陳留間語也。」孝弟，《論語·學而》「其爲人也孝弟」朱熹集注：「善事父母爲孝，善事兄長爲弟。」脩日，日日脩行。阮籍《大人先生傳》：「束身脩行，日慎一日。」《漢書·張湯傳》：「湯至於大吏，内行脩也。」

〔二〕由「御史、丞相謹察」推知，此令是由詔書改寫而成。

九　吏廉絜、平端者，吾甚欲得而異遷及有（又）以賞禄之。前日詔吏謹察諸吏廉絜、平端者用之〔注一〕。今二千石官、郡五一守未嘗有言良吏者，甚不稱吾欲癘（厲）吏之意〔注二〕。其令二千石官、郡守各謹察諸吏廉絜、平端、毋害者，具署官秩、五二所以異之狀，徑上，會十月朔日，且以智（知）二千石官、郡守能獨察其吏者。它如前詔，亟下〔注三〕。五三

【注　釋】

〔一〕前日詔，或指簡五〇所記詔書。

〔二〕癘，讀作「厲」，勸勉、砥礪。《漢書·儒林傳》「以厲賢材焉」師古曰：「厲，勸勉之也，一曰砥厲也。」

〔三〕此令是由詔書改寫而成。

十　諸吏橢（惰）倪欲避吏者〔注一〕，皆免，令戍三歲〔注二〕，毋得以爵、賞除戍，錮〔注三〕，及子終身毋得爲吏。犯令及吏除者，皆奪爵各一級。　乙五四

縣、縣遣官佐史、丁壯〔注四〕，嘗主事一歲、若嘗一計以上、勞多者補〔注五〕。遣之不次，及書到縣留弗遣、遣五五不行盈廿日，皆以隨（惰）倪避吏令論之〔注六〕。中尉所調視事盈四歲未遷者〔注七〕，得移功勞五六副居縣〔注八〕，與其官佐史通課，補斗食、令史，官有缺亦用之。其已遷爲斗食、令史，視事盈五七六歲以上，亦移功勞副居縣，居縣斗食、令史有缺，以久次徵用，各如其官。五八

【注　釋】

〔一〕惰倪，懈怠、傲慢。《管子·正世》「力罷則不能毋墮倪」尹知章注：「倪，傲也。謂疲墮而傲從也。」俞樾《諸子平議·管子四》：「尹注曰：『倪，

傲也』，則『墮』當讀爲『惰』。『惰』與『傲』義相近。《輕重戊篇》『歸市亦惰倪』，是其證。」避吏，躲避職事、調任。

〔二〕戍，守邊。《史記·陳涉世家》：「發閭左適戍漁陽。」

〔三〕錮，《説文·金部》：「鑄塞也。」引申爲禁止。簡文「錮」指禁止「以爵、賞除戍」（參看張伯元《出土法律文獻研究》第二二八至二三〇頁）。類似文例見於《二年律令》簡三八：「父母告子不孝，其妻子爲收者，皆錮，令毋得以爵償、免除及贖。」張家山二四七號漢墓竹簡《奏讞書》簡六五：「平當耐爲隸臣，錮，毋得以爵、當賞免。」

〔四〕遣，派遣，调任。

〔五〕主事，主持部門事務，如縣廷之曹。

〔六〕惰倪避吏令，見令十（簡五四）。論，論罪。

〔七〕視事盈四歲未遷者，即滿一功未得升遷者。

〔八〕功勞副，功勞文書的副本。居縣，家庭户籍登記地所屬縣。參看令九十二（簡一五六）。

十一　議：屬尉佐有秩、斗食嗇夫、獄史、令史當治獄三歲以上，年卌五以下至卅，欲試〈試〉二千石官，縣道五九官遣詣廷〔注一〕，廷以大獄、獄計、奏瀻（讞）、律令有罪名者，試〈試〉之〔注二〕，并以廷史、郡治獄卒史員衛（率）十人而取試〈試〉高者六〇二人〔注三〕，上御史，以補郡二千石官治獄卒史。廷史缺，以治獄卒史上苐（第）補〔注四〕。所上畢，已用，御史告廷，試〈試〉以爲六一常。廷爲試〈試〉者，會日以道里計遣〔注五〕，勿令豫（預）先到長安。吏癄（應）令亦得會試〈試〉。六二

【注　釋】

〔一〕廷，廷尉。

〔二〕大獄，大案件。《後漢書·梁商傳》：「大獄一起，無辜者衆，死囚久繫，纖微成大。」獄計，年終上計的訴訟案件統計。亦見於居延漢簡二九三·七：「張掖郡肩水庾候官本始三年獄計　坐從軍假工官」。秦簡有《獄校律》，規定年終須向上級報告獄斷情況，如《嶽麓書院藏秦簡（肆）》簡三五四：「上其校獄屬所執法，執法各以案臨計。」讞，議罪。《漢書·景帝紀》：「諸獄疑，若雖文致於法而於人心不厭者，輒讞之。」師古曰：「讞，平議也。」奏讞，逐級上報疑案，請求裁决。《漢書·刑法志》：「高皇帝七年，制詔御史：『獄之疑者，吏或不敢决，有罪者久而不論，無罪者久繫不决。自今以來，縣道官獄疑者，各讞所屬二千石官，二千石官以其罪名當報之。所不能决者，皆移廷尉，廷尉亦當報之。廷尉所不能决，謹具爲奏，傅所當比律令以聞。』」

〔三〕員，人數，名額。《漢書·高惠高后文功臣表》「坐事國人過員」師古曰：「員，數也。」

〔四〕苐（第），次第。

〔五〕道里，路程。簡牘有「道里簿」，記載各地水陸里程，如《居延新簡》EPS4T2：159「☑亭閒道里簿☑」、EPT59：582《傳置道里簿》所記爲亭隧、傳置間里程。

十二　廄官乘車節（即）缺〔注一〕，請自擇官有秩、斗食明馬事者補〔注二〕。六三

【注釋】

〔一〕廄官，或令七（簡四五）所指大（太）僕右廄、詹事廄。乘車，「有秩乘車」簡稱。

〔二〕此令允許大（太）僕右廄、詹事廄自選有秩乘車，是對令七的補充。

十三　請：功次當用而能不宜其官者〔注一〕，相國、御史擇同秩功次。吏署能不以實，奪爵一級。　庚六四

【注釋】

〔一〕功次，同秩官吏按功勞多少的排序，「以功多者爲右次編」（簡三）。能，能力，指「上功勞式」和「功將（狀）式」規定的「能某物」。「能不宜其官」之例，如《居延新簡》EPT51：63：「甲渠當曲隧長□里公乘張札年卌七　能不宜其官換爲殄北宿蘇第六隧長代徐延壽。」

十四　故軍吏遂（燧）將以上，諸已贊奏名籍上相國、御史者，皆勿事，比六百石吏罷官〔注一〕。　丁六五

●制詔相國、御史：諸侯王若丞相、御史及漢將所置軍吏候、尉、丞以上，從軍罷，家在諸侯者，皆贊奏，王臧（藏）其籍，丞相、御史復，比六百石。　丁〔注二〕六六

【注釋】

〔一〕比六百石吏罷官，即比照簡三四的規定：「吏及宦皇帝者秩六百石以上及謁者、御史以老免若罷官，及病而免者，皆勿事」。

〔二〕以上兩令皆有干支編號「丁」，原或相連。

十五　議：二千石官、縣道毋得除叚（假）廷史、卒史、屬尉佐、令史、官佐史〔注一〕，犯令及所除視事盈十日，雖毋除書、不手書，皆以六七橢（惰）倪避吏令論之。轉輸粟、芻稾若其真吏缺未補，繇（徭）給它官事出郡、縣道官界盈三月，得置叚（假），置叚（假）令六八史以上必以功勞次，不以次亦以令論之。將轉輸粟、芻稾〔注二〕，眞（真）吏不足及軍屯不用此令。六九御史、丞相前令所置守、叚（假）吏皆上功勞〔注三〕，與其所守、叚（假）、真官通課。七〇

【注釋】

〔一〕叚（假），代行、權置。《史記·項羽本紀》「乃相與共立羽爲假上將軍」《正義》：「未得懷王命也。假，攝也。」

〔二〕將，押送。「將轉輸粟、芻稾」指帶領、押運轉運粟、芻稾的吏員。《二年律令》簡二一五：「船車有輸，傳送出津關，而有傳嗇夫、吏，嗇夫、吏與敦長、方長……」中的「傳」，《二年律令與奏讞書》改釋爲「將」，「將，押送。又，《盜律》六五號簡『若縛守將人而強盜之』的『將』作『押送』

解。『將嗇夫』和『將吏』是負責押送的官員。」（第一八一頁）

〔三〕守，試守。《漢書·趙廣漢傳》：「從軍還，復用守京兆尹，滿歲爲真。」

十六　賈人身有市籍若其父、母、妻、子及其大父母、同産與同居而有市籍爲賈人者〔注一〕，皆不得爲吏及宦，犯令者庚〔注二〕七一奪爵爲士五（伍），吏智（知）其不當爲吏而上功勞及除者，與同罪。七二

【注釋】

〔一〕市籍，商賈的户籍。《史記·平準書》：「賈人有市籍者，及其家屬，皆無得籍名田，以便農。」《漢書·景帝紀》：「有市籍不得宦。」大父，《史記·留侯世家》「大父開地」《集解》引應劭曰：「大父，祖父。」大母，《漢書·文三王傳》「親平王之大母也」師古曰：「大母，祖母也。」同産，《漢書·元后傳》「太后同産唯曼蚤卒」張晏曰：「同父則爲同産，不必同母也。」同居，《睡虎地秦墓竹簡·法律答問》簡二二：「可（何）謂『同居』？●户爲『同居』。」

〔二〕「庚」前有竪向墨道。

十七　吏爵或高而爲庳官，爵庳而爲高官，未有差〔注一〕。請：爵公大夫以上補六百石以上，大夫以上補五百石至二百石，上丙七三造以上補卒史、屬尉佐、有秩乘車至斗食學佴、令史〔注二〕。爵不癰（應）令而前用者，勿遷。七四

【注釋】

〔一〕差，次第。《漢書·董仲舒傳》：「且古所謂功者，以任官稱職爲差，非（所）謂積日絫久也。」師古曰：「差，次也。」

〔二〕此令再次明確爵與秩級的對應，并對簡一五至一九加以補充。《二年律令》簡二九一、二九二有類似的爵級與秩級的對應：「賜不爲吏及宦皇帝者，關内侯以上比二千石，卿比千石，五大夫比八百石，公乘比六百石，公大夫、官大夫比五百石，大夫比三百石，不更比有秩，簪裹比斗食，上造、公士比佐史。」

十八　臨光侯相言〔注一〕，相、丞、尉皆故漢吏，御史以詔遷。請得上功勞與漢吏通課。●相國、御史以聞，請詔所令御史爲侯邑置相、丞、　癸七五尉者，皆令上功勞與漢吏通課〔注二〕。七六

【注釋】

〔一〕臨光侯，或稱林光侯，吕后四年（公元前一八四年）吕須受封。據《漢書·樊噲傳》，吕后八年（公元前一八〇年）七月，臨光侯吕須及其子舞陽侯伉被殺。漢文帝復封樊噲庶子市人爲舞陽侯，臨光侯未復封。臨光侯相，列侯相，由封邑所在地縣令、長任。《漢書·百官公卿表上》：「徹侯……或曰列侯，改所食國令長名相。」

〔二〕此令頒布的年代上限是吕后四年，下限不遲於吕后八年七月。文帝時，臨光侯、臨光侯相已不復存，但「侯邑置相、丞、尉者，皆令上功勞與漢吏通課」的規定仍爲《功令》襲用。

廿　私府吏缺〔注一〕，請令中尉調以近縣補，後以爲常。七七

【注　釋】

〔一〕私府，皇后詹事屬官。《漢書·百官公卿表上》：「詹事，秦官，掌皇后、太子家，有丞。屬官……又中長秋、私府、永巷、倉、廄、祠祀、食官令長丞。諸宦官皆屬焉。」師古曰：「自此以上，皆皇后之官。」見於《二年律令》的私府吏有「私府監」「私府長」，「秩各五百石，丞三百石」。

廿一　秦〈奉〉常書言〔注一〕，史、卜、祝、尸、茜、御、杜主樂〔注二〕，治緈（騂）、治緈（騂）、治緈（騂）佐〔注三〕，宰、宰監，治豢皆疇〔注四〕。祝治緈（騂）、治緈（騂）佐、秘，爵頗五大夫〔注五〕，當以令七八罷〔注六〕。罷官或少不足以給事，及頗不欲去疇，請勿罷。七九

【注　釋】

〔一〕奉常，《漢書·百官公卿表上》：「奉常，秦官，掌宗廟禮儀，有丞。景帝中六年更名太常。屬官有太樂、太祝、太宰、太史、太卜、太醫六令丞，又均官、都水兩長丞，又諸廟寢園食官令長丞，有廱太宰、太祝令丞，五時各一尉。又博士及諸陵縣皆屬焉。」

〔二〕史，太史。卜，太卜。祝，太祝。尸，《説文·尸部》：「神像也。」此指祭祀時扮神者。茜，《説文·酉部》：「禮祭束茅加於裸圭而灌鬯酒是爲茜，象神歆之也……《春秋傳》曰：『爾貢苞茅不入，王祭不供，無以茜酒』。」御，侍。《詩·小雅·六月》「飲御諸友」鄭箋：「御，侍也。」簡文似指祭祀時進奉祭物者。杜主，《史記·封禪書》：「……而雍菅廟亦有杜主。杜主，故周之右將軍，其在秦中，最小鬼之神者。」杜主樂，指杜主祠樂人。《二年律令》簡四八六：「疇尸、茜、御、杜主樂皆五更，屬大祝。」「茜、御」，原釋文連讀，現據令文點斷。

〔三〕緈，讀作「騂」。《漢書·郊祀志上》「春夏用騂」師古曰：「騂，純赤色也。」此指祭祀所用赤色之牲。

〔四〕宰，太宰。《漢書·宣帝紀》「其令太官損膳省宰」師古曰：「膳，具食也，食之善者也。宰爲屠殺也。省，減也。」《漢儀注》太宰令屠者七十二人，宰二百人。」治豢，飼犬豕者。《史記·樂書》「夫豢豕爲酒」《集解》引鄭玄曰：「以穀食犬豕曰豢。」疇，《漢書·律曆志》「疇人子弟分散」如淳曰：「家業世世相傳爲疇。」

〔五〕頗，少。

〔六〕當以令罷，按令十七（簡七三、七四）規定罷官。

廿三　吏坐官當戍，戍日備〔注一〕，若解爵、買爵除戍〔注二〕，請當復用如故官秩，不當？●制曰：不當。八〇

【注　釋】

〔一〕戍，戍邊。《二年律令》簡七六：「盗出黄金邊關徼，吏、卒、徒部主者智（知）而出及弗索，與同罪；弗智（知），索弗得，戍邊二歲。」備，足。

〔二〕解爵，免去爵位。解爵除戍，免去爵位以替代戍邊的罪罰。

廿五　盧江郡斗〈久〉遠〔注一〕，吏民少，不足自給吏有秩以下，請得除國中它郡縣及得調發國中它郡、縣吏均焉〔注二〕。 八一

【注　釋】

〔一〕盧江郡，淮南國屬郡之一。《漢書·地理志》：「故淮南……縣十二。」斗，「久」之誤。久遠，《漢書·禮樂志》：「吾易久遠，燭明四極。」師古曰：「久猶長也，自言疆易遠大耳。」

〔二〕國，淮南國。高祖十一年（公元前一九六年）封子劉長爲淮南王，轄九江、衡山、盧江、豫章四郡。文帝六年（公元前一七四年），劉長因謀反罪，國除，所轄四郡歸屬中央。此令頒行時間當在漢文帝六年淮南國除之前。

廿六　議：令車騎士、材官皆相誰（推）大夫以上、材犺（伉）建（健）、勁有力、輕利足、辯護者〔注一〕，以爲卒長、五百將、候長〔注二〕，候長一人將幕候百廿人〔注三〕，上 八二 名牒屬所二千石官，二千石官上相國、御史，移副中尉。有物故不爲吏者，輒誰（推）補，槫定其籍〔注四〕，令上功勞。軍吏有缺，以 八三 功勞、官次補。縣道令、長、丞、尉必身案察所誰（推），誰（推）次之不以實，以任人不勝任令論令以下至吏主者〔注五〕。　置吏　子〔注六〕 八四

【注　釋】

〔一〕車騎士、材官，隸屬於郡的車騎和步兵。《後漢書·光武帝紀下》注引《漢官儀》曰：「高祖命天下郡國選能引關蹶張、材力武猛者，以爲輕車、騎士、材官、樓船，常以立秋後講肄課試，各有員數。平地用車騎，山阻用材官，水泉用樓船。」犺（伉）建（健），强健。《漢書·宣帝紀》：「選郡國吏三百石伉健習騎射者，皆從軍。」師古曰：「伉，强也。」辯護，善治理。《公羊傳》宣公十五年「什一行而頌聲作矣」何休注：「中里爲校室，選其耆老有高德者名曰父老，其有辯護伉健者爲里正，皆受倍田，得乘馬。」阮元校勘記：「按辯常作辨。辨即今人所用之辦字。辨護，謂能幹辦護衛也。」

〔二〕卒長，《二年律令》簡四四五：「卒長五百石。」五百將，軍吏名，見於《二年律令與奏讞書》簡X4：「☐□縣衛〈衛〉尉五百將秩各减（？）□□」（第三三六頁）。又見於《大通上孫家寨漢簡釋文》（〇一四、一七三、〇五三）：「犯令者一人，拜爵一級。其官吏卒長五百將當百以下及同。」候長，率一百二十名「幕候」，秩在百六十石至百二十石。《二年律令》簡四七一、四七二：「輕車司馬、候，厩有乘車者，秩各百六十石；毋乘車者，及倉、庫、少内、校長、髳長、發弩，衛〈衛〉將軍、衛〈衛〉尉士吏，都市、亭厨有秩者及毋乘車之鄉部，秩各百廿石。」

〔三〕幕，《史記·蘇秦列傳》「當敵則斬堅甲鐵幕」《索隱》引劉云：「謂以鐵爲臂脛之衣。言其劍利，能斬之也。」幕候，甲士。

〔四〕槫，度量。《説文·木部》：「一曰槫剡也。」段注：「槫與揣，音義略同……皆訓度也。」

〔五〕「任人不勝任令」見於簡四二。

〔六〕置吏、子，皆位於下編綫之下，該令條編入《功令》前屬「置吏」律（令），編次爲「子」。

卅　令：爵公大夫以上補六百石以上〔注一〕。齊吏民爵多庳〔注二〕，請得以官大夫以上補及遷六百石以上〔注三〕。　丙八五

【注釋】

〔一〕公大夫，漢爵第七級。以上是引用令十七（簡七三）之規定。

〔二〕齊，諸侯國。漢高祖六年封子肥爲齊王，領六郡。文帝時，屬地逐漸收縮。

〔三〕官大夫，漢爵第六級。

卅一　上林言〔注一〕，東芝（⿰氵芝）、西芝（⿰氵芝）嗇夫皆有秩節（即）缺〔注二〕，内史吏調它官吏補〔注三〕，不習其事。請得自擇除官嗇夫、令史以補。　八六

【注釋】

〔一〕上林，指上林令，少府屬官。

〔二〕芝，讀作「⿰氵芝」，《玉篇·水部》：「⿰氵芝，深也。」東⿰氵芝、西⿰氵芝，上林苑池沼名。上林苑有若干池，如《漢舊儀》卷下：「上林苑中昆明池、鎬池、牟首諸池。」《三輔黄圖》也記有初池、麋池、牛首池、蒯池、積草池、東陂池、西陂池、當路池、犬臺池、郎池等。

〔三〕據《三輔黄圖》卷四，上林苑「東南至藍田宜春、鼎湖、御宿、昆吾，旁南山而西，至長楊、五柞，北繞黄山，瀕渭水而東」，在内史管轄地域内。上林苑吏員由内史調任。

卅三　北地守書言〔注一〕，月氏道大柢（抵）蠻夷〔注二〕，不習吏事。請令旁縣道給令史、吏，能自給止。　八七

【注釋】

〔一〕北地守，北地郡守。

〔二〕月氏道，漢初屬北地郡，《漢書·地理志》歸於安定郡。

卅五　淮南請〔注一〕：得以漢人爲淮南吏爵大夫以上者補六百石〔注二〕。●制曰：亦通用其國人大夫以上〔注三〕。　八八

【注釋】

〔一〕淮南，淮南國。《史記·淮南衡山列傳》：「高祖十一年七月，淮南王黥布反，立子長爲淮南王，王黥布故地，凡四郡。」《集解》引徐廣曰：「九江、廬江、衡山、豫章也。」《史記·漢興以來諸侯王年表》：「（文帝六年，淮南）王無道，遷蜀，死雍，爲郡。」據此，本令頒行年代在漢高祖十一年

七月至文帝六年淮南國除之前。

〔二〕漢人，此指西漢中央政府直轄的内史、郡縣之居民。

〔三〕通，同。

卅六　吏當爲中都官吏、中都官吏亡〔注一〕，及爲詐（詐）以避行，若以去其官欲爲縣、它官吏者，皆終身毋得爲吏，犯令及吏除者奪八九爵各一級。前令爲吏者勿斥。九〇

【注　釋】

〔一〕中都官，《漢書·昭帝紀》「諸給中都官者」師古曰：「中都官，京師諸官府。」中都官吏，京師諸官府之吏。

卅七　請：郡治獄卒史郡三人〔注一〕，在員中節（即）有缺，丞相、御史以功次、能治獄者補〔注二〕。九一

【注　釋】

〔一〕郡治獄卒史，郡府諸卒史之一，職司治獄。《史記·汲黯傳》「擇丞史而任之」《集解》引如淳曰：「律，太守、都尉、諸侯内史史各一人，卒史、書佐各十人。今總言『丞史』，或以爲擇郡丞及史使任之。」

〔二〕「郡治獄卒史」的選任參看令十一（簡五九至六二）。

卅八　請：嘗有罪耐以上吏，不廉、不平端、上功勞不以實而免，及鞫獄故縱、不直，盗、受賕，罪贖以下〔注一〕，已論九二有（又）免之。諸坐此及其獄未決而效入贅婿，皆毋得宦爲吏〔注二〕，犯令者奪爵爲士五（伍），吏智（知）而九三除與同罪，弗智（知），罰金四兩。其已以戊寅效前宦爲吏者勿斥。九四

【注　釋】

〔一〕鞫獄故縱、不直，《睡虎地秦墓竹簡·法律答問》簡九三：「論獄【何謂】『不直』？可（何）謂『縱囚』？罪當重而端輕之，當輕而端重之，是謂『不直』。當論而端弗論，及傷其獄，端令不致，論出之，是謂『縱囚』。」《漢書·景武昭宣元成功臣表》：新時侯趙弟「太始三年，坐爲太常鞫獄不實。」晉灼曰：「律説出罪爲故縱，入罪爲故不直。」受賕，受賄。《説文·貝部》：「賕，以財物枉法相謝也。」段注：「枉法者，違法也。法當有罪而以財求免，是曰賕，受之者亦曰賕。」《二年律令》簡六〇：「受賕以枉法，及行賕者，皆坐其臧（贓）爲盗。」《二年律令》簡九五：「其受賕者，駕（加）其罪二等。所予臧（贓）罪重，以重者論之，亦駕（加）二等。」罪贖以下，指官吏失誤出入人罪以其贖論之，處罰金。《二年律令與奏讞書》簡九三、九五至九八：「鞫獄故縱、不直……其非故也，而失不審，各以其贖論之。爵戍四歲及毄（繫）城旦舂六歲以上罪，罰金四兩。贖死、贖城旦舂鬼薪白粲、贖斬宮、贖劓黥，戍不盈四歲，毄（繫）不盈六歲，及罰金一斤以上罪，罰金二兩。毄（繫）不盈三歲，贖耐、贖䙴（遷）、及不盈一斤

以下罪，購、沒入、負償、償日作縣官罪，罰金一兩。」

〔二〕效，驗證。《漢書·楚元王傳》：「世之長短，以德爲效。」師古曰：「效謂徵驗也。」上文可對照《漢書·貢禹傳》：「孝文皇帝時，貴廉絜，賤貪汙，賈人贅婿及吏坐臧者皆禁錮不得爲吏。」

卅九　雲中守言：河陰邊小民史者少〔注一〕，不能自給吏。請斗食、令史、佐史缺，守調，令旁縣補，能自給止。九五

●丞相上内史書言，毋爵者得補吏不宜議。自今以來，上造以上乃得補吏。史、卜不用此令。九六

【注釋】

〔一〕河陰邊，疑指位於黃河河曲北的雲中郡屬縣。

卌　其令匈奴公主傅（附）中府居匈奴盈四歲、令史二歲，更〔注一〕。令史除，鴈（雁）門代賜勞如視事日數〔注二〕。九七

【注釋】

〔一〕匈奴公主，漢朝出嫁匈奴單于的公主。《漢書·匈奴傳》：「老上稽粥單于初立，文帝復遣宗人女翁主爲單于閼氏。」中府，《漢書·東方朔傳》：「（館陶公主）令中府曰：『董君所發，一日金滿百斤，錢滿百萬，帛滿千匹，乃白之。』」師古曰：「中府，掌金帛之臧者也。」

〔二〕賜勞，賞賜勞績，如居延漢簡中的以秋射賜勞。賜勞如視事日數，按視事日數賜給同額勞績。

卌二　長信祠祀、西宮詹事祠祀冗祝、有秩嗇夫〔注一〕，長信祠祀、西宮詹事祠祀雝（雍）祝、冗祝、更祝〔注二〕，得與大祝冗祝、更祝九八通課，補大祝祝長、冗祝。九九

【注釋】

〔一〕長信祠祀，即長信祠祀令。《漢書·百官公卿表上》「長信詹事掌皇太后宮」，屬官有祠祀令。《二年律令》簡四六二至四六四記長信祠祀，秩六百石。西宮詹事，《漢書·百官公卿表上》：「詹事，秦官，掌皇后、太子家。」師古曰：「皇后、太子各置詹事，隨其所在以名官。」冗祝，散祝。《二年律令》簡四七九：「大祝試祝，善祝、明祠事者，以爲冗祝，冗之。」整理者：冗，散。《睡虎地秦墓竹簡》有冗吏，《周禮·槁人》賈疏：「冗，散也。外内朝上直諸吏，謂之冗吏，亦曰散吏」。

〔二〕雝（雍）祝，《漢書·百官公卿表上》：「又諸廟寢園食官令長丞，有廱太宰、太祝令丞，五時各一尉。」如淳曰：「五時在廱，故特置太宰以下諸官。」更祝，按更數當值祭祀儀禮的祝人。《二年律令》所見有五更、八更、十二更，皆指前後兩次當值相隔的月數。

卌三　令史當補屬尉佐者，去家毋過千五百里〔注一〕。一〇〇

【注釋】

〔一〕居延漢簡的功勞文書有「家去官若干里」，如《居延漢簡釋文合校》簡三七・五七：「肩水候官始安隧長公乘許宗　中功一，勞一歲十五日……觻得千秋里，家去官六百里。」

卌四　沛、豐、小黄吏有秩、有秩乘車缺，奉常課其邑有秩、斗食功勞以補〔注一〕。有秩缺多，斗食少、不足，得取一〇一令史勞多者補。一〇二

【注釋】

〔一〕沛、豐，奉邑名。《史記・高祖本紀》：「高祖，沛豐邑中陽里人。」「（十二年）乃并復豐，比沛。」《二年律令》簡四四三記沛、酆（豐）令秩千石。小黄，奉邑名。《史記・高祖本紀》「母曰劉媪」《正義》引《漢儀注》云：「高帝母起兵時死小黄城，後於小黄立陵廟。」《二年律令》簡四六五、四六六記秩三百石的「黄鄉長」，黄鄉爲高帝母昭靈夫人的陵邑，其地後屬小黄，在今河南開封東（參看晏昌貴《張家山漢簡釋地六則》）。由令文可知，沛、豐、小黄同屬奉常管轄。

卌五　大行事皆奏聞讀忢（急）〔注一〕，佐史缺，除民史者補，不習事〔注二〕。議：大行官佐有缺，移中尉調補，比少一〇三府官屬〔注三〕。一〇四

【注釋】

〔一〕大行，典客屬官。《漢書・景帝紀》「大行奏謚、誄、策」師古曰：「大鴻臚者，本名典客，後改曰大鴻臚。大行令者，本名行人，即典客之屬官也，後改曰大行令。」與《功令》同出的《漢律十六章・朝律》中，大行充任朝賀的司儀。讀，《説文・言部》：「中止也。」

〔二〕習事，熟悉事務。《史記・田叔列傳》：「趙禹以次問之，十餘人無一人習事有智略者。」

〔三〕參看令七（簡四五、四六）「少府、長信詹事官屬、長安市佐史有缺，移中尉，中尉調下屬旁官」。

卌六　晁（跳）戲、爰（猿）戲員吏各一人〔注一〕，官毋斗食、令史，毋所遷，請令下功勞居縣、道，與其官佐史通課，補斗食、一〇五令史，它有等比〔注二〕。一〇六

【注釋】

〔一〕晁，讀作「跳」。跳戲，用手拋弄各種物件的技巧表演，漢代流行的有跳丸、跳劍等，參看蕭亢達《漢代樂舞百戲藝術研究》。爰（猿）戲，模仿猿猴動作的表演。「猿戲」見於華佗《五禽戲》：「猿戲者，攀物自懸，伸縮身體，上下一七，以脚拘物自懸，左右七，手鉤却立，按頭各七。」參看《雲

笈七籤》卷三二《雜修攝》。

〔二〕比，《禮記・王制》「必察小大之比以成之」鄭注：「已行故事曰比。」

卌七　義渠故左王公主、義渠王公主傅（附）令史有缺〔注一〕，令隴西郡補以爲常〔注二〕。一〇七

【注　釋】

〔一〕義渠，西戎的一支。《史記・秦本紀》：「（秦惠王）十一年，縣義渠……義渠君爲臣。」

〔二〕《漢書・地理志》北地郡有義渠道。從簡文看，文帝時屬隴西郡。

●義渠王公主傅（附）令史謝當辤官居外蠻夷中〔注一〕，勮願視事盈四歲更〔注二〕，定視事外盈四歲，守調，以功次當補令一〇八史者代。故左王公主傅（附）令史比。一〇九

【注　釋】

〔一〕謝當辤，人名。

〔二〕勮，《説文・力部》：「務也。」《説文解字義證》：「務也者。李善注王粲詩引作甚也。」四歲更，同內地吏員任職時限，不同於在匈奴公主處令史任職二年更，并按視事日數賜勞（參看令四十）。

卌八　令卜上計、冗者得上功勞數〔注一〕，其爲偝法卜上計〔注二〕，定視事日與令史通課，補屬尉佐。一一〇

【注　釋】

〔一〕卜上計，納入上計之列的卜。冗者，冗卜。

〔二〕偝法，級別高於卜上計的卜。《二年律令》簡四七八：「卜上計六更。缺，試偝法，卜六發中三以上者補之。」

卌九　中謁者、西宮、長秋謁長秋謁者，令史有缺〔注一〕，言御史，御史爲擇善書者補。一一一

【注　釋】

〔一〕中謁者，《漢書・高后紀》「封中謁者張釋卿爲列侯」如淳曰：「《百官表》謁者掌賓贊受事。灌嬰爲中謁者，後常以閹人爲之。諸官加中者，多閹人也。」長秋謁者，《漢書・百官公卿表上》：「詹事……又中長秋、私府、永巷、倉、廄、祠祀、食官令長丞。諸宦官皆屬焉。」師古曰：「自此以上，皆皇后之官。」「長秋謁」下衍重文號。

五十　制曰：諸補丞相史、大（太）尉史者，謹以功第次、明律令者〔注一〕。一一三

【注釋】

〔一〕此令是对「屬尉佐通課補卒史，卒【史】補丞尉、丞相大尉史」（簡一七、一八）的補充規定。

五十三　隴西、北地、上郡、雲中郡、雁門、代郡軍吏、軍吏丞、城塞尉、邊縣令、尉〔注一〕，年長及能不宜其官者，輒言狀丞相、一一三御史。徙塞士吏，候長郡自調之〔注二〕。塞尉史、候史縣調之。有缺當補者，年五十以上勿用〔注三〕，用其次。一一四丞、尉以上老不能治者，二千石官免之。　戊一一五

【注釋】

〔一〕軍吏，上列邊境郡之部都尉、郡都尉屬員。城塞尉，城尉和塞尉。都尉駐地稱城，設城尉。塞尉，候的屬官。《漢書・匈奴傳》「時雁門尉史行徼」師古曰：「漢律，近塞郡皆置尉，百里一人，士史、尉史各二人，巡行徼塞也。」《二年律令》簡四六九：「縣有塞、城尉者，秩各減其郡尉百石。」

〔二〕塞士吏，塞尉屬吏遣駐於部者。候長，漢邊塞候望系統職官，屬「都尉—候官—部—隧」系統中「部」的主管，下轄數隧，參看陳夢家《漢簡所見居延邊塞與防御組織》（《漢簡綴述》，第五二頁）。

〔三〕此項規定可參看簡二八、二九。

五十六　東園大匠、秘府斗食嗇夫缺〔注一〕，得自擇除官佐史習事者補，毋以爵次。令史瘫（應）令欲補，亦得除。一一六

【注釋】

〔一〕東園大匠，將作少府屬官。《漢書・百官公卿表上》：「將作少府……屬官有石庫、東園主章。」師古曰：「東園主章掌大材，以供東園大匠也。」秘府，宮廷收藏文件、圖書的機構。《漢書・藝文志》：「於是建藏書之策，置寫書之官，下及諸子傳説，皆充秘府。」如淳曰：「劉歆《七略》曰『外則有太常、太史、博士之藏，內則有延閣、廣內、秘室之府。』」

五十七　爵公大夫以上乃得補中郎、謁者〔注一〕，大夫以上補外郎〔注二〕。一一七

【注釋】

〔一〕中郎，郎中令屬員。《漢書・百官公卿表上》：「郎中令，秦官，掌宮殿掖門户，有丞……屬官有大夫、郎、謁者……郎掌守門户，出充車騎，有議郎、中郎、侍郎、郎中，皆無員，多至千人。議郎、中郎秩比六百石，侍郎比四百石，郎中比三百石。」

〔二〕外郎，郎中令屬員。《漢書・惠帝紀》「外郎滿六歲（爵）二級」蘇林曰：「外郎，散郎也。」

五十九　外郎、執戟家在萬年、長陵、安陵　以令罷而欲爲吏者〔注一〕，其縣有秩、斗食、令史節（即）缺，以功多能一一八宜者補之。上造以下事比簪褭〔注二〕，勿令爲典、求盜、船人、郵人〔注三〕。一一九

【注　釋】

〔一〕執戟，《漢書·惠帝紀》：「謁者、執楯、執戟、武士、騶比外郎。」應劭曰：「執楯、執戟，親近陛衛也。」萬年，漢太上皇陵所在，位於内史，屬奉常。《漢書·地理志》：「萬年，高帝置。」師古曰：「《三輔黄圖》云太上皇葬櫟陽北原，起萬年陵是也。」《二年律令》簡四六五有「萬年邑長」，秩三百石。長陵，漢高祖陵所在，位於内史，屬奉常。《史記·高祖本紀》「葬長陵」《集解》引皇甫謐曰：「長陵山東西廣百二十步，高十三丈，在渭水北，去長安城三十五里。」安陵，漢惠帝陵所在，位於内史，屬奉常。《漢書·惠帝紀》「葬安陵」臣瓚曰：「安陵在長安北三十五里。」簡文於「安陵」後空兩字。

〔二〕上造，漢爵第二級。事，《説文·史部》：「職也。」簪褭，漢爵第三級。

〔三〕典，正典、田典，參看《二年律令》簡二〇一。求盜，《漢書·高帝紀上》「令求盜之薛治」應劭曰：「舊時亭有兩卒，一爲亭父，掌開閉埽除，一爲求盜，掌逐捕盜賊。」船人，行船之人，係踐更服役者。《里耶秦簡（壹）》簡8-651：「啓陵津船人高里士五（伍）啓封當踐十二月更。」《二年律令》簡六：「船人渡人而流殺人，耐之，船嗇夫、吏主者贖耐。」郵人，專事行書的郵户，參看《二年律令·行書律》。

六十　縣、都中置傳馬百匹以上〔注一〕，厩嗇夫秩如故〔注二〕，不盈百匹至廿八匹斗食，不盈廿八匹毋置厩嗇夫，使一二〇如令〔注三〕，御史奏請許。制曰：可。二年十一月戊子下〔注四〕。一二一

【注　釋】

〔一〕置傳，《漢書·高帝紀下》「乘傳詣雒陽」如淳曰：「律，四馬高足爲置傳，四馬中足爲馳傳，四馬下足爲乘傳，一馬二馬爲軺傳。急者乘一乘傳。」師古曰：「傳者，若今之驛。古者以車，謂之傳車，其後又單置馬，謂之驛騎。」

〔二〕參看簡四七、四八的規定。

〔三〕便，即。

〔四〕二年十一月戊子，漢文帝二年（公元前一七八年）十一月十五日，參看《西周（共和）至西漢曆譜》。

六十一　上功勞不以實六月及半功以上，雖在效前而以丙申效後得〔注一〕，皆毋得宦爲吏〔注二〕。犯令者奪爵爲一二二士五（伍），智（知）而除與同罪，弗智（知）罰金四兩。一二三

【注　釋】

〔一〕丙申，令九十（簡一五二）有「高皇后時八年八月丙申下」，兩令皆有「丙申」，不能確定是否同日。

〔二〕本令是對簡一四所記令文的補充。

六十二　諸已上功勞而後椯增減其年者，皆勿聽。一二四

六十三　請：身治斷獄三歲以上乃署能治獄，其其治獄歲數如式令〔注一〕。其以卒史屬主獄而非身斷之也，及以一二五丞以上居治獄官者皆不得爲治獄，不從令者以署能不以實令論〔注二〕。吏智（知）聽與同罪。一二六

【注釋】

〔一〕「其」字下衍重文號。治獄歲數如式令，指上功勞式、上功將（狀）式的「其若干治獄」。

〔二〕署能不以實令，即令十三（簡六四）「吏署能不以實，奪爵一級」。

六十四　自今以來〔注一〕，功勞已上乃後增其前所不上者，皆勿聽。一二七

【注釋】

〔一〕「自今以來」前省略此令生成的緣由。參看《嶽麓書院藏秦簡（肆）》簡二九七：「廿年二月辛酉内史言：里人及少吏有治里中，数晝閉門不出入。请：自今以來敢有□来□□□〼。」

七十一　請：校長、髳長、發弩、候長、士吏以任除而罷官，及有論事已者，皆毋得上勞復用。一二八

七十三　議：諸侯中大夫得上功與六百石吏通課補〔注一〕，補八百石。一二九

【注釋】

〔一〕由簡文可知，漢文帝初期的諸侯中大夫本秩當爲六百石。

七十五　令史年五十以上與斗食通課補有秩，勿以補屬尉佐〔注一〕。一三〇

【注釋】

〔一〕據簡一六至一八，斗食、學佴的升遷次序是：斗食、學佴—有秩—有秩乘車—丞尉；令史的升遷次序是：令史—屬尉佐—卒史—丞尉、丞相大尉史。此令是對以上規定的調整、補充。

七十六　吏及宦皇帝受其官屬及所監、所治、所行吏、民、徒隸錢、財、酒肉、它物而非枉法也〔注一〕，皆爲不廉〔注二〕。一三一

【注釋】

〔一〕行，《漢書·景帝紀》：「吏及諸有秩受其官屬所監、所治、所行、所將。」師古曰：「行謂按察也。」徒隸，因犯罪失去人身自由并罰服勞役的隸臣妾、鬼薪白粲、城旦舂之統稱。

〔二〕有關「不廉」的處罰參看令四（簡四一）。

七十七　制曰：萬年、長陵、安陵、北陵民爲吏五百石以下至屬尉佐，不欲罷以令罷者，【皆上】功勞復用〔注一〕。一三二

【注釋】

〔一〕皆上，據文意補。

七十八　制曰：謁者出爲吏，以視事久次。一三三

七十九　制曰：宦者爲吏毋以爵〔注一〕。一三四

【注釋】

〔一〕宦者，少府下屬，閹人。

八十　制曰：五大夫以上欲爲吏及諸官除者，許之。一三五

八十二　諸都官斗食、有秩皆移功勞其家在所內史、郡守〔注一〕，內史、郡守通課以補其縣道，及都官在其界中者，一三六在所郡守守通課用補如令〔注二〕。御史奏請許。制曰：可。一三七

【注釋】

〔一〕都官，中央官署派駐地方機構的官吏。

〔二〕疑「守」字下衍重文號。類似規定參看《二年律令》簡二一八：「都官除吏官在所及旁縣道。都官在長安、櫟陽、雒陽者，得除吏官在所郡及旁郡。」

八十三　武士、僕射盈四歲以補四百石吏〔注一〕。一三八

【注釋】

〔一〕武士，《漢書·惠帝紀》：「謁者、執楯、執戟、武士、騶比外郎。」應劭曰：「武士，力士也，高祖使武士縛韓信是也。」師古曰：「武士、騶以上，皆舊侍從天子之人也。」僕射，《漢書·百官公卿表上》：「僕射，秦官，自侍中、尚書、博士、郎皆有。古者重武官，有主射以督課之，軍屯吏、騶、宰、永巷宫人皆有，取其領事之號。」

八十四　吏當上功勞者獨上今所爲官功勞，其從它官來徙而與今官秩等及免罷復用如故官秩者〔注一〕，皆并上故官□一三九爲功勞，即各以官秩通相與課功勞、遷。免、罷復爲吏而非當上勞復用如故官秩者，毋得數免罷前功勞。一四〇

【注釋】

〔一〕「免罷復用如故官秩」的條件可參看簡三六、三七。

八十五　諸當上功勞者過上功時弗上，皆毋得上前所不上功勞。一四一

八十六　郡尉丞有缺，以御史不治獄視事久及擇五百石宜者補〔注一〕。守丞有缺〔注二〕，以尉丞、御史治獄視事久者一四二補。中二千石丞缺，以守丞久者補。一四三

【注釋】

〔一〕不治獄，不親自審理案件。參看令六十三（簡一二五、一二六）。

〔二〕守丞，郡守丞。據《漢書·百官公卿表上》，秩六百石。

八十七　爲有輕車郡卒長員郡一人〔注一〕，以誰（推）卒長第高功多者補，爲劾（刻）印〔注二〕。車令缺以郡卒長補〔注三〕，郡卒長一四四缺以誰（推）卒長補。郡有車令者，毋補卒長。有卒長者，亦毋補車令。隴西、北地、上郡、雲中、鴈（雁）門、代郡一四五節（即）有㤂（急），輕車各分詣其守、尉，請勿爲置車令、卒長。●制曰：郡有輕車而毋令者，皆爲置卒長〔注四〕，它一四六如請，可。一四七

【注釋】

〔一〕輕車，戰車。《周禮·車僕》「輕車之萃」鄭注：「輕車，所用馳敵致師之車也。」輕車之兵稱車士。《漢書·馮唐傳》：「拜唐爲車騎都尉，主中尉及郡國車士。」服虔曰：「車戰之士也。」令廿六（簡八二）「車騎士」指車兵和騎兵。

〔二〕劾（刻）印，刻官印。

〔三〕車令，指郡車令。

〔四〕漢初中央政府和郡設有管理輕車官員，見於《二年律令》簡四四五：「中發弩、枸（勾）指發弩，中司空、輕車，郡發弩、司空、輕車，秩各八百石，有丞者三百石。●卒長五百石。」此令旨在減少軍吏和指揮層級。

八十八　衞（衛）士校長缺〔注一〕，故中大夫常上門監宜補者御史〔注二〕，御史用。今令曰，内史課都官有秩補都官乘車。門監習一四八門衞（衛）事，請校長節（即）有缺，通課未英（央）衞（衛）士、衞（衛）士門監勞久者〔注三〕，以補如故。一四九

【注釋】

〔一〕衛士校長，衛尉下屬。《漢書·百官公卿表上》：「衛尉，秦官，掌宫門衛屯兵，有丞。景帝初更名中大夫令，後元年復爲衛尉。屬官有公車司馬、衛士、旅賁三令丞。衛士三丞。又諸屯衛候、司馬二十二官皆屬焉。」西漢封泥有「衛士校長」（吴鎮烽《陝西歷史博物館藏封泥考（下）》）。《二年律令》簡四六四：「校長百六十石。」

〔二〕中大夫，中大夫令省稱（陳偉《張家山漢簡〈津關令〉涉馬諸令研究》）。

〔三〕未央，宫殿名。《史記·高祖本紀》「蕭丞相營作未央宫」《正義》引《括地志》云：「未央宫在雍州長安縣西北十里長安故城中。」

八十九　大（太）官中般、厨、右槽（曹）槽（曹）〔注一〕，未英（央）大（太）官右般、厨、右槽（曹）、上槽（曹）槽（曹），長信私官中般、厨、右槽（曹）槽（曹）〔注二〕，詹事私官中般、一五〇槽（曹），勮（據）議賜〈賜〉其嗇夫吏及令史常監者勞歲六月。視事不盈歲者，以日數計賜〈賜〉之。一五一

【注釋】

〔一〕太官，少府屬官。《漢書·百官公卿表上》「太官」師古曰：「太官主膳食。」據《二年律令》簡四六一、四六四，太官秩六百石。中般，太官下屬部門。秦封泥有「大官右般」（楊廣泰《秦官印封泥著録史略》）。西漢諸侯王器的銘文可與簡文比對、互證。常山國銅器銘文有「常食中般」（石家莊市文物保管所等《河北獲鹿高莊出土西漢常山國文物》），齊王墓隨葬銅器銘文有「齊大官右般」（山東省淄博市博物館《西漢齊王墓隨葬器物坑》），長沙望城谷山漢墓（西漢某代長沙王）漆耳杯銘文有「食官中般」（長沙市文物考古研究所《西漢長沙王陵出土漆器輯録》，第三八、四〇、四一、四三頁）。上述銘文中的中般、右般都是太官（或食官）的下設部門。曹，參看簡二五注二。厨、右曹皆太官下設部門。

〔二〕長信私官，《漢書·張湯傳》「大官、私官并供其第」服虔曰：「私官，皇后之官也。」據《二年律令》簡四六三、四六四，秩六百石。

九十　丞相、御史請，外郎出爲吏者以補三百石。●制曰：可。●高皇后時八年八月丙申下〔注一〕。一五二

【注　釋】

〔一〕吕后於八年七月辛巳去世，漢文帝於同年後九月即位，仍沿用原紀年，加稱「高皇后」。此令由文帝於吕后八年（公元前一八〇年）八月丙申（八月十五日）頒行。

九十一　丞相上長信詹事書言，故右廄馬府有秩乘車頻陽官大夫定〔注一〕，罷官當復用。長信詹事官屬毋乘車有一五三秩，居縣上其勞。年免老及當上勞過上功時不上，及病盈二歲、吏以病盈三月免者，皆不得一五四上勞復用。一五五

【注　釋】

〔一〕右廄，屬「詹事廄」（參看令七）。《二年律令》簡四六三、四六四：「長秋謁者令，右廄」，秩六百石。頻陽，漢初屬内史，見《二年律令》簡四四三。

九十二　丞相上長信詹事書言，令曰：二千石補有秩乘車，有秩乘車功次當補。其家居縣缺者，調徙之〔注一〕。●今頻陽有秩十人，家居一五六頻陽，不得補頻陽乘車。它官屬長信詹事者有毋乘車，請移頻陽有秩功勞及乘車缺内史，内史課周〈用〉及補一五七有秩、有秩乘車。一五八

●丞相上大（太）傅書〔注二〕，請大（太）子湯沐邑在郡者〔注三〕，各上斗食學佴、令史年五十以上有秩功勞，及有秩、有秩乘車缺，一五九不得補頻賜〈賜—陽〉，請移内史調用，它有等比。●御史奏，請許。●制曰：可。元年六月戊辰下〔注四〕。一六〇

丞相議，西宫詹事、詹事湯沐邑在内史、郡者，亦移内史、郡守用補，比。●御史奏。制曰：可。二年十月戊申下〔注五〕。一六一

●丞相上西宫詹事書言，令曰：二千石補有秩、有秩乘車，斗食學佴通課補有秩〔注六〕。有（又）曰：令史年五十以【下】與斗食一六二通課補有秩〔注七〕。有（又）曰：長信詹事移頻陽有秩功及乘車缺内史，内史通課用及補〔注八〕。西宫詹事、詹事湯沐邑在内史、一六三郡者，亦移内史、郡守用補，比。請：西宫詹事湯沐邑各上斗食學佴、令史年五十以上功及有秩缺内史、郡守，内史、郡守一六四通課用補，比丞相議詹事湯沐邑，比御史奏〔注九〕。一六五

【注　釋】

〔一〕所引令文是對簡二二、二三的補充。

〔二〕太傅，太子太傅。《續漢書·百官志》：「太子太傅一人，中二千石。本注曰：職掌輔導太子。禮如師，不領官屬。」

〔三〕湯沐邑，《漢書·高祖紀下》「其以沛爲朕湯沐邑」師古曰：「凡言湯沐邑者，謂以其賦稅供湯沐之具也。」

〔四〕元年六月戊辰，漢文帝元年（公元前一七九年）六月二十二日。

〔五〕二年十月戊申，漢文帝二年（公元前一七八年）十月初四日。

〔六〕「斗食學佴通課補有秩，有秩通課補有秩乘車」見於簡一六、一七。

〔七〕引自簡二六：「吏官佐史、令史、斗食、有秩視事盈二歲以上，年五十以下至廿五；有軍功三、爵公大夫以上欲上功勞，許之，通課補。」下，脱字，據簡二六「年五十以下」補。

〔八〕引自令九十二。

〔九〕此令成文年代當在前引三條令文之後。

九十四　丞相上長信詹事書言，令曰：御史、丞相補屬尉、佐以上，二千石官補有秩、【有】秩乘車〔注一〕。今魯、淮陰爲奉邑〔注二〕，屬長一六六信詹事，其有秩、有秩乘車節（即）缺，淉（課）奉邑令相補，及上令史功勞漢丞相、御史，丞相、御史遷之，皆漢遠不便。請令一六七奉邑在諸侯者〔注三〕，各上其有秩、有秩乘車、斗食學佴、令史功勞，及有秩、有秩乘車缺，在所國御史、丞相、郡守，御史、【丞】相、郡守畧（遷）通〈補〉。一六八

【注　釋】

〔一〕完整令文參看簡二二至二四，此處僅抄録前段。

〔二〕魯，魯元公主湯沐邑。錢穆《史記地名考》：「《漢表》：『魯侯奚涓死軍事。六年，侯涓亡子，封母底爲重平侯。』此侯至高后四年國除。而高后元年已封張偃爲魯王，其先偃母張敖妻爲魯元公主，則魯邑不以更封他侯明矣。《漢表》改封重平爲的。」淮陰，置奉邑時間不詳。奉邑，食邑。《漢書·高后紀》「列侯幸得賜餐錢奉邑」師古曰：「奉邑，本所食邑也。」就本令看，長信詹事管理的湯沐邑也稱「奉邑」。

〔三〕奉邑在諸侯，即食邑在諸侯國境内。

九十五　丞相上奏〈奉〉常書言，令曰：萬年、長陵、安陵縣中吏得上功勞與它縣官吏通課、遷。●今萬年官毋乘一六九車吏，而有有秩三人，毋所遷。請移其功勞内史通課、遷，便〔注一〕。御史奏，請許。制曰：可。一七〇

【注釋】

〔一〕便，「便如令」省稱，參看令六十（簡一二〇、一二一）。

九十六　中大夫言〔注一〕，謁者以高第爲長〔注二〕。請長毋適過盈一人〔注三〕，歲有適過盈二歲，移御史補六百石以上，及謁一七一者功勞多者與中郎并用補吏。制曰：獨用長毋適過，它如請。一七二

【注釋】

〔一〕中大夫，中大夫令省稱，參看令八十八（簡一四八、一四九）注二。

〔二〕高第，考核優异。《漢書·儒林傳》：「一歲皆輒課，能通一藝以上，補文學掌故缺；其高第可以爲郎中者，太常籍奏。」長，首位。

〔三〕適，責罰。《漢書·食貨志下》「故吏皆適令伐棘上林」師古曰：「適讀曰謫。謫，責罰也。」《漢書·李廣利傳》「以適過行者皆黜其勞」師古曰：「言以罪謫而行者，免其所犯，不叙功勞。」

九十七　丞相上長信詹事書言，令曰：上令史功勞屬所二千石官，令史通課補屬一七三尉佐，去家毋過千五百里〔注一〕。●令靈文園奭言〔注二〕，令史功上長信詹事遠。●請上一七四在【所】郡守，上其國丞相、御史通課〔注三〕。一七五

【注釋】

〔一〕引用令文參看令卌三（簡一〇〇）。

〔二〕奭，靈文園邑長名。靈文園，係薄太后（文帝母）父追封爲靈文侯所配置的園邑。《史記·外戚世家》：「薄太后母亦前死，葬櫟陽北。於是乃追尊薄父爲靈文侯，會稽郡置園邑三百家，長丞已下吏奉守冢，寢廟上食祠如法。而櫟陽北亦置靈文侯夫人園，如靈文侯園儀。」令九十七表明，長信詹事也管理皇后家族的陵園。

〔三〕國，疑指劉濞所封之吴國。

九十八　中尉下請書，公車司馬佐不計長曹與府佐〔注一〕，同官宜與府佐通課補斗食、令史〔注二〕。一七六

【注釋】

〔一〕公車司馬，衛尉屬官。《漢書·百官公卿表上》：「衛尉……屬官有公車司馬、衛士、旅賁三令丞。」師古曰：「《漢官儀》云公車司馬掌殿司馬門，夜徼宫中，天下上事及闕下凡所徵召皆總領之，令秩六百石。」衛尉屬官的調任、升遷等事務由中尉管理，參看簡一八注三。

〔二〕此令是對簡一二五所記之令的補充。

九十九　丞相下中尉請書言，彘官大夫若思等五人、陽平公乘縱等二人皆辭曰〔注一〕：調爲都官佐，家去官一七七遠，不能自給，願罷，得復歸居縣須缺〔注二〕。請所前調河東郡爲都官佐未遷欲罷者，比若思等。一七八

【注釋】

〔一〕彘，《漢書·地理志》屬河東郡。陽平，《漢書·地理志》屬東郡。

〔二〕須，待。《尚書·顧命》「伯相命士須材」孔穎達疏：「須訓待也。」

百　丞相上少府書言，令曰：上令史功勞屬所二千石官通課補屬尉佐，毋過千五百里〔注一〕。●令安成國〈園〉勝一七九言〔注二〕，令史功上少府遠，請上在所郡守，守上其園丞相、御史通課如令。一八〇

【注釋】

〔一〕此令見於令卅三（簡一〇〇）：「令史當補屬尉佐者，去家毋過千五百里。」

〔二〕安成園，係竇皇后（文帝正妻）之父安成侯之園邑。《史記·外戚世家》：「竇皇后親蚤卒，葬觀津。於是薄太后乃詔有司，追尊竇后父爲安成侯，母曰安成夫人。令清河置園邑二百家，長丞奉守，比靈文園法。」勝，安成園邑長名。

百一　制詔御史，宦爲吏者尚給事，前異勮它官而不得上功，議令上功如令，令與外吏通課，其當遷一八一其官，御史請。宦者爲吏者皆自占上功勞，各以官秩與外吏通課〔注一〕。功次當遷而宦吏有缺，遷如令。一八二

【注釋】

〔一〕與此令文相關的規定參看令七十八（簡一三三）、七十九（簡一三四）。

百二　丞相、御史請，隴西、北地、上郡、雲中、雁門、代郡備塞軍吏、令史視事盈十歲，移功勞居縣，居縣令史、一八三有秩乘車以上功勞次當補〔注一〕。其家居縣缺者，皆調徙之。一八四

【注釋】

〔一〕此令規定，邊郡軍吏令史任滿十歲後，方能調任居縣，比其他地區調任吏員返回居縣任職的時限要長。相關規定參看簡五六至五八。

徹穀食氣釋文注釋

【説　明】

本篇共有竹簡九十三枚。簡長約二六・二、寬〇・七、厚〇・一厘米。有上、中、下三道編綫。原無篇題，現擬作《徹穀食氣》。全篇由《綦氏》《載氏》《擇氣》三章組成，章名位於各章首簡上編綫以上的「天頭」位置，與張家山二四七號漢墓竹簡《算數書》的章題位置相同。

《綦氏》記徹穀的步驟和做法，《載氏》記食氣之法，《擇氣》記可食與不可食之氣的産生時節與選擇。前兩章皆以其説創立者之姓氏爲題，所記内容爲以往所未見。《擇氣》則以所記内容爲章題，部分文字與馬王堆一號漢墓帛書《却穀食氣》篇極爲接近。因文字保留完整，可補充帛書本的缺失，并可獲得一些新的認知。

徹穀食氣之術也稱穀道。《史記・孝武本紀》：「是時而李少君亦以祠竈、穀道、却老方見上」，《集解》引李奇曰：「食穀道引。或曰辟穀不食之道。」《漢書・藝文志》將此類文獻歸於方技略的神仙家。「神仙者，所以保性命之真，而游求於其外者也。聊以盪意平心，同死生之域，而無怵惕於胸中。」

本篇的抄寫年代應在同墓所出《七年質日》（漢文帝七年，公元前一七三年）之前的秦漢之際。

綦　氏

綦氏〔注一〕　欱（歙）天翟（霄）〔注二〕，萬脈（脈）張；安出之，道乃行〔注三〕。

寒不可以始徹穀□〔注四〕，暑不可以一始徹穀。竇（投）徹穀上時〔注五〕，入正月五日，二月、三月皆可徹穀。

●欲於邑之二西南〔注六〕，雞鳴食生、理生、滇（填）生、平生卌〔注七〕。食生皆閉口、目，以亓（其）半留，歙（飲）玉泉〔注八〕，皆滇（填）之、三平之卌。取夜半之水小歙（飲）之，癙（厭）而止。兩手持亓（其）器，若坐、若起、若立，必正，四足火而止。復卧。雞鳴而起，迎風歙（飲）之卌，亦滇（填）之，有（又）步，足火而止。飢即食，毋（無）五時，癙（厭）焉止。欲歙（飲）水即歙（飲）水若法。

其始徹穀也，羹牛肉、黃膏，旄（芼）之以臾（萸）〔注九〕，六而食之三日。徹穀六、七日與旬有餘，有（又）羹牛肉、黃膏，旄（芼）之以臾（萸），食一小【□】〔注一〇〕。七若欲反（返），以牛肉、黃膏爲黍麠（糜）而食之〔注一一〕，亓（其）始食一升，亓（其）朝二升，亓（其）朝三升。八馬脩、牛脩、乾棗皆可〔注一二〕。

常以鼻息〔注一三〕，以口食生。氣之在角也〔注一四〕，五氣離焉〔注一五〕。當此九時也，以食生不能鋞（徑）罨（遷）者〔注一六〕。春爲寒氣在身者除，秋爲暑氣在身一〇者除，食生、歙（飲）風、步，徹穀若法，旬四、五若二旬有餘〔注一七〕，即復。

中之惡氣盡出。一二梧（痞？）爲惡難出者。亓（其）食生、歙（飲）生也，衣而毋常（裳）。若常（裳），高之於宑（胸）。其步也，亦一三衣而毋常（裳）。若帶，帶亦高之於宑（胸）。

始徹穀不欲於室，爲多（哆）所維也〔注一八〕。毋以喜、一三毋以怒、毋以久坐、毋以久立、毋以久卧、毋以久行、毋以久語。卧即必先存氣一四於心焉。卧若起，必先欱（歙）氣焉。起而行亦然，意必存。身弟（第）蛤（怠）即浴寒水，一五以寒水沛〈沐〉首。徹穀六月而外内平，腸婁之出也狀若絲。病煩心，即食冰。九月而一六連（輦）十二月而出行〔注一九〕。老者、眚者、幼者皆不可教也〔注二〇〕。若病，即少歙（飲）酒、少食。一七亓（其）朝飯食一升，日益一升，甘糞雉，旄（芼）之以萸（薁）〔注二一〕，食，復故焉止。

食生、歙（飲）風、一八步數與徹穀之法相若。數：一食生十步，以此爲義，足火而止。十有五食生，即十有五一九平生，一食暨平。若不能步，即道（蹈）地十有五〔注二二〕，道（蹈）地十有五步〔注二三〕。不徹穀二〇者不可以甚疾道（蹈）地，令人厥（厥）〔注二四〕，即急□股〔注二五〕，搽肢（髀）、足〔注二六〕。若心疾，若有憂慽（戚—慼）〔注二七〕，二一即伏卧，以欱（歙）氣滇（填）之。若有熱病，即七百土〈七十〉欱（歙）〔注二八〕，多者千二、三百，即發矣〔注二九〕。二二身佯（癢）即多浴湯而含寒水。若煩心即清（静）卧於室，錯（措）火於足，錯（措）盆水於首〔注三〇〕。二三維（唯？）心縣（懸）〔注三一〕，因步千五百步，壹疾安〔注三二〕，數鈞（均）。步疾奮而安〔注三三〕錯（措）之。大以此爲義。二四先〈旡（無）〉纍（累）矣〔注三四〕。二五

【注釋】

〔一〕綦氏，兩字左右分書於簡首上編綫之上，章題，係傳録者所加。余嘉錫：「古人著書，既不題撰人，又不自署書名。後之傳録其書者，知其出於某家之學，則題爲某氏某子，或某姓名。」（《古書通例》，第一〇四頁）本章記載徹穀食氣的做法、步驟及身體不適的處置方法。

〔二〕歙，吸，《説文·欠部》：「縮鼻也。」段注：「歙之言攝也。」翟，讀作「霄」。《漢書·揚雄傳》「騰清霄而軼浮景兮」師古曰：「霄，日旁氣也。」《廣韵·宵韵》：「霄，近天氣也。」天霄，天空之氣。《文選·海賦》「氣似天霄」李注：「言海神吐氣，類於天霄。」

〔三〕脈，讀作「脈」。馬王堆漢墓帛書《陰陽十一脈灸經甲本》《脈法》屢見「脈」字，皆通作「脈」。張、行，陽韵。

〔四〕徹，去。《左傳》宣公十二年：「諸侯相見，軍衛不徹，警也。」杜注：「徹，去也。」徹穀，馬王堆漢墓帛書《却穀食氣》作「去穀」。徹、去同義。「穀」下一字不識，從上下文看，似爲衍文。

〔五〕竇，讀作「投」。《説文·手部》：「投，擿也。」「擿，搔也，从手適聲，一曰投也。」段注：「凡古書用投擲字皆作擿。」《銀雀山漢墓竹簡（貳）·客主人分》簡一一四九、一一五〇有「衆者勝乎？則投筭（算）而戰耳。富者勝乎？則量粟而戰耳」。投算即布列算籌計數，也稱籌算。簡文「竇（投）徹穀上時」是據籌算所得數字，在相關式圖上找出對應的位置或數字，求得「徹穀」最合適的時日（「上時」）。類似例子如放馬灘秦簡乙三二二：「占

盜以亡辰爲式，投得其式爲有中，間得其前五爲得，爲閏，得其後伍（五）爲不得，不得其前後之伍（五）爲復亡。」其中的「式」可能指《六甲圖》（《秦簡牘合集（肆）》，第一四九、一五〇頁）。又，簡乙二〇六「平旦至日中投中黄鐘，鼠殹，兑（鋭）顔，兑（鋭）頤，赤黑，免（俛）僂，善病心、腸」（《秦簡牘合集（肆）》，第一五七頁）。簡文大意是，按平旦至日中之數（據放馬灘秦簡日書乙種《時（一）》，平旦數九……日中數五）籌算所得之數，在黄鐘十二律（「小數」）中，對應的禽獸是鼠，象征「善病心、腸」。這些實例中的「投」皆指取數籌算。

〔六〕「欲」字前有墨点，爲一節簡文的起始標誌。

〔七〕生，指新鮮的可食之氣，參看《擇氣》章所記。《雲笈七籤》卷三二《養性延命録・服氣療病》劉安曰：「食生吐死，可以長存。謂鼻内氣爲生，口吐氣爲死也。凡人不能服氣從朝至暮常習不息，徐而舒之，但令鼻内口吐，所謂吐故納新也。」食生，由鼻吸入可食之氣。

〔八〕玉泉，口中津液。《雲笈七籤》卷一一《黄庭章第四》「玄泉幽關高崔巍」注：「玄泉，口中之液也，一曰玉泉，一名醴泉，一名玉液，一名玉津，一名玉漿。」

〔九〕膏，脂。《楚辭・天問》「何獻蒸肉之膏」洪興祖補注：「膏，脂也。」旄，讀作「芼」，菜。《禮記・内則》：「饘、酏、酒、醴、芼、羹、菽、麥、蕡、稻、黍、粱、秫唯所欲。」鄭注：「芼，菜也。」簡文「芼之以耎（萸）」，即以「耎（萸）」爲菜，如《禮記・昏義》「牲用魚，芼之以蘋藻」鄭注：「魚爲俎實，蘋藻爲羹菜。」耎，讀作「萸」，《説文・艸部》：「萸，木耳也。」《聖濟總録》卷一九八「辟穀木耳丸方」：「木耳（搗末）、大豆（炒熟，搗末，各八兩）、大棗（煮熟，去皮核，研，一升），右三味，煉蜜和丸如雞卵大，有食日服一丸，無食日服二丸，逢食即食，無食亦不饑矣。」

〔一〇〕疑「小」字後有脱文。

〔一一〕靡，讀作「糜」。《釋名・釋飲食》：「糜，煮米使糜爛也。」

〔一二〕脩，脯。《説文・肉部》：「脯也。」《公羊傳》莊公二十四年「腶脩云乎」何休注：「腶脩者，脯也。」《經典釋文・春秋公羊音義》卷二一：「脯加薑桂曰脩。」

〔一三〕息，一呼一吸。《説文・心部》：「息，喘也。」段注：「《口部》曰：『喘，疾息也。』喘爲息之疾者，析言之。此云息者喘也，渾言之，人之氣急曰喘，舒曰息。」《素問・逆調論》「故息有音也」張志聰《黄帝内經素問集注》：「一呼一吸曰息。」（第一三六頁）

〔一四〕角，額角。《素問・三部九候論》：「天以候頭角之氣。」《釋名・釋形體》：「角，生於額角也。」

〔一五〕五氣，指風、暑、濕、燥、寒五氣。《素問・六節藏象論》：「天食人以五氣，地食人以五味。五氣入鼻，藏於心肺。」《黄帝内經集解》引吴崑曰：「五氣……蓋謂風氣入肝，暑氣入心，濕氣入脾，燥氣入肺，寒氣入腎當其不亢不害，則能養人。人在氣交之中，以鼻受之而養五臟，是天食人以五氣也。」（第一五〇頁）《醫宗金鑒》卷三四《四診心法要訣上》：「天有五氣，食人入鼻，藏於五臟。」注：「天以風、暑、濕、燥、寒之五氣食人，從鼻而入。」

〔一六〕徑，直。《楚辭・遠遊》「淩天地以徑度」洪興祖補注：「徑，直也。」遷，轉移。

〔一七〕旬四、五，一旬又四、五日，即十四、五日。

〔一八〕始徹穀不欲於室，開始徹穀不在居家室内。《雲笈七籤》卷五九《神仙絶穀食氣經》：「夫欲行氣，起精室於山林之中隱静之處，必近甘泉東流之水向陽之地。」多，讀作「哆」。《法言・吾子》：「中正則雅，多哇則鄭。」王念孫《讀書雜志・法言》：「多，讀爲哆。哆，邪也。……哆與多古字通……多、哇，皆邪也。中，亦正也。正則雅，邪則鄭。多哇與中正，正相反也。」維，《廣雅・釋詁二》：「係也。」《詩・小雅・白駒》「縶之維之」毛傳：

「維，繫也。」

〔一九〕連，疑讀作「輦」。此謂徹穀九個月後才能乘輦或輿外出，到十二月始可自己行走。

〔二〇〕眚，《説文·目部》：「目病生翳也。」或指病症，《文選·東京賦》：「勤恤民隱，而除其眚。」李善注引薛綜曰：「眚，病也。言有隱痛不安者，今憂恤之也。」

〔二一〕《禮記·内則》「雉、兔皆有芼」孔疏：「爲雉羹兔羹，皆有芼菜以和之。」

〔二二〕道，讀作「蹈」。《史記·樂書》「發揚蹈厲之已蚤」《正義》：「蹈，頓足蹋地。」

〔二三〕道地十有五，衍文。

〔二四〕厥，病名。《素問·厥論》「厥之寒熱者何也」王冰注：「厥，謂氣逆上也。」《傷寒論·辨厥陰病脉證并治全篇》：「厥者，手足逆冷者是也。」

〔二五〕「急」下一字不識。股，《廣雅·釋親》：「脛也。」

〔二六〕髀，讀作「髀」。《説文·骨部》：「髀，股外也。」段注：「股外曰髀。髀上曰髖。」

〔二七〕僠，戚，讀作「慼」。字形參看《馬王堆漢墓簡帛文字全編》「戚」字（第一三二三頁）。

〔二八〕士，疑是「七十」合文誤寫。

〔二九〕發，散發。《素問·四氣調神大論》「惡氣不發」王冰注：「發，謂散發也。」

〔三〇〕錯，讀作「措」，放置。《儀禮·士虞禮》「匜水錯於槃中」鄭注：「錯，置也。」

〔三一〕心懸，心悸。《素問·玉機真藏論》：「其不及則令人心懸如病飢。」

〔三二〕壹，皆。《大戴禮記·衛將軍文子》「則一諸侯之相也」盧辯注云：「一，皆也。」安，《爾雅·釋詁下》：「止也。」

〔三三〕奮，震動。《易·豫·象傳》「雷出地奮」孔疏：「奮是震動之狀。」

〔三四〕纍，讀作「累」。《戰國策·東周策·謂周最曰魏王以國與先生》「如累王之交於天下」鮑注：「累者，事相連及，猶誤也。」

載氏

載氏〔注一〕　食氣時毋有所念，屬意内（納）氣。内（納）氣之方：正偃〔注二〕，談臥〔注三〕，解衣，徐以鼻吸之，吸之令二六耳勿聞、鼻勿智（知），以徹（微）細爲故，以意入之，致之腹而止，勿咽也。氣節（即）入，腹二七得而動〔注四〕。胻、足皆動〔注五〕，至足，足熱如火，而成工（功）已。二八

●腹動、足不熱，先〈无（無）〉功。足熱如火，雖食霜霚（霧）、陰雨、邪氣，不能傷人。能以邪二九氣熱足，爲成工（功）。成工（功）之餘，先〈无（無）〉疾之不除。三〇

●先除鼻中毛〔注六〕。三一

●治氣之時，謹避塵煙及糞土、不絜（潔）之處。三二

●內（納）氣必徐定氣及復息〔注七〕。息，獨意智（知）之，勿疾，疾則氣復出。復出，爲之雖多，无（無）功。三三

●內（納）氣數之。數之方：氣定〔注八〕，反（返）息，而一也，癈（厭）而止〔注九〕。三四

●氣節（即）不入，腹不動，足不熱，內（納）氣多，毋益也。更精之〔注一〇〕，使徹〈徹〉見（現），乃止。三五

●新治氣者朝莫（暮）擇氣和適，毋過內（納）卅，卅而不癈（厭），雖益之，可也。三六

●新治氣使人耆（嗜）食，可一月而氣進食衰〔注一一〕。三七

●先少食，禁美酒，葷、㲋肉、且止內（納）〔注一二〕，徹見（現）、足熱、成工（功），毋禁如故。三八

●食多則氣環（還）出疾（疾）〔注一三〕，食少則氣安，氣安而易通也。三九

●爲腹中有病，則數氣，氣臭。先〈无（無）〉病則不氣〔注一四〕，雖氣不臭。四〇

●腹虫（蟲）長短皆死而出，爲得。腹動虫（蟲）不出，氣未精，務精之。四一

●凡食氣必先呴（呴）、炊（吹）去惡〔注一五〕，精入乃深。四二凡呴（呴），中息而炊（吹）〔注一六〕。呴（呴）、炊（吹）恒以始臥始興〔注一七〕，出陳入新。四三凡食氣者，東鄉（向）、瞑目、比齒而立〔注一八〕，歙其波〔注一九〕，氣盡歸之少腹，楪之〔注二〇〕。四四凡食氣者貴多陰。四五

●女（如）果（裹）之食氣也〔注二一〕，毋（無）節，視利則多食。四六

●節（即）志愁（瞀）念勞勿爲〔注二二〕，爲之，雖工（功）不入。四七

●山氣美，邑氣惡。食氣者搖身四節，●垂臂而深息〔注二三〕。四八

●凡道之務在能日新。日新則先〈无（無）〉稽留復餈、腐闌（爛）腹中者〔注二四〕，故能長壯。食腐四九闌（爛）而不出，使志衰而貌亟老〔注二五〕。能令腹中日新，則邪氣、食歓（飲）雖不節五〇□刑（形），不動須麋（眉）〔注二六〕。其味

甘〔注二七〕，其刑（形）輕，其志樂，其心平，其體（體）利〔注二八〕，其脈（脈）流，其群五一華神體（體）與（舉）和五二若新（親）〔注二九〕。已食，行立於常（堂）廉〔注三〇〕，垂踵（踵）〔注三一〕，二硾（陲）。凡此道也，不信者弗能爲也。五三

【注釋】

〔一〕載氏，兩字左右分書於簡首上編綫之上，本章之説創立者的姓氏，於此用作章題。詳看《綦氏》章注一。本章記食氣之法和成功的標準。

〔二〕正偃，仰卧。《素問·評熱病論》「不能正偃者」張志聰《黄帝内經素問集注》：「正偃，仰卧也。」（第一三三頁）

〔三〕談卧，見於馬王堆漢墓帛書《十六經·五正》：「黄帝於是辭其國大夫，上於博望之山，談卧三年以自求也。」整理者：談，疑借爲恬。《鄧析子·無厚》：「恬卧而功自成。」（《馬王堆漢墓帛書〔壹〕》，第六五頁）恬卧，安卧。

〔四〕腹得而動，腹部因得氣而動。

〔五〕胻，脚脛。《説文·肉部》：「胻，脛耑也。」段注：「脛近膝者曰胻。」

〔六〕先除鼻中毛，《雲笈七籤》卷三二《養性延命録·服氣療病》：《服氣經》曰「行氣者，先除鼻中毛，所謂通神之路。」

〔七〕息，參看《綦氏》章注一三。復息，再次緩慢呼吸。《漢書·蘇建傳》：「武氣絶，半日復息。」師古曰：「息謂出氣也。」

〔八〕定，安，《説文·宀部》：「安也。」氣定，指納入之氣至腹而定。

〔九〕厭，《集韵·豔韵》：「足也。」

〔一〇〕精，專一。《淮南子·修務》：「官御不厲，心意不精。」高誘注：「精，專也。」

〔一一〕可，《詞詮》卷三：「加於數詞之上，表『約略』之意。」

〔一二〕簡文「堯」下勾識符號係誤加。

〔一三〕疾，快，急。「氣還出疾」與下文「氣安」相對。

〔一四〕不氣，無氣。

〔一五〕呴，讀作「呴」。呴、吹皆呼氣。《漢書·王褒傳》「呴嘘呼吸如僑、松」師古曰：「呴嘘，皆開口出氣也。」呴，呼出温氣；吹，呼出寒氣。《老子道德經河上公章句·無爲》「或呴或吹」注：「呴，温也。吹，寒也。有所温必有所寒也。」

〔一六〕中，半；息，止。中息，半途停歇。「凡呴（呴）中息而炊（吹）」亦見於馬王堆漢墓帛書《却穀食氣》篇，馬繼興《馬王堆古醫書考釋·却穀食氣考釋》：「每次呴氣到一半的時候吹氣。」（第八二九頁）

〔一七〕始卧始興，見於馬王堆漢墓帛書《却穀食氣》篇，整理者：興，起床。

〔一八〕矔，見於里耶秦簡 8-1363+8-1042：「……人病少氣者惡聞人聲，不能視而善矔，善卧（食）不能卧（食）……」（何有祖《里耶秦簡綴合札記（二則）》）。《説文·目部》：「矔，小視也。」比，合。《國語·吴語》「而孩童焉比謀」韋昭注：「比，合也。」比齒，牙齒閉合。

〔一九〕此句與《擇氣》簡五四「東鄉（向）歙其波」對應。

〔二〇〕楪，讀爲何字待考。

〔二一〕女，右上有一短竪筆，與《盜跖（跖）》簡二一「安」所從之「女」相同。果，讀作「裹」。《吕氏春秋·孟春紀·本生》「無不裹也」高誘注：「裹

猶囊也。」如囊，指口腔張鼓狀。

〔二二〕志，《說文·心部》：「意也。」懟，讀作「瞀」。《說文·目部》：「瞀，惑也。」

〔二三〕「垂」字前墨點，似誤點。深息，深呼吸。

〔二四〕餈，《廣雅·釋器》：「臭也。」《玉篇·食部》：「餈，臭敗之味。」

〔二五〕此句言人之精神萎靡、容顏衰老。

〔二六〕麋，讀作「眉」。不動須眉，須眉無脱落。

〔二七〕味，味覺。

〔二八〕利，《廣雅·釋詁三》：「和也。」

〔二九〕神體，精神與身體。

〔三〇〕堂廉，《儀禮·鄉飲酒禮》「設席於堂廉」鄭注：「側邊曰廉。」

〔三一〕垂，懸垂。垂踵，腳掌着地，腳跟懸空。

擇氣

擇氣〔注一〕　冬食一〔注二〕，去淩陰〔注三〕，和以正陽〔注四〕。正陽，日中也〔注五〕。東鄉（向）歙其波〔注六〕，閉以小息〔注七〕。小息以口入、以鼻**五四**出，其引搖外〔注八〕。淩陰者，在夜半，四方止〈正？〉黑〔注九〕，其中寒、白〔注一〇〕，其刑（形）員（圓）。食之使人**五五**面黑、膚焦、刑（形）重、目深〔注一一〕。冬食一氣，去淩陰，和以正陽、泠（閻）光、俞（渝）陽〔注一二〕，可。**五六**

●春食一，去沗（沗—濁）陽〔注一三〕，和以朝蝦（霞）〔注一四〕。朝蝦（霞）者，東方員（圓）日三分天一頓（純？）上以黑〔注一五〕。東鄉（向）歙其波，**五七**閉以宣息〔注一六〕。宣息者，以口入，以鼻、口出。其引府（俯）卬（仰）〔注一七〕。沗（沗—濁）陽者，春在〈在春〉食時〔注一八〕，其色叔（菽）、**五八**術（秫）〔注一九〕，亂在雨内。食之使人首痛、枯〈指？〉矖（矑）、足輕、寤（悟）歎（船）、體（體）涅〈淫〉、種（腫）胻〔注二〇〕。**五九**春食一氣，去沗（沗—濁）陽，和以泠（閻）光、朝蝦（霞），可。**六〇**

●夏食一，去湯風〔注二一〕，和以行暨〔注二二〕。【行】暨者，當晝〈晝〉，闌暑〔注二三〕，非風非波也，暨然至。使人之志霜（爽）〔注二四〕，**六一**秀（悠？）然甚樂，徹視狼（朗）狼（朗）〔注二五〕。東鄉（向）歙其波，閉以徹（微）息。徹（微）息者，以鼻入、以鼻出，其引八**六二**維〔注二六〕。湯風者，在夏晝〈晝〉，風而温如湯，食之使人體（體）解，其汗職（膱）〔注二七〕，

其清敗，其膚癈（廢），其六三心忿嬛（悁）〔注二八〕。夏食一氣，去湯風，和以朝蝦（霞）、行暨、閻清〔注二九〕，可。六四

● 秋食一，去霜霚（霧）〔注三〇〕，和以渝陰〈陽〉〔注三一〕。渝陰〈陽〉者，日始出，員（圓）體（體）盡見，東方明，西方海（晦）〔注三二〕。東鄉（向）六五歙其波，閉以昫（呴）息。昫（呴）息者，以口入，昫（呴）出，其引詘（屈）信（伸）〔注三三〕。霜霚（霧）者，在秋，亓（其）朝下霜，六六其莫（暮）出霚（霧）。食其霜使人腸庯（痛），蟄欬、胕（腑）餈，稈（汗）代（膱）〔注三四〕。食霚（霧）使人胕（腑）中、口糗（臭）、頸傷、六七闌（爛）疥、瘤寮（療）、痤痢（癘）〔注三五〕。六八秋食一氣，去霜霚（霧），和以俞（渝）陽、泠（閻）光、閻清，可。六九

● 夜當半〔注三六〕，一氣於氏（是）至。先雞鳴，一氣再行。雞先鳴，爲金石氣於氏（是）至。雞中鳴，爲七〇水土氣至。雞後鳴〔注三七〕，爲陽木氣至。先明〔注三八〕，天下【□】〔注三九〕，清風從西方遂東方，朝蝦（霞）氣至。日七一始出，天下赤，從西方遂東方，閻光氣至。日當中，正陽氣至。日始入，渝陰氣至。日七二已入，天下青，西方赤黃，清風從東方來，昏清氣至〔注四〇〕。從明至昏閒氣行，暨水七三生慊〔注四一〕。七四夜半以至日中者，皆産氣也〔注四二〕。七五

● 壹氣者，四時寒温壹。以夜半至，賁糗〔注四三〕，其色青、白，其減（撼？）人也如波通（涌）。七六

● 正陽者，日中也。七七朝蝦（霞）者，日未出〔注四四〕。七八閻光者〔注四五〕，日始出昆（窅）然者也〔注四六〕。七九俞（渝）陰者，雲如蓋蔽（蔽）日，日扁（偏）見者〔注四七〕。八〇行暨者，清風繚然者也〔注四八〕。八一凡此六氣皆可食也〔注四九〕。八二

● 淩陰者，黑四、寒，清風折首者也〔注五〇〕。八三霜霚（霧）者，秋之殺氣也〔注五一〕。八四涿（涿—濁）陽者，黑四、寒、減〔注五二〕，天之亂氣也。八五湯風者，風而熱中人者也〔注五三〕。八六日失（昳）以下者〔注五四〕，菀氣也〔注五五〕。八七凡此五氣者，不可食也〔注五六〕。八八

● 夏食陽〔注五七〕，則和以白霜。白霜者，眛（昧）明也〔注五八〕。八九

● 冬食陰〔注五九〕，則和以正陽。正陽者，日中也。九〇

● 夜半失氣爲黃附，雞鳴失氣爲倉（蒼）附〔注六〇〕，朝日失氣爲白附〔注六一〕，閻（陷）日失氣爲黑附〔注六二〕。九一黃附則多正陽，倉（蒼）附則多朝蝦（霞），白附則多泠（閻）光，黑附則多俞（渝）陽。陰雨疾風，九二少食；日月薄食〔注六三〕，毋食。九三

【注釋】

〔一〕擇氣，兩字左右分書於簡首上編綫之上，章題。「擇」字僅存右下部「幸」，其餘部分殘泐。對照《載氏》簡三六「擇氣」之「擇」字，得以確認殘缺

部分。《説文·手部》：「擇，柬選也。」本章記載四季吸食「一氣」的方法，可食與不可食之氣的特點及出現時段。

〔二〕一，「一氣」省稱，可食之氣。與「冬食一，去淩陰」對應的簡五六作「冬食一氣，去淩陰」。類似的對應文字還見於簡五七與六〇、簡六一與六四、簡六五與六九，皆可爲證。一氣，文獻亦作「壹氣」。《楚辭·遠游》「羨韓衆之得一形」汪瑗《楚辭集解》：「一壹同，謂壹氣也。如下文所謂壹氣和德，壹氣孔神是也……一言其精純不雜也。」。馬王堆漢墓帛書《却穀食氣》有「冬食一去淩陰」，句中的「一」也是「一氣」的省稱（參看彭浩《馬王堆漢墓帛書〈却穀食氣〉篇校讀》）。本章以「冬食一去淩陰……」爲首簡，或按秦和西漢早期以十月爲歲首的曆法排序，有别於馬王堆漢墓帛書《却穀食氣》篇以「春食一去濁陽……」爲全篇開頭。

〔三〕淩陰，氣名，不可食，詳看簡五五、五六、八三。

〔四〕和，合。《禮記·郊特牲》「陰陽和而萬物得」孔疏：「和，猶合也。」

〔五〕正陽，日中之氣，可食，也見於簡七七。馬王堆漢墓帛書《却穀食氣》「□陽」應補作「正陽」。《楚辭·遠游》「漱正陽而含朝霞」王逸注引《陵陽子明經》：「夏食正陽。正陽者，南方日中氣也。」其中的「夏食正陽」不同於簡本的「冬食一氣……和以正陽」，并多出「南方」二字。本簡云「冬食一，去淩陰，和以正陽。正陽，日中也。東鄉（向）歙其波……」表明正陽之氣在東方，與《陵陽子明經》所記「南方」有异。

〔六〕歙，以鼻入氣，詳看《綦氏》章注二。

〔七〕小息，緩慢呼吸，簡文云「小息以口入，以鼻出」。

〔八〕引，導引。搖外，導引術式名。

〔九〕四方，天空的東、西、南、北方向。

〔一〇〕寒，《素問·瘧論》：「夫寒者，陰氣也。」白，《説文·白部》：「西方色也。陰用事，物色白。」

〔一一〕焦，黄黑色。重，遲緩。《禮記·玉藻》「足容重」鄭注：「舉欲遲也。」形重，身體動作遲緩。目深，眼睛凹陷。

〔一二〕泠光，可食氣名。簡七七至八二所列可食的「六氣」是：正陽、朝霞、闇光、【渝陽】、渝陰、行暨，據此可推定「泠光」對應「闇光」。又，「今」聲字與「臽」聲字可相通。馬王堆漢墓帛書《却穀食氣》與之對應的是「銚光」，與簡本不同。俞，讀作「渝」，簡七二有「渝陰」，可爲證。渝，變。《詩·鄭風·羔裘》「舍命不渝」毛傳：「渝，變也。」俞（渝）陽，（由陰暗）轉陽。日始出時段之氣名，詳看簡六五。馬王堆漢墓帛書《却穀食氣》并見輸陽、輸陰：「冬食一，去淩陰，【和以端】陽、銚光、輸陽、輸陰，【昏清可】。」《陵陽子明經》有「淪陰」：「秋食淪陰，淪陰者，日没以後赤黄氣也。」整理者認爲，「淪陰」之「淪」當是「輸」之訛字。輸、俞（渝），音通。馬繼興《馬王堆古醫書考釋·却穀食氣考釋》的「輸陽」爲「渝陽」（第八三八頁），是。

〔一三〕涿，「涿」之訛字。涿，與「濁」通。涿陽，不可食之氣名。馬王堆漢墓帛書《却穀食氣》作「濁陽」。簡八五「涿（涿—濁）陽者，黑四、寒、減，天之亂氣也」。馬王堆漢墓帛書《却穀食氣》有類似記載：「濁陽者，黑四塞，天之亂氣也，及日出而霿（霧）也。」

〔一四〕蝦，讀作「霞」。朝霞，可食氣之名。簡七八「朝蝦（霞）者，日未出。」《楚辭·遠游》「漱正陽而含朝霞」王逸注引《陵陽子明經》：「春食朝霞。朝霞者，日始欲出赤黄氣也。」其中的「春食朝霞」不同於簡本「春食一……和以朝蝦（霞）」，并多出「日始欲出赤黄氣也」。

〔一五〕員，讀作「圓」。圓日，太陽剛離開地平綫時的圓形。三分天一，天空的三分之一。分指東、中、西三方，如簡六五所記「日始出，員（圓）體（體）

盡見，東方明，西方海（晦）」。頓，疑讀作「純」，邊緣。「頓（純？）上以黑」，日始出東方，空中、西部仍黑暗。

〔一六〕宣，侈大。王引之《經義述聞第六》：「《易林·需之萃》曰：『大口宣舌。』《大有之蠱》曰：『大口宣脣。』又《小畜之噬嗑》『方喙廣口』，《井之恒》作『方喙宣口』，是『宣』爲侈大之意。」宣息，大出氣，本簡云：「宣息者，以口入，以鼻、口出」。

〔一七〕府印，讀作「俯仰」，前後彎腰。張家山二四七號漢墓竹簡《引書》作「俛（俛）印（仰）」，導引術式的一種動作，如簡一七「回周者，昔（錯）兩手而俛（俛）印（仰），并揮之。」

〔一八〕春在，疑「在春」倒文，如簡六六「霜霿（霧）者，在秋，亓（其）朝下霜」。

〔一九〕其色叔（菽）、術（秫），濁陽之氣色如菽、秫。

〔二〇〕寤，讀作「啎」。《説文·午部》：「啎，逆也。」《玉篇·午部》：「啎，相觸也。」歟同「鼽」。《類篇》四上：「鼽、齁，鼻息，或从夾从欠。」啎鼽，似指鼻塞。涅，「淫」之訛字。淫，《説文·水部》：「侵淫隨理也。」《説文繫傳》：「隨其脈理而浸漬也。」《素問·四時刺逆從論》「則生亂氣相淫病焉」王冰注：「淫，不次也。」

〔二一〕湯風，熱風。《説文·水部》：「湯，熱水也。」賈誼《旱雲賦》：「湯風至而含熱兮，群生悶滿而愁憒。」簡八六「湯風者，風而熱中人者也」。

〔二二〕行暨，可食氣之名，簡八一「行暨者，清風繚然者也」。亦見於馬王堆漢墓帛書《却穀食氣》，整理者認爲「行暨」即「沆瀣」，引《陵陽子明經》爲據：「冬食沆瀣，沆瀣者，北方夜半氣也。」依簡文記載，行暨不同於沆瀣。夜半所生的是「壹氣」（簡七六），行暨是「當晝〈晝〉，闌暑」（簡六一），或各有所本。

〔二三〕闌，《廣雅·釋詁二》：「遮也。」

〔二四〕霜，讀作「爽」。《説文·㸚部》：「爽，明也。」

〔二五〕徹，《説文·攴部》：「通也。」狼狼，疑讀作「朗朗」，明亮。《世説新語·容止》：「時人目夏侯太初『朗朗如日月之入懷』。」

〔二六〕八維，導引術式名。《文選·魯靈光殿賦》「八維九隅」張載注：「四角四方爲八維。」東方朔《七諫·自悲》：「引八維以自道兮，含沆瀣以長生。」

〔二七〕職，讀作「膱」。《韵會》：「一曰肉敗也。」《廣雅·釋器》：「膱，臭也。」

〔二八〕忿悁，怨怒。《戰國策·趙策二·張儀爲秦連横趙王》：「秦雖辟遠，然而心忿悁含怒之日久矣。」

〔二九〕閻清，可食氣名。

〔三〇〕霜霿（霧），不可食氣名。簡八四「霜霿（霧）者，秋之殺氣也」。

〔三一〕渝陰，「陰」爲「陽」之訛字。本節後有「秋食一氣，去霜霿（霧），和以俞（渝）陽」（簡六九）可爲證。簡七二記「日始入，渝陰氣至」，《陵陽子明經》亦記「淪〈渝〉陰」出現於「日没以後」。本簡所記「渝陰」出現時段是「日始出，員（圓）膿（體）盡見，東方明，西方海（晦）」，與上面兩條引文明顯不同。

〔三二〕海，讀作「晦」。《楚辭·九歌·山鬼》：「雲容容兮而在下，杳冥冥兮羌晝晦。」王逸注：「晦，暗也。」

〔三三〕詘信，讀作「屈伸」，導引術式的一種動作。張家山二四七號漢墓竹簡《引書》中的多個導引術式都有屈伸的動作，未見單獨的屈伸術式。

〔三四〕蟄欬，待考。稈代，讀作「汗膱」。《廣雅·釋器》「膱，臭也。」王念孫《疏證》卷八上：「《大戴禮·曾子疾病》篇：『貸乎如入鮑魚之次。』明

《永樂大典》本『貸』作『職』，是職爲臭也。職、貸古字通。《考工記·弓人》注：樴，讀爲『脂膏腫敗』之『腫』。《釋文》引呂忱云：『腫，膏敗也。』腫與職亦同義。」

〔三五〕胕（腑）中，似指臟腑不利。疥，疥瘡，《説文·疒部》：「搔也。」瘤，《諸病源候論》卷三一《瘤候》：「瘤者，皮肉中忽腫起……言留結不散，謂之爲瘤。」。瘵，也作「瘵」，訓爲病。《集韵·薬韵》：「瘵，《博雅》：『病也。』或作瘵。」《楚辭·九辯》「形銷鑠而瘀傷」王逸注：「身體燋枯，被病久也。」痤，《説文·疒部》：「小腫也。」《玉篇·疒部》：「癤也。」《素問·生氣通天論》：「汗出見濕，乃生痤疿。」張志聰《黄帝内經素問集注》：「痤，小癤也。」（第一〇頁）痢，讀作「癘」，《説文·疒部》：「癘，惡疾也。」

〔三六〕夜當半，也稱「夜半」（簡七六），夜中。《左傳》莊公七年：「夜中，星隕如雨。」《經典釋文》：「夜中，夜半也。」

〔三七〕簡七〇、七一的時段排序是：夜當半（夜半）、先雞鳴、雞先鳴、雞中鳴、雞後鳴。雞先鳴、雞中鳴、雞後鳴是「雞鳴」時段細分爲三的名稱，雞先鳴也稱「雞前鳴」。「先雞鳴」位於「雞先鳴」前，是有别於「雞鳴」的另一種時稱。秦漢時期行用的「十六時制」的相關時稱是：夜半、雞鳴、晨時、平旦，這種排序可以確定「雞鳴」在「夜半」之後，并不能確定「先雞鳴」在其中的位置。值得注意的是《新唐書·馬燧傳》的記載：「燧令諸軍夜半食，先雞鳴時鳴鼓角，而潛師并洹趨魏州。」文中的「先雞鳴」在「夜半」之後。從秦漢與唐代行用的時稱看，「夜半」的時段是相同的。漢簡所記「三十二時制」的相關時稱是：夜半、過半、夜大半、大晨、雞前鳴、中鳴、後鳴（參看張德芳《懸泉漢簡中若干「時稱」問題的考察》）。在「夜大半」和「雞前鳴」之間增加了「大晨」。兩相對照，「先雞鳴」相當於「大晨」。《素問·標本病傳論篇》：「腎病……三日兩脅支痛，三日不已死。冬大晨，夏晏晡。」王冰注：「大晨謂寅後九刻大明之時也。晏晡謂申後九刻向昏之時也。」對照睡虎地秦墓竹簡《日書》乙種簡一五六：「【鷄鳴丑，平旦】寅，日出卯，食時辰，莫（暮）食巳，日中午，暴未，下市申，舂日酉，牛羊入戌，黄昏亥，人定【子】」，《素問》「大晨」王冰注的時段相當於睡虎地秦簡的「平旦」，在「雞鳴」後的寅時，時序不同於簡文和《新唐書·馬燧傳》的記載，明顯有誤。陳久金在《中國古代時制研究及其换算》中已指出，王冰注錯誤的根源在於對漢代記時制度的發展歷史不了解。關沮周家臺三〇號秦墓出土竹簡《日書》有「雞未鳴、前鳴、雞後鳴」。該書作者認爲，「前鳴」脱「雞」字，應是「雞前鳴」（第一一〇頁）。李天虹《秦漢時分紀時制綜論》認爲，「前鳴」之「前」可能是「雞」字之訛，并指出「雞未鳴」即「雞前鳴」。「雞未鳴」在「前鳴」之前，兩者所指不同，「雞未鳴」指雞鳴之前，「前鳴」指雞叫頭遍。故「雞未鳴」更接近「先雞鳴」，似爲同一時段名。

〔三八〕先明，疑爲時稱名。

〔三九〕「天下」後似脱一表色彩之字。

〔四〇〕昏清，氣名。數見於馬王堆漢墓帛書《却穀食氣》。簡文記載「昏清」出現的時段是「日已入，天下青，西方赤黄」，與可食的「朝蝦（霞）」同屬「清風」，與馬王堆漢墓帛書《却穀食氣》的記載相合。

〔四一〕慊，字義待考。此簡疑爲補抄。

〔四二〕《漢書·律曆志》：「（太極元氣）行於十二辰，始動於子。」《雲笈七籤》卷三二《養性延命録·服氣療病》：《服氣經》曰「從夜半至日中爲生氣，從日中後至夜半爲死氣。」

〔四三〕賁，大。《尚書大傳》卷二「天子賁庸」鄭注：「賁，大也。」糗，氣味。《詩·大雅·文王》「無聲無臭」鄭箋：「耳不聞聲音，鼻不聞香臭。」

〔四四〕日未出，朝霞氣出現的時段。

〔四五〕閽光，「日始出」時段之氣，簡七一、七二：「日始出，天下赤，從西方遂東方，閽光氣至」。此氣名不見於馬王堆漢墓帛書《却穀食氣》和《陵陽子明經》。

〔四六〕窅然，深遠狀。《莊子·知北游》：「夫道，窅然難言哉！」

〔四七〕渝陰出現的時段如簡七二：「日始入，渝陰氣至。」

〔四八〕繚，繞。《後漢書·班彪列傳上》「繚以周牆」李賢注：「繚猶繞也。」

〔四九〕此簡實記可食之氣五種，脱抄的一種可能是渝陽。

〔五〇〕黑四，即簡五五的「四方止〈正？〉黑」。寒，馬王堆漢墓帛書《却穀食氣》作「塞」。簡五五云：「凌陰者，在夜半，四方止〈正？〉黑，其中寒、白」，可證馬王堆漢墓帛書《却穀食氣》「塞」是「寒」之誤。據簡文，馬王堆漢墓帛書《却穀食氣》「□□□□□【者】，□四塞……」可補改爲「□□□凌陰【者】，黑四【、寒】……」清，凉、冷。《素問·五藏生成篇》「腰痛足清頭痛」王冰注：「清，亦冷也。」折，傷害。《詩·鄭風·將仲子》「無折我樹杞」毛傳：「折，言傷害也。」折首，傷害頭部，即簡五五、五六所記「食之使人面黑，膚焦，刑（形）重、目深」。

〔五一〕據簡文，馬王堆漢墓帛書《却穀食氣》「霜霿（霧）者，□□□□□□□」可補爲「霜霿（霧）者，秋之殺氣也」。

〔五二〕减，《説文·水部》：「損也。」

〔五三〕中，傷。《漢書·敘傳上》「道病中風」師古曰：「中，傷也，爲風所傷。」

〔五四〕失，讀作「昳」。《説文新附·日部》：「昳，日昃也。」

〔五五〕菀，讀作「宛」。宛氣，鬱結之氣。《史記·扁鵲倉公列傳》：「夫悍藥入中，則邪氣辟矣，而宛氣愈深。」《春秋繁露·循天之道》：「鶴之所以壽者，無宛氣於中。」

〔五六〕馬王堆漢墓竹簡《十問》：「食氣有禁，春辟（避）濁陽，夏辟（避）湯風，秋辟（避）霜潛（霧），冬辟（避）凌陰，必去四咎，乃棎（深）息以爲壽。」與簡文不可食之氣名可相對應。

〔五七〕陽，温。《詩·豳風·七月》「春日載陽」毛傳：「陽，温也。」

〔五八〕白霜，指天將明時之氣，以白色譬喻。昧，讀作「昧」。昧明，拂曉。《國語·吴語》：「昧明，王乃秉枹，親就鳴鐘鼓。」

〔五九〕陰，寒。《素問·四時刺逆從論》「厥陰有餘病陰痺」王冰注：「陰，謂寒也。」

〔六〇〕倉，讀作「蒼」，青色。《廣雅·釋器》：「蒼，青也。」簡文此句與馬王堆漢墓帛書《却穀食氣》「青附即多朝暇（霞）」同。

〔六一〕馬王堆漢墓帛書《却穀食氣》「朝〇」可據簡文補作「朝日」。

〔六二〕閻，讀作「陷」。《説文·𨸏部》：「陷，高下也。一曰陊也。」《説文通訓定聲》：「自高而入於下也。」閻（陷）日，日落。馬王堆漢墓帛書《却穀食氣》作「昏」。

〔六三〕薄食，也作「薄蝕」。日月薄食（蝕），日、月食。《吕氏春秋·季夏·明理》「其月有薄蝕」高誘注：「薄，迫也。日月激會相掩，名爲薄蝕。」

盗跖（蹠）释文注释

【說　明】

本篇共有竹簡四十四枚，完整簡長二九・九至三〇、寬〇・六厘米。現存二千餘字。從殘留編痕可知，原有三道編綫，文字皆書於上下編綫之間。字形轉角多爲弧形，結構緊凑，有早期隸書的風格，個别字保留較早的字形。全篇書體風格相同，係一人書寫。簡文不分章節。多數竹簡背面保留細劃綫（見本書附録一）。

《盜跖（跖）》是一篇獨立的文本，内容與傳本《莊子・盜跖》「子張問於滿苟得」以前部分極爲接近，但在文句和用字等方面却有頗多出入。晉人郭象曾指出，傳本《盜跖》的前半爲「此篇」，即獨立成篇。傳本《莊子・盜跖》後半部分内容與前半不同，證以簡本，應是後來編入的。簡本是目前所見《盜跖》篇的最早抄本，對其在流傳過程中的變化及《莊子》一書編定的研究無疑有極重要的學術價值。

《史記・老子韓非列傳》記載，莊子「作《漁父》《盜跖》《胠篋》，以詆訿孔子之徒，以明老子之術」。可證《盜跖》在司馬遷之前已編入《莊子》。據同墓所出《七年質日》可知，《盜跖（跖）》的抄寫年代下限在漢文帝七年（公元前一七三年）或稍前。注釋引用《莊子》文本（簡稱「傳本」）、郭象注（簡稱《郭注》）、成玄英疏（簡稱《成疏》）、陸德明《莊子音義》（簡稱《釋文》），皆出自郭慶藩撰、王孝魚點校《莊子集釋》（簡稱《集釋》《集釋・王校》），其他著述隨文標明。

【■】盜跖（跖）〔注一〕一背

罝者孔子友柳下季〔注二〕，柳下季弟曰跖（跖）〔注三〕。跖（跖）從卒九千〔注四〕，衡（横）行天下〔注五〕，侵暴者諸侯〔注六〕，毆（摳）户穴室〔注七〕，係人婦女〔注八〕，驅一入牛馬，不顧議（義）浬（理）〔注九〕，貪得孟（忘）豬（祖）〔注一〇〕。所過之邑，大都城守〔注一一〕，小國入葆〔注一二〕，萬民苦之。

孔子胃（謂）柳下季曰：「夫爲人父者，必二能詔其子〔注一三〕；爲人兄者，必能教【其】弟〔注一四〕。若父不能詔子，兄不能教弟〔注一五〕，則無貴有父兄昆弟之親也〔注一六〕。今先三生，世之賢士也〔注一七〕，弟爲盜跖（跖），爲天下害，而增（曾）弗能教〔注一八〕，丘竊爲先生羞之。丘請爲先生往説之。」

柳下四季曰：「先生言曰〔注一九〕：『爲人父者必能詔子，爲人兄者必能教弟』〔注二〇〕，若子不聽父之詔，弟不受兄之教，則唯先五生之辯〔注二一〕，將奈之何〔注二二〕？且夫跖（跖）爲人也〔注二三〕，心如湧湶（泉），意如薊（飄）風〔注二四〕，强足以此閒〔注二五〕，辯足以飭（飾）非。順其心則喜，逆六其心則怒，不難辱人以言〔注二六〕。先生必毋【往】也〔注二七〕。」

孔子弗聽。顔回爲御，子贛爲右，往見盜跖（跖）。盜跖（跖）休卒於大山之七陽〔注二八〕，方會〈會—膾〉人肝而餔〔注二九〕。孔子下車趨而前〔注三〇〕，僃（藉）謁者曰〔注三一〕：「魯人丘聞將軍高義〔注三二〕，敬拜〔注三三〕，勞謁者入徹〔注三四〕。」盜跖（跖）八聞之大怒，目如明星，髮螢（盈）冠〔注三五〕，曰：「此夫魯僞人丘非邪（耶）〔注三六〕？往爲我告之曰〔注三七〕：『壹夫作言造語〔注三八〕，忘（妄）稱文武〔注三九〕，九冠枝木之冠〔注四〇〕，帶死牛之脅〔注四一〕，多辭繆（謬）説，辯於無險（驗）〔注四二〕，不耕而食，不織而衣，摇脣舌古（鼓）〔注四三〕，是物以惑天下之一〇主〔注四四〕，使天下之學士皆不反（返）孝弟、本作而儌（僥）幸於封侯貴者邪（耶）〔注四五〕！子之罪極大〔注四六〕，亟走歸〔注四七〕！不然，且一一以子肝益晝餔〔注四八〕！』」

孔子復徹曰〔注四九〕：「臣得幸於兄〔注五〇〕，願賜〈賜〉堅（臣）履而拜見〔注五一〕。」

謁者復徹〔注五二〕。盜跖（跖）曰：「使丘進〔注五三〕。」孔子一二趨而前〔注五四〕，避壇反走〔注五五〕，再拜〔注五六〕。盜跖（跖）大怒，兩展其足〔注五七〕，案（按）劍瞋目，聲如乳虎，曰：「丘所言〔注五八〕，順吾心則生〔注五九〕，逆吾心一三則死。」

孔子曰：「丘聞之，凡天下有三德：生而長大、好美〔注六〇〕，無貴賤見而皆兑（悦）之〔注六一〕，此上德也；智（知）經天下〔注六二〕，【能】辯一四諸物〔注六三〕，此中德也；勇强武果敢〔注六四〕，此下德也。今將軍長大八尺二寸〔注六五〕，面目有光，脣如巴丹〔注六六〕，齒如齊米〔注六七〕，音一五中黄鍾，此上德也；明智能從衆合兵，此下德也〔注六八〕。天下之有一德，足南面而稱寡矣〔注六九〕。今將軍兼有此一六兩者〔注七〇〕，而號爲盜跖（跖）〔注七一〕，丘竊爲將軍弗取〔注七二〕。將軍有意而聽臣，臣請北告齊魯四（泗）上〔注七三〕，東告吴越〔注七四〕，南告一七晉楚〔注七五〕，西告宋衛〔注七六〕，使爲將軍城十里萬家之邑〔注七七〕，立爲諸侯〔注七八〕，與天下更始，罷兵休卒，收養昆弟，共一八蔡（祭）先沮（祖）。此聖人賢士之所期也〔注七九〕。」

盜跖（跖）大怒曰：「子丘來〔注八〇〕！可鹽（諂）以利、可臾（諛）以言者〔注八一〕，盡愚因（陋）恒民之胃（謂）也〔注八二〕。吾一九長大脩美〔注八三〕，父母之遺德也〔注八四〕。丘唯〈雖〉毋吾譽〔注八五〕，吾剴（豈）弗智（知）哉〔注八六〕？且吾聞之，面譽人者北（背）而毀人〔注八七〕。子告我以大城二〇蕞（聚）民〔注八八〕，大城蕞（聚）民安可長有哉〔注八九〕？城大者〔注九〇〕，莫吾有天下〔注九一〕。堯舜有天下，今毋立錐之地〔注九二〕，湯武立爲大王〔注九三〕，後世絶二一威（滅）〔注九四〕。且聞之〔注九五〕，古者坌（禽）獸多而人民少〔注九六〕，於是民爲巢木上以避之〔注九七〕，晝日拾椲栗〔注九八〕，而莫（暮）宿其上〔注九九〕，名曰有巢二二氏〔注一〇〇〕。古者不智（知）衣〔注一〇一〕，夏多積薪，而冬煬（煬）之〔注一〇二〕，故命曰有生氏〔注一〇三〕。神蓐（農）之世，卧居居〔注一〇四〕，起于民〔注一〇五〕，民智（知）其母，不智（知）其二三父，與糜鹿處〔注一〇六〕，耕而食，織而衣，無有相害之心，此至德之隆也。黄帝戰獨（涿）禄（鹿）之野〔注一〇七〕，堯【舜】作〔注一〇八〕，立君臣〔注一〇九〕，二四湯彷（放）其兄〔注一一〇〕，武王誠〈試—弑〉其主〔注一一一〕。自此之后〔注一一二〕，智勝愚〔注一一三〕，强勝弱〔注一一四〕，衆勝寡〔注一一五〕。湯武以來，盡亂人之徒也〔注一一六〕。

今子隨二五文武之業〔注一一七〕，長遂誠〈試—弑〉亂之道〔注一一八〕，以教后世。縫衣後（淺）帶〔注一一九〕，譑（矯）言高行〔注一二〇〕，以矇惑天下之主〔注一二一〕，而欲求奠（尊）貴焉〔注一二二〕。盜二六莫大於子，天下何故不胃（謂）子盜丘〔注一二三〕，而乃胃（謂）我盜䟣（跖）哉？子以甘言流辭説子路而從之〔注一二四〕，路解其危冠〔注一二五〕，去二七其長劍〔注一二六〕，受教於子〔注一二七〕，天下皆曰孔子能止暴禁非。其卒子路欲誠〈試—弑〉衛君而不成〔注一二八〕，身沮（菹）於衛東門上〔注一二九〕，是二八子之教不至也〔注一三〇〕。

子自以爲賢聖邪〔注一三一〕？逐於魯〔注一三二〕，削迹於衛，窮於齊，困於陳祭（蔡）閒〔注一三三〕。夫子教路〔注一三四〕，則子二九路沮（菹）〔注一三五〕。自胃（謂）賢聖〔注一三六〕，而容於天下則異〔注一三七〕，上無以爲賢〔注一三八〕，下無以教人〔注一三九〕，子之道剴（豈）足貴哉〔注一四〇〕？

夫世之高〔注一四一〕，莫若黄三〇帝，黄帝不能全德〔注一四二〕，戰於獨（涿）禄（鹿）之野，流血百里。堯不茲（慈）〔注一四三〕，舜不孝〔注一四四〕，禹偏殆〔注一四五〕，湯彷（放）其兄〔注一四六〕，武王誠〈試—弑〉主〔注一四七〕，文王拘三一牖（羑）里。此六子者，世之所高也，察論其意乃可羞也〔注一四八〕。

世之所胃（謂）死士〔注一四九〕，柏（伯）夷、叔齊。柏（伯）夷、叔齊辭孤竹之君，三二餓而死首山之陽〔注一五〇〕，死而不葬〔注一五一〕。鮑〈鮑〉焦劫於行，僟於名，不全其生，施橋（喬）木而死〔注一五二〕。徵（微）生與女子期三三梁下〔注一五三〕，女子不來，水至不去，枸〈抱〉樑柱而死。登徒易〈易〉非世立名〔注一五四〕，負石自投河〔注一五五〕，爲魚鱉（鱉）食〔注一五六〕。介子誰（推）致（至）忠，割其股以食三四文君〔注一五七〕，文君后北（背）之，【子】誰（推）怒去〔注一五八〕，之介山上〔注一五九〕，枹（抱）木燔死。此四子者〔注一六〇〕，无（無）異於磔犬流死操薊（瓢）而气（乞）〔注一六一〕，麗名輕死〔注一六二〕，不含（念）本生三五養壽命者也〔注一六三〕。

世之忠臣莫若王子比干、五（伍）子胥〔注一六四〕。子胥沈（沉）【江】〔注一六五〕，比干【剖】心〔注一六六〕。貳子者〔注一六七〕，世之忠臣也〔注一六八〕，而不免於爲天下英（笑）〔注一六九〕。三六上論之至黄帝〔注一七〇〕，下觀之至子胥〔注一七一〕，皆不足貴也。

丘所以説我者〔注一七二〕，【若】以鬼事則我弗能智（知）矣〔注一七三〕；若以人事則不三七過此〔注一七四〕，此盡吾所聞智（知）矣〔注一七五〕。

今吾告子以人請（情）〔注一七六〕，人請（情）目欲【視】美〔注一七七〕，耳欲聽聲，口欲察味，説（悦）志意之欲〔注一七八〕，盡百體之安〔注一七九〕。三八此四者，人請（情）之極也〔注一八〇〕。人上壽百歲，中壽八十，下壽六十，除病叟死喪憂患〔注一八一〕，休息歸然〔注一八二〕，喜樂啓口而芺（笑）〔注一八三〕，三九一月中不過四、五【日】而已矣〔注一八四〕。夫天地無窮〔注一八五〕，而人之死有時〔注一八六〕。操有死【時】之具而庑（託）於無窮之閒，忽然無異於六〈亓—其〉冀（驥）過於四〇［彳谷］（隙）而已〔注一八七〕。不能説志意〔注一八八〕，此皆非徹於道養生者也〔注一八九〕。丘亟歸〔注一九〇〕，毋復言矣。子之語不足論也〔注一九一〕。」

孔子再拜趨出〔注一九二〕，上車〔注一九三〕，四一援綏再失之〔注一九四〕，瞑然無見〔注一九五〕，色如死灰，据式（軾）柢（低）頭，遂不出氣〔注一九六〕。至魯東門〔注一九七〕，卒逢柳下季〔注一九八〕。柳下季曰：「今者閒忽然數日不四二得見〔注一九九〕，車馬有行色，得徹（微）往見［豸足］（跖）邪？」孔子曰〔注二〇〇〕：「然。」柳下季曰：「［豸足］（跖）亦得毋固逆【汝意】於前虖（乎）〔注二〇一〕？」

孔子曰：「丘所胃（謂）毋四三疾而自久（灸）者也〔注二〇二〕，殆不免於虎口〔注二〇三〕！」四四

【注釋】

〔一〕［豸足］，從豸從足，讀作「跖」。盜［豸足］（跖），篇題，書於全篇首簡背面，竹簡書寫篇題處修削平整。依同墓所出他篇竹書之例，此簡頭端殘缺部分應塗墨，以作爲篇題的標識。傳本《莊子·雜篇》有《盜跖》，《釋文》云「以人名篇」。

〔二〕昔者，傳本無。友，《詩·周南·關雎》「琴瑟友之」孔疏：「友者，親之如友。」傳本此句作「孔子與柳下季爲友」。

〔三〕傳本於「柳下季」後有「之」字。簡文本句與下句稱「［豸足］（跖）」，傳本皆云「盜跖」。《釋文》：「李奇注《漢書》云：跖，秦之大盜也。」王叔岷《莊子校詮·盜跖》：「惟《文選》賈誼《吊屈原文》注引李奇云：『跖，魯之盜跖。』」《集釋》：「俞樾曰：《史記·伯夷傳》正義又云，蹠者，黄帝時大盜之名。是跖之爲何時人，竟無定説。孔子與柳下惠不同時，柳下惠與盜跖亦不同時，讀者勿以寓言爲實也。」

〔四〕九千，傳本作「九千人」。

〔五〕衡，右旁「亍」缺損，讀作「横」。傳本作「横」。

〔六〕侵暴，侵淩。者，衍文。

〔七〕傳本此句作「穴室樞户」。《成疏》：「穿穴屋室，解脱門樞。」《集釋·王校》：「《闕誤》引劉得一本樞作摳。」《釋文》：「樞户，司馬云：破人户樞而取物也。」孫詒讓《札迻·莊子郭象注》：「樞當爲摳。殷敬順《列子釋文》云：『摳，探也。』」摳有上提、舉之義。《禮記·曲禮上》「兩

手摳衣」孔疏：「摳，提挈也。」《廣雅・釋詁一》：「摳，舉也。」摳户，指提舉門户使户樞從臼中脱出，致門户洞開。穴，穿穴，挖洞。穴室，在房屋的牆上挖洞行竊。《睡虎地秦墓竹簡・封診式》有「穴盜」，與此同義。

〔八〕係，縛。傳本作「取」，此句在「驅人牛馬」句後。

〔九〕議浬，讀作「義理」。《禮記・禮器》：「忠信，禮之本也。義理，禮之文也。無本不立，無文不行。」傳本無此句，作「不顧父母兄弟，不祭先祖」。

〔一〇〕孟豬，讀作「忘祖」。傳本作「忘親」。

〔一一〕大都城守，傳本作「大國守城」。

〔一二〕葆，傳本作「保」。葆，城堡。《釋文》：「鄭注《禮記》曰：小城曰保。」《墨子・迎敵祠》：「凡守城之法，縣師受事，出葆，循溝防，築薦通塗。」

〔一三〕詔，《釋文》：「教也。」

〔一四〕據上句文例，「弟」字前脱「其」字。

〔一五〕傳本於「詔」「教」後各有「其」字。

〔一六〕有，傳本無。父兄昆弟，傳本作「父子兄弟」。

〔一七〕賢，傳本作「才」。

〔一八〕增，讀作「曾」，乃。傳本無此字，於句末有「也」字。

〔一九〕曰，傳本無。

〔二〇〕傳本於「詔」「教」後各有「其」字。

〔二一〕則，傳本無。唯，傳本作「雖」，其後有「今」字。

〔二二〕傳本於句末有「哉」字。

〔二三〕傳本無「夫」字，於「跖」下有「之」字。

〔二四〕薊，「剽」字异體。剽風，疾風。傳本作「飄」。

〔二五〕此，《説文・此部》：「止也。」間，《文選・贈白馬王彪》：「蒼蠅間白黑，讒巧令親疏。」李善注引《廣雅》：「間，毁也。」《孟子・離婁上》：「人不足與適也，政不足間也。」趙岐注：「間，非。」此間，止毁、止非難。傳本作「距敵」。錢穆《莊子纂箋》引武延緒曰：「『敵』疑讀若『讁』，與『謫』同。《廣韵》：『讁，責也。』」其説與簡文近。

〔二六〕不難，傳本作「易」。

〔二七〕「毋」字下脱「往」字。傳本作「无往」。

〔二八〕大山，《釋文》：「音太。」傳本於「盜跖」下有「乃方」二字，「卒」下有「徒」字。

〔二九〕方，傳本無。會，讀作「膾」。傳本作「膾」，於句末有「之」字。餔，《釋文》：「《字林》云：日申時食也。」

〔三〇〕趨，傳本無。

〔三一〕⿰亻藉，「藉」字异體。《漢書・郭解傳》「以軀藉友報仇」師古曰：「藉，謂借助也。」傳本作「見」。

〔三二〕丘，傳本作「孔丘」。

〔三三〕敬拜，傳本作「敬再拜謁者」，與上句「聞將軍高義」文意不合，當以簡文爲是。

〔三四〕徹，《説文·攴部》：「通也。」此指通報。「勞謁者入徹」，傳本作「謁者入通」，誤將此句從孔子之語中分出。

〔三五〕螢，讀作「盈」，充滿，溢出。《廣雅·釋詁四》：「盈，充也。」《易·坎》「水流而不盈」虞注：「溢也。」此指頭髮張立沖冠。傳本作「上指」。

〔三六〕傳本於「魯」下有「國之」二字，「僞」前有「巧」字，「丘」前有「孔」字。

〔三七〕往，曰，傳本無。

〔三八〕壹，或作「一」。《詞詮》卷七：「助詞，無義。」壹夫，傳本作「爾」。

〔三九〕忘，傳本作「妄」。《成疏》：「言孔子憲章文武，祖述堯舜，刊定禮樂，遺迹將來也。」

〔四〇〕枝木之冠，《釋文》：「司馬云：冠多華飾，如木之枝繁。」

〔四一〕帶死牛之脅，《釋文》：「司馬云：取牛皮爲大革帶。」

〔四二〕險，讀作「驗」。《淮南子·主術》「驗在近，而求之遠」高誘注：「驗，效也。」「辯於無驗」與上句「多辭謬説」相應，文意完整。傳本無此句。「多辭謬説」與下文「不耕而食，不織而衣……」文意并不密合，推測傳本所據抄本或脱此句，或爲傳本所删。

〔四三〕舌古（鼓），應是「鼓舌」誤倒。傳本作「鼓舌」，其下「擅生是非」，不見於簡本。

〔四四〕是，此，《廣雅·釋言》：「此也。」是物，傳本無。惑，傳本作「迷」。

〔四五〕孝弟，孝順父母，敬愛兄長。《論語·學而》：「其爲人也孝弟，而好犯上者鮮矣。」朱熹集注：「善事父母爲孝，善事兄長爲弟。」本作，耕織。《韓非子·八説》：「今學者之言也，不務本作而好末事。」傳本作「使天下學士不反其本，妄作孝第……」於「貴」字前有「富」字。

〔四六〕罪極大，傳本作「罪大極重」。

〔四七〕亟，傳本作「疾」。

〔四八〕傳本句首有「我將」二字，句末有「之膳」二字。

〔四九〕徹，傳本作「通」。

〔五〇〕臣，傳本作「丘」。兄，傳本作「季」。

〔五一〕賜，「賜」之誤，傳本作「望」。堅，讀作「臣」，傳本無。履，《左傳》僖公四年「賜我先君履」杜注：「履，所踐履之界。」拜見，傳本作「幕下」。

此句大意爲，望恩准（賜）我進入（踐履）您的管界，得以拜見。傳本作「願望履幕下」。

〔五二〕徹，傳本作「通」。

〔五三〕使丘進，傳本作「使來前」。

〔五四〕趨，《成疏》：「疾行也」。前，傳本作「進」。

〔五五〕壇，中庭。《淮南子·説林》「腐鼠在壇」高誘注：「楚人謂中庭爲壇。」傳本作「席」。反走，《釋文》：「小却行也。」《成疏》：「却退。」

〔五六〕再拜，傳本作「再拜盜跖」。

〔五七〕兩展其足，《成疏》：「伸兩脚也。」

〔五八〕丘，傳本作「若」，并於此句前有「丘來前」。

〔五九〕心，傳本作「意」。

〔六〇〕好美，似「美好」誤倒，簡二〇作「俻美」。傳本作「美好」，其下有「无雙」二字。

〔六一〕無，傳本作「少長」。以上兩句傳本作「生而長大，美好无雙，少長貴賤見而皆說之」。

〔六二〕經，治理。《淮南子·原道》「而有經天下之氣」高誘注：「經，理也。」傳本此句作「知維天地」，維，維持；地，疑「下」之誤。

〔六三〕據上句句式，「辯」前脱「能」字。傳本此句作「能辯諸物」。

〔六四〕强，衍文。傳本作「勇悍果敢」，其下有「聚衆率兵」。

〔六五〕傳本作「今將軍兼此三者，身長八尺二寸」。

〔六六〕巴，地名，以出産丹砂聞名。《史記·貨殖列傳》載巴寡婦清「其先得丹穴，而擅其利數世」，《集解》引徐廣曰：「涪陵出丹。」傳本作「激」，《釋文》：「司馬云：明也。」

〔六七〕米，傳本作「貝」。

〔六八〕傳本無「此上德也，明智能從衆合兵，此下德也」。

〔六九〕天下之有一德，傳本作「凡人有此一德者」。寡，傳本作「孤」。以上兩句傳本位於「勇悍果敢，聚衆率兵，此下德也」後。

〔七〇〕「今將軍兼有此兩者」指上文的「上德」和「下德」。傳本作「今將軍兼此三者」，位於「勇悍果敢，聚衆率兵，此下德也。凡人有此一德者，足以南面稱孤矣」後。簡文列出盗跖的「上德」是「長大八尺二寸，面目有光，脣如巴丹，齒如齊米，音中黄鍾」，「下德」是「明智能從衆合兵」，進而指出「天下之有一德，足南面而稱寡矣」，與下文「今將軍兼有此兩者……」對應，文意完整。

〔七一〕號爲，傳本作「名曰」。

〔七二〕弗，傳本作「不」，其前有「恥」字，句末有「焉」字。

〔七三〕告，傳本作「使」，以下三句同。四（泗）上，傳本無。

〔七四〕東，傳本作「南」。

〔七五〕南，傳本作「西」。

〔七六〕西，傳本作「東」。以上四句傳本作「臣請南使吴越，北使齊魯，東使宋衛，西使晉楚」，與簡本次序不同。

〔七七〕城十里，傳本作「造大城數百里」。萬家之邑，傳本作「立數十萬户之邑」。

〔七八〕立，傳本作「尊將軍」。

〔七九〕賢，傳本作「才」。所期，傳本作「行」，其下接「而天下之願」，不見於簡本。簡文「期」與傳本「願」意近。

〔八〇〕子丘來，傳本作「丘來前」。

〔八一〕傳本句首有「夫」字。䜛，讀作「諂」。《左傳》襄公三年「稱其讎不爲諂」杜注：「媚也。」傳本作「規」。臾，讀作「諛」。《莊子·漁父》：「不擇是非而言謂之諛。」傳本作「諫」。

〔八二〕盡，傳本作「皆」。

〔八三〕吾，傳本作「今」。脩美，傳本作「美好」，其後有「人見而悦之者」。

〔八四〕傳本此句前有「此吾」。

〔八五〕唯，「雖」之誤字。毋，傳本作「不」，兩字同義。

〔八六〕剴，讀作「豈」，傳本作「獨」。弗，傳本作「不」。傳本於「知」前有「自」字。哉，傳本作「邪」。

〔八七〕傳本於「面」前有「好」字。「背」前有「亦好」二字。人，傳本作「之」。

〔八八〕傳本句首有「今」字。子，傳本作「丘」。菆，讀作「聚」，傳本作「衆」。

〔八九〕大城菆（聚）民，傳本作「是欲規我以利而恒民畜我也」。長有，傳本作「久長」。哉，傳本作「也」。

〔九〇〕傳本於「城」後有「之」字。

〔九一〕吾有，傳本作「大乎」，句末有「矣」字。傳本「城之大者，莫大乎天下矣」僅就「城」與「天下」之大小進行比較，重在形式、表面。簡本「城大者，莫吾有天下」則表明盜跖不滿足於諸侯的一城之地，而欲占有天下的意願。

〔九二〕今，傳本作「子孫」。簡本「今」係「子孫」之誤。立，傳本作「置」。《成疏》：「堯讓舜，不授丹朱，舜讓禹而商均不嗣，故無置錐之地也。」

〔九三〕大王，傳本作「天子」。

〔九四〕傳本句首有「而」字，於本句後接有「非以其利大故邪」。

〔九五〕傳本於「且」後有「吾」字。

〔九六〕金，讀作「禽」。民，傳本無。

〔九七〕傳本於「民」後有「皆」字。巢，簡文作「[illegible]」，同馬王堆漢墓帛書《周易》「烏棼其巢」之「巢」。爲巢木上，傳本作「巢居」。

〔九八〕梩，疑讀作「李」，《説文・木部》：「李，果也。」傳本作「橡」。

〔九九〕而，傳本無。莫，讀作「暮」，傳本作「暮」。宿，傳本作「栖」。其上，傳本作「木」。

〔一〇〇〕傳本句首有「故」字。名，傳本作「命之」，於句末有「之民」二字。

〔一〇一〕據傳本，「古者」後脱「民」字。傳本於「衣」後有「服」字。

〔一〇二〕傳本無「而」，於「冬」後有「則」字。煬，對火取暖。《玉篇・火部》：「煬，對火也。」《淮南子・齊俗》「短褐不掩形，而煬竈口」劉文典《淮南鴻烈集解》引莊逵吉云：「《御覽》引注，作『煬，炙也。向竈口自温煬。』」

〔一〇三〕命，傳本作「命之」。有生氏，傳本作「知生之民」。

〔一〇四〕傳本於「卧」後有「則」字。居居，《成疏》：「安静之容。」

〔一〇五〕依傳本，簡文「民」字下的重文號爲誤置，應在「于」字下，讀作「起于于」，傳本作「起則于于」。于于，《成疏》：「于于，自得之貌」。

〔一〇六〕處，傳本作「共處」。

〔一〇七〕獨禄，讀作「涿鹿」。此句傳本作「然而黄帝不能致德，與蚩尤戰於涿鹿之野，流血百里」。

〔一〇八〕依傳本，簡文「堯」後脱「舜」字。

〔一〇九〕君，傳本作「群」。

〔一一〇〕仿，讀作「放」，放逐。兄，依傳本是「主」之誤。《成疏》：「放桀於南巢也。」

〔一一一〕試，讀作「弑」，傳本作「殺」。主，指商紂王，傳本作「紂」。

〔一一二〕此，傳本作「是」。

〔一一三〕智勝愚，傳本無。

〔一一四〕傳本句首有「以」字。勝，傳本作「陵」。

〔一一五〕傳本句首有「以」字。勝，傳本作「暴」。

〔一一六〕盡，傳本作「皆」。

〔一一七〕隨，《説文・辵部》：「從也。」傳本作「脩」。業，傳本作「道」。

〔一一八〕遂，《荀子・王制》「則大事殆乎弛，小事殆乎遂」楊倞注：「遂，因循也。」此句傳本作「掌天下之辯」。

〔一一九〕绛，通「縫」。《墨子・公孟篇》：「绛衣博袍。」孫詒讓《墨子閒詁》引王引之曰：「绛與縫同。《集韵》：『縫，或省作绛。』縫衣，大衣也。」傳本作「縫」。祾，讀作「淺」。傳本作「淺」。《荀子・儒效》「逢衣淺帶」王先謙《荀子集解》：「淺帶，博帶也……言帶博則約束衣服者淺。」

〔一二〇〕譑，讀作「矯」，《公羊傳》僖公三十三年「矯以鄭伯之命而犒師焉」何休注：「詐稱曰矯。」高，傳本作「僞」。

〔一二一〕矇，《説文・目部》：「童矇也。一曰不明也。」傳本作「迷」。

〔一二二〕奠（尊），傳本作「富」。

〔一二三〕傳本於「盜」前有「爲」字，下句同。

〔一二四〕甘言流辭，傳本作「甘辭」，於「從」前有「使」字。

〔一二五〕路，子路。傳本作「子路」。解，傳本作「去」。危冠，《成疏》：「高危之冠。」

〔一二六〕去，傳本作「解」。

〔一二七〕傳本於「受」前有「而」。

〔一二八〕傳本於「卒」後有「之也」二字，從文意看，似爲衍文。試，讀作「弑」，傳本作「殺」。傳本於「不成」前有「事」字。

〔一二九〕沮，讀作「菹」，下同。《漢書・刑法志》「菹其骨肉於市」師古曰：「菹謂醢也。」傳本作「菹」，於「門」後有「之」字。

〔一三〇〕之教，傳本作「教之」。

〔一三一〕以爲，傳本作「謂」。賢聖，傳本作「才士聖人」。

〔一三二〕傳本於「逐」前有「則再」二字。

〔一三三〕困，傳本作「圍」。

〔一三四〕夫，傳本無。

〔一三五〕以上兩句傳本作「子教子路菹此患」，王先謙《莊子集解》：「疑有奪文。」疑傳本於「子路」後脱「則」「路」，「此患」爲衍文。

〔一三六〕此句不見於傳本。

〔一三七〕此句傳本作「不容身於天下」，且位於上文「圍於陳蔡」句後。兩相比較，簡本文意更順暢。

〔一三八〕賢，傳本作「身」。

〔一三九〕教，傳本作「爲」。

〔一四〇〕哉，傳本作「邪」。

〔一四一〕夫，傳本無，於「之」後有「所」字。

〔一四二〕傳本「不能」前有「尚」字。

〔一四三〕堯不慈，《釋文》：「不授子也。」《成疏》：「謂不與丹朱天下。」

〔一四四〕舜不孝，《成疏》：「爲父所疾也。」

〔一四五〕殆，傳本作「枯」。《成疏》：「治水勤勞，風櫛雨沐，致偏枯之疾，半身不遂也。」

〔一四六〕兄，「主」之誤字。傳本作「湯放其主」。

〔一四七〕試（弑）主，傳本作「伐紂」。

〔一四八〕察，《爾雅·釋詁》：「審也。」此句傳本作「孰論之，皆以利惑其真而强反其情性，其行乃甚可羞也」。

〔一四九〕死，傳本作「賢」。

〔一五〇〕餓而，傳本作「而餓」，於「首」前有「於」字。

〔一五一〕死而，傳本作「骨肉」。

〔一五二〕劫，迫。《淮南子·精神》「不可劫以死生」高誘注：「迫也。」僟，《説文·人部》：「精謹也。」施，著，附著。《禮記·祭統》「勤大命施於烝彝鼎」鄭注：「施，猶著也。」橋，讀作「喬」。簡文「鮑〈鮑〉焦劫於行，僟於名，不全其生，施橋（喬）木而死」，傳本作「鮑焦飾行非世，抱木而死」，似有脱文。《成疏》：「（伯夷、叔齊）二人窮死首山，復無子胤收葬也。姓鮑，名焦，周時隱者也。飾行非世，廉潔自守，荷擔采樵，拾橡充食，故無子胤，不臣天子，不友諸侯。子貢遇之，謂之曰：『吾聞非其政者不履其地，汙其君者不受其利。今子履其地，食其利，其可乎？』鮑焦曰：『吾聞廉士重進而輕退，賢人易愧而輕死。』遂抱木立枯焉。」

〔一五三〕徵（微），傳本作「尾」，同音相通。《釋文》：「尾生，一本作微生。《戰國策》作尾生高，高誘以爲魯人。」期，《説文·月部》：「會也。」樑，字亦作「梁」。《説文·木部》：「梁，水橋也。」傳本於「樑」前有「於」字。

〔一五四〕登徒易，傳本作「申徒狄」，「登」與「申」、「易」與「狄」音近。河南長臺關一號楚墓出土竹書有周公與「易」的對話，「易」可能就是申徒狄（參看李家浩《從曾姬無卹壺銘文談楚滅曾的年代》）。非世立名，傳本作「諫而不聽」。申徒狄的故事，文獻多有記載，以下兩處較爲詳細：一是《韓詩外傳》卷一：「申徒狄非其世，將自投於河……」申徒狄投河原因是不得任用，與傳本「諫而不聽」并不相同。二是《太平御覽》載《墨子》佚文，分見於卷八〇二和卷九四一。兩條佚文都是記載周公與申徒狄的對話，中心是如何看待「賤人」。兩人看法不同，「狄今請退也」。傳本「諫而不聽」或是源自以上記載。簡文「非世立名」與傳本「諫而不聽」不同，顯示《盗跖》篇在流傳過程中有不同的抄本，收入《莊子》時，保留了「諫而不聽」，放棄了「非世立名」，《韓詩外傳》的「非其世」或是另一抄本的遺留。

〔一五五〕傳本於「河」前有「於」字。

〔一五六〕傳本於「食」前有「所」字。

〔一五七〕傳本句首有「自」字。文君，傳本作「文公」，指晉文公重耳。下句同。

〔一五八〕傳本句首有「子」字。

〔一五九〕傳本無此句。

〔一六〇〕四，傳本作「六」。《成疏》：「六子者，謂伯夷、叔齊、鮑焦、申徒、介推、尾生。」《集釋·王校》：「《闕誤》六作四，引《江南古藏本》云：四作六。」伯夷、叔齊簡本歸於「死士」，傳本歸入「賢士」，當不在「六子」之列。簡文「此四子」指鮑焦、申徒、介推、尾生四人。故傳本「六」係「四」之誤。

〔一六一〕磔夫，受磔刑之人。夫，傳本作「犬」。據下文「流死」「乞者」推知，傳本「犬」是「夫」之誤。流死，溺於水之人。死，傳本作「豕」，《成疏》：「豕字有作死字者。」操薊，如傳本讀作「操瓢」。傳本於句末有「者」字。簡文本句與下文的「麗名輕死」「不含（念）本生養壽命者也」是并列句，前兩句皆省「者」字。據此，傳本「无異於磔犬流豕操瓢而乞者」之「者」字是衍文。

〔一六二〕麗，《廣雅·釋詁一》：「好也。」傳本作「離」。《集釋·王校》：「《闕誤》引張君房本離作利。」

〔一六三〕含，依傳本讀作「念」。本生，自身。傳本脱「生」字。

〔一六四〕傳本於「世之」後有「所謂」，「臣」後有「者」字。

〔一六五〕沉，傳本作「沉江」，簡本脱「江」字。

〔一六六〕心，傳本作「剖心」，簡本脱「剖」字。

〔一六七〕傳本句首有「此」字。

〔一六八〕之，傳本作「謂」。

〔一六九〕而不免於，傳本作「然卒」。

〔一七〇〕上論之至黃帝，傳本作「自上觀之」，脱「至黃帝」三字。

〔一七一〕下觀之至子胥，傳本作「至于子胥比干」，脱「下觀之」三字。

〔一七二〕傳本於「丘」後有「之」字。

〔一七三〕依下句文例，本句句首脱「若」字。傳本此句前半作「若告我以鬼事」。

〔一七四〕傳本此句前半作「若告我以人事者」，句末有「矣」字。

〔一七五〕此，傳本無。盡，傳本作「皆」。

〔一七六〕傳本於「人」後有「之」字。

〔一七七〕人請（情），疑簡文「人＝請＝」重文號爲衍文，傳本無。目欲美，疑「美」字前脱「視」。傳本此句作「目欲視美」。

〔一七八〕傳本此句作「志氣欲盈」，文意與簡本不同。

〔一七九〕傳本無此句。

〔一八〇〕傳本無此句。

〔一八一〕叟，老。傳本作「瘦」。《釋文》：「王念孫曰：『案瘦當爲瘐，字之誤也。瘐，亦病也。病瘐爲一類，死喪爲一類，憂患爲一類。』」

〔一八二〕傳本無此句。

〔一八三〕喜樂，傳本作「其中」。启，傳本作「開」，兩字同義。傳本於句末有「者」字。

〔一八四〕傳本於「月」後有「之」字。簡本於「四、五」後脱「日」字，傳本作「四、五日」。

〔一八五〕夫，傳本無。傳本於「天」後有「與」字。

〔一八六〕而、之，傳本無。傳本於「死」後有「者」字。

〔一八七〕六，疑爲「亓」之誤，讀作「騏」。冀，讀作「驥」。傳本於「驥」後有「之馳」二字。於，傳本無。谻，左旁從谷，讀作「隙」。《廣雅·釋詁二》：「隙，裂也。」《禮記·三年問》：「若駟之過隙。」而已，傳本作「也」。

〔一八八〕傳本於「説」後有「其」字。

〔一八九〕此句傳本分作「養其壽命者，皆非通道者也」。

〔一九〇〕傳本作「亟去走歸」，句前有「丘之所言，皆吾之所棄也」。

〔一九一〕此句傳本作「奚足論哉」，句前有「子之道，狂狂汲汲，詐巧虚僞事也，非可以全真也」。

〔一九二〕出，傳本作「走」。

〔一九三〕傳本於「上車」前有「出門」二字。

〔一九四〕援綏再失之，傳本作「執轡三失」。孔丘從車後登車，當爲「援綏」；顔回爲御，當爲「執轡」者。傳本「轡」係「綏」之誤。

〔一九五〕嗼然，傳本作「目芒然」。

〔一九六〕遂，《詞詮》卷六：「終竟也。」遂不，傳本作「不能」。

〔一九七〕至，傳本作「歸到」，於「門」後有「外」字。

〔一九八〕卒逢，傳本作「適遇」。

〔一九九〕閒，傳本無。忽，傳本作「闕」。得見，傳本作「見」。

〔二〇〇〕傳本於「孔子」後有「仰天而歎」。

〔二〇一〕此句傳本作「跖得无逆汝意若前乎？」簡文當依傳本補入脱字，作「跖（跖）亦得毋固逆【汝意】於前虖（乎）？」

〔二〇二〕毋疾，傳本作「无病」。久，讀作「灸」。者，傳本無。

〔二〇三〕殆，傳本作「幾」。於，傳本無。傳本於句末有「哉」字，於本句前有「疾走料虎頭，編虎須」。

祠馬禖釋文注釋

【說　明】

本篇共有竹簡十枚。簡長二三、寬〇·七、厚〇·一厘米，三道編綫。全篇分兩章。第一章有三簡，記載祠具的設置、祠祭的禁忌及祭物的處置。第二章有七簡，記載祠馬禖及諸神祇的祈辭和祝辭。原無篇題，今據内容擬名。本篇結構、内容與睡虎地秦墓竹簡《日書》甲種的《馬禖》篇不盡相同，屬另一種抄本。

祠置狀：三席〔注一〕，席四腏（餟）〔注二〕。從者在後，亦四腏（餟）。其一席東鄉（向），牡石居中央〔注三〕。一一席南鄉（向）〔注四〕，一席北鄉（向）。先腏（餟）石上，沃以酒〔注五〕。祠及炊亨（享）毋令女子。二已食，盡取餘骨貍（埋）地中，毋予女子及犬其骨。三

三意欺（祈）曰：敢謁日丙馬禖〈禖〉、大宗、小宗〔注六〕，駒䳘褭〔注七〕，皇神〔注八〕，下延次席〔注九〕。四某以馬故，進美肥生（牲），君幸繹（釋）駕，就安席，爲某大客。因搣（滅）毛五以蔡（祭）〔注一〇〕。祝曰：君且房（仿）羊（佯）〔注一一〕，臣請割亨（享）〔注一二〕。因殺豚，炊孰（熟），復進。祝如六前曰：自襄（饗）進生〔注一三〕，今進孰（熟），君强歙（飲）强食。予某大福，毋予駵（騮）、駹、七驪、駮、騂（騠）千秋〔注一四〕。勿予口疾，令食百草英〔注一五〕。毋予腹疾，令爲百草八橐。毋予頸疾，令善持厄（軛）衡。勿予足疾，令善走善行。勿予九膭（脊）疾，令爲百體（體）剛。勿予尾疾，令敺（驅）閩（蚊）寅（虻）〔注一六〕。一〇

【注　釋】

〔一〕席，坐臥用具。《周禮·春官·司几筵》「南鄉設莞筵紛純」賈疏：「凡敷席之法，初在地者一重，即謂之筵，重在上者即謂之席。」

〔二〕腏，同「餟」。《説文·食部》：「餟，祭酹也。」《説文·酉部》：「酹，餟祭也。」段注：「蓋餟、酹皆於地。餟謂肉，故《漢書》作『腏』；酹謂酒，故從酉。」簡文所記祭品有酒、肉。

〔三〕牡石，社主。《周禮·春官·小宗伯》「若大師，則帥有司而立軍社」鄭注：「社之主蓋以石爲之。」賈疏：「案許慎云：『今山陽俗祠有石主。』彼雖施於神祠，要有石主，主類其社，其社既以土爲壇，石是土之類，故鄭注社主蓋以石爲之。」《淮南子·齊俗》：「殷人之禮，其社用石。」「牡石」於此代作馬禖神位，其例見《睡虎地秦墓竹簡·馬禖》的社主「……中土，以爲馬禖」。牡石居中央，即居東向之席的中央。

〔四〕《睡虎地秦墓竹簡·馬禖》云：「東鄉（向）南鄉（向）各一馬□□□□□」。其中釋「馬」的字僅存上半。與同篇其他的「馬」字相比，此「馬」字上部多出一點，其餘部分與「席」字相同（參看《秦簡牘合集（壹）》，第一二五〇頁），似不當釋「馬」。《祠馬禖》云：「其一席東鄉（向），牡石居中央。一席南鄉（向），一席北鄉（向）」，祭馬禖用三席，分别位於東、西、北向。可證上引秦簡《馬禖》的「馬」字應當是「席」的殘字，即「東

向、南向各一席」。其下所缺四、五字，似可補作「北向一席□」，相關文字即「北向一席□中士，以爲馬禖」。

〔五〕沃，澆。《説文·水部》：「渓，溉灌也。」段注：「自上澆下曰沃。」

〔六〕日丙馬禖，馬神名，見於《睡虎地秦墓竹簡·馬禖》。日丙馬禖、大宗、小宗，係日丙馬禖之下的嫡系神和庶支神。與之類似的神名，如北京大學藏秦簡《祠祝之道》的「大尚行主」「少尚行主」（田天《北大藏秦簡〈祠祝之道〉初探》）；睡虎地秦簡的「常行」「大常行」（《日書》乙種，簡一四四、一四五）。

〔七〕駒，亦作「的」。《説文·馬部》：「駒，馬白額也。」《爾雅·釋畜》：「駒顙，白顛。」郭璞注：「戴星馬也。」《詩·秦風·車鄰》「有馬白顛」毛傳：「白顛，的顙也。」馬瑞辰《毛詩傳箋通釋》卷一二：「的之言的，謂白領的然著明，圓如射之有的也。的爲射堋中珠子，故郭以戴星釋之，非泛以白爲的也。的從勺聲，音同卓，故又通作卓。《覲禮》『奉束帛匹馬，卓上』，鄭注：『卓讀如卓王孫之卓，卓猶的也。以素的一馬爲上。』卓當即的之假借。覲禮十馬，以卓爲上，是古人以的顙爲重，故詩人亦以白顛爲言。」的即飾於馬額部的當盧，多爲銅質，也有金、銀質，上面的紋樣各有寓意。簪褭，《漢書·百官公卿表上》：「爵：一級曰公士，二上造，三簪裊……二十徹侯。」師古曰：「以組帶馬曰裊。簪裊者，言飾此馬也。」駒簪褭，疑指馬額所飾當盧及絡帶。

〔八〕皇神，天神。《國語·楚語下》：「有不虞之備，而皇神相之。」

〔九〕延，《説文·廴部》：「長行也。」次，即，就。《左傳》襄公三十年：「子産是以惡其爲人也，使次己位。」次席，即席，就位。

〔一〇〕摵，讀作「滅」。滅毛，指馬毛盡脱。

〔一一〕仿佯，《廣雅·釋訓》：「徙倚也。」王念孫《疏證》：「哀十七年《左傳》『如魚竀尾，衡流而方羊』，鄭衆注云：『方羊，遊戲。』……遊戲放蕩謂之仿佯。……逍遥、儴佯、徙倚，聲之轉，儴佯、仿佯，聲相近。」

〔一二〕亯，讀作「享」。《説文·亯部》：「亯，獻也。」

〔一三〕自，從來。《禮記·中庸》「知風之自」鄭注：「自，謂所從來也。」巽，讀作「饗」。《國語·魯語下》「祭養尸，饗養上賓」韋昭注：「言祭祀之禮，尊養尸；饗宴之禮，養上賓也。」

〔一四〕毋，疑爲衍文。駵，讀作「騮」。《説文·馬部》：「騮，赤馬黑毛尾也。」駹，《説文·馬部》：「馬面顙皆白也。」驪，馬深黑色。《詩·魯頌·駉》「有驪有黄」毛傳：「純黑曰驪。」駮，《説文·馬部》：「馬赤鬣縞身。目若黄金。名曰媽吉皇之乘。」騠，讀作「騠」。《説文·馬部》：「駃騠也。」《集韵·齊韵》：「騠，駃騠，良馬。」《逸周書·王會》：「請令以橐駝、白玉、野馬、騊駼、駃騠、良弓爲獻。」

〔一五〕英，植物的花。《爾雅·釋草》：「榮而不實者謂之英。」

〔一六〕閩，讀作「蚊」。寅，字亦作「虻」。蚊虻，《夢溪筆談·譏謔》：「信安、滄、景之間多蚊虻。夏月，牛馬皆以泥塗之，不爾多爲蚊虻所斃。」

漢律十六章釋文注釋

【說　明】

本篇共有竹簡三百七十五枚，完整簡長二九・九、寬〇・五、厚〇・一厘米。未見篇題。現存十五個章名：盜律、告律、具律、囚律、捕律、亡律、錢律、效律、廄律、興律、襍律、復律、䙴（遷）律、關市律和朝律。簡文有賊律條文，章名簡已殘損，現據《二年律令》簡五四擬補。本篇原應有律章名十六個。篇題擬作《漢律十六章》。章名皆書於單獨一簡上部，頭端塗黑。朝律各簡文字連續，不分律條。另外十五個律章均由若干律條組成，每一律條都單獨抬頭書寫，彼此不連寫。多數竹簡背面有細劃綫（見本書附録一）。

本篇的囚律、厩律、䙴（遷）律和朝律，不見於張家山二四七號漢墓出土的《二年律令》。其他律章名雖見於《二年律令》，但律條多有增删和補充。其中最明顯的是，不再出現《收律》，其他律章的相關律條皆删去「收」和「收孥相坐」的刑罰，是漢文帝刑制改革的直接反映。

與雲夢七十七號漢墓和荆州胡家草場十二號漢墓竹簡不同，本篇没有卷題，也無正律與旁律的大標題。但十六個律章名與年代較晚的「正律」所含章名吻合，反映了西漢早期法律篇章布局和律家思想的發展過程。

《漢律十六章》的抄寫年代上限應在漢文帝即位之初。據同出的《七年質日》可以確定，年代下限是漢文帝七年（公元前一七三年）或稍前。

賊律

【以城邑】亭鄣反〔注一〕，降諸侯〔注二〕，及守乘城亭鄣〔注三〕，諸侯人來攻盜〔注四〕，不堅守而棄去之若降之，及謀反者，皆要（腰）斬〔注五〕。二

【注　釋】

〔一〕竹簡上段缺失，「以城邑」三字據《二年律令》簡一補。

〔二〕諸侯，漢初分封的諸侯國。《史記・漢興以來諸侯王年表序》：「山以東盡諸侯地，大者或五六郡。」

〔三〕乘，登城而守。《漢書・高帝紀上》「興關中卒乘邊塞」師古曰：「乘，登也。登而守之，義與上乘城同。」里耶秦簡J1⑯6正面記有「乘城卒」（《湖南龍山里耶戰國—秦代古城一號井發掘簡報》）。

〔四〕攻盜，以武力攻殺搶劫。《説苑・指武》：「所謂誅之者，非謂其晝則攻盜，暮則穿窬也，皆傾覆之徒也。」《後漢書・陳寵傳》：「夫穿窬不禁，則致强盜；强盜不斷，則爲攻盜；攻盜成群，必生大奸。」

〔五〕要（腰）斬，《釋名・釋喪制》：「斫頭曰斬，斬要曰要斬。」本條律文「皆要（腰）斬」以下空白，不見《二年律令》簡二的如下文字：「其父母、妻子、同産，無少長皆棄市。其坐謀反者，能偏（徧）捕，若先告吏，皆除坐者罪。」這是漢文帝廢除漢高祖、吕后沿襲秦代的收孥相坐刑罰的直接證據。《漢書・文帝紀》：元年十二月「盡除收帑相坐律令。」應劭曰：「帑，子也。秦法，一人有罪，并其室家。今除此律。」《史記・孝文本紀》記

有漢文帝與有司就此事的對話，可參看。

撟（矯）制害者〔注一〕，棄市〔注二〕；不害〔注三〕，罰金四兩。撟（矯）諸侯王令害者，完爲城旦〔注四〕；不害，罰金一兩〔注五〕。三

【注釋】

〔一〕撟（矯）制，僞托制書。《漢書·終軍傳》：「偃矯制，使膠東、魯國鼓鑄鹽鐵。」師古曰：「矯，託也。託言受詔也。」

〔二〕棄市，《漢書·景帝紀》：二年春二月「改磔曰棄市。」師古曰：「棄市，殺之於市也。謂之棄市者，取刑人於市，與衆棄之也。」

〔三〕不害，《漢書·景武昭宣元成功臣表》如淳曰：「律：矯詔大害，要斬。有矯詔害、矯詔不害。」

〔四〕完，不施肉刑。《漢書·刑法志》：「刖者使守囿，完者使守積。」師古曰：「完謂不虧其體，但居作也。」城旦，徒隸名，男稱城旦，女稱舂，是徒隸中刑期最長者。

〔五〕「撟（矯）諸侯王令害者……罰金一兩」，不見於《二年律令》。

諸上書及有言也而謾〔注一〕，完爲城旦舂。其誤、不審〔注二〕，罰金四兩。●不敬〔注三〕，耐爲隸臣妾〔注四〕。四

【注釋】

〔一〕謾，欺騙。《晉書·刑法志》引張斐《律表》：「違忠欺上謂之謾。」

〔二〕誤，錯誤。《後漢書·郭躬傳》：「法令有故、誤，章傳命之謬，於事爲誤，誤者其文則輕。」不審，不察，不詳。《呂氏春秋·先識·察微》：「公怒不審，乃使郈昭伯將師徒以攻季氏。」高誘注：「審，詳也。」誤、不審爲兩事，詳看簡五。

〔三〕不敬，《晉書·刑法志》引張斐《律表》：「虧禮廢節謂之不敬。」「不敬」前有墨點，示意與上文分離，是另一條律文。《二年律令》無此律文。

〔四〕耐，剃去鬢髮。隸臣妾，徒隸名，男稱隸臣，女稱隸妾，刑期短於城旦舂，勞役强度也較輕。

諸教人上書有言而謾，若言人之罪而不審，皆以上書謾律論教者〔注一〕。五

【注釋】

〔一〕上書謾律，即簡四所記之律的簡稱。本條律文不見於《二年律令》。

僞寫皇帝行璽〔注一〕，要（腰）斬以佝（徇）〔注二〕。六

【注釋】

〔一〕寫，仿。《淮南子·本經》：「雷震之聲，可以鼓鐘寫也。」高誘注：「寫，猶放斅（效）也。」皇帝行璽，皇帝六璽之一。《漢官舊儀》卷上：「皇帝六璽，皆白玉螭虎紐，文曰『皇帝行璽』『皇帝之璽』『皇帝信璽』……」《二年律令》簡九於「皇帝行璽」前有「皇帝信璽」四字。

〔二〕佝（徇），《史記·司馬穰苴列傳》「以佝三軍」《正義》：「徇，行示也。」

僞寫諸侯王、徹侯及二千石以上印〔注一〕，棄市；千石以下、徹官印〔注二〕，黥爲城旦舂〔注三〕；小官印〔注四〕，耐爲隸臣妾〔注五〕。七

【注釋】

〔一〕諸侯王，《二年律令》簡一〇無。徹侯，漢爵第二十級。二千石以上印，《二年律令》簡一〇無。

〔二〕徹官印，侯國官吏的官印。

〔三〕黥，肉刑的一種，又稱墨刑。《說文·黑部》：「黥，墨刑在面也。」本篇《囚律》簡一六〇：「黥罪人其大半寸。」「千石以下、徹官印，黥爲城旦舂」不見於《二年律令》。

〔四〕小官印，半通印。《漢官儀》：「孝武皇帝元狩四年，令通官印方寸大，小官印五分。」

〔五〕耐爲隸臣妾，《二年律令》簡一〇作「完爲城旦舂」。

爲僞書者，黥爲城旦舂。八

詐（詐）爲券書〔注一〕，詐（詐）增減券書，及爲書故詐（詐）弗副〔注二〕，其以避負償，若受賞賜〈賜〉財物，皆坐臧（贓）爲盜；其九以避論，及所不當得爲〔注三〕，以所避罪罪之；所避毋罪名，罪名不盈四兩，及毋避也，皆罰金四兩〔注四〕。一〇

【注釋】

〔一〕詐（詐）爲券書，《二年律令》簡一四缺。詐，《晉書·刑法志》引張斐《律表》：「背信藏巧謂之詐。」券書，也稱券。《說文·刀部》：「券，契也。」用於記載財物出入、借貸、交易、繳納租稅等事項的簡牘，有兩辨、三辨券，當事雙方或第三方各執一券，以爲憑證。《周禮·秋官·士師》「傅別」鄭注：「若今時市買，爲券書以別之，各得其一，訟則案券以正之。」

〔二〕副，券書的副本。

〔三〕所不當得爲，《漢書·昌邑王傳》：「昌邑哀王歌舞者張修等十人……王薨當罷歸。太傅豹等擅留，以爲哀王園中人，所不當得爲。」師古曰：「於法不當然。」《尚書大傳》「非事而事之」（鄭）注曰：「非事而事之，今所不當得爲也。」

〔四〕金，《漢書・惠帝紀》「將軍四十金」師古曰：「諸賜言黃金者，皆與之金。不言黃者，一金與萬錢也。」顔説采用的金、錢比價未知所據。漢代金價是浮動的，法律規定的各種罰金等的繳納是采用各郡守府所在地的黃金平價計算，見於《二年律令》簡四二七、四二八：「有罰、贖、責（債），當入金，欲以平賈（價）入錢……各以其二千石官治所縣十月金平賈（價）予錢，爲除。」

毀封〔注一〕，以它完封印印之，耐爲隸臣妾〔注二〕。一一

【注釋】

〔一〕封，《二年律令》整理者：文書上的封泥。（《二年律令》簡一六）

〔二〕妾，據《二年律令》簡一六補。

爲券書而誤多少其實〔注一〕，及誤脱字，罰金一兩。誤其事可行者，勿論。一二

【注釋】

〔一〕爲券書，《二年律令》簡一七缺。實，實有數。《睡虎地秦墓竹簡・效律》簡五八：「計脱實及出實多於律程」，整理者：脱實，疑指不足實有數；出實，疑指超出實有數。

有挾毒矢若謹（堇）毒、⿰米崔〈蘸〉〔注一〕，及和爲謹（堇）毒者〔注二〕，皆棄市。或命⿰米崔〈蘸〉謂鼷毒。詔所令縣官爲挾之，不用此律。一三

【注釋】

〔一〕《二年律令》整理者：挾，持有。堇，有毒植物名。《國語・晉語》「置堇於肉」注：「烏頭也」。⿰米崔，應作「蘸」。王念孫《廣雅疏證》：「蕉」，《玉篇》作蘸。（《二年律令》簡一八）蘸蘸，毛茛科烏頭屬植物，不同時間采收的根實因藥用功能有別而异名，皆有毒性。《廣雅・釋草》：「蘸，奚毒，附子也。一歲爲萴子，二歲爲烏喙，三歲爲附子，四歲爲烏頭，五歲爲天雄。」

〔二〕和，調制。《周禮・天官・食醫》「食醫掌和王之六食」鄭注：「和，調也。」

軍吏緣邊縣道，得和爲毒，毒矢謹臧（藏），節（即）追外蠻夷盜，以假之，事已輒收臧（藏）。匿及弗歸，盈一四五日，以律論〔注一〕。一五

【注釋】

〔一〕以律論，依簡一三「有挾毒矢若謹（堇）毒……」律論處。

諸食脯肉，脯肉毒殺、傷、病人者，亟盡孰（熟）燔其餘〔注一〕。其縣官脯肉也〔注二〕，亦燔之。當燔弗燔，及吏主者，皆一六坐脯肉臧（贜），與盜同法。一七

【注釋】

〔一〕熟，《二年律令》整理者：仔細。（《二年律令》簡二〇）

〔二〕縣官，官府。《史記·絳侯周勃世家》「庸知其盜買縣官器」《索隱》：「縣官謂天子也。所以謂國家爲縣官者，《夏（家）〔官〕》王畿内縣即國都也。王者官天下，故曰縣官也。」

賊殺人、鬭而殺人〔注一〕，棄市。其過失及戲而殺人〔注二〕，贖死〔注三〕；傷人，除。一八

【注釋】

〔一〕賊殺人，故意殺害人。《尚書·舜典》「寇賊奸宄」孔傳：「殺人曰賊。」沈家本《漢律摭遺》卷五《賊殺人》：「凡言賊者，有心之謂，此疑即後來律文之故殺也。」鬭殺，《晉書·刑法志》引張斐《律表》：「兩訟相趣謂之鬭。」

〔二〕戲殺，《晉書·刑法志》引張斐《律表》：「兩和相害謂之戲。」

〔三〕贖死，贖刑的一種。本篇簡一四六「贖死金二斤八兩」。

賊傷人及自賊傷以避事者〔注一〕，皆黥爲城旦舂。一九

【注釋】

〔一〕避事，《二年律令》整理者：事，役使。《漢書·高帝紀》「皆復其身及户勿事」注引如淳曰：「事謂役使也」。（《二年律令》簡二一五）

謀賊殺、傷人〔注一〕，與賊同法。二〇

【注釋】

〔一〕謀，商議。《廣雅·釋詁四》：「謀，議也。」《晉書·刑法志》引張斐《律表》：「二人對議謂之謀。」

鬭而以釰（刃）及金鐵鋭、錘、榫（椎）傷人〔注一〕，皆完爲城旦舂。其非用此物而盯人〔注二〕，折枳（肢）、齒、指，胅𦢊（體）〔注三〕，斷二一𨂂（踵）鼻、耳者耐。其毋傷也，下爵毆（毆）上爵，罰金四兩。毆（毆）同列以下〔注四〕，罰金二兩；其有疻痏及𦡶〔注五〕，二二罰金四兩。二三

【注釋】

〔一〕釰，《二年律令》整理者：釰，即「刃」字。（《二年律令》簡二七）簡文「刃」指各種有刃的刀具。《唐律疏議》卷二一《鬭訟》「諸鬭……若刃傷」注：「刃謂金鐵，無大小之限，堪以殺人者。」銳，尖銳之物，如針、鉥等。《睡虎地秦墓竹簡·法律答問》簡八六：「鬭以箴（針）、鉥、錐，若箴（針）、鉥、錐傷人，各可（何）論？鬭，當貲二甲；賊，當黥爲城旦。」

〔二〕⿰目丂，《二年律令》整理者：疑爲「眇」字。《說文》：「眇，一目少也」。即一目失明。（《二年律令》簡二七）

〔三〕胅體，見於《睡虎地秦墓竹簡·法律答問》簡七九：「妻悍，夫毆治之，夬（決）其耳，若折支（肢）指、胅體（體），問夫可（何）論？當耐。」整理者：胅，《說文》：「骨差也。」段注：「謂骨節差忒不相值，故胅出也。」意即脱臼。

〔四〕同列，《二年律令》整理者：爵位相等。（《二年律令》簡二八）

〔五〕疻痏，《二年律令》整理者：《急就篇》顔注：「毆人皮膚腫起曰疻，毆傷曰痏」。《漢書·薛宣傳》：「遇人不以義而見疻者，與痏人之罪鈞，惡不直也。」注引應劭曰：「以杖手毆擊人，剥其皮膚，腫起青黑而無創瘢者，律謂疻痏。」（《二年律令》簡二八）題，識。《左傳》襄公十年「師題以旌夏」杜注：「題，識也。」簡文「題」指皮膚上的創痕。可補《二年律令》簡二八缺「題」。

【鬼薪白粲】毆（毆）庶人以上〔注一〕，黥以爲城旦舂。城旦舂也，黥之。二四

【注釋】

〔一〕缺字據《二年律令》簡二九補。鬼薪白粲，徒隸之一種，男稱鬼薪，女稱白粲，刑期短於城旦舂。庶人，奴婢、徒隸釋放後的身份。《睡虎地秦墓竹簡·秦律十八種》簡一五二「庶人」整理者引錢大昕《廿二史考異》卷一〇《光武帝紀下》：「凡律言庶人者，對奴婢及有罪者而言。」

奴婢毆（毆）庶人以上，黥顏（顔）頯〔注一〕，畀主〔注二〕。二五

【注釋】

〔一〕顔，《二年律令》簡三〇無。頯，《二年律令》整理者：頯，面顴。《說文》：「頯，權也。」（《二年律令》簡三〇）

〔二〕畀，付給。

【鬭毆】變人〔注一〕，耐爲隸臣妾。褱（懷）子而敢與人争鬭，人雖毆（毆）變之，罰爲人變者金四兩。二六

【注釋】

〔一〕缺字據《二年律令》簡三一補。變，《二年律令》整理者據《睡虎地秦墓竹簡·封診式》之《出子》條訓作「流産」。

鬭傷人，而以傷辜二旬中死〔注一〕，爲殺人〔注二〕。二七

【注　釋】

〔一〕辜，保辜。《二年律令》整理者：《急就篇》「疻痏保辜謕呼號」注：「保辜者，各隨其狀輕重，令毆者以日數保之，限内至死，則坐重辜也。」（《二年律令》簡二四）

〔二〕爲殺人，《二年律令》整理者：即以鬭殺人論罪。《漢書·高惠高后文功臣表》：鄗昌武侯單德，「元朔三年坐傷人二旬内死，棄市。」（《二年律令》簡二四）

子賊殺傷父母，奴婢賊殺傷主、主父母妻子〔注一〕，皆梟（梟）其首市〔注二〕。二八

【注　釋】

〔一〕主，主人。主父、母，妻、奴婢的男、女主人。《史記·蘇秦列傳》：「妻使妾舉藥酒進之。妾欲言酒之有藥，則恐其逐主母也；欲勿言乎，則恐其殺主父也。於是乎詳僵而棄酒。」

〔二〕梟，《史記·高祖本紀》「梟故塞王欣頭櫟陽市」《索隱》：「梟，縣首於木也。」

孺子、良人、　下妻子殺父適（嫡）妻〔注一〕，及孽子【殺】主母〔注二〕，盡如母法〔注三〕。二九

【注　釋】

〔一〕孺子、良人，諸侯王、徹侯的姬妾名稱。《二年律令》簡二二一：「諸侯王得置姬八子、孺子、良人。」簡二二二：「徹侯得置孺子、良人。」下妻，小妻。《漢書·王莽傳中》：「不知何一男子遮臣建車前，自稱『漢氏劉子輿，成帝下妻子也』。」師古曰：「下妻猶言小妻。」《二年律令》簡四二稱「偏妻」。「良人」與「下妻」之間的空白疑是原有文字被删。

〔二〕孽子，庶妻之子。《説文·子部》：「孽，庶子也。」殺，據文意補。

〔三〕本條律文不見於《二年律令》。盡如母法，即依本篇簡二八所記律文論罪。

子牧殺父母〔注一〕，毆（毆）詈泰（大）父母、父母、叚（假）大母、主母、【後母，及】父母告子不孝〔注二〕，皆棄市。其子有罪三〇當城旦舂、鬼薪白粲以上，及爲人奴婢【者，父母】告不孝，勿聽。年七十以上告子不【孝，必】三一三環之〔注三〕。三環之【各不同日而尚告，乃聽之】〔注四〕。敎人不孝，黥爲城旦舂。三二

【注　釋】

〔一〕牧，《睡虎地秦墓竹簡·法律答問》簡七六：「可（何）謂牧？●欲賊殺主，未殺而得，爲牧。」「牧」指「子」「臣妾」企圖殺害父母、主人未遂。

《晉書・刑法志》引張斐《律表》：「二人對議謂之謀」，《法律答問》與本條律文的「牧殺」皆不論是否與他人預謀（參看《秦簡牘合集（壹）》，第二二七頁）。

〔二〕泰（大）父母，大父、大母。《史記・留侯世家》：「大父開地，相韓昭侯、宣惠王、襄哀王。」《集解》引應劭曰：「大父，祖父。」大母，祖母。假大母，繼祖母、庶祖母或父之傅母。《漢書・衡山王賜傳》：「元朔四年中，人有賊傷后假母者。」師古曰：「繼母也。一曰父之旁妻。」《史記・淮南衡山列傳》「人有賊傷王后假母者」《集解》引《漢書音義》：「傅母屬。」

〔三〕三環，《二年律令》整理者：環，讀如「還」，《説文》：「復也」。三環，年齡在七十歲以上的人告其子不孝，必須經反復告三次，司法部門才予受理。（《二年律令》簡三六）

〔四〕以上三簡缺字據《二年律令》簡三五至三七補。

婦賊傷、毆（毆）【詈夫之泰（大）父母、父母、主母、後】母〔注一〕，皆棄市。三三

【注釋】

〔一〕缺字據《二年律令》簡四〇補。

毆（毆）兄、姊【及親父母之同産，耐爲】隸臣妾〔注一〕。其奊訽詈之〔注二〕，贖黥。三四

【注釋】

〔一〕缺字據《二年律令》簡四一補。

〔二〕奊訽，《二年律令》整理者：《荀子・非十二子》作「謑訽」，《吕氏春秋・誣徒》作「謑詬」，《漢書・賈誼傳》作「奊詬」，王先謙《荀子集解》：「詈辱也。」

毆（毆）父下【妻父母、男子同産之妻】、泰父母之同産〔注一〕，及夫父母之同産、夫之同産，若毆（毆）妻之父三五母，皆贖耐。其奊訽詈之，罰金四兩。三六

【注釋】

〔一〕缺文據《二年律令》簡四二補。下妻，《二年律令》簡四二作「偏妻」，二者同义。同産，同母所生的兄弟姊妹。《漢書・循吏傳・黄霸》「坐同産有罪劾免」師古曰：「同産，謂兄弟也。」《漢書・景十三王傳》：「距怨王，乃上書告齊與同産奸。」師古曰：「謂其姊妹也。」

妻毆（毆）夫，耐爲隸妾。三七

妻悍而夫毆（毆）笞之〔注一〕，非以兵刃也，雖傷之，毋罪。三八

【注釋】

〔一〕悍，凶。《吕氏春秋·似順·處方》「少不悍辟」高誘注：「悍，凶也。」笞，笞打。

奴婢毆（毆）及牧殺主、主父母妻子者〔注一〕，棄市。其悍主而謁殺之〔注二〕，亦棄市；謁斬足若刑爲斬〔注三〕，刑之。三九其奊詢詈主、主父母妻子〔注四〕，斬奴左止，黥婢顔（顔）頯，畀主。四〇

【注釋】

〔一〕《二年律令》簡四四「母妻子者」前缺文可據本簡補作「奴婢毆（毆）及牧殺主主父」。

〔二〕謁殺，告官請求殺死。《史記·田儋列傳》「欲謁殺奴」《集解》引服虔曰：「古殺奴婢皆當告官。」

〔三〕足，《二年律令》缺釋，《二年律令與奏讞書》釋作「止（？）」。斬足，刖刑，斬左趾、斬右趾的合稱。《漢書·刑法志》「當斬右止」師古曰：「止，足也。」

〔四〕《二年律令》簡四四「妻」字以下部分殘斷，簡四五接於其後。已有多位學者指出，簡四五「□□□者，以賊論之」應改接於簡一五二後。《二年律令》簡四四殘去部分當如本簡「子，斬奴左止，黥婢顔（顔）頯，畀主」。

父母毆（毆）笞子及奴婢，子及奴婢以毆（毆）笞辜死，令贖死。四一

諸吏以縣官事笞城旦舂、鬼薪白粲〔注一〕，以辜死，令贖死。四二

【注釋】

〔一〕笞，肉刑之一，用「箠」擊打臀部。據《漢書·刑法志》，漢景帝時的規制是：「笞者，箠長五尺，其本大一寸，其竹也，末薄半寸，皆平其節。當笞者笞臀。毋得更人，畢一罪乃更人。」

以縣官事毆（毆）若詈吏，耐。所毆（毆）詈有秩以上〔注一〕，及吏以縣官事毆（毆）詈爵五大夫以上〔注二〕，皆黥爲四三城旦舂。長吏以縣官事詈少吏〔注三〕，不用此律。不智（知）其爵五大夫以上，五大夫以上繇（傜）給爲縣官事，吏主四四將辯（辨）治者〔注四〕，亦得毋用此律〔注五〕。四五

【注釋】

〔一〕有秩，指「有秩毋乘車者」，其秩級高於斗食，低於有秩乘車。《功令》簡一六、一七：「斗食、學佴通課補有秩，有秩通課補有秩乘車。」《二年律令》簡四七〇：「……有秩毋乘車者，各百廿石。」

〔二〕爵，《二年律令》簡四六脫。五大夫，漢爵第九級。

〔三〕長吏，《漢書・百官公卿表上》：「（縣）皆有丞、尉，秩四百石至二百石，是爲長吏。百石以下有斗食、佐史之秩，是爲少吏。」

〔四〕辨，治理。《荀子・議兵》「城郭不辨」王先謙《荀子集解》：「辨，治也，或音辦。」

〔五〕《二年律令》簡四七上部殘損之字可據本條律文補作：「不用此律。不智（知）其爵五大夫以上，五大夫以上繇（傜）給爲縣官事，吏主將辯治」。

賊燔城、官府及縣官積㝡（聚）〔注一〕，棄市。賊燔寺舍、民室屋、廬舍、積㝡（聚）〔注二〕，黥爲城旦舂。其【失】四六火延燔之，罰金四兩，責（債）所【燔】〔注三〕。鄉部、官嗇夫、吏主者弗得，罰金各二兩。四七

【注釋】

〔一〕積聚，《漢書・高帝紀上》「佐彭越燒楚積聚」師古曰：「所畜軍糧芻稾之屬也。」

〔二〕寺舍，官署。《漢書・元帝紀》「壞敗獂道縣城郭官寺及民室屋」師古曰：「凡府庭所在皆謂之寺。」《漢書・何並傳》「令騎奴還至寺門」師古曰：「諸官曹之所通呼爲寺。」廬舍，《二年律令》整理者：《漢書・食貨志》「餘二十畝以爲廬舍」注：「廬，田中屋也。」（《二年律令》簡四）

〔三〕失、燔，據《二年律令》簡四、五補。

失火延燔宮周衛、中殿、屋及亶（擅）觀休臺（臺）者〔注一〕，皆贖死，責（債）所燔；直（值）其行在所宮也，耐之；官嗇夫吏四八主者皆免，戍各二歲〔注二〕。四九

【注釋】

〔一〕周衛，宮禁周圍。中殿，居中的宮殿。臺字上部作「者」，與馬王堆漢墓帛書《明君》「高臺之下必有深池」之「臺」字同。臺，高臺建築。

〔二〕戍，戍邊。本條律文不見於《二年律令》。

賊伐、燔、毀傷人樹木、稼穡它物、冢樹及縣官擅伐取之〔注一〕，直（值）其賈（價）與盜同法〔注二〕。五〇

【注釋】

〔一〕冢，《說文・勹部》：「高墳也。」冢樹，墳丘上的樹。《周禮・春官・冢人》「以爵等爲丘封之度與其樹數」賈疏：「案《春秋緯》云：『天子墳高三刃，樹以松；諸侯半之，樹以柏；大夫八尺，樹以欒；士四尺，樹以槐；庶人無墳，樹以楊柳。』」

〔二〕本條律文不見於《二年律令》。

賊殺傷人畜産，與盗同法。畜産爲人敗〔注一〕，而殺傷之，令償畜産。五一

【注釋】

〔一〕敗，《説文·攴部》：「毁也。」《二年律令》簡四九此字僅存左半，誤釋作「牧」；「殺傷」以下缺文可依本簡補足。

犬殺傷人畜産，犬主償之。它畜産相殺傷，共與之。五二

船人渡人而流殺人〔注一〕，耐之。船嗇夫、吏主者贖耐〔注二〕。其殺馬牛及傷人，船人贖耐，船嗇夫、五三吏贖罨（遷）〔注三〕。其敗亡粟米它物，出其半〔注四〕，以半負船人〔注五〕，舳艫負二〔注六〕，徒負一；其可紐毄（繫）而亡之，盡五四負之，舳艫亦負二，徒負一，罰船嗇夫、吏金各四兩。流殺傷人、殺馬牛，有（又）亡粟米它五五物者，不負。五六得亡衣器它物，其主識者，以畀之〔注七〕。五七

【注釋】

〔一〕流殺，溺亡。

〔二〕贖耐，贖刑之一種，「贖耐金十二兩」（本篇簡一四六、一四七）。

〔三〕贖遷，贖刑之一種，「贖罨（遷）金八兩」（本篇簡一四七）。遷，流放至偏遠地區，詳看《罨（遷）律》。

〔四〕出，《二年律令與奏讞書》：「出其半」的「出」似爲超出之意。……「出其半，以半負船人」，指船人只賠償超出「敗亡粟米它物」一半的部分（第九三頁）。

〔五〕負，賠償。《韓非子·説林下》「負其百金」王先慎《韓非子集解》引孫詒讓曰：「『負其百金』者，謂償其值百金。『負』，猶後世言陪也。……陪，今俗作賠。」

〔六〕舳艫，《二年律令》整理者：《漢書·武帝紀》「舳艫千里」注引李斐曰：「舳，船後持柁處；艫，船前頭刺櫂處也。」簡文疑指船頭和船尾的船工。（《二年律令》簡七）

〔七〕畀，與。《後漢書·馬援列傳》「投畀有昊」李賢注：「畀，與也。」

盗律

■盗律〔注一〕五八

【注釋】

〔一〕《晉書·刑法志》引張斐《律表》：「不和謂之强，……取非其物謂之盜。」盜律，主要内容是對用非法手段强取財物犯罪的處罰。

盜五人以上相與功（攻）盜，爲群盜〔注一〕。五九

【注釋】

〔一〕群盜，五人以上群聚，以武力攻殺、搶劫。《漢書·爰盎傳》「故爲群盜」師古曰：「群盜者，群衆相隨而爲盜也。」

群盜及亡從群盜〔注一〕，敺（毆）折人枳（肢）、胅體（體）及令佊（跛）蹇（蹇）〔注二〕，若縛守、將人而强盜之〔注三〕，及投書、縣（懸）人書〔注四〕，六〇恐猲人以求錢財〔注五〕，盜殺傷人，盜發冢（塚）〔注六〕，略賣人若已略未賣〔注七〕，撟（矯）相以爲吏、自以爲吏六一以盜〔注八〕，皆磔〔注九〕。六二

【注釋】

〔一〕亡，逃亡。《漢書·武帝紀》：「太子亡，皇后自殺。」師古曰：「謂逃匿也。」

〔二〕《二年律令》整理者：佊，字亦作「跛」，脚不正。蹇，脚直，關節不能彎。（《二年律令》簡六五）

〔三〕將，帶領，《說文·寸部》：「帥也。」

〔四〕投書，《二年律令》整理者：匿名信。《三國志·國淵傳》：「時有投書誹謗者，太祖疾之，欲必知其主。」懸人書，《二年律令》整理者：《唐律疏議》「諸投匿名書告人罪者，流二千里」注：「謂絕匿姓名及假人姓名以避已作者。棄置、懸之俱是。」疏議曰：「謂或棄之於街衢，或置之於衙府，或懸之於旌表之類，皆爲投匿之坐。」（《二年律令》簡六五）

〔五〕猲，威脅。《漢書·王莽傳中》「恐猲良民」師古曰：「猲，以威力脅之也。」

〔六〕盜發冢，《二年律令》整理者：盜墓。（《二年律令》簡六六）

〔七〕略，奪、取。《國語·齊語》：「犧牲不略，則牛羊遂。」韋昭注：「略，奪也。」《廣雅·釋詁一》：「略，取也。」

〔八〕撟相，《二年律令》整理者：疑指矯扮他人。（《二年律令》簡六六）

〔九〕磔，《二年律令》整理者：死刑的一種。《漢書·景帝紀》「改磔曰棄市」師古曰：「磔，謂張其尸也。」（《二年律令》簡三）

劫人、謀劫人求錢財〔注一〕，雖未得若未劫，皆磔之〔注二〕。六三

【注釋】

〔一〕劫，《二年律令》整理者：《說文》：「人欲去以力脅止曰劫，或曰以力止去曰劫。」（《二年律令》簡六八）

〔二〕本條律文無《二年律令》簡六八、六九有關「收孥相坐」的規定：「罪其妻子，以爲城旦舂。其妻子當坐者偏（徧）捕，若告吏，吏捕得之，皆除坐者罪。」

智（知）人爲群盜而通歓（飲）食餽遺之〔注一〕，與同罪；【弗】智（知）〔注二〕，黥爲城旦舂。其能自捕若斬之，除其六四罪，有（又）賞如捕斬。群盜法（發），弗能捕斬而告【吏】〔注三〕，除其罪，勿賞。六五

【注釋】

〔一〕餽遺，贈與。《漢書·鄭當時傳》：「然其餽遺人，不過具器食。」

〔二〕弗，據《二年律令》簡六三補。

〔三〕吏，據《二年律令》簡六四補。

智（知）人略賣人而與賈〔注一〕，與同罪。不當賣而和爲人賣，賣者皆黥爲城旦舂〔注二〕，買者智（知）其請（情），六六與同罪。六七

【注釋】

〔一〕賈，交易。《說文·貝部》：「市也。」段注：「市，買賣所之也。因之凡買、凡賣皆曰市。賈者，凡買賣之稱也。」

〔二〕和，願意，許。《後漢書·方術列傳下》：「又嘗臨水求度，船人不和之。」李賢注：「和猶許也。」

盜臧（贓）直（值）過六百六十錢，黥爲城旦舂；六百【六十到二】百廿錢〔注一〕，完爲城旦舂；不盈二百廿到百一十六八錢，耐爲隸【臣妾；不盈百一十到廿二錢，罰】金四兩〔注二〕；不盈廿二到一錢，罰金一兩。六九

【注釋】

〔一〕缺文據《二年律令》簡五五補。

〔二〕缺文據《二年律令》簡五五、五六補。

謀偕盜而各有取也，并直（值）其臧（贓）以論之〔注一〕。七〇

【注釋】

〔一〕殘字據《二年律令》簡五八補。

謀遣人盜，若【教人可（何）盜所，人即以其言】往盜〔注一〕，雖不受分及智（知）人盜與分〔注二〕，皆與盜同法。七一

【注釋】

〔一〕缺字據《二年律令》簡五七補。

〔二〕分，給與。《左傳》昭公十四年「分貧，振窮」杜注：「分，與也。」

盜盜人，臧（贓）見【存者，皆以】畀其主〔注一〕。七二

【注釋】

〔一〕缺字據《二年律令》簡五九補。

受賕以枉法〔注一〕，坐其臧（贓）爲盜。罪重於盜者，以重者論之。七三

【注釋】

〔一〕受賕枉法，《漢書·刑法志》「吏坐受賕枉法」師古曰：「吏受賕枉法，謂曲公法而受賂者也。」本簡「受賕以枉法」與「坐其贓爲盜」之間空白，略去《二年律令》簡六〇的「及行賕者皆」五字，取消對行賄者的處罰。

以縣官財物私自假貣（貸）〔注一〕，假貣（貸）人罰金二兩。其錢金、布帛、粟米、馬牛也，與盜同法。七四

【注釋】

〔一〕《二年律令》簡七七「□□□財（？）物（？）」可依本簡補作「以縣官財物」。

諸有假於縣道官〔注一〕，事已，假當歸。弗歸，盈【廿日，以私自】假律論〔注二〕。其叚（假）別在它所，有（又）物故毋道歸叚（假）七五【者〔注三〕，自言在所縣道官，縣道官】以書告叚（假）在所縣道官收之〔注四〕。其不自言，盈廿日，亦以私自假律論。其七六叚（假）已前入它官【及在】縣道官非私挾之也〔注五〕，叚（假）券雖未除〔注六〕，不用此律。七七

【注釋】

〔一〕假，借。《左傳》成公二年「唯器與名不可以假人」孔疏：「唯車服之器與爵號之名，不可以借人也。」

〔二〕缺字據《二年律令》簡七八補。私自假律，指本篇簡七四所記之律。

〔三〕物故，事故。《墨子·號令》「即有物故，鼓」孫詒讓《墨子閒詁》：「物故猶言事故，言有事故則擊鼓也。」

〔四〕缺字據《二年律令》簡七八、七九補。

〔五〕缺字據《二年律令》簡七九補。《二年律令》簡七九缺下接簡，可據本條律文補足。

〔六〕券，此指木質憑證。假券，借物憑證，借者、出借者各執一券。《戰國策・齊四・齊人有馮諼者》「券遍合」鮑注：「凡券，取者、與者各收一。」

諸盜者皆以獄所平賈（價）直（值）論之〔注一〕。七八

【注釋】

〔一〕獄所，訟案管轄地。本條律文不見於《二年律令》。

自今以來，主守縣官金錢、它物而即盜之〔注一〕，罪完城旦舂、鬼薪白粲以上，駕（加）其罪一等〔注二〕。七九

【注釋】

〔一〕「主守縣官金錢、它物而即盜之」即「主守自盜」或監守自盜。《漢書・刑法志》「守縣官財物而即盜之」師古曰：「即今律所謂主守自盜者也。」《漢書・薛宣傳》「或議以爲疑於主守盜」孟康曰：「法有主守盜，斷官錢自入己也。」

〔二〕據本篇簡六八「盜臧（贓）直（值）……六百六十到二百廿錢，完爲城旦舂」，「加其罪一等」，即對盜贓值六百六十到二百廿錢，本判爲完爲城旦舂者，加一等處黥城旦舂。「自今以來」是漢代詔令常見的開頭語，可知本條律文源自詔令。《漢書・刑法志》記丞相張蒼、御史大夫馮敬奏言：「『臣謹議請定律曰：……及吏坐受賕枉法，守縣官財物而即盜之，已論命復有笞罪者，皆棄市。……臣昧死請。』制曰：可。」其中的「已論命復有笞罪者，皆棄市」指「守縣官財物而即盜之」處罪之後再有笞罪，即處「棄市」，是以「令」的形式對本條律文的補充。《二年律令與奏讞書》簡X2可據本簡補缺字爲「☐【物而即】盜之，罪完城旦舂鬼薪白粲以上，駕（加）其罪一等」（第三二六頁）。

告律

■告律〔注一〕八〇

【注釋】

〔一〕《詩》及其他早期文獻多見「告」與「鞫」通假，漢初仍沿用。因此，用作律章名的《告律》包含舉告和審理（鞫獄）的律條（參看彭浩《〈告律〉章名補說》）。

諸欲告罪人，及有罪先自告而遠其縣廷者〔注一〕，皆得告所近鄉官，鄉官謹聽，書其告，上縣道八一官。廷士吏亦得聽告〔注二〕。八二

【注釋】

〔一〕自告，自首。《漢書・刑法志》「及殺人先自告」師古曰：「殺人先自告，謂殺人而自首，得免罪者也。」

〔二〕本條律文見於《二年律令》簡一〇一，整理者將其歸入《具律》。

誣告人以死罪，黥爲城旦舂，它各反其罪。八三

教人告人而誣、不審，皆以誣人律論教者〔注一〕。八四

【注釋】

〔一〕誣人律，即本篇簡八三所記之律。

年未盈十歲及毄（繫）者、城旦舂、鬼薪白粲告人，皆勿聽〔注一〕。八五

【注釋】

〔一〕繫者，此指被拘留的未判決者。

殺傷大父母、父母及奴婢殺傷主、主父母妻子，自告者皆不得減。八六

告人不審，所告有它罪與告也罪等以上〔注一〕，告者不爲不審。八七

【注釋】

〔一〕罪與告也罪等，《二年律令》整理者：和所舉告的罪量刑相等。（《二年律令》簡一三二）

子告父母，婦告威公〔注一〕，奴婢告主、主父母妻子，勿聽，而棄告者市。告不聽者，它人以其事告劾之，八八皆勿聽治〔注二〕。八九

【注釋】

〔一〕威，《說文·女部》：「姑也。漢律曰：『婦告威姑。』」桂馥《說文解字義證》：「威姑，君姑也。」

〔二〕「告不聽者」以下文字不見於《二年律令》。

告不審及有罪先自告，各減其罪一等，死罪黥爲城旦舂，黥【爲】城旦舂罪完爲城旦舂〔注一〕，完爲城旦舂鬼九〇薪白粲及府（腐）罪耐爲隸臣妾，隸臣妾罪耐爲司寇，司寇、䙴（遷）及黥顔（顏）頯罪贖耐，贖耐罪罰金四兩，贖九一死罪贖城旦舂，贖城旦

春罪贖斬，贖斬罪贖黥，贖黥罪贖耐，罪罰有日及金錢數者各半之〔注二〕。九二

【注 釋】

〔一〕「爲」字右下部分磨滅，不能判斷是否有重文號，現按脱字處理。

〔二〕對照本條律文，《二年律令》簡一二九「贖黥罪贖耐」之後的「耐罪」應是「罪罰」。其下「☑金四兩罪罰金二兩，罰金二兩罪罰金一兩。令、丞、令史或偏（徧）先自得之，相除」爲誤接。

鞫獄故縱、不直〔注一〕，及診、報、辟故弗窮審者〔注二〕，死罪，斬左止（趾）爲城旦，它各以其罪論之。其當毄（繫）城九三旦舂，作官府償日者〔注三〕，罰歲金八兩；不盈歲者，罰金四兩；笞罪罰金一兩〔注四〕。購、沒入、負償〔注五〕，九四各以其直（值）數負之。其受賕者，駕（加）其罪二等。九五所受臧（贓）罪重，以重者論之，亦駕（加）二等。其非故也，而失不審〔注六〕，各以其贖論之。爵、戍四歲及九六毄（繫）城旦舂六歲以上罪〔注七〕，罰金四兩。贖死、贖城旦舂、鬼薪白粲、贖斬宮、贖劓黥、戍九七不盈四歲，毄（繫）不盈六歲，及罰金一斤以上罪，罰金二兩。毄（繫）不盈三歲，贖耐、贖䙴（遷）及不九八盈一斤以下罪，購、沒入、負償、償日作縣官罪，罰金一兩〔注八〕。九九

【注 釋】

〔一〕獄，罪案。故縱，《漢書·景武昭宣元成功臣表》新時侯趙弟「太始三年，坐爲太常鞫獄不實」晉灼曰：「出罪爲故縱。」不直，本篇簡一一〇「其輕罪也而故以重罪劾之，爲不直。」

〔二〕診，《二年律令》整理者：檢驗。（《二年律令》簡九三）《漢書·董賢傳》：「有司奏請發賢棺，至獄診視。」師古曰：「診，驗也。」報，《二年律令》整理者：《後漢書·孝安帝紀》「自今長吏被考竟未報」李賢注：「報謂斷决也。」辟，《二年律令》整理者：審理，《左傳》文公六年「辟刑獄」注：「辟猶理也。」窮審，將案情追查到底。（《二年律令》簡九三）《漢書·胡建傳》「辟報故不窮審」蘇林曰：「不窮審，（不）窮盡其事也。」

〔三〕償日，以服城旦舂勞役（繫城旦舂），按日計抵逃亡和居罰、贖、責（債）天數。參看《二年律令》簡一五七及本篇簡二三七至二三九。

〔四〕《二年律令》簡九五上段殘缺，釋文作「□□□□兩，購、沒入、負償」。對照本簡，缺字補作「笞罪罰金一」。

〔五〕購，贖金。

〔六〕失，《二年律令》簡一一二及本篇簡一一〇：「劾人不審，爲失。」《二年律令》簡九六於「審」下有「者」字，本簡無。

〔七〕簡文「爵」字下有勾識符號，提示爵、戍是兩事。「爵、戍四歲」分指奪爵和戍邊四歲，皆是法律規定的處罰，如本篇《捕律》簡一九六、一九七：「逗留畏耎弗敢就，奪其將爵一級，免之，毋爵者戍邊二歲。」《二年律令》簡九六作「爵戍四歲」，因漢代人悉知「爵戍」分指爵、戍兩事，故不點開，致今人多誤爲一詞，不得其解。

〔八〕熊北生、陳偉把本條律文爲歸於《告律》（《湖北雲夢睡虎地七七號西漢墓出土簡牘概述》）。詳看《告律》章名注釋。

具律

■具律〔注一〕一〇〇

【注釋】

〔一〕具律，包含刑罰加、減、替代和治獄的各項規定及界定違法審理的罪名。

公士、公士妻及老行年七十以上〔注一〕，若年不盈十七歲，有罪當刑者，皆完之。一〇一

【注釋】

〔一〕公士，漢爵第一級。老，《二年律令》簡八三作「□□」，對照本簡，當僅缺一「老」字。行年，當時的年齡。《郭店楚墓竹簡・窮達以時》：呂望「行年七十而屠牛於朝歌。」

上造、上造妻以上〔注一〕，及內孫、外孫、【耳】孫、玄孫有罪〔注二〕，其當刑及當爲城旦舂者，耐以爲鬼薪白粲。一〇二

【注釋】

〔一〕《二年律令》整理者：本條律文見《漢書・惠帝紀》。上造，二十級爵的第二級。（《二年律令》簡八二）

〔二〕內孫、外孫、耳孫、玄孫，《二年律令》簡八二爲「內公孫、外公孫、內公耳玄孫」。

諸侯王子、內孫、耳孫，徹侯子、內孫有罪如上造、上造妻以上〔注一〕。一〇三

【注釋】

〔一〕本條律文係《二年律令》簡八五的後段，已删去前段文字「呂宣王內孫、外孫、內耳孫玄孫」。

公士以上妻殺傷其夫，不得以夫爵論〔注一〕。一〇四

【注釋】

〔一〕《二年律令》簡八四上段缺字可依本簡補作「公士以上妻」。

吏、民有罪當笞，謁罰金一兩以當笞者，許之。一〇五

有罪年不盈十歲，除；其殺人，完爲城旦舂。一〇六

治獄者，各以其告劾治之。敢放訊杜雅〔注一〕，求其它罪，及人毋告劾而擅覆治之〔注二〕，皆以鞫獄一〇七故不直論。一〇八

【注　釋】

〔一〕放，《二年律令》整理者：《吕氏春秋·審分》「無使放悖」注：「放，縱也」。（《二年律令》簡一一三）杜雅，拒絶合乎規範的做法，此指肆意搜求案件以外的罪名。杜，堵塞、斷絶。雅，正。《荀子·儒效》「法二後王謂之不雅」楊倞注：「雅，正也。其治法不論當時之事，而廣説遠古，則爲不正也。」

〔二〕覆，《二年律令》整理者：《爾雅·釋詁》：「覆，審也」。參看《睡虎地秦墓竹簡·封診式》之「覆」條。（《二年律令》簡一一三）

毋敢以投書者言毄（繫）治人。不從律者，以鞫獄故不直論〔注一〕。一〇九

【注　釋】

〔一〕鞫，《漢書·刑法志》「與郡鞫獄」李奇曰：「鞫，窮也，獄事窮竟也。」不直，《二年律令》簡一一二及本篇簡一一〇：「其輕罪也而故以重罪劾之，爲不直。」《漢書·景武昭宣元成功臣表》晋灼曰：「入罪爲故不直。」

劾人不審，爲失〔注一〕；其輕罪也而故以重罪劾之，爲不直。一一〇

【注　釋】

〔一〕劾，治獄官吏舉罪。《漢書·敘傳》音義引石曹：「舉罪曰劾。」漢武帝元鼎六年（前一一一年）以後的懸泉漢簡Ⅰ0112①：1「囚律：劾人不審爲失，以其贖半論之。」（《敦煌懸泉漢簡釋粹》，第一七頁）本篇與《二年律令》相應簡文（簡一一二）皆有「劾人不審爲失」，但無「以其贖半論之」。可與之比較的簡文是本篇《告律》簡九三至九六的一段簡文：「鞫獄故縱、不直……其非故也，而失不審，各以其贖論之」，但處罰加倍。上引懸泉漢簡《囚律》把「劾人不審爲失」與處罰合并爲同一條律文，是對以往律條的重組和修改，并調整到另外的律章《囚律》。

證不言請（情）以出入罪囚者〔注一〕，死罪，黥爲城旦舂；它各以其所出入罪反罪之。獄未鞫而更言請（情）者〔注二〕，一一一

【除】〔注三〕。吏謹先以辯告證〔注四〕。一一二

【注　釋】

〔一〕出入罪，出罪、入罪。

〔二〕獄未鞫，劾因文書確定之前，即罪行確認前。《居延新簡》EPF22：2有「辭已定滿三日而不更言請者」。

〔三〕除，據《二年律令》簡一一〇補。

〔四〕辯告，曉喻。《漢書・高帝紀下》：「吏以文法教訓辨告，勿笞辱。」師古曰：「辨告者，分別義理以曉喻之。」

譯訊人爲詐（詐）僞以出入罪人〔注一〕，死罪黥爲城旦舂，它各以其所出入罪反罪之。一一三

【注釋】

〔一〕譯，傳譯。訊，問。《周禮・秋官・小司寇》：「附于刑，用情訊之。」賈疏：「用情實問之，使得真實。」

縣道官守丞毋得斷獄及𤅊（讞）〔注一〕。相國、御史及二千石官所置守、叚（假）吏若丞缺〔注二〕，令一尉爲守丞，一一四皆得斷獄、𤅊（讞）。獄事當治論者，其令、長、丞或行鄉官視它事不存及病而非出縣道界也，及一一五諸都官令、長、丞行離官有它事而皆其官之事也〔注三〕，及病非出官在所縣道界也，其守丞及一一六令、長若真丞存者所獨斷治論有不當者，令真令、長、丞不存及病者皆共坐之，如身斷治一一七論及存者之罪。唯謁屬所二千石官者，乃勿令坐。一一八

【注釋】

〔一〕守，低秩級官吏署理較高秩級的官職。斷獄，審理或判決案件。𤅊，通作「讞」，議罪。《漢書・景帝紀》：「諸獄疑，若雖文致於法而於人心不厭者，輒讞之。」師古曰：「讞，平議也。」《漢書・刑法志》：「縣道官獄疑者，各讞所屬二千石官，二千石官以其罪名當報之。所不能決者，皆移廷尉，廷尉亦當報之。廷尉所不能決，謹具爲奏，傅所當比律令以聞。」

〔二〕相國，丞相。據《漢書・百官公卿表上》，漢高帝十一年更名相國，孝惠、高后置左右丞相，文帝二年復置一丞相。御史，御史大夫省稱，《漢書・百官公卿表上》「掌副丞相」，秩二千石。中央直屬官署長官和各郡太守多是二千石，參看《二年律令》簡四四〇、四四一。假吏，《漢書・蘇建傳》：「武與副中郎將張勝及假吏常惠等募士斥候百餘人俱。」師古曰：「假吏猶言兼吏也。」

〔三〕《二年律令》整理者：都官令、長、丞，京師諸署官吏。《漢書・宣帝紀》「丞相以下至都官令、丞」注：「都官令、丞，京師諸署之令、丞。」離官，都官派駐各地的官署。（《二年律令》簡一〇四）

縣道官所治死罪及過失、戲而殺人，獄已具，勿庸論，上獄屬所二千石官。二千石官令毋害都吏復一一九桉（案）問〔注一〕，二千石官、二千石官丞謹掾〔注二〕，當論，乃告縣道官以從事。徹侯邑上在所郡守〔注三〕。一二〇

【注釋】

〔一〕毋害，即無害。《史記・酷吏列傳》「極知禹無害」《索隱》引蘇林曰：「言若無比也，蓋云其公平也。」都吏，《漢書・文帝紀》：「二千石遣都吏循行，不稱者督之。」如淳曰：「律說，都吏今督郵是也。」都，此指二千石官府所在地。都吏，二千石官的屬官。

〔二〕掾，用作動詞，審核（參看王偉《張家山漢簡〈二年律令〉雜考》，簡帛研究網二〇二一年三月二日）。

〔三〕徹侯邑，徹侯食邑。《二年律令》整理者將本條律文（簡三九六、三九七）歸於《興律》。西漢早期上報案件一般通過郵行或縣次行，相關規定見於《二年律令》簡二七六：「諸獄辟書五百里以上，及郡縣官相付受財物當校計者書，皆以郵行。」《晉書·刑法志》「《興律》有上獄之法」的「上獄」當指上「獄計」文書，并非「諸獄辟書」，兩者的傳遞方式也不同（參看彭浩《再談〈二年律令〉幾條律文的歸類》）。

罪人獄已決〔注一〕，自以罪不當，欲气（乞）鞫者〔注二〕，許之。气（乞）鞫不審，駕（加）罪一等；其欲復气（乞）鞫，當刑者，刑一二一乃聽之。死罪不得自气（乞）鞫，其父、母、兄、姊、弟、夫、妻、子欲爲气（乞）鞫，許之。其不審，黥爲城一二二旦舂。年未盈十歲爲气（乞）鞫，勿聽。獄已決盈一歲，不得气（乞）鞫。气（乞）鞫者各辭在所縣道官，縣道官一二三令、長、丞謹聽，書其气（乞）鞫，上獄屬所二千石官，二千石官令都吏覆之。都吏所覆治，廷及郡各移旁一二四近郡〔注三〕，御史、丞相所覆治移廷。一二五

【注　釋】

〔一〕決，《二年律令》整理者：判決。《淮南子·時則》「審決獄」注：「決，斷也。」（《二年律令》簡一一四）

〔二〕乞鞫，《二年律令》整理者：請求重審。（《二年律令》簡一一四）

〔三〕廷，《二年律令》整理者：參看《睡虎地秦墓竹簡·法律答問》之《辭者辭廷》條。移，移書。（《二年律令》簡一一七）

諸律令中曰與同罪、同法，其所與同鬼薪白粲也〔注一〕，完以爲城旦舂。一二六

【注　釋】

〔一〕《二年律令》簡八七缺字可依本簡補入「諸律令中曰與同罪、同法，其」。

一人有數罪而非駕（加）罪也，以其重罪罪之〔注一〕。一二七

【注　釋】

〔一〕《二年律令》簡九九缺字可依本簡補入「罪而非駕」。

有罪當黥，故黥者劓之，故劓者斬左止（趾），斬左止（趾）者斬右止（趾），斬右止（趾）者府（腐）之〔注一〕。女子當磔若要（腰）斬者，棄市。一二八當斬爲城旦者黥爲舂，當贖斬者贖黥，當耐者贖耐〔注二〕。一二九

【注釋】

〔一〕府（腐），宮刑。《漢書·景帝紀》：「秋，赦徒作陽陵者死罪，欲腐者，許之。」如淳曰：「腐，宮刑也。丈夫割勢，不能復生子，如腐木不生實。」

以上爲對曾受肉刑者如再加肉刑的規定。

〔二〕「女子當磔若要（腰）斬」以下是對女子犯罪後的減刑規定。

有罪當耐，其法不名耐者，庶人以上耐爲【司寇，司寇耐】爲隸臣妾〔注一〕。隸臣【妾】　有耐罪〔注二〕，毄（繫）城旦舂一三〇六歲。毄（繫）日未備而復有耐罪〔注三〕，完爲城旦舂。一三一城旦舂有罪耐以上，黥之。其有贖罪以下，及老小不當刑、刑盡者〔注四〕，皆笞百。城旦刑盡而盜一三二臧（贓）百一十錢以上，若賊傷人及殺人，而先自告也，皆棄市。一三三

【注釋】

〔一〕缺字據《二年律令》簡九〇補。「妾」下脱重文號。司寇，刑徒名。《漢書·刑法志》：「隸臣妾滿二歲，爲司寇。司寇一歲，及作如司寇二歲，皆免爲庶人。」

〔二〕「隸臣妾」下有可容三字的空白，對照《二年律令》簡九〇，此空白處原有「及收人」三字，因漢文帝元年廢除收孥相坐法而删去。收人，收孥，法律地位同隸臣妾，見《二年律令》簡四三五「諸收人，皆入以爲隸臣妾」。

〔三〕繫日未備，服刑時日未滿。

〔四〕老小不當刑，在法定年齡之外者不受肉刑。《漢書·惠帝紀》：「民年七十以上若不滿十歲有罪當刑者，皆完之。」刑盡者，法定肉刑（黥、斬、腐刑）已全部執行。簡文大意是：人奴婢爲刑城旦舂者，再次犯有一般罪行（非死刑罪），此前因多次加刑，法定肉刑（黥、斬、腐刑）執行已盡，已無再加肉刑餘地（參看徐世虹《秦及漢初律中的城旦刑》）。

有罪當完城旦舂鬼薪白　粲以上而亡，以其罪命之〔注一〕。耐隸臣妾罪以下，論令出會之〔注二〕。一三四其以亡爲罪，罪當完城旦舂、鬼薪白粲以上不得者，亦以其罪論命之。一三五

【注釋】

〔一〕命，《二年律令》整理者：確認罪名。《漢書·刑法志》「已論命復有笞罪者，皆棄市」注引晉灼曰：「命者名也，成其罪也。」（《二年律令》簡一二二）

〔二〕會，《説文·會部》：「合也。」

城旦舂、鬼薪白粲有罪䙴（遷）、耐以上而當刑復城旦舂〔注一〕，及曰黥之〔注二〕，若刑爲城旦舂〔注三〕，及奴婢當一三六刑畀主，

其證不言請（情）、誣告、告之不審、鞫之不【直】、故縱弗刑〔注四〕，若論而失之及守將奴婢而亡一三七之，篡遂縱之〔注五〕，【及諸律令】中曰與同法、同罪〔注六〕，其所與同當刑復城旦舂，及曰黥之，若鬼薪白一三八粲當刑爲城【旦舂，及刑】畀主之罪也〔注七〕，皆如耐罪然。其縱之而令亡城旦舂、鬼薪白粲也，縱一三九者黥爲城旦舂。一四〇

【注　釋】

〔一〕刑，肉刑，此指黥、斬足。「刑復城旦舂」，受黥、斬之刑後仍服城旦舂勞役。

〔二〕黥之，《二年律令與奏讞書》：簡文的「黥之」只適用於在刑的犯人，如《賊律》二九號簡「鬼薪白粲毆庶人以上，黥以爲城旦舂。城旦舂也，黥之」；《具律》九一號簡「城旦舂有罪耐以上，黥之」（第一三六頁）。

〔三〕刑爲城旦舂，指非城旦舂刑徒被處以肉刑并城旦舂刑（參看徐世虹《「三環之」「刑復城旦舂」「繫城旦舂某歲」解——讀〈二年律令〉札記》）。

〔四〕證，人證。直，據《二年律令》簡一〇七補。

〔五〕篡，逆取。《漢書·趙廣漢傳》「宗族賓客謀欲篡取」師古曰：「逆取曰篡。」遂，道路。《史記·蘇秦列傳》「禽夫差於干遂」《索隱》：「遂者，道也。於干有道，因爲地名。」

〔六〕缺字據《二年律令》簡一〇七補。

〔七〕缺字據《二年律令》簡一〇八補。

鬼薪白粲有耐罪到完城旦舂罪，黥以爲城旦舂；其有贖罪以下，笞百。一四一

人奴婢有刑城旦舂以下至䙴（遷）、耐罪，黥顔（顏）頯畀主，其有贖罪以下及老小不當刑、刑盡者，一四二皆笞百。刑盡而賊傷人及殺人先自告也，棄市。一四三

庶人以上，司寇、隸臣妾無城旦舂、鬼薪【白粲】罪以上〔注一〕，而吏故爲不直及失刑之〔注二〕，皆以爲隱一四四官〔注三〕；女子庶人，毋筭（算）【事其】身〔注四〕，令自常〔注五〕。一四五

【注　釋】

〔一〕白粲，據《二年律令》簡一二四補。

〔二〕失刑，未依法處刑。《國語·晉語三》：「失刑亂政，不威。」韋昭注：「有罪不殺爲失刑。」

〔三〕隱官，《二年律令》整理者：在不易爲人所見處所工作的人，參看《睡虎地秦墓竹簡·秦律十八種》之《軍爵律》條。（《二年律令》簡一二四）

〔四〕事其，據《二年律令》簡一二四補。《二年律令》整理者：算，算賦。事，徭役。

〔五〕自常，《二年律令》簡一二四作「自尚」，整理者：尚，《廣雅·釋詁三》：「主也」。

贖死金二斤八兩，贖城旦舂、鬼薪白粲金一斤八兩，贖斬、府（腐）金一斤四兩，贖劓、黥金一斤，贖一四六耐金十二兩，贖䙴（遷）金八兩。一四七

有罪當府（腐）者，移内官〔注一〕，内官府（腐）之。一四八

【注釋】

〔一〕内官，亦見於《二年律令》簡四六三，整理者：少府令屬官。

囚律

■囚律〔注一〕一四九

【注釋】

〔一〕囚律，審訊、繫囚、行刑的律條。

爵五大夫、吏六百石以上及宦皇帝而智（知）名者有罪當盜戒（械）者頌毄（繫）〔注一〕，官府令人善司。一五〇定罪當請，請之。其坐盜、殺傷人如律，它如律令。一五一

【注釋】

〔一〕「爵五大夫……頌毄（繫）」是漢惠帝即位後給地位較高官吏的優裕政策，見於《漢書·惠帝紀》。宦皇帝，指侍臣内官，包括中大夫、中郎、外郎、謁者、執楯、執戟、武士、騶、太子御驂乘、太子舍人等（參看閻步克《論張家山漢簡〈二年律令〉中的宦皇帝》）。知名者，《漢書·惠帝紀》「宦皇帝而知名者有罪當盜械者」師古曰：「謂雖非五大夫爵、六百石吏，而早事惠帝，特爲所知，故亦優之，所以云及耳。」盜戒（械），師古曰：「盜械者，凡以罪著械皆得稱焉。」頌繫，《漢書·惠帝紀》「皆頌繫」如淳曰：「頌者容也，言見寬容，但處曹吏舍，不入狴牢也。」

有罪自刑以上盜戒（械）毄（繫）之〔注一〕，耐罪頌毄（繫）之。其遂亡〔注二〕，守者耐，牢監、官嗇夫吏主者贖耐，令丞、令史罰一五二金各四兩。其頌囚也，守者贖耐，牢監、官嗇夫吏罰金四兩，令丞、令史各一兩，能捕得之，皆除。一五三

【注　釋】

〔一〕有罪自刑以上，指被施加肉刑（黥、斬）的城旦舂。

〔二〕遂，因。《儀禮·聘禮》「遂命使者」鄭注：「遂，猶因也。」

諸當盗戒（械），戒（械）者：男子、丁壯桎衺二尺六寸、厚三寸、曼六寸〔注一〕，杽衺二尺、厚三寸、曼五寸〔注二〕。一五四男子老、小及丁女子桎衺二尺、厚二寸少半寸、曼五寸半寸〔注三〕，杽衺尺八寸、厚二寸、曼四寸。一五五女子老、小者桎衺尺八寸、厚二寸、曼五寸，杽衺尺六寸、厚二寸、曼三寸大半寸。一五六皆以堅木爲桎杽。擅自解脱及爲解脱者真罪城旦舂、鬼薪白粲以上，一五七駕（加）一等，牢監、吏徒主、守將智（知）弗告劾與同罪，弗智（知）及吏主爲桎杽、桎杽不如令皆罰金二斤，有（又）戍二一五八歲。其隸臣、司寇也〔注五〕，耐之。一五九

【注　釋】

〔一〕桎，《説文·木部》：「足械也。」衺，長。曼，寬。《詩·魯頌·閟宫》：「孔曼且碩，萬民是若。」鄭箋：「曼，修也，廣也。」

〔二〕杽，手械。《説文·木部》：「杽，械也。」段注：「械當作梏。」《廣雅·釋宫》：「杽謂之梏。」《漢書·刑法志》：「上罪梏拲而桎，中罪梏桎，下罪梏。」師古曰：「械在手曰梏，兩手同械曰拲，在足曰桎。」

〔三〕男子老、小及丁女子，指男性免老、未傅者及成年女子，詳看《二年律令·傅律》。少半，三分之一。《史記·項羽本紀》「漢有天下太半」《集解》引韋昭曰：「凡數三分有二爲太半，一爲少半。」

〔四〕爵人，授爵於人。《白虎通》卷一《爵》：「爵人于朝者，示不私人以官，與衆共之義也。」簡文「爵人律」，是《二年律令》簡三九四「諸詐（詐）僞自爵、爵免、免人者，皆黥爲城旦舂。吏智（知）而行者，與同罪」的省稱。「以爵人律論之」，即論處黥城旦舂。「自爵」，又見於《嶽麓書院藏秦簡（伍）》簡一九二二：「●諸當衣赤衣，冒【赤】擅（氈），枸櫝杕及當盗戒（械）而擅解衣物以上弗服者，皆以自爵律論之……」秦簡「自爵」與《二年律令》簡三九四的「諸詐（詐）僞自爵」相同。

〔五〕隸臣、司寇，此指在監牢中服刑充任牢工、守囚等的隸臣和司寇。「守囚」見於《睡虎地秦墓竹簡·法律答問》簡一九六「可（何）謂『署人』『更人』……或曰守囚即『更人』殹（也），原者『署人』殹（也）。」隸臣充任牢司寇、守囚的記録數見於里耶秦簡，如簡 10-1170「卅四年十二月倉徒簿冣」記「大隸臣積九百九十人……男七十二人牢司寇……男四人守囚……」（《湖南出土簡牘選編》）

黥罪人其大半寸，劓羨半寸〔注一〕。牢工、刑人不中律六分寸一以上〔注二〕，笞二百；其詐（詐）弗刑，黥爲城旦，而皆復刑一六〇之，令中律。官嗇夫、吏弗閲〔注三〕，閲弗得，以鞫獄故縱論之，令丞、令史弗得，罰金各一斤。一六一

【注釋】

〔一〕劓，割鼻。《漢書·百官公卿表上》「正五刑」師古曰：「劓，割鼻也。」羨，餘。《詩·小雅·十月之交》「四方有羨」毛傳：「羨，餘也。」

〔二〕六分寸一，六分之一寸。西漢一寸長約二·三厘米。

〔三〕閱，數。《左傳》襄公九年「商人閱其禍敗之釁」杜注：「閱，猶數也。」

諸治獄者毋得擅移獄傳囚〔注一〕，囚有它告劾皆移毄（繫）所并論〔注二〕。其同獄別毄（繫）不服，必相須決者〔注三〕，乃一六二得移傳相從。令輕從重〔注四〕；重輕等，少從多〔注五〕；多少等，後從先〔注六〕。贖罪以下，移告劾人在所。不當移傳擅一六三移傳，及當而弗移傳者，皆奪爵一級、戍二歲。所擅移傳到其縣道官，縣道官受治論，勿敢環（還），一六四而上屬所二千石官，二千石官劾論。擅環（還）弗受，受弗上，上弗劾論，皆與擅移獄傳囚同罪。二千石官所令一六五其屬官治論，不用此律〔注七〕。一六六

【注釋】

〔一〕獄，罪案，訟案。擅移獄，「擅自將案件移交無權審理此案的機關」（高恒《秦漢簡牘中法制文書輯考》，第一五六頁）。傳，移。傳囚，將囚犯轉往异地。

〔二〕并論，合并審理。

〔三〕須，等待。《漢書·王莽傳中》「前後毋相須」師古曰：「須，待也。」

〔四〕輕，輕罪。重，重罪。《唐律疏議》卷二九《斷獄·違法移囚》：「謂輕罪發雖在先，仍移輕以就重。」

〔五〕重輕等，重、輕罪人數相等。《唐律疏議》卷二九《斷獄·違法移囚》：「謂兩縣之囚罪名輕重等者，少處發雖在先，仍移就多處。」

〔六〕多少等，後從先，《唐律疏議》卷二九《斷獄·違法移囚》：「若多少等，即移後繫囚從先繫處。」

〔七〕本條律文是分拘异地的同案犯轉移、接收的規定。

囚還人若引證桉（案）盈三百里來而不審〔注一〕，毋出入其罪者，駕（加）罪一等。辭者所言及贖罪以下證一六七桉（案）治者具爲散〔注二〕，移人在所縣道官，縣道官獄訊以報之〔注三〕，勿徵還〔注四〕，徵還者以擅移獄論〔注五〕。一六八

【注釋】

〔一〕囚，被拘禁的待決犯。《周禮·秋官·掌囚》「凡囚者」鄭注：「謂非盜賊自以他罪拘者也。」還，及。《方言》卷三：「迨、還，及也。東齊曰迨，關之東西曰還，或曰及。」《漢書·蘇武傳》：「事如此，此比及我。」引，牽引。《史記·淮南衡山列傳》：「河南治建，辭引淮南太子及黨與。」證案，驗證，此指證人。《史記·酷吏列傳》：「章大者連逮證案數百，小者數十人；遠者數千，近者數百里。」

〔二〕散，分散。居延漢簡有類似律文，如簡一五七·一三、一八五·一一：「律曰：贖以下，可檄，檄，勿徵還。」（《居延漢簡釋文合校》，第二五七頁）

〔三〕報，判決。《二年律令》簡九三「及診、報、辟故弗窮審者」，整理者：報，《後漢書・安帝紀》注：「謂決斷也」。

〔四〕類似律文見於《居延新簡》EPS4T2：101：「移人在所縣道官，縣道官獄訊以報之，勿徵逮，徵逮者以擅移獄論。」「逮」，本簡簡文作「遝」。

〔五〕以擅移獄論，處「奪爵一級，戍二歲」（參看本篇簡一六三、一六四）。

囚遂駕（加）其罪一等〔注一〕，【當】笞者罰金一兩〔注二〕，罰金一兩者罰二兩，罰二兩者罰四兩，罰四兩者贖耐，贖耐者贖黥，贖黥者贖斬，贖斬一六九者贖城旦舂，贖城旦舂者贖死，贖死、罨（遷）及當耐爲司寇者耐爲隸臣妾，耐爲隸臣妾者，完爲城旦舂〔注三〕，完爲城旦舂及鬼一七〇【薪】白粲者黥爲城旦舂〔注四〕，黥爲城旦舂者駕（加）其刑，刑盡者棄市。罪罰有日數者各倍之。一七一

【注釋】

〔一〕遂，逃亡，《說文・辵部》：「亡也。」

〔二〕當，據《二年律令》簡八六「諸罰金一兩以當笞者」補。

〔三〕據《二年律令》簡一六五「隸臣妾、收人亡，盈卒歲，毄（繫）城旦舂六歲；不盈卒歲，毄（繫）三歲……」本簡「完爲城旦舂」前的留白，疑原是「及收人」三字。漢文帝初年廢除連坐，「收人」也一同取消。

〔四〕薪，據文意補。

篡遂縱囚〔注一〕，死罪斬左止（趾）爲城旦，女子黥爲舂，它各與同罪。一七二

【注釋】

〔一〕篡，劫奪，《說文・厶部》：「屰而奪取曰篡。」

以兵刃、索繩它物可以自殺者予囚，囚以自殺傷，若即以殺傷囚，予者黥爲城旦舂〔注一〕，守囚一七三弗覺智（知），牢門、門者弗得，皆耐；牢監贖【耐】〔注二〕，□□□吏令丞、令史罰金各四兩〔注三〕。一七四

【注釋】

〔一〕本條律文後有修訂，參看《居延新簡》EPS4T2：100：「以兵刃索繩它物可以自殺者予囚囚以自殺殺人若自傷傷人而以辜二旬中死予者髡爲城旦舂及有。」

〔二〕耐，據上文補。

〔三〕缺字疑爲「官嗇夫」。

城旦舂、鬼薪白【粲、隸臣】妾之毄（繫）城旦舂居罰、贖、責（債）〔注一〕，皆將司之〔注二〕。弗將司、將司而亡之，徒耐，吏贖一七五耐。能捕得之皆【除】。□□縱令亡〔注三〕，若與偕亡，城旦舂也將者黥爲城旦舂，它各與同罪。一七六

【注　釋】

〔一〕居，居作。《睡虎地秦墓竹簡·秦律十八種·金布律》簡七七、七八：「及隸臣妾有亡公器、畜生者，以其日月減其衣食，毋過三分取一，其所亡衆，計之，終歲衣食不踐以稍賞（償），令居之」，整理者：「勒令居作，即以勞役抵償。」繫城旦舂居罰、贖、責（債），以和城旦舂强度相同的勞役來抵償罰金、贖金及債務。

〔二〕將司，《睡虎地秦墓竹簡·秦律十八種·司空》簡一三四、一三五：「鬼薪白粲，群下吏毋耐者，人奴妾居贖貲責（債）於城旦，皆赤其衣，枸櫝欙杕，將司之」，整理者：將司，監管。

〔三〕缺字疑爲「將司」。

囚罪當刑以上及盜賊、亡人之囚，數更言〔注一〕，諒（掠）訊以定之〔注二〕。不當諒（掠）諒（掠），及盜戒（械）之，捕罪人毄（繫）留弗詣〔注三〕，一七七獄盈一日、若諒（掠）之，皆戍二歲。一七八

【注　釋】

〔一〕更言，《睡虎地秦墓竹簡·封診式·訊獄》簡四「更言不服」，整理者：「改變口供。」

〔二〕掠，《禮記·月令》：「去桎梏，毋肆掠。」鄭注：「掠，謂捶治人。」訊，問。掠訊，拷問。

〔三〕詣，謁。

囚以諒（掠）辜五日死，諒（掠）者完爲城旦。一七九

囚懷子而當報者，須其乳乃報之。一八〇

當以月晦報囚于市〔注一〕。春戌、夏丑、秋辰、冬未〔注二〕，及壬、乙、戊辰、戊戌、戊午，月省（眚）及宿直心、虛、張〔注三〕，皆勿以報一八一囚。朔日、望、入朔八日、二旬三日勿以治獄、報囚。晦日不可以報囚，以望後利日〔注四〕。一八二

【注　釋】

〔一〕月晦，月末之日。報囚，《漢書·酷吏傳》「適見報囚」師古曰：「奏報行決也。」市，《周禮·地官·司市》「國君過市則刑人赦」鄭注：「市者，

人之所交利而行刑之處。」

〔二〕春戌、夏丑、秋辰、冬未，四季的徼日。《睡虎地秦墓竹簡·日書》甲種簡一三六正柒至一三九正柒：「夏三月丑敫，春三月戌敫，秋三月辰敫。冬三月未敫。」簡一三八正捌、一三九正捌：「凡敫日……不可祠祀、殺生（牲）。」

〔三〕省，通作「眚」，《說文·目部》：「眚，目病生翳也。」月眚，月蝕。心、虛、張，二十八宿星名。心，東方蒼龍七宿的第五宿。《史記·天官書》：「東宮蒼龍，房、心。」虛，《尚書·堯典》：「宵中，星虛，以殷仲秋。」孔傳：「虛，玄武之中星，亦言七星，皆以秋分日見，以正三秋。」張，朱雀七宿的第五宿。《史記·天官書》：「張，素，爲廚，主觴客。」以上三星所主吉凶，可參看《睡虎地秦墓竹簡·日書》甲種「玄戈」。

〔四〕望後利日，《周禮·秋官·鄉士》「協日刑殺」鄭注：「協，合也，和也，和合支幹善日，若今時望後利日也。」賈疏：「月大則十六日爲望，月小則十五日爲望。利日，即合刑殺之日是也。」

工官及爲作務官其工及冗作徒隸有罪〔注一〕，罪自城旦舂以下，已論，皆復詣其故官。一八三

有罪完城旦舂、鬼薪白粲以上，入鞫縣；耐隸臣妾以下，復詣其縣官。一八四

【注釋】

〔一〕冗作徒隸，長期在工官勞作，不按踐更替換的徒隸，多有一技之長。

捕律

■捕律〔注一〕一八五

【注釋】

〔一〕捕律，逮捕各種罪犯的法律規定。

捕磔若要（腰）斬罪一人，購金一斤；捕盜賊、亡人、略妻、略賣人、强奸、僞寫印者棄市罪一人，購金十兩〔注一〕；刑一八六城旦舂罪，購金四兩；完城旦舂、鬼薪白粲、刑耐罪，購金二兩〔注二〕。其人奴婢當畀其主者，主購一八七之；雖老小不當刑及刑盡者，皆購金二兩；吏所捕其部中及諸捕告而不當購者〔注三〕，主入購一八八縣官；其主弗欲取者，入奴婢縣官，縣官購之。一八九

【注釋】

〔一〕《二年律令》簡一三七「亡人」以上所缺文字，可據本簡補作「捕磔若要（腰）斬罪一人，購金一斤；捕盜賊」。略妻，搶奪他人之妻。

〔二〕《二年律令》簡一三七後缺字，可據本簡補作「旦舂、鬼薪白粲、刑耐罪，購金」。

〔三〕《二年律令》簡一三八後不見以下文字：「其人奴婢當畀其主者，主購之；雖老小不當刑及刑盡者，皆購金二兩；吏所捕其部中及諸捕告而不當購者」。

詗告罪人〔注一〕，吏捕得之，半購詗者〔注二〕。一九〇

【注釋】

〔一〕詗告，密告。《急就篇》「乏興猥逮詗讂求」顔師古注：「詗，謂知處密告之也。」

〔二〕詗者，據《二年律令》簡一三九釋。

群盜盜殺傷人、賊殺傷人、强盜節（即）發縣道，縣道亟爲發吏徒足以追捕之，尉分將〔注一〕，令兼將〔注二〕，亟一九一詣盜賊發及之所，以窮追捕之，毋敢到界而環（還）〔注三〕。吏將徒追求盜賊，必伍之〔注四〕。盜賊以短一九二兵殺傷其將及伍人，而弗能捕得，皆戍邊二歲。卅日中能得其半以上，盡除其罪；得不一九三能半，得者獨除。一九四

【注釋】

〔一〕尉，《二年律令》整理者：縣尉。（《二年律令》簡一四〇）《續漢書·百官志》：「尉大縣二人……尉主盜賊。凡有賊發，主名不立，則推索行尋。」分將，分別率領。

〔二〕兼將，《二年律令》整理者：統一率領。（《二年律令》簡一四〇）

〔三〕《二年律令》簡一四〇、一四一「毋敢□界」可據本簡補作「毋敢到界」。

〔四〕伍，五人編爲一伍。《周禮·夏官·諸子》「合其卒伍」鄭注：「軍法百人爲卒，五人爲伍。」下文的伍人，指同伍之人。

死事者置後如律〔注一〕。大痍臂臑股胻〔注二〕，或誅斬，除。一九五

【注釋】

〔一〕死事，死於國事。《禮記·月令》「賞死事，恤孤寡」鄭注：「死事，謂以國事死者。」《二年律令》簡一四二於「死事者」前有墨點，提示爲另一條律文的開始。本篇此律文單列一簡。置後如律，死事者置後的規定參看《二年律令》簡三六九至三七一。

〔二〕大痍，肢體未斷但須他人扶助行動。《睡虎地秦墓竹簡·法律答問》簡二〇八：「可（何）如爲『大痍』？『大痍者』，支（肢）或未斷，及將長令二人扶出之，爲『大痍』。」臑，上臂。胻，脛。

與盜賊遇而去北，及力足以追逮捕之而回避，詳（佯）勿見，及逗留畏耎弗敢就〔注一〕，奪其將一九六爵一級，免之，毋爵者戍邊二歲；而罰其所將吏徒以卒戍邊各一歲。一九七

【注　釋】

〔一〕耎，退縮。《史記·天官書》：太白「……有微入，入三日乃復盛出，是謂耎。」《集解》引晉灼曰：「耎，退之不進。」《二年律令》簡一四二「而官□□□□逗」可據本簡補作「而回避佯勿見及逗」。

興吏徒追盜賊〔注一〕，已受令而逋〔注二〕，以畏耎論之。一九八

【注　釋】

〔一〕興，派遣。《左傳》哀公二十六年「大尹興空澤之士千甲」杜注：「興，興發也。」

〔二〕逋，逃亡。《左傳》僖公十五年「六年其逋，逃歸其國」杜注：「逋，亡也。」簡文指臨陣脫逃。

盜賊發，士吏、求盜部者〔注一〕，及令、丞、尉弗覺智（知），士吏、求盜皆以卒戍邊二歲，令、丞、尉罰金各四一九九兩。令、丞、尉能先覺智（知），求捕其盜賊，及自劾論吏部主者，除令、丞、尉罰。一歲中盜賊發二〇〇而令、丞、尉所不覺智（知）三發以上，皆爲不勝任，免之。二〇一

【注　釋】

〔一〕求盜，亭卒。《史記·高祖本紀》「令求盜之薛治之」《集解》引應劭曰：「求盜者，舊時亭有兩卒，其一爲亭父，掌開閉掃除；一爲求盜，掌逐捕盜賊。」

群盜、盜賊發，告吏，吏匿弗言其縣廷，言之而留盈一日，以其故不得，皆以鞫獄故縱論之。二〇二官嗇夫坐官，有罪贖以上，令丞、令史弗得，罰金四兩；罰金四兩罪，罰二兩；罰二兩罪，罰一兩。令丞、令史或二〇三偏先自得之，相除〔注一〕。二〇四

【注　釋】

〔一〕本條律文不見於《二年律令》。

群盜、盜賊劫人發〔注一〕，及鬬殺人而不得，官嗇夫、士吏、吏部主者，罰金各二兩，尉、尉史各一兩；而輒二〇五言得、不得、所殺傷及臧（贓）物數屬所二千石官〔注二〕，二千石官上丞相、御史。二〇六

【注　釋】

〔一〕《二年律令》簡一四七上端所缺字，可據本簡補作「群盜盜賊劫人」。

〔二〕《二年律令》簡一四七「斬捕」應據本簡改釋爲「輒言」。

能産捕群盜一人若斬二人〔注一〕，拜爵一級。其斬一人若爵過大夫及不當拜爵者〔注二〕，皆購之如律〔注三〕。二〇七

【注　釋】

〔一〕産，《二年律令》整理者：生，産捕即生捕。（《二年律令》簡一四八）

〔二〕大夫，《二年律令》整理者：西漢二十級爵的第五級。（《二年律令》簡一四八）

〔三〕《二年律令》本條律文後有「所捕、斬雖後會赦不論，行其購賞」。

斬群盜，必有以信之〔注一〕，乃行其賞。二〇八

【注　釋】

〔一〕信，《二年律令》整理者：證明。（《二年律令》簡一四九）

群盜、命者及有罪當命未命，能捕群盜、命者若斬之一人，免以爲庶人〔注一〕。所捕過此數者，購如律〔注二〕。二〇九

【注　釋】

〔一〕「斬之」下有句讀符號。對照下文「所捕過此數者，購如律」，可知「一人」當屬上讀，疑此句讀符號爲誤入，故仍從《二年律令》簡一五三斷句。

〔二〕購，《二年律令》簡一五三作「贖」。

捕從諸侯來爲閒者一人〔注一〕，拜爵一級，有（又）購二萬錢。不當拜爵者〔注二〕，級賜萬錢，有（又）行其購。數人共二一〇
捕罪人而當購賞，欲相移者，許之。二一一

【注　釋】

〔一〕閒，間諜。《爾雅·釋言》：「閒，俔也。」郭璞注：「《左傳》謂之諜，今之細作也。」

〔二〕不當拜爵者，據本篇簡二〇七，「爵過大夫」者不能再加爵。另，可參看大通上孫家寨漢簡三五六、二四三、三四〇「……斬首捕虜，毋過人三級，拜爵皆毋過五大夫，必頒有主以驗不從法狀。」

捕盜鑄錢及【佐者死罪一人】〔注一〕，予爵一級。其欲以免除罪人者，許之。捕一人免除　城旦舂、鬼二一二薪白粲二人〔注二〕，
若隸臣、　司寇三人以爲庶人〔注三〕。其當刑未報者〔注四〕，勿刑，有（又）復告者一人身〔注五〕，毋有所與。詗告二一三吏，
吏捕得之，賞如律〔注六〕。二一四其捕告若詗告曰盜鑄錢而佐也，告曰佐而鑄也，皆行其賞。二一五

【注釋】

〔一〕缺字據《二年律令》簡二〇四補。

〔二〕「城旦舂」前有四字空白，對照《二年律令》簡二〇四，原有「死罪一人」，應是漢文帝對此前法律的更改。

〔三〕「司寇」前有兩字留白，對照《二年律令》簡二〇四，原係「收人」，是漢文帝廢除「收孥相坐」的反映。司寇，《二年律令》簡二〇五作「司空」，應是「司寇」之誤（《江陵張家山漢墓出土〈二年律令〉譯注稿その（二）》）。

〔四〕報，《二年律令》整理者：《後漢書・章帝紀》注：「論也。」此處指執行。（《二年律令》簡二〇五）

〔五〕復，《漢書・刑法志》「則復其户」師古曰：「復謂免其賦稅也。」

〔六〕《二年律令》整理者將本條律文歸於《錢律》，王偉指出，應歸於《捕律》（《張家山漢簡〈二年律令〉編聯初探》）。

捕若告盜鑄錢者未賞而有罪，及吏雖部主而捕之，皆賞如律，丞、尉以上及都吏勿賞〔注一〕。二二六

【注釋】

〔一〕本條律文不見於《二年律令》。

誘紿教人犯法而捕若告〔注一〕，及令人捕若告，欲以受購賞者，皆與所誘紿教同罪，毋行其購賞〔注二〕。二二七

【注釋】

〔一〕誘，引誘。紿，欺。《史記・項羽本紀》「田父紿曰『左』」《集解》引文穎曰：「紿，欺也。欺令左去。」

〔二〕本條律文不見於《二年律令》。

捕盜賊、罪人，及以告劾逮捕人，所捕挌（格）鬪而殺傷之，及窜〈窮〉之而自殺也，殺傷者除，其當購二二八賞者，半購賞之。殺傷捕者，以賊論之〔注一〕。二二九

【注釋】

〔一〕《二年律令》簡一五二尾「殺傷」後原接簡一五三，三國時代出土文字資料研究班認爲不當（《江陵張家山漢墓出土〈二年律令〉譯注稿その（二）》）。所缺接續文字，可據本簡補作「捕者以賊論之」。

數人共捕罪人而獨自書者〔注一〕，勿購賞。二三〇

【注釋】

〔一〕書，《二年律令》整理者：登記。（《二年律令》簡一五四）

吏主若備盜【賊、亡人而捕罪人，及索捕罪】人〔注一〕，若有告劾非亡也，或捕之，而非群盜也，皆勿購賞。二三二

【注釋】

〔一〕缺字據《二年律令》簡一五四補。

捕罪人弗當，【以得購賞而】移予它人〔注一〕，及詐（詐）僞，皆以取購賞者坐臧（贓）爲盜。二三三

【注釋】

〔一〕缺字據《二年律令》簡一五五補。

【相與】謀劫人、劫人〔注一〕，而能頗捕其與〔注二〕，若告吏，【吏】捕頗得之〔注三〕，除告者罪，有（又）購錢人五萬。所捕告得二三三者多，以人數購之，而勿責其劫人所得臧（贓）〔注四〕。所告毋得者，若不盡告其與，皆不得除罪。二三四

【注釋】

〔一〕相與，據《二年律令》簡七一補。

〔二〕頗，《二年律令》整理者：少部分。《廣雅·釋詁》：「頗，少也。」與，共同犯罪者。（《二年律令》簡七一）

〔三〕吏，據《二年律令》簡七一補。

〔四〕責，求取，《說文·貝部》：「求也。」《說文繫傳》：「責者，迫迮而取之也。」

諸予劫人者錢財及爲人劫者，同居智（知）弗告吏〔注一〕，皆與劫人者同罪。劫人者去，未盈一日，能二三五自頗捕，若偏（徧）告吏，皆除。二三六

【注釋】

〔一〕同居，《二年律令》整理者：《漢書·惠帝紀》注：「同居，謂父母、妻子之外，若兄弟及兄弟之子等，見與同居業者。」《睡虎地秦墓竹簡·法律答問》：「何爲同居？户爲同居。」（《二年律令》簡七二）

亡律

■亡律〔注一〕二二七

【注釋】

〔一〕亡，逃亡。亡律，對逃離户籍所在地的吏民、逃離主人的奴婢、逃離居住或拘禁地的徒隸及匿藏逃亡者的懲處法律。

從諸侯來誘及爲閒者磔〔注一〕。二二八

【注釋】

〔一〕《二年律令》簡三上段所缺文字，可據本簡補作「從諸侯」。

亡之諸侯、諸侯人亡之漢〔注一〕，雖未出徼若有事而亡居焉〔注二〕，皆黥爲城旦舂；自出也，笞百。二二九

【注釋】

〔一〕漢，西漢初期由中央政府管轄的地域。

〔二〕徼，邊塞，邊徼。《史記·平準書》「新秦中或千里無亭徼」《集解》引晉灼曰：「徼，塞也。」

城旦舂亡，黥復城旦舂。鬼薪白粲亡，黥爲城旦舂〔注一〕。不得者皆命之〔注二〕。二三〇

【注釋】

〔一〕鬼薪白粲亡，視同城旦舂逃亡，即取消原來的減罪一等，并加肉刑「黥」。本簡與《二年律令》簡一六四多有不同。從圖版看，《二年律令》簡一六四在「鬼薪白粲」下是另外一段，本不屬同一簡，係誤拼接，原釋文應到「鬼薪白粲」止，「也皆笞百」屬另簡。

〔二〕不得者皆命之，不見於《二年律令》簡一六四。

人奴婢亡，黥顔（顔）頯〔注一〕，畀主。其自出也，若自歸主，主親所智（知）〔注二〕，皆笞百。二三一

【注釋】

〔一〕《二年律令》簡一五九上端所缺字，可據本簡補作「人奴婢亡黥顔」。

〔二〕主，主人。《史記·外戚世家》：「少君年四五歲時，家貧，爲人所略賣……爲其主入山作炭。」

奴婢亡，自歸主，主親所智（知），及主、主父母、子若同居求自得之，其當論畀主，而欲勿詣吏論二三三者，皆許之。二三三

奴婢爲善而主欲免者，許之。奴命曰私屬〔注一〕，婢爲庶人，皆復使及筭（算）〔注二〕，事之如奴婢。主二三四死若有罪，以私屬爲庶人，刑者以爲隱官。所免不善，身免者得復入奴婢之〔注三〕。其亡，二三五有它罪，以奴婢律論之。二三六

【注　釋】

〔一〕私屬，《漢書·王莽傳中》：「今更名天下田曰『王田』，奴婢曰『私屬』，皆不得賣買。」

〔二〕復，免。使，役使。《論語·學而》：「節用而愛人，使民以時。」算，算賦。《漢書·高帝紀上》「初爲算賦」如淳曰：「《漢儀注》民年十五以上至五十六出賦錢，人百二十爲一算，爲治庫兵車馬。」

〔三〕身免者，《二年律令》整理者：指原來免其奴婢身份的主人。（《二年律令》簡一六三）

吏民亡盈卒歲〔注一〕，耐；不盈卒歲，毄（繫）城旦舂；公士、公士妻以上作官府，皆賞（償）亡日。其自出也，笞二三七五十。拾（給）逋事〔注二〕，皆籍亡日〔注三〕，軵數盈卒歲而得〔注四〕，亦耐之。女子已坐亡贖耐，後復亡當贖二三八耐者，耐以爲隸妾。二三九

【注　釋】

〔一〕卒歲，整年。

〔二〕逋，逃亡。《左傳》僖公十五年「六年其逋」杜注：「逋，亡也。」《睡虎地秦墓竹簡·法律答問》簡一六四：「可（何）謂『逋事』及『乏繇（徭）』？律所謂者，當繇（徭），吏、典已令之，即亡弗會，爲『逋事』；已閱及敦（屯）車食若行到繇（徭）所乃亡，皆爲『乏繇（徭）』。」

〔三〕籍，記録。《左傳》成公二年：「非禮也，勿籍。」杜注：「籍，書也。」

〔四〕軵，推。《逸周書·小開》「謀有共軵」朱右曾校釋：「軵，推也。言相推以致遠也。」軵數，推算日數。

司寇、隱官坐亡罪隸臣以上，輸作所官〔注一〕。二四〇

【注　釋】

〔一〕作所，服役的場所。

隸臣妾　亡盈卒歲〔注一〕，毄（繫）城旦舂六歲；不盈卒歲，毄（繫）三歲。自出也，笞百。其去毄（繫）三歲亡，

毄（繫）二四一六歲；去毄（繫）六歲亡，完爲城旦舂。二四二

【注 釋】

〔一〕《二年律令》簡一六五「隸臣妾」後有「收人」二字，本簡留白，因漢文帝「盡除收律相坐法」刪。

諸舍匿罪人〔注一〕，罪人自出若先自告，罪減，亦減舍匿者罪。所舍笞罪也，毋論舍者〔注二〕。二四三

【注 釋】

〔一〕舍匿，窩藏。《漢書·季布傳》「敢有舍匿」師古曰：「舍，止；匿，隱也。」

〔二〕《二年律令》簡一六七「所舍」之下的接續文字可據本簡補作「笞罪也毋論舍者」。

匿罪人，死罪黥爲城旦舂，它各與同罪。其所匿未去而告之，除。二四四

諸舍亡人及罪人亡者，不智（知）其亡，盈五日以上，所舍罪當黥爲城旦舂以上，主舍者贖耐〔注一〕；二四五完城旦舂罪以下到耐罪，及亡　隸臣妾、奴婢及亡盈十二月以上者〔注二〕，罰金四兩〔注三〕。二四六

【注 釋】

〔一〕《二年律令》簡一七〇「所舍罪當黥」以下所缺文字，可據本簡補作「爲城旦舂以上主舍者」。

〔二〕「亡」下有可容一字的空白，《二年律令》簡一七〇作「收」，因漢文帝「盡除收孥相坐律令」刪。

〔三〕據本條律文，《二年律令》簡一七一「贖耐」係誤接。

取（娶）人妻及亡人以爲妻，及爲亡人妻，取（娶）及所取（娶），爲媒者，智（知）其請（情），皆黥以爲城旦舂。二四七其真罪重〔注一〕，以匿罪人律論〔注二〕。弗智（知），贖耐〔注三〕。二四八

【注 釋】

〔一〕真，《二年律令》整理者：《淮南子·俶真》注：「實也」。真罪，指亡人本身之罪。（《二年律令》簡一六八）

〔二〕匿罪人律，《二年律令》整理者：指《二年律令》第一六七簡的法律規定。（《二年律令》簡一六八）

〔三〕對照本簡「贖耐」，可知《二年律令》簡一六九「者不☒」係誤接。

取亡罪人爲庸〔注一〕，不智（知）其亡，以舍亡人律論之〔注二〕。所舍取未去，若已去後智（知）其請（情）而捕告及二四九詗告吏，吏捕得之，皆除其罪，勿購賞。二五〇有罪命而得，以其罪論之。完城旦舂罪，黥之。鬼薪白粲罪，黥以爲城旦舂。其自出者，二五一死罪黥爲城旦舂，它罪完爲城旦舂〔注三〕。二五二

【注釋】

〔一〕亡罪人，逃亡的罪犯。庸，受雇者。

〔二〕舍亡人律，見本篇簡二四三、二四五和二四六所記律文。

〔三〕從「有罪命而得」至本條律文末的文字不見於《二年律令》，係漢文帝時增加。

諸以亡爲罪自出〔注一〕，減之；毋名者〔注二〕，皆減其罪一等。二五三

【注釋】

〔一〕諸以亡爲罪自出，《二年律令》簡一六六作「諸亡自出」。

〔二〕毋名，《二年律令》整理者：律文没有特别提到減刑的規定。（《二年律令》簡一六六）

諸除有爲若有事縣道官而免斥〔注一〕，事已，屬所吏輒致事之〔注二〕，其弗致事，及其人留不自致二五四事，盈廿日，吏罰金二兩，以亡律論不自致事者〔注三〕。二五五

【注釋】

〔一〕《二年律令》簡二一一上端缺字，可據本簡補作「諸除有爲若」。免斥，《二年律令與奏讞書》：「免斥」與「斥免」同爲「罷免」之意。《史記·淮南王列傳》：「太子遷數惡被於王，王使郎中令斥免，欲以禁後」，《正義》：「言屏斥免郎中令官，而令後人不敢效也。」

〔二〕致事，《二年律令》整理者：即致仕，離職退居，見《禮記·曲禮上》。（《二年律令》簡二一一）

〔三〕以亡律論，《二年律令》簡二一二作「以亡律駕（加）論」。《二年律令》整理者將本條律文歸入《置吏律》。

錢律

■錢律二五六

錢雖缺鑠〔注一〕，文章頗可智（知）〔注二〕，而非殊折及鉛錢也〔注三〕，皆爲行錢〔注四〕。金不青赤者，爲行金。敢擇二五七不取行錢、

金者，罰金【四】兩〔注五〕。二五八

【注釋】

〔一〕錢雖缺鑠，《二年律令》簡一九七作「錢徑十分寸八以上，雖缺鑠」。「錢徑十分寸八」即錢徑爲八分。《漢書·文帝紀》五年夏四月「更造四銖錢」應劭曰：「文帝以五分錢太輕小，更作四銖錢，文亦曰『半兩』，今民間半兩錢最輕小者是也。」本條律文不再保留「錢徑十分寸八以上」（約合今一·八四厘米）的法定尺寸，意味着錢文與大小、重量的背離日趨嚴重。鑠，《二年律令》整理者：《廣雅·釋詁》：「磨也」。（《二年律令》簡一九七）

〔二〕文章，《二年律令》整理者：錢文。《後漢書·董卓傳》：「又錢無輪廓文章，不便人用。」（《二年律令》簡一九七）

〔三〕殊折，《二年律令》整理者：斷碎。《廣雅·釋詁》：「殊，斷也。」（《二年律令》簡一九七）

〔四〕行，《二年律令》整理者：流通。（《二年律令》簡一九七）

〔五〕可參看《睡虎地秦墓竹簡·秦律十八種·金布律》簡六八：「賈市居列者及官府之吏，毋敢擇行錢、布；擇行錢、布者，列伍長弗告，吏循之不謹，皆有罪。」四，據《二年律令》簡一九八補。

敃毀銷行錢以爲銅、它物者，坐臧（贓）爲盜。二五九

爲僞金者，黥爲城旦舂。二六〇

盜鑄錢及佐者〔注一〕，棄市。同居不告，贖耐。正典、田典、伍人不告〔注二〕，罰金四兩。或頗告，皆相除〔注三〕。官二六一嗇夫、士吏、吏部主者弗自得〔注四〕，爲不勝任，尉、尉史奪爵一級，令丞、令史奪勞二歲。部主者二六二國頗捕得及令、丞尉先刻其盜鑄錢，皆除坐者〔注五〕。二六三

【注釋】

〔一〕據《漢書·文帝紀》，五年夏四月「除盜鑄錢令」，開放民間鑄錢。簡文對「盜鑄錢」處以重罪，此律或在文帝五年前頒行。

〔二〕正典，里正。田典，和里正同爲里的管理者，其職責之一如《二年律令》簡三〇五「田典更挾里門籥（鑰），以時開」。

〔三〕《二年律令》簡二〇一於「皆相除」下有「尉、尉史、鄉部」。

〔四〕吏部主者，《二年律令》簡二〇二作「部主者」，「吏」下应脱重文號。弗自得，《二年律令》簡二〇二作「弗得」，疑脱「自」字。

〔五〕與《二年律令》簡二〇一、二〇二相比較，本條律文將「尉、尉史、鄉部、官嗇夫、士吏、部主者弗得，罰金四兩」的處罰，加重爲「爲不勝任，尉、尉史奪爵一級，令丞、令史奪勞二歲」，另增補「部主者國頗捕得及令、丞尉先刻其盜鑄錢，皆除坐者。」

盜鑄錢及佐者，智（知）人盜鑄錢，爲買銅、炭，及爲行其新錢，若爲通之〔注一〕，而能頗相捕，若二六四先自告、告其與，吏捕頗得之，除捕告者罪〔注二〕。二六五

【注釋】

〔一〕通，張世超、張玉春認爲，「通」是「通有於無」之意。《睡虎地秦墓竹簡·法律答問》「邦亡來通錢過萬」是説「把境外的私鑄錢偷運入境，就是『通錢』」（《「通錢」解——秦簡整理札記之二》）。

〔二〕告，《二年律令》整理者指出，簡二〇七脱「告」字。

智（知）人盜鑄錢，爲買銅、炭，及爲行其新錢，若爲通之，與同罪。二六六

諸謀盜鑄錢，頗有其器具未鑄者，皆黥以爲城旦舂。智（知）爲爲及買鑄錢具者，與同罪。二六七

諸詐（詐）僞爲錢及佐者，智（知）人詐（詐）僞錢買銅、銅炭、器具及爲行其錢若爲通之〔注一〕；謀詐（詐）僞爲錢頗二六八有其器具而未爲、智（知）爲爲及爲買詐（詐）僞爲錢具者，及其捕若先自告、告其與及當坐者，二六九捕告者購賞。復得詐（詐）僞爲錢者鄣〈窮〉治，上所爲錢、錢法（范）及諸其它〔注二〕，皆如謀盜鑄錢、盜鑄錢之律令〔注三〕。二七〇

【注釋】

〔一〕「銅」字下衍重文號。

〔二〕錢法（范），錢模。

〔三〕本條律文不見於《二年律令》。

效律

■效律〔注一〕二七一

【注釋】

〔一〕效，通「校」，計數、查點。《漢書·食貨志上》：「京師之錢累百鉅萬，貫朽而不可校。」師古曰：「校謂計數也。」

實官吏免、徙〔注一〕，必效代者〔注二〕。二七二

【注　釋】

〔一〕吏，《二年律令》簡三四九作「史」。免，免官。徙，調任。

〔二〕《二年律令》簡三四九句末缺字可據本簡補作「代者」。

效桉（案）官及縣料而不備者〔注一〕，負之。二七三

【注　釋】

〔一〕縣料，《二年律令》整理者：稱量計數。縣，《漢書·刑法志》注引服虔云：「稱也」。料，《國語·晉語》注：「數也」。不備，數量不足。（《二年律令》簡三五一）

縣道官令、長及官毋長而有丞者節（即）免、徙，二千石官遣都吏效代者。雖不免、徙，居官盈二七四二歲，亦輒遣都吏桉（案）效之。二七五

效桉（案）官而不備，其故吏不效新吏，新吏居之未盈歲，新吏弗坐。二七六

出實多於律程〔注一〕，及不宜出而出，皆負之。二七七

【注　釋】

〔一〕實，物品、物資。《禮記·表記》「恥費輕實」鄭注：「實，謂財貨也。」程，法式，規制。《漢書·高帝紀下》「今獻未有程」師古曰：「程，法式也。」

吏坐官當論者，毋遝（及）免、徙。二七八

廄律

■廄律〔注一〕二七九

【注　釋】

〔一〕廄律，《晉書·刑法志》：「秦世舊有廄置、乘傳、副車、食廚，漢初承秦不改。」《二年律令》未見廄律。

諸乘置其傳不名急〔注一〕，及乘傳者驛（釋）駕〔注二〕，皆令葆（保）馬三日〔注三〕，三日中死，負之。二八〇

【注釋】

〔一〕置，驛站的車馬。《漢書·劉屈氂傳》「乘疾置以聞」師古曰：「置謂所置驛也。」傳，通過關津的憑證，多係木質，分吏、民兩種，居延漢簡中多見。

〔二〕傳，傳舍供給的馬車。《漢書·高帝紀下》「乘傳詣雒陽」如淳曰：「律，四馬高足爲置傳，四馬中足爲馳傳，四馬下足爲乘傳，一馬二馬爲軺傳。急者乘一乘傳。」師古曰：「傳者，若今之驛，古者以車，謂之傳車，其後又單置馬，謂之驛騎。」

〔三〕葆，讀作「保」，擔保。《周禮·地官·大司徒》：「令五家爲比，使之相保。」

以民馬、牛給縣官事，若以縣官事守牧民馬、牛、畜産而殺傷、亡之，令以平賈（價）償。貧二八一毋以償，令居之〔注一〕。其城旦舂、鬼薪白粲也，笞百。縣官皆爲償主。二八二

【注釋】

〔一〕居，以勞役代償。《後漢書·逸民列傳》：「無它財，願以身居作。」

興律

■興律〔注一〕二八三

【注釋】

〔一〕興律，主要內容有追捕徼外來盜、守燧乏、發徵及傳送失期、當戍及當奔命不行等。

乘徼〔注一〕，亡人道其署出入〔注二〕，弗覺，罰金各二兩〔注三〕。二八四

【注釋】

〔一〕乘，《二年律令》整理者：《漢書·高帝紀》注引李奇曰：「守也」。徼，邊界。（《二年律令》簡四〇四）

〔二〕道其署，《二年律令》整理者：由其崗位。（《二年律令》簡四〇四）

〔三〕《二年律令》簡四〇四「罰金」下缺字，可據本簡補作「各二兩」。

徼外人來入爲盜者〔注一〕，要（腰）斬。吏所興〔注二〕，能捕若斬一人，拜爵一級，不欲拜爵購如律。非吏所興，二八五償如所興〔注三〕。二八六

【注　釋】

〔一〕徼外人，邊界以外的人。

〔二〕興，派遣。《左傳》哀公二十六年「大尹興空澤之士千甲」杜注：「興，發也。」「吏所興」指調動吏徒、軍隊追捕，剿滅來自境外的大股盜賊，稱「興」或「軍興」，相關法律歸於《興律》。

〔三〕《二年律令》整理者將本條律文（簡六一）歸入《盜律》。

當奔命而逋不行〔注一〕，完爲城旦。二八七

【注　釋】

〔一〕奔命，《後漢書·光武帝紀上》：「所過發奔命兵，移檄邊部，共擊邯鄲。」李賢注引《漢書音義》：「舊時郡國皆有材官、騎士，若有急難，權取驍勇者聞命奔赴，故謂之『奔命』。」逋，《廣雅·釋詁四》：「逋，遲也。」

當戍，已受令而逋不行盈七日，若戍盜去署及亡過一日到七日〔注一〕，贖耐；過七日，耐爲隸臣；過三月，二八八完爲城旦。二八九

【注　釋】

〔一〕盜，《二年律令》整理者：私自。去署，離開崗位，見《睡虎地秦墓竹簡·法律答問》之「何謂竇署」條。（《二年律令》簡三九八）

守隧（燧）乏之，及見寇失不燔隧（燧），燔隧（燧）而次隧（燧）弗和〔注一〕，皆罰金四兩。二九〇

【注　釋】

〔一〕和，《說文·口部》：「相應也。」

發徵及有傳送〔注一〕，若諸有期會而失期、乏事〔注二〕，罰金二兩。非乏事也，及書已具，留弗行，行二九一書而留過旬，皆罰金一兩〔注三〕。●制書當下留弗下、而留不行盈一日〔注四〕，及行制書而留之盈一日，皆罰金四兩〔注五〕。二九二

【注　釋】

〔一〕發徵，指徵發人員。傳送，轉送。《漢書·高帝紀上》「轉送其家」師古曰：「轉，傳送也。」里耶秦簡J1⑯5正：「●今洞庭兵輸內史及巴、南郡、蒼梧，輸甲兵當傳者多節傳之。」（《湖南龍山里耶戰國—秦代古城一號井發掘簡報》）

〔二〕期會，在指定時間內會合。失期，未按約定日期會合。《居延漢簡釋文合校》簡六一·三、一九四·一二「萬歲候長田宗　坐發省治大司農茭卒不以時遣吏將詣官，失期，適爲驛馬載三堠茭五石致止害。」乏事，劉釗：指無人辦理。《戰國策·趙策二·秦攻趙》：「臣聞明王之於其民也，博論而技藝之，

是故官無乏事，而力不困於其言也。」（《〈張家山漢墓竹簡〉釋文注釋商榷（一）》）

〔三〕皆罰金一兩，《二年律令》簡二七〇作「盈一日罰金二兩」，疑編聯有誤。《二年律令》整理者將本條律文（簡二六九、二七〇）歸入《行書律》。該律文不同於《行書律》着意監督、追究文書傳送者如郵人、郵吏的過錯與責任，而是對發徵、傳送文書的製作、發出、傳遞違制的處罰規定，懲治對象是官府相關部門的文書辦理者，其過失的性質即《晉書·刑法志》所稱的「乏徭稽留」。故本條律文應從《行書律》分出，歸入《興律》。《嶽麓書院藏秦簡（肆）》簡二三八、二三九有相似的律文，自題律名爲《興律》：「●興律曰：發徵及有傳送殹（也），及諸有期會而失期，事乏者，貲二甲，廢。其非乏事【殹（也），及書已具】☐留弗行，盈五日，貲一盾；五日到十日，貲一甲；過十日到廿日，貲二甲；後有盈十日，輒駕（加）一甲。」

〔四〕制書，《獨斷》卷上：「漢天子正號曰皇帝……其命令一曰策書，二曰制書，三曰詔書，四曰戒書。」

〔五〕與上文相比，「●制書當下留弗下……皆罰金四兩」字形明顯變小、字距收縮，疑後補入。這段律文不見於《二年律令》。

乏繇（徭）及車牛當繇（徭）而乏之，皆貲日廿二錢〔注一〕，有（又）償乏繇（徭）日，車牛各當一人〔注二〕。二九三

【注　釋】

〔一〕貲，《説文·貝部》：「小罰以財自贖也。」廿，《二年律令》簡四〇一釋爲「十」，《二年律令與奏讞書》改釋「廿」（第二四四頁）。

〔二〕《二年律令》簡四〇一「車」下缺文，可據本簡補作「牛各當一人」。

襍　律

■襍律〔注一〕二九四

【注　釋】

〔一〕《晉書·刑法志》：「其輕狡、越城、博戲、借假不廉、淫侈、踰制以爲《雜律》一篇」。此外，漢代《雜律》还包括盜書、亡印、盜侵巷術等律條。

越城，斬左止（趾）爲城旦〔注一〕。越邑、里、官、市院垣，若故壞决道出入〔注二〕，及盜啓門户，皆贖黥。其垣壞高不盈二九五五尺者，除。二九六

【注　釋】

〔一〕城，城垣，此指縣、塞的圍墻。《二年律令》簡一八二無以上文字，可參看《二年律令》簡四八八：「越塞，斬左止（趾）爲城旦。」

〔二〕道，由。《詞詮》卷二：「由也，從也。」

捕罪人及以縣官事徵召人，所徵召、捕越城、邑、里、官、市院垣〔注一〕，追捕、徵者得隨迹出入。二九七

【注釋】

〔一〕城，《二年律令》簡一八三無。

盜書、棄書官印以上〔注一〕，耐〔注二〕。二九八

【注釋】

〔一〕盜書，私自加蓋官印。《睡虎地秦墓竹簡·法律答問》簡一三八：「甲捕乙，告盜書丞印以亡，問亡二日，它如甲，已論耐乙，問甲當購不當？不當。」棄書，除去封印。

〔二〕《二年律令》整理者將本條律文（簡五三）歸入《賊律》。

亡印，罰金四兩，而布告縣官，毋聽亡【印。亡】圕〔注一〕，符券，入門衛木久〔注二〕，塞門、城門之蘥（鑰），罰金各二兩〔注三〕。二九九

【注釋】

〔一〕缺字據《二年律令》簡五一、五二補。

〔二〕久，似讀作「灸」。《續漢書·百官志》：「凡居宮中者，皆有口籍於門之所屬。宮名兩字，爲鐵印文符，案省符乃內之。」注引胡廣曰：「符用木，長（可）〔尺〕二寸，鐵印以符之。」

〔三〕《二年律令》整理者將本條律文（簡五一、五二）歸入《賊律》。

擅賦斂者〔注一〕，以不平端論〔注二〕，責所賦斂償主。三〇〇

【注釋】

〔一〕擅賦斂，《二年律令》整理者：《晉書·刑法志》引張斐《律表》：「斂人財物，積藏於官，爲擅賦」。（《二年律令》簡一八五）

〔二〕以不平端論，《二年律令》簡一八五作「罰金四兩」。平端，平正，端正。《新書·等齊》：「事諸侯王或不廉潔平端，以事皇帝之法罪之。」

博戲相奪錢財〔注一〕，若爲平者〔注二〕，奪爵各一級，戍二歲。必身居，毋得以爵賞除〔注三〕。三〇一

【注釋】

〔一〕博，《二年律令》整理者：或作「簙」，《說文》：「簙，局戲也，六箸十二棋也」。（《二年律令》簡一八六）

〔二〕爲平者，《二年律令》整理者：指在博戲中裁决的人。（《二年律令》簡一八六）

〔三〕必身居，毋得以爵賞除，不見於《二年律令》簡一八六，係後補入。

吏六百石以上及宦　皇帝〔注一〕，而敢字貸錢財者〔注二〕，免之。三〇二

【注釋】

〔一〕「皇帝」前留有約三字空白。

〔二〕字貸，即子貸。《漢書·王子侯表上》：「坐貸子錢不占租，取息過律。」師古曰：「以子錢出貸人，律合收租，匿不占，取息利又多也。」

諸有責（債）而敢强質者〔注一〕，罰金四兩。三〇三

【注釋】

〔一〕質，《説文·貝部》：「以物相贅。」段注：「質贅雙聲。以物相贅，如春秋交質子是也。」强質，《二年律令》整理者：「强以人或物爲質。」（《二年律令》簡一八七）

盜侵巷術、谷巷、樹巷及狠（墾）食之〔注一〕，罰金二兩〔注二〕。三〇四

【注釋】

〔一〕巷，《二年律令》整理者：《説文》：「里中道」。術，《説文》：「邑中道也」。（《二年律令》簡二四五）谷巷，《二年律令》整理者：疑指溪水旁的小路。（《二年律令》簡二四五）樹巷，《二年律令》整理者：樹木間的小路。（《二年律令》簡二四五）

〔二〕《二年律令》整理者將本條律文歸入《田律》，現改歸《襍律》（參看彭浩《再談〈二年律令〉幾條律文的歸類》）。

同産相與奸，若取（娶）以爲妻，及所取（娶）皆棄市。其强與奸，除所强。三〇五

諸與人妻和奸〔注一〕，及其所與皆完爲城旦舂。其吏也，以强奸論之。三〇六

【注釋】

〔一〕和奸，通奸。《唐律疏議》卷二六《雜律·和奸無婦女罪名》：「諸和奸，本條無婦女罪名者，與男子同。」疏議：「和奸，謂彼此和同者。」

强與人奸者，府（腐）之，以爲宫隷臣〔注一〕。三〇七

【注釋】

〔一〕宮隸臣，《二年律令》整理者：曾受宮刑之隸臣。（《二年律令》簡一九三）

强略人以爲妻及助者，斬左止（趾）以爲城旦。三〇八

民爲奴妻而有子，子畀奴主。【主】婢奸〔注一〕，若爲[它]家奴妻，有子，子畀婢主，皆爲奴婢。三〇九

【注釋】

〔一〕「主」字下脱重文號，據《二年律令》簡一八八補。

奴婢自訟不審〔注一〕，斬奴左止（趾），黥【婢】顔（顏）頯〔注二〕，畀其主〔注三〕。三一〇

【注釋】

〔一〕訟，《二年律令》整理者：《後漢書・靈帝紀》注：「訟謂申理之也。」（《二年律令》簡一三五）

〔二〕婢，據《二年律令》簡一三五補。

〔三〕《二年律令》整理者將本條律文歸入《告律》。「自訟」指奴婢在審訊過程中的自辯、申述，不同於「告」。

奴取（娶）主、主之母及主妻、子以爲妻，若與奸，棄市，而耐其女子以爲隸妾。其强與奸，三一一除所强。三一二

奴與庶人奸，有子，子爲庶人。三一三

復律

■復律〔注一〕三一四

【注釋】

〔一〕復律，禁止近親（按男性血統）之間不正當性關係的律名，無關免復徭役。本篇不見《二年律令》簡二七八至二八〇所載免復徭役的律條。歸入本章的兩條律文，《二年律令》整理者皆歸入《襍律》。

復兄弟、季父、柏（伯）父之妻、御婢〔注一〕，皆黥爲城旦舂〔注二〕。三一五

【注釋】

〔一〕復，《二年律令》整理者：報。《左傳》宣公三年「文公報鄭子之妃曰陳嬀」注：「鄭子，文公叔父子儀也。漢律淫季父之妻曰報」。季父，《二年律令》整理者：《釋名·釋親屬》：「叔父之弟曰季父」，但據（前引《左傳》）杜注應包括叔父在內。御，《二年律令》整理者：《儀禮·大射儀》注：「猶侍也」。御婢，應指與男主人有性關係之婢。（《二年律令》簡一九五）

〔二〕《二年律令》整理者將本條律文（簡一九五）歸入《襍律》。

復男弟兄子、季父、柏（伯）父【子】之妻、御婢〔注一〕，皆完爲城旦舂〔注二〕。三一六

【注釋】

〔一〕子，據《二年律令》簡一九五補。

〔二〕舂，《二年律令》簡一九五脱釋（參看《二年律令與奏讞書》，第二〇七頁）。《二年律令》整理者將本條律文（簡一九五）歸入《襍律》。

䙴（遷）律

■䙴（遷）律〔注一〕三一七

【注釋】

〔一〕䙴，通作「遷」。䙴（遷）律，專指因罪放逐至偏遠地區的罪罰；《功令》用「遷」指官吏的升轉。《漢書·宣帝紀》：「廣川王吉有罪，廢遷上庸，自殺。」

諸侯人有罪當䙴（遷）者〔注一〕，趙、齊䙴（遷）燕，楚䙴（遷）吴，淮南、燕、長沙各䙴（遷）及處邊縣讎（稠）害所〔注二〕，其與蠻三一八夷、邊縣民，令贖䙴（遷）。三一九

【注釋】

〔一〕諸侯人，諸侯國之人。下文的趙、齊、燕、楚、吴、淮南、長沙皆爲諸侯國名。

〔二〕讎，讀作「稠」。《尚書·微子》「用乂讎斂」孔傳：「讎……馬（融）本作稠，云『數也』。」《漢書·楚元王傳》「災異未有稠如今者也」師古曰：「稠，多也。」

諸當䙴（遷）者，已䙴（遷）涪陵、成都、新都、雒、涪，梓潼䙴（遷）陽陵〔注一〕，郪、臨邛、武陽䙴（遷）葭明〔注二〕，葭明、

陽陵各調處三〇之其僂竘（句）禔（是）陽鄉〔注三〕。它郡皆畧（遷）上郡，上郡守處廣衍〔注四〕。廣衍、雲中郡、涪陵、下雋、成紀、冀、襄武、三一狄道、臨洮、氐道、羌道、武都道、葭明、陽陵及蜀六道、涪之氐部民也〔注五〕，令贖畧（遷）。諸當畧（遷）三二者皆包妻子、同居，入其田宅縣〔注六〕，畧（遷）所縣予田宅。其女出爲人妻、數雖在父母所〔注七〕，勿包〔注八〕。三三

【注　釋】

〔一〕涪陵，漢初屬巴郡。成都，漢初屬蜀郡。新都、雒、涪、梓潼，漢初屬廣漢郡。陽陵，縣名（參看《二年律令與奏讞書》簡四五三，第二七四頁），地望待考。

〔二〕郪、臨邛，漢初屬蜀郡。武陽、葭明，漢初屬廣漢郡。葭明，《二年律令與奏讞書》：原釋文缺釋，據紅外綫影像補。《漢書·地理志上》廣漢郡下亦作「葭明」。「葭明」本戰國故蜀地，秦置縣，屬蜀郡，西漢屬廣漢郡（第二七四頁）。武陽，「高帝五年屬蜀郡，六年改隸廣漢。武帝建元六年置犍爲郡，遂改屬焉。」（《中國行政區劃通史秦漢卷（上）》，第四五六頁）

〔三〕僂竘（句），高地。《廣雅·釋器》：「枸簍，罋也。」王念孫《疏證》：「枸簍者，蓋中高而四下之貌。山顛謂之岣嶁，曲脊謂之痀僂，高田謂之甌窶，義與枸簍并相近。倒言之，則曰僂句。昭二十五年《左傳》『臧會竊其寶龜僂』句，龜背中高，故有斯稱矣。」禔，讀作「是」。《說文·正部》：「是，直也。」段注：「以日爲正則曰是。」是陽，向陽。

〔四〕廣衍，《二年律令》整理者歸入西河郡。（《二年律令》簡四五二）周振鶴《西漢政區地理》認爲，漢初無西河郡，「西都」「中陽」「廣衍」三縣又不得屬代國，只能屬上郡（第七四頁）。

〔五〕下雋，《二年律令》整理者：漢初疑屬南郡，《地理志》歸長沙國。（《二年律令》簡四五七）成紀、冀、襄武、狄道、臨洮、氐道、羌道、武都道，漢初屬隴西郡。蜀六道，據《漢書·地理志》，蜀郡有嚴道、湔氐道。《中國行政區劃通史秦漢卷（上）》考證，《二年律令·秩律》有青衣道、縣〈綿〉虒道，《漢書·地理志》脱「道」；《漢書·地理志》的旄牛、汶江是道名（第四五〇至四五二頁）。氐，《說文繫傳》：「本也。」

〔六〕入，没收。入其田宅縣，遷出地所在縣收回當遷者所受田宅。

〔七〕數，計。

〔八〕包，包含。

諸不幸病癘者〔注一〕，鄉部官令人將詣獄，獄謹診、審癘，畧（遷）句章（障）郢（涅）鄉〔注二〕，其夫、妻、子欲與偕三四者，許之。三五

【注　釋】

〔一〕癘，見於《睡虎地秦墓竹簡·法律答問》簡一二一至一二三，整理者：癘，麻風病。

〔二〕句，曲。障，隔。涅，塞。《儀禮·既夕禮》「隸人涅厠」鄭注：「涅，塞也。」句障涅鄉，指地勢紆曲封閉之地。

關市律

■關市律三二六

販及賣買文繡、縵、繒、布幅不盈二尺二寸及粉餔（黼）䏁（䏁）〔注一〕，若叚（假）繒飾令俗好者，及匹販若賣三二七買此物而匹不盈四丈，皆没入及賈錢。縣官有能捕告者，以畀之。嗇夫吏部主者弗三二八得罰金各二兩，令丞、令史各一兩〔注二〕。絺緒、朱縷、罽（罽）、荃幅不用此律〔注三〕。三二九

【注釋】

〔一〕文繡，刺繡品。縵，《説文·糸部》：「繒無文也。」繒，本義指帛，簡文似泛指絲織品。布幅二尺二寸是漢制，不同於秦制幅廣二尺五寸。粉，塗飾。餔，讀作「黼」。《淮南子·説林》：「黼黻之美，在於杼軸。」高誘注：「白與黑爲黼，青與赤爲黻，皆文衣也。」簡文「黼」泛指織物的紋樣。䏁，白土，可用作塗料。司馬相如《子虛賦》：「其土則丹、青、赭、䏁、雌黄、白附。」粉黼䏁，在織物上繪出紋樣或涂色，冒充織繡和染色。

〔二〕《二年律令》簡二五九：「販賣繒布幅不盈二尺二寸者，没入之。能捕告者，以畀之。」本條律文增加了對捕告者的獎懲規定。

〔三〕絺緒，《二年律令》整理者：「緒」讀爲「紿」，《小爾雅·廣服》：「葛之精者曰絺，麤者曰紿」。朱縷，《二年律令》整理者：縷，《管子·侈靡》注：「帛也」。朱縷當係一種紅色的帛。罽，《二年律令》整理者：氈布。荃，《二年律令》整理者：《漢書·景十三王傳》注引蘇林云「細布屬也」，臣瓚云「細葛也」。（《二年律令》簡二五九）幅，織物的幅寬。荃幅，《二年律令》簡二五九誤作「荃蔞」。

諸詐（詐）紿人以有取〔注一〕，及有販賣、貿買而詐（詐）紿人，皆坐臧（贓）與盗同法。有能捕若詗告吏，吏捕得三三〇隸臣妾以上一人〔注二〕，爲除戍二歲，欲除它人者，許之。三三一

【注釋】

〔一〕紿，《史記·酈商列傳》「令其子况紿吕禄」《索隱》：「紿，欺也，詐也。」

〔二〕《二年律令》簡二六二無「隸臣妾以上」。

盗出財物于邊關徼，及吏部主智（知）而出者，皆與盗同法；弗智（知），罰金四兩。使者所以出，必有三三二符致〔注一〕，毋符致，吏智（知）而出之，亦與盗同法〔注二〕。三三三

【注釋】

〔一〕符，出入關、塞、宫門的通行證。致，《二年律令》整理者：《禮記·曲禮》：「獻田宅者操書致」，朱駿聲《説文通訓定聲》云：「猶券也」。（《二

年律令》簡七四）

〔二〕《二年律令》整理者將本條律文歸入《盜律》，現歸入《關市律》（參看彭浩《談〈二年律令〉中幾種律的分類與編連》）。

朝律

■朝律〔注一〕三三四

【注　釋】

〔一〕朝律，歲朝儀式的制度。歲朝時間在歲首十月。朝儀含朝賀者衣着、入朝時辰、站位與排序、受幣、退朝等儀節，比《漢書·叔孫通傳》記載的朝儀更複雜。朝賀者增加了諸侯王使者、蠻夷，文吏下延至三百石，并增設受幣和退朝儀節，取消了「法酒」，應是對漢高祖七年（公元前二〇〇年）叔孫通所制朝儀的修訂、補充。漢高祖九年（公元前一九八年）、十年（公元前一九七年）皆有諸侯王十月來朝，十一年（公元前一九六年）則「令諸侯王、通侯常以十月朝獻」。此時，諸侯王朝覲之禮當已寫入朝儀。這也是《朝律》頒行年代的上限。據《漢書》，文帝三年「罷太尉官，屬丞相」，至景帝三年復設。由《朝律》所記朝賀者有「大（太）尉」推測，該律頒行年代的下限不遲於漢文帝三年（公元前一七七年）。本律章對西漢朝賀制度的研究極爲重要。全章共四十二枚竹簡，不分律條。簡長與其他律章的竹簡相同。

朝者皆袀玄〔注一〕，先平明入〔注二〕，定立（位）。後平明門者勿入。中郎帶劍、操戟財（側）立殿上〔注三〕，負西序、東序北壁〔注四〕。中郎八人執盾，四三三五人操戟，武士、少卒八人操虎戟〔注五〕。陛西陛【者】立陛西、東面〔注六〕，陛東陛者立陛東、西面，它如西陛。中郎立西陛者後，郎中三三六陪立中郎後，皆北上〔注七〕。少卒操虎戟立殿門內，門東、門西各十人。正立殿門東〔注八〕，監立殿門西，皆北面。典客設九賓〔注九〕，隨三三七立殿下，北面〔注一〇〕。丞相立東方，西面。吏二千石次，大（太）中大夫次〔注一一〕，諸侯丞相次，諸侯吏二千石次，故二千石次〔注一二〕，千石中大夫至六百石三三八御史、博士、奉常次〔注一三〕，皆北上。都官長丞五百石至三百石，丞相史、大（太）尉史、廷史、卒史陪立千石以下後〔注一四〕，北上〔注一五〕。大（太）尉立西方〔注一六〕，三三九東面。將軍次〔注一七〕，北上。軍吏二千石次，故軍吏二千石次〔注一八〕。諸侯王立殿門外西方、東面、北上。徹侯次。諸侯王使者立其南。三四〇諸侯王節（即）不來朝，使吏二千石以上賀。徹侯爲吏有它事及老病、少未冠、有服、身不在長安中者〔注一九〕，使三四一侯相若丞、尉賀，使者奉璧立廷中諸侯使者南，東面、北上〔注二〇〕。

蠻夷來朝者立廷中，北面，門東、西三四二上，門西、東上〔注二一〕。

朝事畢〔注二二〕，大行出〔注二三〕，拜受幣〔注二四〕，典客以聞。三四三

諸侯王、丞相、大尉、徹侯、將軍用璧，吏二千石、大（太）中大夫、諸侯丞相、故吏二千石用羔，吏千石至六百石中三四四大夫、御史、博士、奉常用鴈（雁）。當用羔鴈（雁）賀而身不在長安中者，皆毋賀。三四五

中郎受璧殿上者，立少府後〔注二五〕。郎中受幣殿下者，立殿西、東面。舉幣輒屬官當受者，三四六後五步、北上。謁者一人，立東陛陛者南，西面。立（位）定，典客言具，謁者以聞。

皇帝出房〔注二六〕。奉常賓（擯）九賓及朝者三四七立〔注二七〕。典客進，趨（跪）曰：請拜諸朝者。奉常曰：制曰，可。典客曰：若。起，還，臚傳曰〔注二八〕：皇帝延諸侯王至來賓〔注二九〕。來賓出三四八門，西面，曰：皇帝延諸侯王。諸侯王奉璧，趨〔注三〇〕，隨入至來賓左，并立。典客復臚傳如初。王趨，并進至典客左，三四九趨（跪）。典客進，趨（跪）曰：諸侯王璧各一，再拜賀十月。奉常曰：皇帝延王登〔注三一〕。典客曰：若。起，還，曰：請登。王起，趨，隨三五〇上東陛，直前，北面，并趨（跪），以次賀曰：某藩臣、某璧一，再拜賀十月。奉常曰：制曰，受。少府進，趨（跪），受璧。畢，王三五一皆反走下〔注三二〕，未及陛，奉常曰：制曰，王毋下，請成禮于前。王還，曰：臣敢不敬從。述（遂）進，北面，再拜。奉常三五二稱，辭。王起，趨下，出，反（返）立（位）。

典客臚傳曰：皇帝延丞相、大尉至來賓。丞相、大尉趨，進至來賓左，并立。典客三五三復臚傳如初。丞相、大尉趨，并進至典客左，趨（跪）。典客進，趨（跪）曰：丞相、大尉璧各一，再拜賀十月。奉常曰：皇三五四帝延君登。典客曰：若。起，還，曰：請登。丞相、大尉以次趨，隨上東陛，進，以次賀如諸侯王。丞相、大尉起，三五五趨下，就立（位）。少府、中郎進，趨（跪），舉璧。典客臚傳，延拜徹侯爲將軍者如丞相，延拜徹侯如丞相。三五六徹侯至前，上立（位），曰：徹侯臣某等璧各一，再拜賀十月。已拜，隨趨下，出，就立（位）。

典客臚傳曰：諸侯三五七王使者進至來賓，來賓出，引使者，使者趨，隨入，并趨（跪）來賓左左〔注三三〕。典典客復臚傳如初〔注三四〕。大行左出，使者進，三五八并趨（跪）大行左。大行進，趨（跪）曰：諸侯王使陪臣某等璧各一，再拜賀十月。奉常曰：制曰，可。大行曰：若。起，還三五九曰：拜皆真璧。起，還拜。大行曰：諸侯王使者臣某等敬拜，臣某等敬再拜。使者趨出，

反（返）立（位）。郎中舉三六〇璧。

典客臚傳曰：將軍進。大行左出，進，趍（跪）曰：將軍臣某等璧各一，再拜賀十月。奉常曰：制曰，可。三六一大行曰：若。起，還曰：拜皆真璧。起，還拜。大行曰：將軍臣某等敬拜，臣某等敬再拜。反（返）立（位）。

典客三六二臚傳吏二千石、諸侯丞相進，大行拜如將軍。

典客臚傳故吏二千石進，大行拜如二千石。

典客臚三六三傳吏千石至奉常進，大行拜如故二千石。

大行左出，進，趍（跪）曰：帬（群）臣不敢離立（位）者再拜賀十月。奉常曰：三六四制曰，可。大行曰：若。起，還，曰：群臣不敢離立（位），及給事堂上賓者皆拜。已拜。

典客進，起〈跪〉曰：請令三六五群臣有請者進。奉常曰：制曰，可。典客曰：若。起，還，臚傳曰：群臣有請者進至來賓。群臣莫三六六進。來賓句傳曰：群臣無請。至典客。典客進，趍（跪）曰：群臣無請，朝事畢，請退朝者。奉常曰：制曰，三六七可〔注三五〕。典客曰：若。起，還，右顧曰：朝者退，立東方者左還，退立（位）。左顧曰：朝者退，立西方者右還，退立（位）。三六八皆反走，趍（跪），印（抑）手〔注三六〕。立東方者左還，立西方者右還。中郎、郎中中及陪立者〔注三七〕，皆趍（跪），印（抑）手，毋反走。正、監及執盾兵者，毋三六九反走、毋趍（跪）、印（抑）手。陛者慢（挽）戟〔注三八〕。中郎從皇帝者立握（幄）東、握（幄）西、握（幄）後〔注三九〕。皇帝南鄉（向），定立（位）。奉常曰：起。皆起，復就。三七〇

奉常進，趍（跪）曰：朝事畢，請就燕〔注四〇〕。皇帝入房。來賓趨出，罷，外立。賓者、朝者皆以次趨出。立東方者，從門三七一左，立西方從門右。諸進拜者皆循立前而南齊。來賓乃進。三七二

內史選立東方者〔注四一〕，典客選諸侯及蠻夷，中尉選立西方者，中大夫、郎中官各選其當朝及給事者。三七三當朝而再霤下〔注四二〕，毋朝。其已在立（位），而再便休。

侍（待）詔三七四先朝肆丞相府〔注四三〕。三七五

【注釋】

〔一〕袀玄，衣裳同爲玄色。袀，訓作「同」。《呂氏春秋・先識・悔過》「袀服回建」高誘注：「袀，同也。兵服上下無別，故曰袀服。」玄，黑紅色。《詩・豳

風·七月》：「載玄載黄，我朱孔陽。」毛傳：「玄，黑而有赤也。」漢初從水德，色尚黑。《史記·張丞相列傳》：「張蒼爲計相時……推五德之運，以爲漢當水德之時，尚黑如故。」朝者皆袀玄，歲朝者的衣裳皆爲玄色。

〔二〕先平明，黎明前。《漢書·叔孫通傳》「先平明」師古曰：「未平明之前。」入，進入宫门。據《三輔黄圖》和《漢長安城未央宫》考古報告，漢長樂、未央等宫殿外皆有宫墻。

〔三〕中郎，郎中令屬員。《漢書·百官公卿表上》：「郎中令，秦官，掌宫殿掖門户，有丞……屬官有大夫、郎、謁者……郎掌守門户，出充車騎，有議郎、中郎、侍郎、郎中，皆無員，多至千人。議郎、中郎秩比六百石，侍郎比四百石，郎中比三百石。」《功令》五十七（簡一一七）「爵公大夫以上乃得補中郎、謁者」。財，讀作「側」。側立，旁立。

〔四〕負，背向。《儀禮·士喪禮》：「西面坐，命龜興，授卜人龜，負東扉。」西序、東序，宫室堂内與東西夾室共用的墻。《儀禮·士冠禮》「直東序，西面」鄭注：「堂東西墻謂之序。」負西序、東序北壁，背向西序、東序北端之墻（而立）。

〔五〕武士，宫廷衛士。《漢書·惠帝紀》「謁者、執楯、執戟、武士、騶比外郎」師古曰：「武士、騶以上，皆舊侍從天子之人也。」《功令》八十三（簡一三八）「武士、僕射盈四歲以補四百石吏。」少卒，小卒，此指士兵。

〔六〕陛，宫殿台階。《獨斷》卷上：「陛，階也，所由升堂也。」者，脱字，據下文補。西陛者，立於西陛的衛士。《漢書·五行志中之下》「殿中郎吏陛者皆聞焉」師古曰：「陛者，謂執兵列於陛側。」

〔七〕北上，以北爲上。

〔八〕正，門正。下文的「監」即門監。

〔九〕典客，《漢書·百官公卿表上》：「典客，秦官，掌諸歸義蠻夷，有丞。景帝中六年更名大行令，武帝太初元年更名大鴻臚。屬官有行人、譯官、别火三令丞及郡邸長丞。」典客設九賓，《史記·劉敬叔孫通列傳》作「大行設九賓」，《漢書·叔孫通傳》同，疑「大行」爲「典客」之誤。九賓，《續漢書·禮儀志上》「大鴻臚設九賓」注引薛綜曰：「九賓謂王、侯、公、卿、二千石、六百石下及郎、吏，匈奴侍子，凡九等。」《朝律》所見朝者有：諸侯王、丞相和太尉、徹侯、將軍、吏二千石、吏千石至六百石、都官長丞五百石至三百石以及蠻夷來朝者，共八等。

〔一〇〕以上是衛士、典客的站位。

〔一一〕大中大夫，也作太中大夫，郎中令屬官。《漢書·百官公卿表上》：郎中令「屬官有大夫……大夫掌論議，有太中大夫、中大夫、諫大夫，皆無員，多至數十人。」

〔一二〕故二千石，曾任二千石官者。《漢書·昭帝紀》「遣故廷尉王平等五人持節行郡國」師古曰：「前爲此官今不居者，皆謂之故也。」

〔一三〕博士，奉常屬員。《漢書·百官公卿表上》：「秦官，掌通古今，秩比六百石，員多至數十人。」奉常，秩二千石（《二年律令》簡四四一）。簡文的「奉常」似指奉常屬下「博士」以外的秩六百石吏員。《漢書·百官公卿表上》：「奉常，秦官，掌宗廟禮儀，有丞。景帝中六年更名太常。屬官有太樂、太祝、太宰、太史、太卜、太醫六令丞，又均官、都水兩長丞，又諸廟寢園食官令長丞，有廱太宰、太祝令丞，五時各一尉。又博士及諸陵縣皆屬焉。」

〔一四〕都官，此指中都官。《漢書·昭帝紀》「諸給中都官者」師古曰：「中都官，京師諸官府。」丞相史，丞相屬官。《漢舊儀》卷上：「漢初置相國史，秩五百石。後罷，并爲丞相史。」廷史，廷尉屬官。卒史，都官屬吏。

〔一五〕以上是丞相和各級文官的朝儀站位。

〔一六〕大尉，也作「太尉」，掌武事，非常設。《史記・絳侯周勃世家》：「孝惠帝六年，置太尉官，以勃爲太尉。」《史記・孝文本紀》：三年「罷太尉官，屬丞相。」由此推測，《朝律》的年代下限在文帝三年前。

〔一七〕將軍，不常置。據《漢書・文帝紀》，高后八年閏月己酉「拜宋昌爲衛將軍，領南北軍」，文帝二年「其罷衛將軍軍」。

〔一八〕以上是太尉和各級軍吏的朝儀站位。以丞相和太尉爲首的文武官員的朝儀站位皆在殿門内，分列東、西。

〔一九〕未冠，未行冠禮，即未成年。《漢書・惠帝紀》四年「皇帝冠」，時年二十歲。有服，居喪。《史記・魏其武安侯列傳》：「吾欲與仲孺過魏其侯，會仲孺有服。」《索隱》：「服謂期功之服也。」

〔二〇〕以上是諸侯王、徹侯及其使者的站位。

〔二一〕以上是境外君王（蠻夷）來朝者站位。

〔二二〕朝事，朝會。

〔二三〕大行，典客屬官。

〔二四〕受幣，接受朝賀者獻上的璧、羔、雁。

〔二五〕少府，《漢書・百官公卿表上》：「掌山海池澤之税，以給共養。」師古曰：「大司農供軍國之用，少府以養天子也。」本簡部分字形的筆畫旁有細綫，或是筆尖分叉所致。

〔二六〕房，殿上正室旁的左右房。

〔二七〕賓，讀作「擯」，接待賓客。《周禮・秋官・小行人》「大客則擯」鄭注：「擯者，擯而見之，王使得親言也。」朝者，此指域外蠻夷。

〔二八〕臚傳，上下傳話。《漢書・叔孫通傳》：「大行設九賓，臚句傳。」蘇林曰：「上傳語告下爲臚，下告上爲句也。」

〔二九〕延，引入，引導。《禮記・曲禮上》「主人延客祭」鄭注：「延，道也。」來賓，接引賓客者。

〔三〇〕趨，碎步疾行。《論語・子罕》：「子見齊衰者、冕衣裳者與瞽者，見之，雖少，必作；過之，必趨。」邢昺疏：「趨，疾行也。言夫子見此三種之人雖少，坐則必起，行則必趨。」

〔三一〕登，上，升。

〔三二〕反走，小步後退。《莊子・盜跖》：「孔子趨而進，避席反走，再拜盜跖。」成玄英疏：「反走，却退。」郭慶藩《集釋》：「小却行也。」

〔三三〕「左」字下衍重文號。

〔三四〕「典」字下衍重文號。

〔三五〕以下爲退朝次序。

〔三六〕印，讀作「抑」。馬王堆漢墓帛書甲本《老子・德經》：「高者印之，下者舉之。」今本《老子》七十七章作「高者抑之」。抑，《玉篇・手部》：「按也。」《説文・归部》：「归，按也。」段注：「按，當作按印也……此抑之本義也。」

〔三七〕「中」字下衍重文號。

〔三八〕慢，讀作「挽」，《玉篇・手部》：「引也。」

〔三九〕握，讀作「幄」，此指宫室内周邊的帷幔。《周禮・天官・幕人》「掌帷幕幄帟綬之事」鄭注：「四合象宫室曰幄，王所居之帷也。」

〔四〇〕燕，安息。《漢書・蔡義傳》「願賜清閑之燕」師古曰：「燕，安息也。」

〔四一〕内史，《漢書・百官公卿表上》：「周官，秦因之，掌治京師。」西漢初年襲秦制不改。選，遣、引，《説文・辵部》：「遣也。」《史記・平準書》「株送徒」《索隱》引應劭曰：「送，當作選。選，引也。」

〔四二〕霤，屋檐。《禮記・玉藻》「頤霤」孔疏：「頤霤者，霤，屋檐。」霤下，屋檐下。

〔四三〕侍，讀作「待」。待詔，等待詔命。肄，學習。《史記・劉敬叔孫通列傳》：「乃令群臣習肄，會十月。」《索隱》：「肄亦習也。」

七年質日釋文注釋

【説明】

本篇共有竹簡七十一枚，其中空白簡十一枚，簡長三七·二、寬〇·五五至〇·六、厚〇·一厘米，皆三道編綫。「T」形竹簽一枚。篇題《七年質日》書於首簡簡背。多數竹簡背面有细劃綫（見本書附録一）。全篇分作兩部分，第一部分是六個雙數月（十月、十二月、二月、四月、六月、八月）月名及所屬干支，計二十九簡。首簡每欄文字爲「月名+干支+小」，六欄，直行。第二部分是六個單數月（十一月、正月、三月、五月、七月、九月），計三十簡。首簡每欄文字爲「月名+干支+大」，六欄，直行。月名前皆有圓墨點。每月各日干支左行，横排。全年十二个月，平年。小月二十九日，大月三十日，全年三百五十四日。各月朔日干支與《臨沂出土漢初古曆初探》所列《漢高祖元年至漢武帝元封六年朔閏表》中漢文帝七年（公元前一七三年）曆朔相合。少數曆日下記有天象、節令及私人事項。

●七年質日〔注一〕 一背

簡號						
一	●十月丙子小	●十二月乙亥小	●二月甲戌小	●四月癸酉小	●六月壬申小	●八月辛未小
二	丁丑	丙子	乙亥	甲戌	癸酉	壬申
三	戊寅	丁丑	丙子	乙亥	甲戌	癸酉
四	己卯	戊寅	丁丑	丙子	乙亥	甲戌
五	庚辰	己卯	戊寅	丁丑	丙子	乙亥
六	辛巳	庚辰	己卯 嫗若宛〔注二〕	戊寅	丁丑	丙子
七	壬午	辛巳	庚辰	己卯	戊寅	丁丑
八	癸未	壬午	辛巳 喜來	庚辰	己卯	戊寅
九	甲申	癸未	壬午	辛巳	庚辰	己卯
一〇	乙酉	甲申	癸未	壬午	辛巳	庚辰
一一	丙戌	乙酉	甲申	癸未	壬午	辛巳
一二	丁亥	丙戌 臘〔注三〕	乙酉	甲申	癸未	壬午
一三	戊子	丁亥 出穜（種）〔注四〕	丙戌	乙酉	甲申	癸未

己丑　戊子　丁亥　丙戌　乙酉　甲申　一四
庚寅　己丑　戊子　丁亥　丙戌　乙酉　一五
辛卯　庚寅　己丑　戊子　丁亥　丙戌　一六
壬辰　辛卯　庚寅　己丑　戊子　丁亥　一七
癸巳　壬辰　辛卯　庚寅　己丑　戊子　一八
甲午　癸巳　壬辰　辛卯　庚寅　己丑　一九
乙未　甲午　癸巳　壬辰　辛卯　庚寅　二〇
丙申　乙未　甲午　癸巳　壬辰　辛卯　二一
丁酉　丙申　乙未　甲午　癸巳　壬辰　二二
戊戌　丁酉　丙申　乙未　甲午　癸巳　二三
己亥　戊戌　丁酉　丙申　乙未　甲午　二四
庚子　己亥　戊戌　丁酉　丙申　乙未　二五
辛丑　庚子　己亥　戊戌　丁酉　丙申　二六
壬寅　辛丑　庚子　己亥　戊戌　丁酉　二七
癸卯　壬寅　辛丑　庚子　己亥　戊戌　二八
甲辰　癸卯　壬寅　辛丑　庚子　己亥　二九
●十一月乙巳大　●正月甲辰大　●三月癸卯大　●五月壬寅大　●七月辛丑大　●九月庚子大　三〇
丙午　乙巳　甲辰　癸卯　壬寅　辛丑　三一
丁未　丙午　乙巳　甲辰　癸卯　壬寅　三二
戊申　丁未　丙午　乙巳　甲辰　癸卯　三三
己酉　戊申　丁未　丙午　乙巳　甲辰　三四

三五	庚戌	己酉	戊申	丁未	丙午	乙巳
三六	辛亥	庚戌	己酉	戊申	丁未	丙午
三七	壬子	辛亥	庚戌	己酉	戊申	丁未
三八	癸丑	壬子	辛亥	庚戌	己酉	戊申
三九	甲寅	癸丑	壬子	辛亥	庚戌	己酉
四〇	乙卯	甲寅	癸丑	壬子	辛亥	庚戌
四一	丙辰	乙卯	甲寅	癸丑	壬子	辛亥
四二	丁巳	丙辰	乙卯 日若宛〔注五〕	甲寅	癸丑	壬子
四三	戊午	丁巳	丙辰	乙卯	甲寅	癸丑
四四	己未	戊午	丁巳	丙辰	乙卯	甲寅
四五	庚申	己未	戊午	丁巳	丙辰	乙卯
四六	辛酉	庚申	己未	戊午	丁巳	丙辰
四七	壬戌	辛酉	庚申	己未	戊午	丁巳
四八	癸亥	壬戌	辛酉	庚申	己未	戊午
四九	甲子	癸亥	壬戌	辛酉	庚申	己未
五〇	乙丑	甲子	癸亥	壬戌	辛酉	庚申
五一	丙寅	乙丑	甲子	癸亥	壬戌	辛酉
五二	丁卯	丙寅	乙丑	甲子	癸亥	壬戌
五三	戊辰	丁卯	丙寅	乙丑	甲子	癸亥
五四	己巳	戊辰	丁卯	丙寅	乙丑	甲子
五五	庚午	己巳	戊辰	丁卯	丙寅	乙丑

辛未	庚午	己巳	戊辰	丁卯	丙寅	五六
壬申	辛未	庚午	己巳	戊辰	丁卯	五七
癸酉	壬申	辛未	庚午	己巳	戊辰	五八
甲戌	癸酉	壬申	辛未	庚午	己巳	五九

（竹簽）〔注六〕　六〇

【注釋】

〔一〕七年質日，篇題，簡首有圓墨點。七年，漢文帝七年（公元前一七三年）。質，正。《漢書·梅福傳》「質之先聖而不繆」師古曰：「質，正也。」質日，指政府面向社會頒行的曆書，有別於民間行用的曆書。質日僅有月份、干支和時令，可在空隙處添加私人記事。

〔二〕嫗，讀作「句」，彎曲，此指彎月。對照該月干支，應是上玄。宛，讀作「眢」。《説文·目部》：「眢，目無明也。」句若眢，上玄月不明亮。

〔三〕臘，《説文·肉部》：「冬至後三戌臘祭百神。」

〔四〕穜（種），蠶種（籽）。《太平御覽》卷五三二引《博物志》：「周之正月受社牲之首以出種子，帝籍蠶。又受社雍及祭以沐蠶種。」孔家坡八號漢墓出土「曆譜」的「出種」在正月辛亥（初七）（《隨州孔家坡漢墓簡牘》，第一九二頁）。「七年質日」的「出種」記在十二月丁亥（十三），緊接於「臘」（丙戌）之後。

〔五〕宛，讀作「眢」，詳看注二。

〔六〕竹簽，狀如大頭針形，頭端寬〇·五、身寬〇·一、殘長三二·三厘米。它是質日所配書簽。質日的編排方式是單雙月分成前後兩部分。以十月爲歲首的雙數月及逐日干支在前，是第一部分；單數月及逐日干支在後，是第二部分。如此編排可以避免大、小月日數不同而導致表格參差不齊。由於單雙月份分隔在前後不相銜接的兩部分中，翻檢或有不便。此書簽極可能插在第二九簡與三〇簡之間，即雙月干支末簡之後、單月月名簡之前，頭端超出其他竹簡。在卷束或折疊狀態時，藉助這枚竹簽可以迅速找到曆書的第二部分。類似的竹簽，也見於睡虎地秦墓竹簡《日書》乙種簡二六一，其正面與一般竹簡相同，側面圖像看去是一端突出。整理者指出，簡長二七·五厘米，與《秦律十八種》《秦律雜抄》《爲吏之道》近似，不知原屬何書。可能是編簡時作爲最外一支的篇邊（《睡虎地秦墓竹簡·日書乙種釋文注釋》，第二五五頁）。參考《七年質日》簡六〇的形狀和用途，似可判斷它也是一枚「書簽」。

遣册釋文注釋

【説　明】

本組共有竹簡五十枚，完整簡長二四至二五、寬〇・七至一、厚〇・一五厘米。兩道編綫。字迹漫漶，不易辨識，應是入葬前墨迹尚未乾透所致。出土時已散亂，失去編次。簡文記有奴婢俑、車、馬、船及各種日用器具、食物的名稱與數量，部分不能與出土實物對應。

大奴甲一

大奴□二

大奴良三

大奴意四

大奴□五

大奴御〔注一〕六

大奴它七

大奴□八

大奴順（？）九

大奴□〼一〇

大奴□一一

大婢□一二

大婢□一三

大婢□一四

大婢□一五

大婢奠一六

軺車一乘〔注二〕一七

騂（騮）牡馬二匹〔注三〕一八

驪牡馬二〔注四〕一九

犬一〔注五〕二〇

船一椱（艘）大奴四人〔注六〕二一

柯（問）二隻〔注七〕二二

☐杯廿枚二三

☐卑匴十四合〔注八〕二四

車（紵）僉（奩）一合〔注九〕二五

竟（鏡）僉（奩）一合〔注一〇〕二六

睪（醳）尊一〔注一一〕二七

軵（鎛）鮮（獻）卮一隻〔注一二〕二八

醬卮一〔注一三〕二九

三（？）斗方（鈁）一〔注一四〕三〇

五穀橐一〔注一五〕三一

米橐五食二凡七〔注一六〕三二

落十一枚〔注一七〕三三

布衣一☐☐☐三四

冠笥三五

蔑（？）席一三六

溥土一〔注一八〕三七

竈一有釜（？）甗〔注一九〕三八

☐缶盂凡八〔注二〇〕三九

廁一四〇

□四 四一

□一具□ 四二

□六 四三

□□一 四四

□□一 四五

□□一 四六

⧄一 四七

□□□□ 四八

（殘，空白）四九

（殘，空白）五〇

【注釋】

〔一〕疑爲御車俑。

〔二〕軺車一乘，見有實物，殘。

〔三〕騂，讀作「騮」。《説文·馬部》：「騮，赤馬黑毛尾也。」

〔四〕驪，深黑色馬。《詩·魯頌·駉》「有驪有黄」毛傳：「純黑曰驪。」實物有木馬，以上兩馬或爲騎馬。

〔五〕犬，實物有木犬一隻。

〔六〕船一艘，見有實物，殘。大奴四人，船工。

〔七〕柯，讀作「閜」，大耳杯。《方言》卷五：「閜……桮也……其大者謂之閜。」

〔八〕卑匜，見於馬王堆一號漢墓遣册簡四六。整理者指出，《急就篇》「槫榼椑榹匕箸籫」之「椑榹」乃叠韵連語，或謂之匾匜。椑榹與簡文卑匜當爲一物，指小漆盤（《長沙馬王堆一號漢墓》上册，第一三四頁）。合，指兩件漆盤扣合。卑匜十四合，即二十八件，實物衹有漆盤二件。

〔九〕車，讀作「紵」。《説文·糸部》：「紵，檾屬。細者爲絟，粗者爲紵。」粗麻布可用於製作漆器的胎。車（紵）僉（奩），夾紵胎的奩。墓中出土的漆奩，「腹壁及蓋邊由薄木捲制」。據簡文，薄木胎内外當裱有麻布，成爲夾紵胎，然後髹漆。鳳凰山一六八號漢墓竹簡一七「大車檢一合」的「車」也當讀作「紵」。秦漢時期夾紵胎漆器多有發現，但未見「夾紵」之名。直至東漢，漆器銘文始出現「俠紵」「紻紵」（參看洪石《戰國秦漢漆器研究》，第一一三至一一七頁）。「車（紵）僉（奩）」和「大車（紵）檢（奩）」是較早的西漢時期夾紵胎漆器的名稱。《雲夢大坟頭一號漢墓》木牘背面第四列第七行「緒栝廿」，整理者：「當即墓内出土的邊箱二〇號等二十件夾紵胎的漆耳杯。」

〔一〇〕實物有圓漆奩，未見銅鏡。

〔一一〕罬，讀作「醳」，醇酒。《周禮·天官·酒正》「一曰事酒」賈疏：「事酒，冬釀春成，以漢之醳酒況之。」醳尊，酒器。江陵鳳凰山八號漢墓竹簡有「澤罌」，整理者讀作「醳罌」，盛酒器（《江陵鳳凰山八號漢墓竹簡試釋》）。墓中出土底部裝有三銅足的漆樽（原稱「漆卮」），有別於平底無足的卮。王振鐸曾指出，尊有盆形和筩形，筩形更接近「奩」（《張衡候風地動儀的復原研究（續）》）。

〔一二〕軵鮮，即《淮南子·俶真》「华藻鏄鮮」之「鏄鮮」。俞樾《諸子平議·淮南内篇一》：「鏄從專聲，専猶敷也，謂以金敷布其上也。古者以金飾物謂之鏄。《史記·禮書》注『金薄璆龍』，《索隱》引劉氏曰：『薄，猶飾也。』薄即鏄之叚字也。鮮，讀爲獻。《禮記·月令》篇『天子乃鮮羔開冰』，注曰：『鮮當爲獻。』是其證也。《明堂位》篇『周獻豆』，注曰：『獻，疏刻之。』然則鏄獻謂疏刻而以金飾之也。畫爲華藻之形，疏刻而金飾之，是爲華藻鏄獻。」鏄獻卮，指漆卮表面紋飾綴有金粉（箔）。鳳凰山一六八號漢墓簡三八記「傅薢卮一合」之「傅薢」也當讀爲「鏄獻」。

〔一三〕醬卮，卮表是醬色。

〔一四〕未見實物。

〔一五〕五穀，五種穀物，所指不一，如《周禮·天官·疾醫》「以五味、五穀、五藥養其病」鄭注：「五穀，麻、黍、稷、麥、豆也。」《孟子·滕文公上》「五穀熟而民人育」趙歧注：「五穀謂稻、黍、稷、麥、菽也。」五穀橐，裝有五種穀物的橐。未見實物。

〔一六〕食二，「食橐二」之省。鳳凰山一六八號墓簡四九「大食囊二」可爲佐證。（《江陵鳳凰山一六八號漢墓》）

〔一七〕箈，《方言》卷五：「栝箈，陳楚宋衛之間謂之栝箈，又謂之豆筥，自關東西謂之栝箈。」郭璞注：「盛栝器籠也。」鳳凰山八、一六七號漢墓出土遣册多見「箈」，對應的實物是圓筒形小竹籠，内盛有各種食物，但不能容下耳杯。「十一枚」即圓筒形小竹籠十一個。未見實物。

〔一八〕溥土，也見於江陵鳳凰山八、一六七號漢墓竹簡，對應的實物是絲織物包裹的土塊。一六七號墓竹簡整理者認爲「溥土」指入册的土地（《鳳凰山一六七號漢墓遣策考釋》）。《二年律令》受田宅律文可爲佐證。本墓未見實物。

〔一九〕甗，甑，《說文·瓦部》：「甑也，一曰穿也。」實物有陶竈、釜，未見甗。鳳凰山一六七號漢墓簡四五「釜一枚」、簡四六「甗一枚」，整理者認爲分别指陶釜、陶甑。

〔二〇〕實物有陶盂、缶（罐）。

附録一　竹簡背劃綫

功令（一）

40
45
50
55
60
65
70
75
80

功令（三）

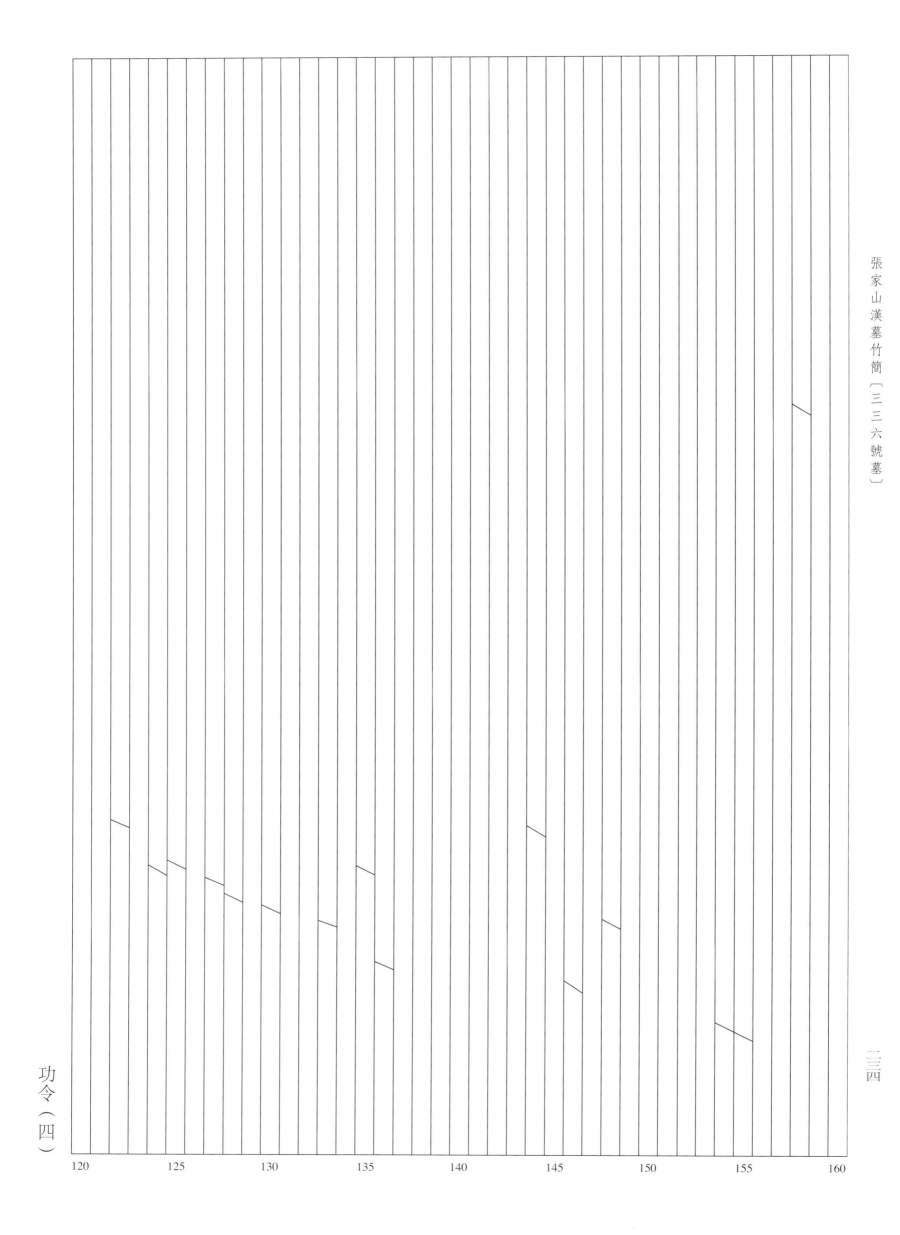

功令（四）

160　165　170　175　180　184

功令（五）

盗⿰豸足（跖）（一）

盜跖（跖）（二）

1
5
10
15
20
25
30
35
40
賊

40
45
50
55
60
65
70
75
80
盜
告

80 85 90 95 100 105 110 115 120

告 具

四

160
165
170
175
180
185
190
195
200
捕

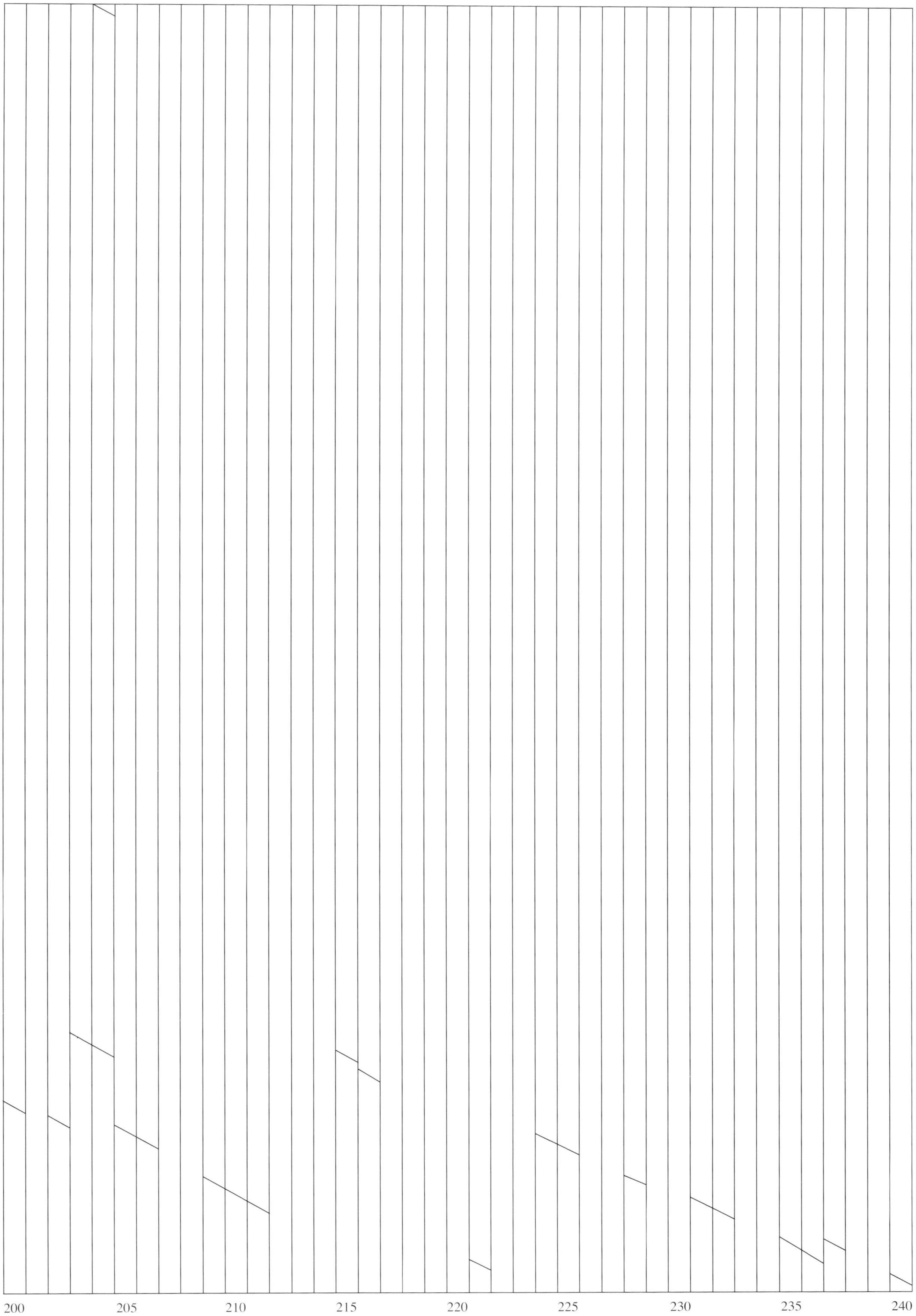
200
205
210
215
220
225
230
235
240

240
245
250
255
260
265
270
275
280
錢
效
廐

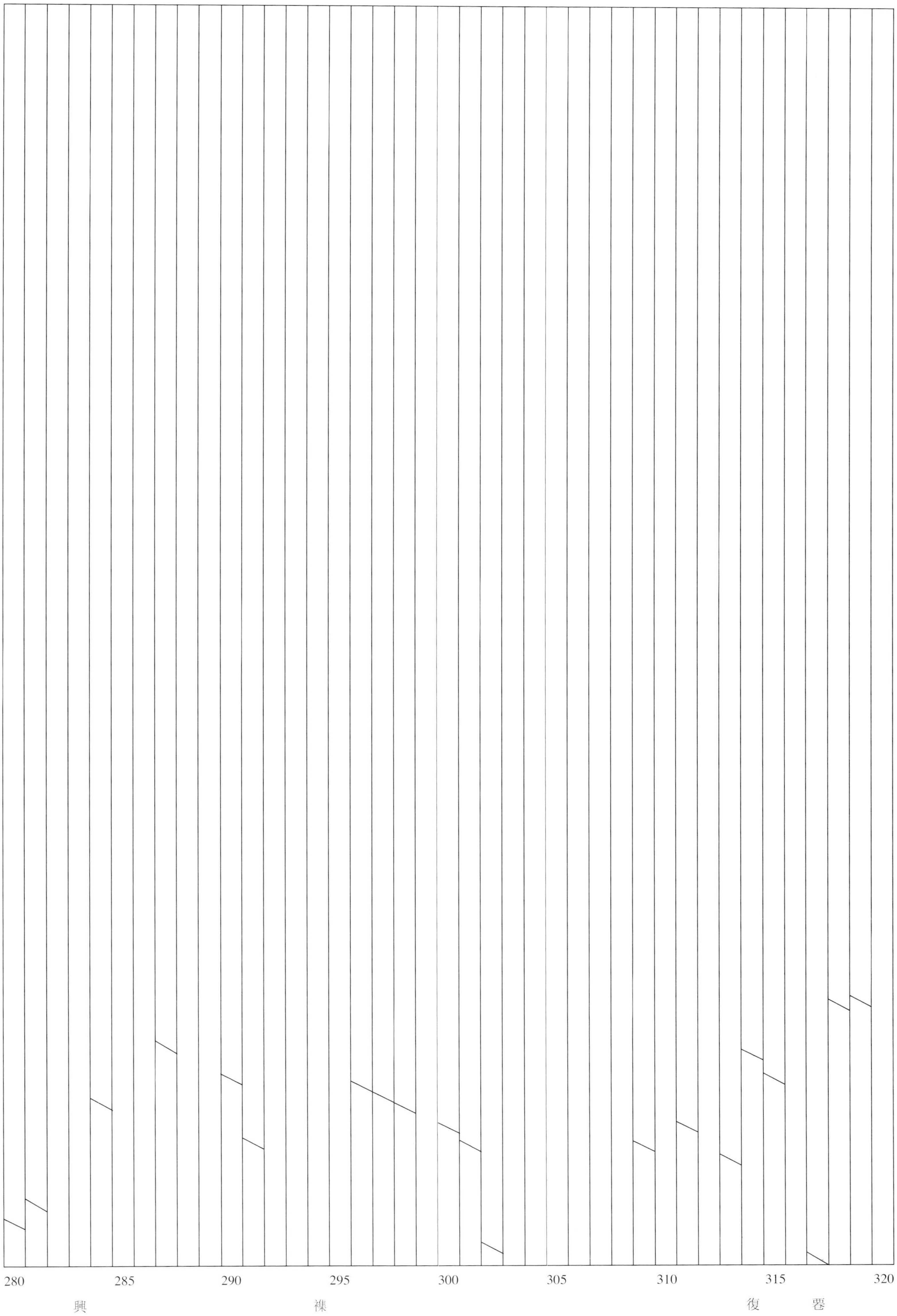

漢律十六章（八）

320
325
330
335
340
345
350
355
360
關市
朝

漢律十六章（一〇）

七年質日（一）

七年質日（二）

附録二　主要參考文獻

北京大學歷史系《論衡》注釋小組：《論衡注釋》，中華書局，一九七九年。

長沙市文物考古研究所：《西漢長沙王陵出土漆器輯録》，岳麓書社，二〇一六年。

岑仲勉：《墨子城守各篇簡注》，中華書局，一九五八年。

陳伯君校注：《阮籍集校注》，中華書局，一九八七年。

陳久金、陳美東：《臨沂出土漢初古曆初探》，《文物》一九七四年第三期。

陳久金：《中國古代時制研究及其换算》，《自然科學史研究》一九八三年第二期。

陳立撰，吴則虞點校：《白虎通疏證》，中華書局，一九九四年。

陳夢家：《漢簡綴述》，中華書局，一九八〇年。

陳松長主編：《嶽麓書院藏秦簡（肆）》，上海辭書出版社，二〇一五年。

陳偉：《張家山漢簡〈津關令〉涉馬諸令研究》，《考古學報》二〇〇三年第一期。

甘肅省文物考古研究所、甘肅省博物館、中國文物研究所、中國社會科學院歷史研究所：《居延新簡—甲渠候官》，中華書局，一九九四年。

甘肅簡牘博物馆、甘肅省文物考古研究所、甘肅省博物館、中國文化遺産研究院古文獻研究室、中國社會科學院簡帛研究中心：《肩水金關漢簡（肆）》，中西書局，二〇一五年。

高恒：《秦漢簡牘中法制文書輯考》，社會科學文獻出版社，二〇〇八年。

郭慶藩撰，王孝魚點校：《莊子集釋》，中華書局，一九六一年。

國家文物局古文獻研究室、大通上孫家寨漢簡整理小組：《大通上孫家寨漢簡釋文》，《文物》一九八一年第二期。

國家文物局古文獻研究室《馬王堆漢墓帛書〔壹〕》，文物出版社，一九八〇年。

韓嬰撰，許維遹校釋：《韓詩外傳集釋》，中華書局，一九八〇年。

何清谷：《三輔黄圖校釋》，中華書局，二〇〇五年。

何有祖：《里耶秦簡綴合札記（二則）》，《中國文字》新四十四，（臺北）藝文印書館，二〇一九年。
洪石：《戰國秦漢漆器研究》，文物出版社，二〇〇六年。
洪興祖撰，白化文等點校：《楚辭補注》，中華書局，一九八三年。
胡平生、張德芳：《敦煌懸泉漢簡釋粹》，上海古籍出版社，二〇〇一年。
湖北省博物館：《雲夢大墳頭一號漢墓》，《文物資料叢刊》第四輯，文物出版社，一九八一年。
湖北省荆州市周梁玉橋遺址博物館：《關沮秦漢墓簡牘》，中華書局，二〇〇一年。
湖北省文物考古研究所：《江陵鳳凰山一六八號漢墓》，《考古學報》一九九三年第四期。
湖北省文物考古研究所、隨州市考古隊：《隨州孔家坡漢墓簡牘》，文物出版社，二〇〇六年。
湖南省博物館、中國科學院考古研究所：《長沙馬王堆一號漢墓》，文物出版社，一九七三年。
湖南省博物館、復旦大學出土文獻與古文字研究中心：《長沙馬王堆漢墓簡帛集成》，中華書局，二〇一四年。
湖南省文物考古研究所、湘西土家族苗族自治州文物所、龍山縣文物管理所：《湖南龍山里耶戰國—秦代古城一號井發掘簡報》，《文物》二〇〇三年第一期。
湖南省文物考古研究所：《里耶秦簡〔壹〕》，文物出版社，二〇一二年。
吉林大學歷史系考古專業赴紀南城開門辦學小分隊：《鳳凰山一六七號漢墓遣策考釋》，《文物》一九七六年第一〇期。
賈誼撰，閻振益、鍾夏校注：《新書校注》，中華書局，二〇〇〇年。
簡牘整理小組：《居延漢簡（三）》，（臺北）「中央研究院」歷史語言研究所，二〇一六年。
蔣禮鴻：《商君書錐指》，中華書局，一九八六年。
金立：《江陵鳳凰山八號漢墓竹簡試釋》，《文物》一九七六年第六期。
荆门市博物館：《郭店楚墓竹簡》，文物出版社，一九九八年。
勞榦：《居延漢簡考證》，（臺北）「中央研究院」歷史語言研究所，一九六〇年。

勞榦：《漢代政治論文集》，（臺北）藝文印書館，一九七六年。
李昉等：《太平御覽》，中華書局，一九六〇年。
李家浩：《從曾姬無卹壺銘文談楚滅曾的年代》，《文史》第三十三輯，中華書局，一九九〇年。
李天虹：《居延漢簡簿籍分類研究》，科學出版社，二〇〇三年。
李天虹：《秦漢時分紀時制綜論》，《考古學報》二〇一二年第三期。
黎翔鳳撰，梁運華整理：《管子校注》，中華書局，二〇〇四年。
里耶秦簡博物館、出土文獻與中國古代文明研究協同創新中心中國人民大學中心：《里耶秦簡博物館藏秦簡》，中西書局，二〇一六年。
廖伯源：《漢初縣吏之秩階及其任命——張家山漢簡研究之一》，《社會科學戰綫》二〇〇三年第三期。
劉釗：《〈張家山漢墓竹簡〉釋文注釋商榷（一）》，《古籍整理研究學刊》二〇〇三年第三期。
劉珍等撰，吴樹平校注：《東觀漢記校注》，中華書局，二〇〇八年。
龍伯堅編著，龍式昭整理：《黄帝内經集解・素問》，天津科學技術出版社，二〇〇四年。

馬承源主編：《上海博物館藏戰國楚竹書（壹）》，上海古籍出版社，二〇〇一年。
馬繼興：《馬王堆古醫書考釋》，湖南科學技術出版社，一九九二年。
馬瑞辰撰，陳金生點校：《毛詩傳箋通釋》，中華書局，一九八九年。
馬王堆漢墓帛書整理小組：《馬王堆漢墓帛書（肆）》，文物出版社，一九八五年。
彭浩：《談〈二年律令〉中幾種律的分類與編連》，《出土文獻研究》第六輯，上海古籍出版社，二〇〇四年。
彭浩：《馬王堆漢墓帛書〈却穀食氣〉篇校讀》），《出土文獻研究》第七輯，上海古籍出版社，二〇〇五年。
彭浩、陳偉、［日］工藤元男主編：《二年律令與奏讞書》，上海古籍出版社，二〇〇七年。
彭浩：《再談〈二年律令〉幾條律文的歸類》，《荆楚文物》第五輯，科學出版社，二〇二一年。
彭浩：《〈告律〉章名補説》，《簡帛》第二十二輯，上海古籍出版社，二〇二一年。

錢大群：《唐律疏義新注》，南京師範大學出版社，二〇〇七年。
錢穆：《莊子纂箋》，（臺北）東大圖書股份有限公司，一九九三年。
錢穆：《史記地名考》，商務印書館，二〇〇一年。
清華大學出土文獻研究與保護中心編，黄德寬主編：《清華大學藏戰國竹簡（玖）》，中西書局，二〇一九年。
裘錫圭：《説「宦皇帝」》，《文史》第六輯，中華書局，一九七九年。
三國時代出土文字資料研究班：《江陵張家山漢墓出土〈二年律令〉譯注稿　その（二）》，《東方學報》京都第七七册，二〇〇五年。
山東省淄博市博物館：《西漢齊王墓隨葬器物坑》，《考古學報》一九八五年第二期。
沈家本撰，鄧經元、駢宇騫點校：《歷代刑法考》，中華書局，一九八五年。
沈括著，胡道静校證：《夢溪筆談校證》，上海古籍出版社，一九八七年。
石家莊市文物保管所、獲鹿縣文物保管所：《河北獲鹿高莊出土西漢常山國文物》，《考古》一九九四年第四期。
史游：《急就篇》，岳麓書社，一九八九年。
睡虎地秦墓竹簡整理小組：《睡虎地秦墓竹簡》，文物出版社，一九九〇年。
孫希旦撰，沈嘯寰、王星賢點校：《禮記集解》，中華書局，一九八九年。
孫星衍等輯，周天游點校：《漢官六種》，中華書局，一九九〇年。
孫詒讓撰，孫啟治點校：《墨子閒詁》，中華書局，二〇〇一年。
孫詒讓著，梁運華點校：《札迻》，中華書局，一九八九年。
唐蘭：《「蔑曆」新詁》，《文物》一九七九年第五期。
田天：《北大藏秦簡〈祠祝之道〉初探》，《北京大學學報》（哲學社會科學版）二〇一五年第二期。
汪瑗撰，董洪利點校：《楚辭集解》，北京古籍出版社，一九九四年。

王卡點校：《老子道德經河上公章句》，中華書局，一九九三年。

王念孫撰，徐煒君等點校：《讀書雜誌》，上海古籍出版社，二〇一四年。

王聘珍撰，王文錦點校：《大戴禮記解詁》，中華書局，一九八三年。

王叔岷：《莊子校詮》，（臺北）「中央研究院」歷史語言研究所，一九九九年。

王先謙：《莊子集解》，中華書局，一九五六年。

王先謙：《漢書補註》，中華書局，一九八三年。

王先谦撰，吴格點校：《詩三家義集疏》，中華書局，一九八七年。

王先謙撰，沈嘯寰、王星賢點校：《荀子集解》，中華書局，一九八八年。

王先慎撰，鍾哲點校：《韓非子集解》，中華書局，一九九八年。

王偉：《張家山漢簡〈二年律令〉編聯初探》，《簡帛》第一輯，上海古籍出版社，二〇〇六年。

王引之撰，虞思徵、馬濤、徐煒君校點：《經義述聞》，上海古籍出版社，二〇一六年。

王振鐸：《張衡候風地動儀的復原研究（續）》，《文物》一九六三年第四期。

吴謙等撰，魯兆麟等點校：《醫宗金鑑》，遼寧科學技術出版社，一九九七年。

吴則虞：《晏子春秋集釋》，中華書局，一九六二年。

吴鎮烽：《陝西歷史博物館藏封泥考（下）》，《考古與文物》一九九六年第六期。

武漢大學簡帛研究中心、湖北省博物館、湖北省文物考古研究所編，陳偉主編：《秦簡牘合集（壹）》，武漢大學出版社，二〇一四年。

武漢大學簡帛研究中心、甘肅簡牘博物館編，陳偉主編：《秦簡牘合集（肆）》，武漢大學出版社，二〇一四年。

蕭亢達：《漢代樂舞百戲藝術研究》，文物出版社，一九九一年。

蕭統編，李善注：《文選》，上海古籍出版社，一九八六年。

謝桂華、李均明、朱國炤：《居延漢簡釋文合校》，文物出版社，一九八七年。

邢義田：《治國安邦：法制、行政與軍事》，中華書局，二〇一一年。

熊北生、陳偉、蔡丹：《湖北雲夢睡虎地七七號西漢墓出土簡牘概述》，《文物》二〇一八年第三期。
徐世虹：《「三環之」「刑復城旦舂」「繫城旦舂某歲」解——讀〈二年律令〉札記》，《出土文獻研究》第六輯，上海古籍出版社，二〇〇四年。
徐世虹：《秦及漢初律中的城旦刑》，《中華法系國際學術研討會文集》，中國政法大學出版社，二〇〇七年。
徐世虹：《肩水金關漢簡〈功令〉令文疏證》，《出土文獻研究》第十八輯，中西書局，二〇一九年。
徐錫祺：《西周（共和）至西漢曆譜》，北京科學技術出版社，一九九七年。
許維遹撰，梁運華整理：《吕氏春秋集釋》，中華書局，二〇〇九年。

閻步克：《論張家山漢簡〈二年律令〉中的「宦皇帝」》，《中國史研究》二〇〇三年第三期。
晏昌貴：《張家山漢簡釋地六則》，《江漢考古》二〇〇五年第二期。
楊廣泰：《秦官印封泥著録史略》，《東方藝術》二〇一三年第四期。
楊樹達：《詞詮》，中華書局，二〇〇四年。
銀雀山漢墓竹簡整理小組：《銀雀山漢墓竹簡〔貳〕》，文物出版社，二〇一〇年。
于豪亮：《于豪亮學術文存》，中華書局，一九八五年。
余嘉錫：《古書通例》，上海古籍出版社，一九八五年。
俞樾：《諸子平議》，中華書局，一九五四年。

張伯元：《出土法律文獻研究》，商務印書館，二〇〇五年。
張德芳：《懸泉漢簡中若干「時稱」問題的考察》，《出土文獻研究》第六輯，上海古籍出版社，二〇〇四年。
張德芳主編，楊眉著：《居延新簡集釋（二）》，甘肅文化出版社，二〇一六年。
張家山二四七號漢墓竹簡整理小組：《張家山漢墓竹簡〔二四七號墓〕》（釋文修訂本），文物出版社，二〇〇六年。
張君房編，李永晟點校：《雲笈七籤》，中華書局，二〇〇三年。
張世超、張玉春：《「通錢」解——秦簡整理札記之二》，《古籍整理研究學刊》一九八六年第四期。

張志聰：《黄帝内經素問集注》，上海科學技術出版社，一九五九年。
趙佶敕編，鄭金生、汪惟剛、〔日〕犬卷太一校點：《聖濟總録》，人民衛生出版社，二〇一三年。
鄭曙斌、張春龍、宋少華、黄樸華：《湖南出土簡牘選編》，岳麓書社，二〇一三年。
中國社會科學院考古研究所：《漢長安城未央宫》，中國大百科全書出版社，一九九六年。
周海鋒：《秦官吏法研究》，西北大學出版社，二〇二一年。
周曉陸、路東之：《秦封泥集》，三秦出版社，二〇〇〇年。
周振鶴：《西漢政區地理》，人民出版社，一九八七年。
周振鶴主編：《中國行政區劃通史　秦漢卷》，復旦大學出版社，二〇一七年。
朱熹：《四書章句集注》，中華書局，一九八三年。

明術畢講校長啟育設題課未定衛衛士士明臨別久爲以節曲故

受授多而當備者少蓋取其次

則氣和和曰其體之凡天下者三德生而長久即美

業賢賤貴而治之之化上德也智臨天下辯

善說辰以牛角黃鼠爲未鹿而食

之六時食一次又朝二次又朝三次

先生必安也也那韓觀回爲御乎韓爲各往見之之錄錄作宰羽大山之

李曰先生言以爲人之善者必說乎爲人之善者

一般殺弟害

功令

荊州博物館 編

彭 浩 主編

張家山漢墓竹簡

〔三三六號墓〕

（下）

文物出版社

下册目録

説　明

一　本册收録除遣册以外的六種竹簡，圖像一律放大兩倍。

二　竹簡圖像放大後超過版心的，在轉折處圖像重叠十至十五毫米，以確保竹簡字迹完整。殘斷簡，尤其是由上、下兩支殘簡綴合而成的，放大圖像兩節殘簡之間的間隔，隨版面調整，不一定嚴格按竹簡原始尺寸位置排定。

三　未采集到彩色影像的竹簡，根據黑白影像進行了色彩還原處理。

四　圖像左側附釋文。釋文及括注與上册釋文相同，不作補釋，略去詳注；保留了原簡文中的重文號和合文號〓，以及句讀符∟；不加標點。同時，釋文在放大影像轉折處，加轉折符」標示。

功令放大圖版

■功令

■功令

一　丞相行御史事言議以功勞置吏

●諸上功勞皆上爲漢以來功勞放（仿）式以二尺牒各爲將（狀）以尺三行」皆參（三）折好書以功多者爲右次編上屬所二=
千=石=官=謹以　庚

式案致上御史丞相常會十月朔日」有物故不當遷者輒言」除功牒　已

一背　一　二　三　四

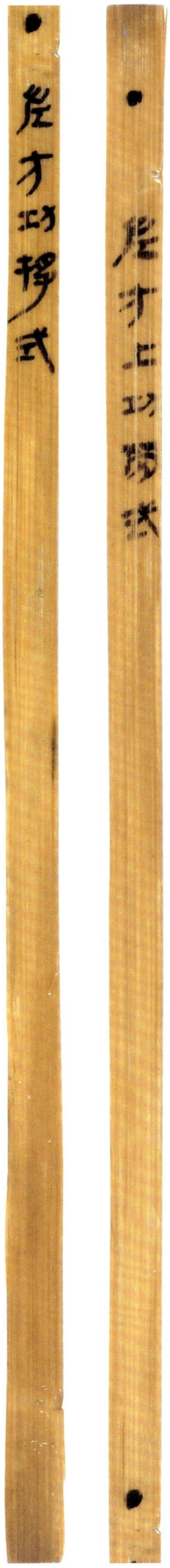

•左方上功勞式」

•左方功將（牀）式

五

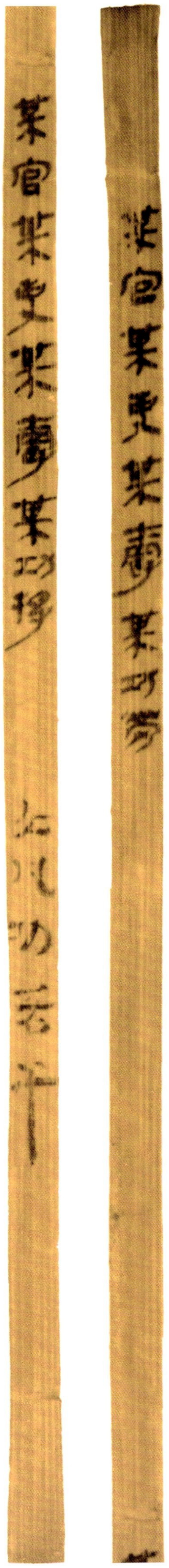

某官某吏某爵某功勞」

某官某吏某爵某功將（牀）　大凡功若干

六

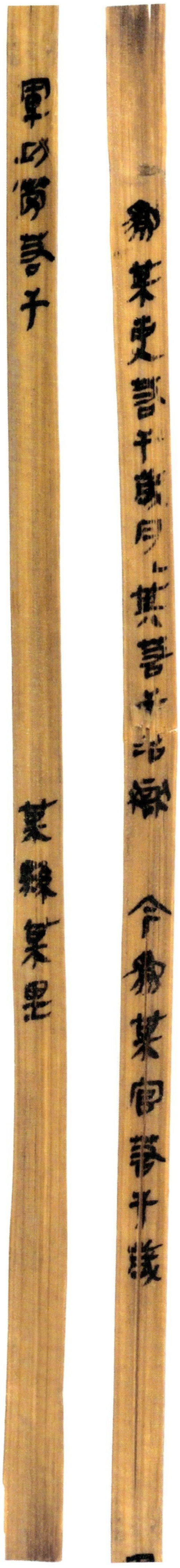

爲某吏若干歲月」其若干治獄　今爲某官若干歲」　軍功勞若干　某縣某里

七

從軍爲某吏若干歲月　能某物」　中功勞若干　姓某氏

八

九

●凡爲吏若干歲月其若干從軍　年若干」　●凡功若干　秩若干石

一〇

●凡軍功勞若干　某縣某里」　今爲某官若干歲

一一

●凡中功勞若干　姓某氏」　能某物

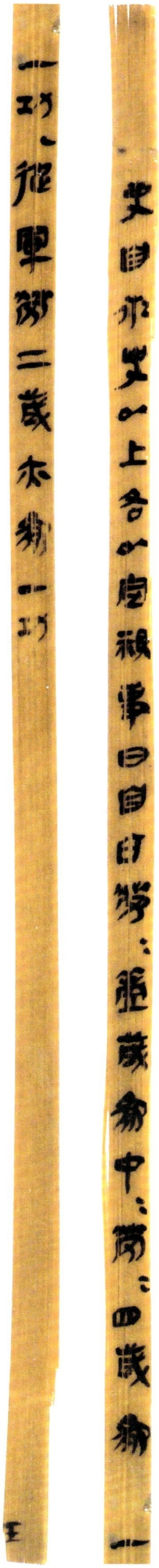

一二

吏自佐史以上各以定視事日自占勞=盈歲爲中=勞=四歲爲」一功」從軍勞二歲亦爲一功　壬

身斬首二級若捕虜二人各爲一功」軍論之爵二級爲」半功

一三

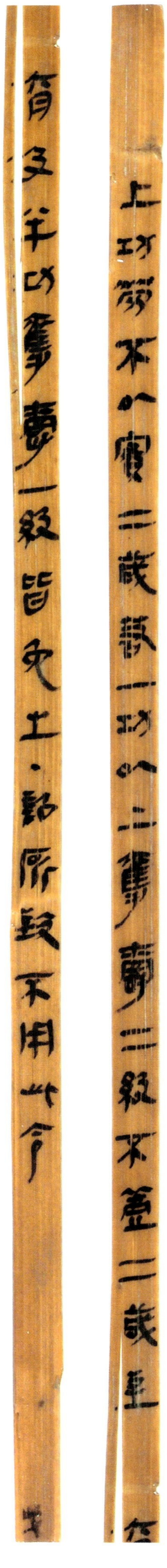

上功勞不以實二歲若一功以上奪爵二級不盈二歲至」六月及半功奪爵一級皆免之●詔所致不用此令　戊

一四

●中二千石有缺課郡守以補之」郡尉補郡守它吏千石補」二千石　八百石補千石六百石補八百石」五百石補六

一五

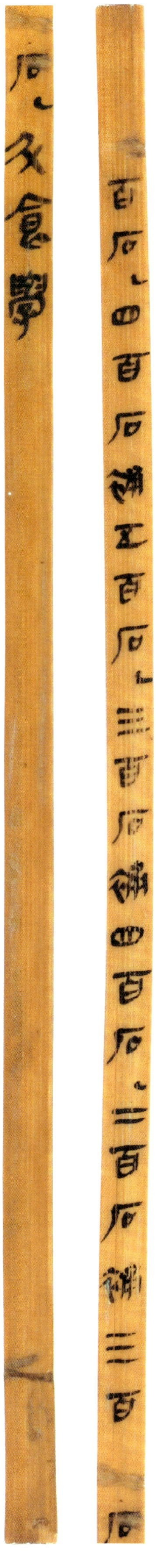

百石」四百石補五百石」三百石補四百石」二百石補三百」石」斗食學

一六

一七

佴通課補有〓秩〓通課補有〓秩〓乘〓車〓通課補丞」尉令史通課補屬〓尉〓佐〓通課補卒〓史補丞尉丞〓相〓大〓尉〓

一八

史〓年五十以下治獄者補御〓史〓補六百石不當補」御史者與秩比通課謁者郎中亦上功勞謁者

一九

其補六百石以上者當聞

二〇

吏有缺謹以功勞次補之

二一

吏缺多而當補者少益取其次

御史丞相襍補屬尉佐以上二千石官補有秩」嗇夫其有=秩=乘車嗇夫

二二

其所當遷未有缺二千石官御史各以其所當遷補」官秩聞令自遷其官如詔

二三

有缺以久次徙補

二四

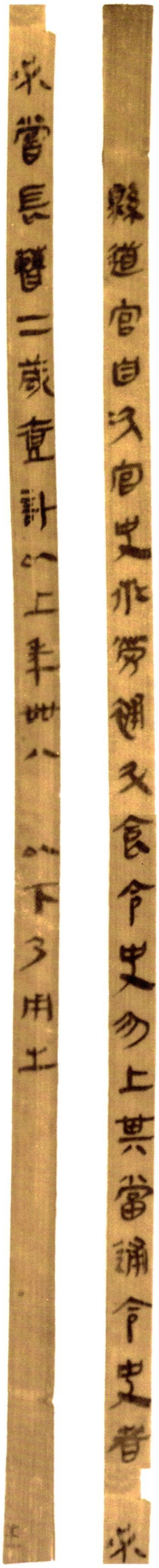

縣道官自次官史佐勞補斗食令史勿上其當逋〈補〉令史者」必嘗長曹二歲壹計以上年卌八以下乃用之　壬

二五

吏官佐史」令史」斗食」有秩視事盈二歲以上年五十以」下至廿五有軍功三爵公夫=以上欲上功勞許之通課補　庚

二六

其斬首捕虜若有它軍論者具署之其有秩乘車以上」官徹疏之

二七

丞尉嘗爲軍吏遂（燧）將以上」年五十以下至廿五」史有軍」功三」爵公夫=以上=功勞中=尉=謹擇其可以爲吏者次

二八

功勞上御=史=丞=相=以補軍吏」所擇不勝任及有罪耐以」上擇者罰金一斤

二九

吏罷官

三〇

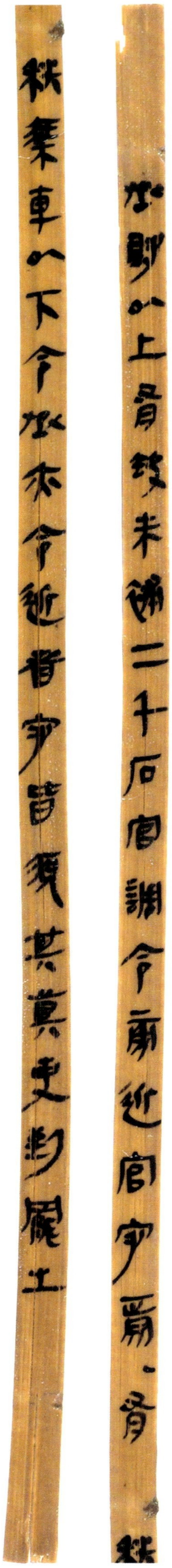

丞尉以上有缺未補二千石官調令旁近官守焉∟有」秩乘車以下令丞亦令近者守皆須其真吏到罷之

三一

敢擅免者奪爵一級丞尉以上當免者二=千=石=官=丞」弗先得罰金各四兩

三二

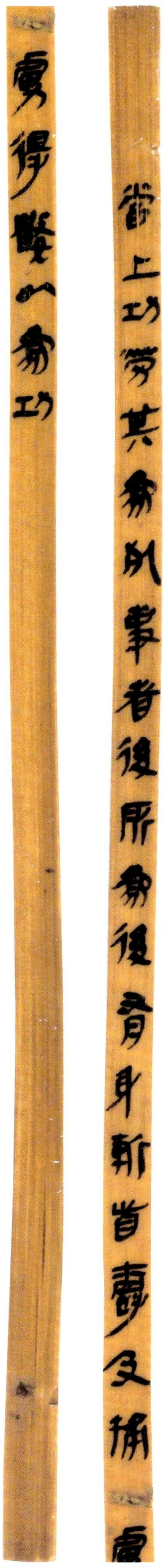

當上功勞其爲死事者後所爲後有身斬首爵及捕」虜得數以爲功

三三

三四

吏及宦皇帝者秩六百石以上及　謁者御史以老免」若罷官及病而免者皆勿事　丁

三五

如罷官其郎中欲復宦者許之∟縣中吏得上」功勞與它縣官吏通課遷

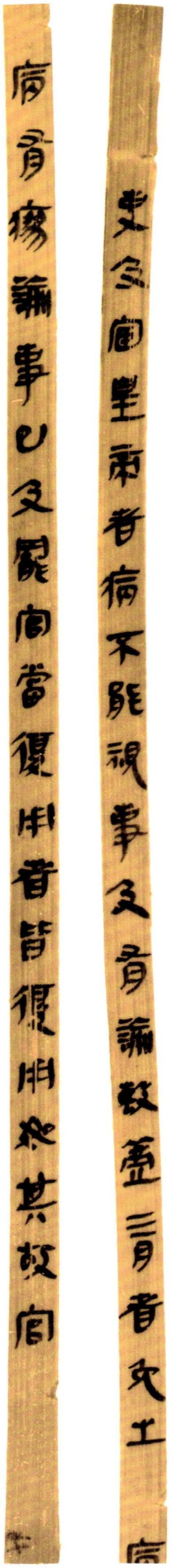

三六

吏及宦皇帝者病不能視事及有論毄（繫）盈三月者免之」病有瘳論事已及罷官當復用者皆復用如其故官　戊

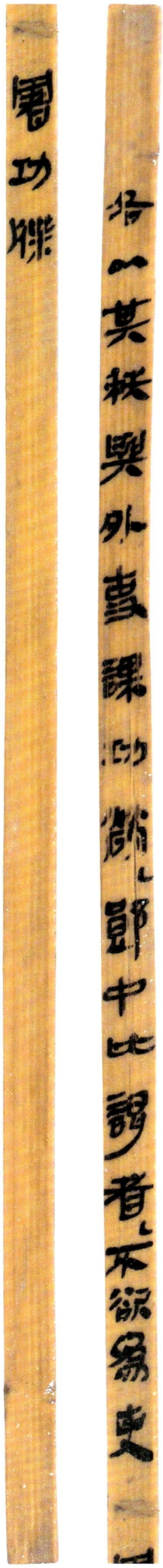

三七

各以其秩與外吏課功勞∟郎中比謁者∟不欲爲吏」署功牒

● 故司馬洛都望都公夫＝中意將屯後罷復如等

三八

二 議發弩校長髳長候長當補乘車而不史者令上功丞＝相＝御＝」史＝以補塞尉城尉二百石吏

三九

三 武都道羌道平樂皆蠻夷守課此道斗食令史」功勞多者補其有＝秩＝補其有秩乘車它如律令

四〇

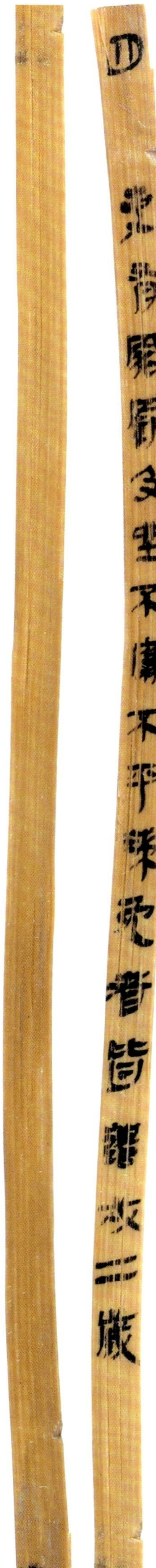

四 吏有罪罰及坐不廉不平端免者皆遣戍二歲」 戍

四一

四二

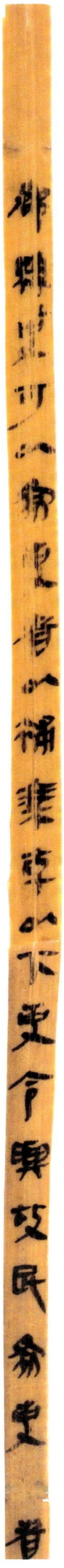

四三

四四

四五

四六

五　功令吏有缺以功勞次補之」故諸侯子徙關中者頗有」史可以爲吏用之不癄（應）令」議令郡守縣令擇諸侯子徙其　己

郡縣」史可以爲吏者以補乘車以下吏令與故民爲吏」者相褋其可以爲丞尉以上者御史丞相用之毋以功勞次

六　諸侯邑民爲它縣道官吏有秩以上皆勿罷

七　請大（太）僕右厩詹事厩佐史缺擇官屬善書習馬事者」補不足及少府長信詹事官屬長安市佐史有缺移中=尉=調下

屬旁官

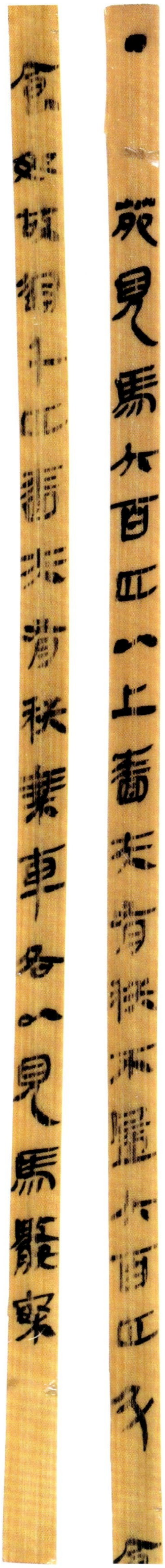

四七

●苑見（現）馬六百匹以上嗇夫有秩不盈六百匹斗」食如故過千匹嗇夫有秩乘車各以見（現）馬數案

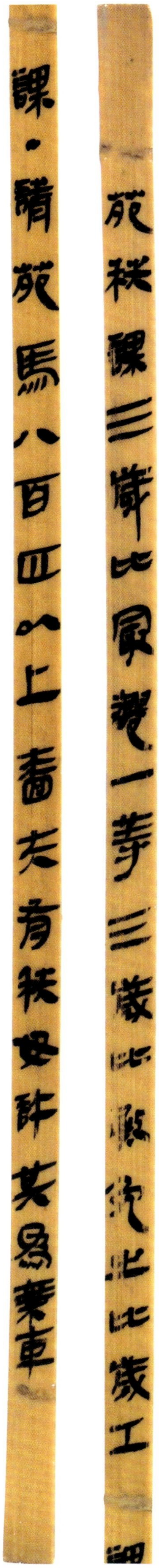

四八

苑秩課三歲比最遷一等三歲比殿免之比歲工（功）」課●請苑馬八百匹以上嗇夫有秩毋許其爲乘車

四九

八　諸上功勞廉者署之

五〇

御史丞相謹察諸吏行諶（甚）端平廉絜毋害孝弟脩日」有以異者請遷之毋以次

五一

九　吏廉絜平端者吾甚欲得而異遷及有（又）以賞禄之」前」日詔吏謹察諸吏廉絜平端者用之」令二千石官郡

五二

守未嘗有言良吏者甚不稱吾欲癘（厲）吏之意其令二」千石官郡守各謹察諸吏廉絜平端毋害者具署官秩

五三

所以異之狀徑上會十月朔日且以智（知）二千石官郡守能獨察」其吏者它如前詔亟下

五四

十　諸吏橢（惰）倪欲避吏者皆免令戍三歲毋得以爵賞除戍」錮及子終身毋得爲吏犯令及吏除者皆奪爵各一級　乙

五五

縣〓遣官佐史丁壯嘗主事一歲若嘗一計以」上勞多者補」遣之不次及書到縣留弗遣〓

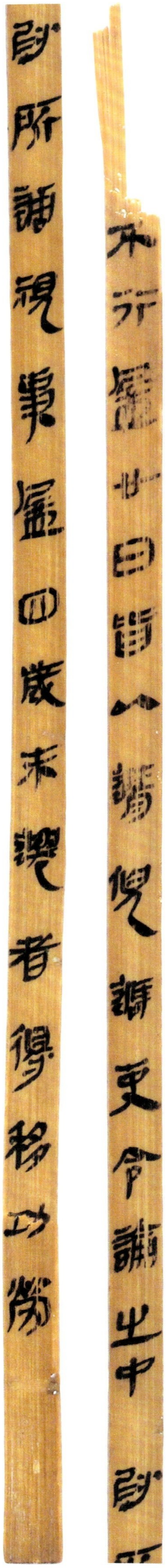

五六

不行盈廿日皆以隨（惰）倪避吏令論之中」尉所調視事盈四歲未遷者得移功勞

五七

副居縣與其官佐史通課補斗食令史官」有缺亦用之其已遷爲斗食令史視事盈

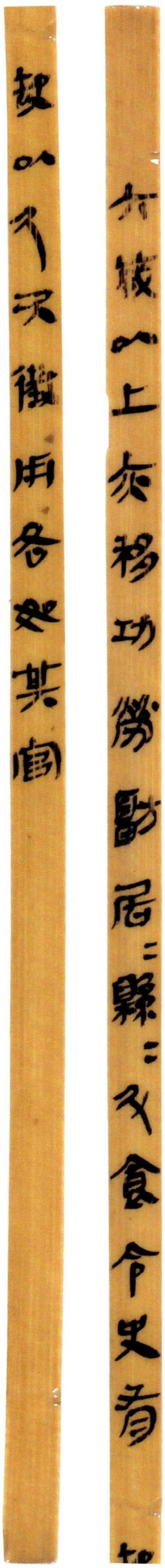

五八

六歲以上亦移功勞副居〓縣〓斗食令史有」缺以久次徵用各如其官

五九

十一　議屬尉佐有秩斗食嗇夫獄史令史當治獄」三歲以上年卌五以下至卅欲試〈試〉二千石官縣道

六〇

官遣詣廷〓以大獄〓計奏瀻（讞）律令有罪名者誠〈試〉」之并以廷史郡治獄卒史員衛（率）十人而取誠〈試〉高者

六一

二人上御史以補郡二千石官治獄卒史廷史缺以」治獄卒史上弟（第）補所上畢已用御史告廷誠〈試〉以爲

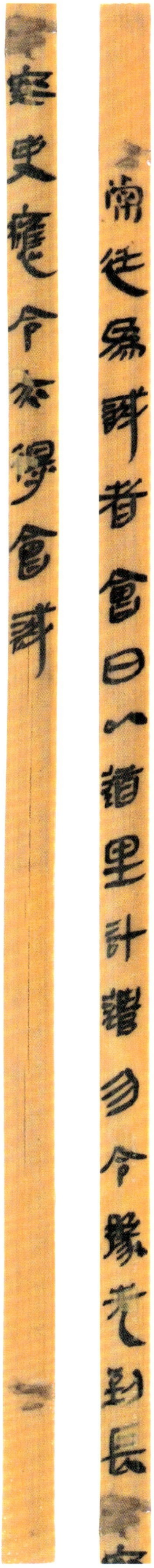

六二

常廷爲誠〈試〉者會日以道里計遣勿令豫（預）先到長」安吏癄（應）令亦得會誠〈試〉

六三

十二　廄官乘車節（即）缺請自擇官有秩斗食明馬事者補

六四

十三　請功次當用而能不宜其官者相國御史擇同秩功次乚吏」署能不以實奪爵一級　庚

六五

十四　故軍吏遂（燧）將以上諸已贊奏名籍上相國御史者皆勿」事比六百石吏罷官　丁

六六

●制詔相國御史諸侯王若丞相御史及漢將所置軍吏候尉丞」以上從軍罷家在諸侯者皆贊奏王臧（藏）其籍丞相御史復比六百石　丁

六七

十五　議二千石官縣道毋得除叚（假）廷史卒史屬尉佐令史官」佐史犯令及所除視事盈十日雖毋除書不手書皆以

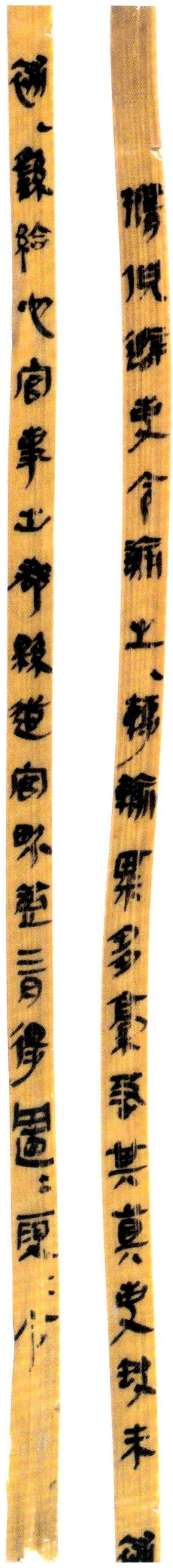

六八

橢（惰）倪避吏令論之」轉輸粟芻稾若其真吏缺未」補」繇（徭）給它官事出郡縣道官界盈三月得置＝叚（假）＝令

六九

吏以上必以功勞次不以次亦以令論之」將轉輸粟芻」稾奠（真）吏不足及軍」屯不用此令

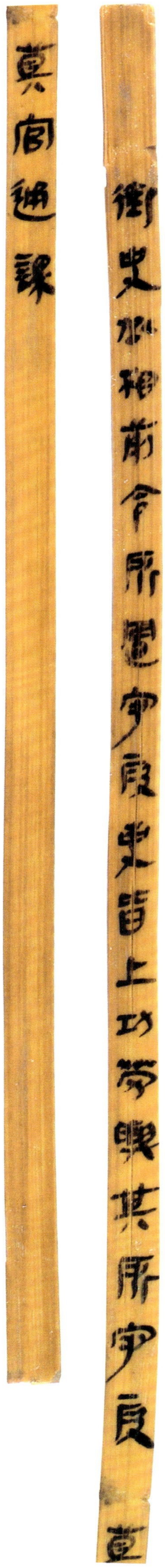

七〇

御史丞相前令所置守叚（假）吏皆上功勞與其所守叚（假）」真官通課

十六　賈人身有市籍若其父母妻子及其大父母┛同產與」同居而有市籍爲賈人者皆不得爲吏及宦犯令者　庚

七一

奪爵爲士五（伍）吏智（知）其不當爲吏而上功勞及除者與」同罪

七二

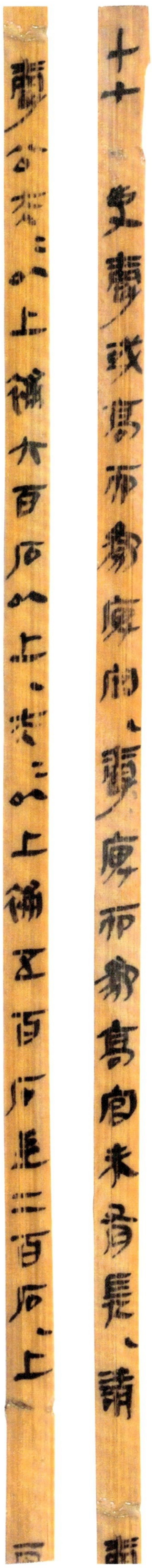

十七　吏爵或高而爲庳官┛爵庳而爲高官未有差┛請」爵公夫＝以上補六百石以上┛夫＝以上補五百石至二百石┛上　丙

七三

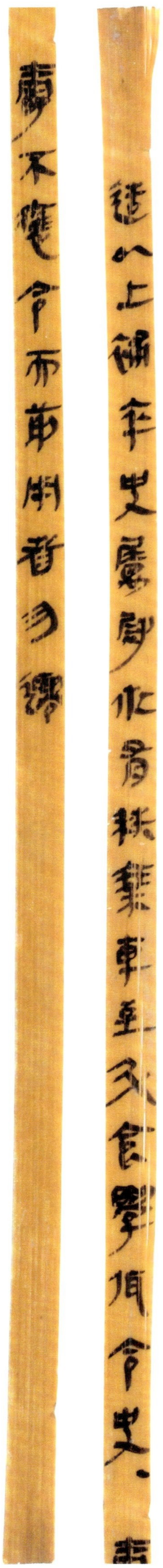

造以上補卒史屬尉佐有秩乘車至斗食學佴令史┛」爵不癰（應）令而前用者勿遷

七四

十八　臨光侯相言相」丞」尉皆故漢吏御史以詔遷」請得上功勞與漢吏」通課 ● 相國御史以聞請詔所令御史爲侯邑置相丞　癸

七五

尉者皆令上功勞與漢吏通課

七六

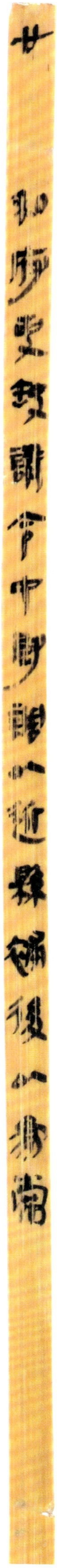

廿　私府吏缺請令中尉調以近縣補後以爲常

七七

廿一　秦〈奉〉常書言史」卜」祝」尸」茜」御」杜主樂」治=䌞（騂）=佐」宰=監」」治豢皆疇」祝治=䌞（騂）=佐秘」爵頗

五夫=當以令

七八

罷=官或少不足以給事及頗不欲去疇請勿罷

七九

廿三　吏坐官當戍＝日備若解爵買爵除戍請當復用如故」官秩不當 ● 制曰不當

八〇

廿五　廬江郡斗〈久〉遠吏民少不足自給吏有秩以下請得除」國中它郡縣及得調發國中它郡縣吏均焉

八一

廿六　議令車騎士材官皆相誰（推）夫＝以上材犺（伉）建（健）勁有力輕利足」辯護者以爲卒長五百將候＝長＝一人將幕候百廿人上

八二

名牒屬所二＝千＝石＝官＝上相國御史移副中尉有物故」不爲吏者輒誰（推）補檔定其籍令上功勞軍吏有缺以

八三

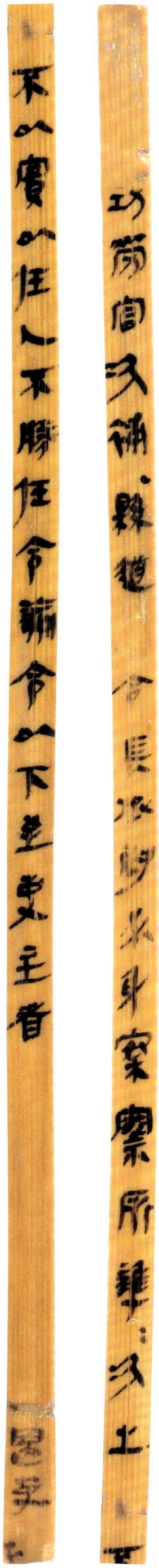

八四

功勞官次補┗縣道令長丞尉必身案察所誰（推）＝次之」不以實以任人不勝任令論令以下至吏主者　置吏　子

八五

卌　令爵公夫＝以上補六百石以上┗齊吏民爵多庳┗請得以官夫＝」以上補及遷六百石以上　丙

八六

卌一　上林言東芝（涳）西芝（涳）嗇夫皆有秩節（即）缺内史更調它官吏補」不習其事┗請得自擇除官嗇夫令史以補

八七

卌三　北地守書言月氏道大柢（抵）蠻夷不習吏事請令旁縣道給令」史吏能自給止

八八

卅五　淮南請得以漢人爲淮南吏爵夫＝以上者補六百石 ● 制曰亦通用」其國人夫＝以上

八九

卅六　吏當爲中＝都＝官＝吏＝亡及爲詐（詐）以避行若以去其官欲爲」縣∟它官吏者皆終身毋得爲吏犯令及吏除者奪

九〇

爵各一級∟前令爲吏者勿斥

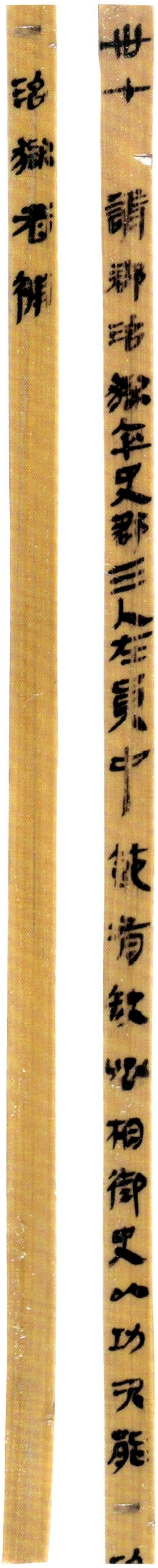

九一

卅七　請郡治獄卒史郡三人在員中節（即）有缺丞相御史以功次能」治獄者補

九二

冊八　請嘗有罪耐以上吏不廉不平端上功勞不以實」而免及鞫獄故縱不直盜受賕罪贖以下已論

九三

有（又）免之諸坐此及其獄未決而效入贅婿皆」毋得宦爲吏犯令者奪爵爲士五（伍）吏智（知）而

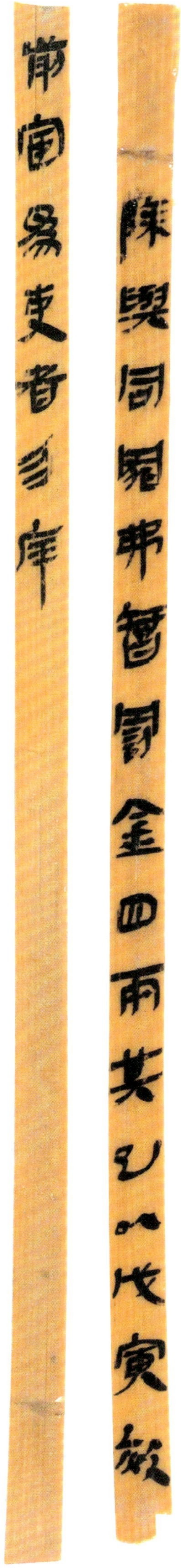

九四

除與同罪弗智（知）罰金四兩其已以戊寅效」前宦爲吏者勿斥

九五

冊九　雲中守言河陰邊小民史者少不能自給吏」請」斗食令史佐史缺守調令旁縣補能自給止

●丞相上內史書言毋爵者得補吏不宜議自今」以來上造以上乃得補吏」史卜不用此令

卌　其令匈奴公主傅（附）中府居匈奴盈四歲令史二歲」更令史除⿸疒鳥（雁）門代賜勞如視事日數

卌二　長信祠祀西宮詹事祠祀冗祝有秩嗇夫長信祠祀西」宮詹事祠祀雝（雍）祝冗祝更祝得與大祝冗祝更祝

通課補大祝〓長冗祝

卌三　令史當補屬尉佐者去家毋過千五百里

一〇一

卌四　沛豐小黃吏有=秩=乘車缺奉常課其邑有秩」斗食功勞以補∟有秩缺多∟斗食少不足得取

一〇二

令史勞多者補

一〇三

卌五　大行事皆奏聞讀忞（急）∟佐史缺除民史者補」不習事∟議大行官佐有缺移中尉調補比少

一〇四

府官屬

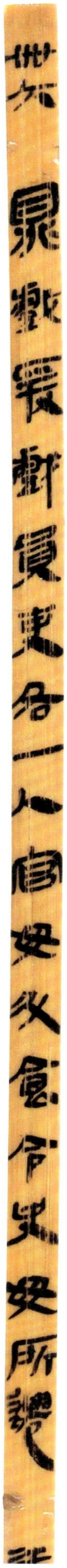

一〇五

卌六　鼂（跳）戲爰（猿）戲員吏各一人官毋斗食令史毋所遷」請令下功勞居縣道與其官佐史通課補斗食

一〇六

令史它有等比

一〇七

卌七　義渠故左王公主∟義渠王公主傅（附）令史有缺令」隴西郡補以爲常

一〇八

●義渠王公主傅（附）令史謝當辤官居外蠻夷中勮願」視事盈四歲更定視事外盈四歲守調以功次當補令

一〇九

史者代∟故左王公主傅（附）令史比

一一〇

卌八　令卜上計冗者得上功勞數其爲脩法卜上計定」視事日與令史通課補屬尉佐

一一一

冊九　中謁者西宮長=秋=謁=者令史有缺言御=史=爲」擇善書者補

一一二

五十　制曰諸補丞相史大（太）尉史者謹以功第次明律令」者

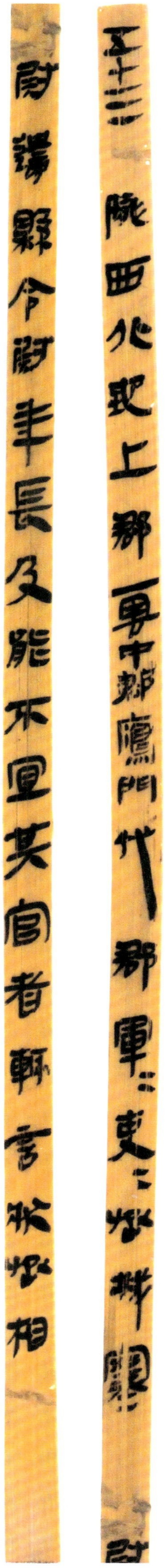
一一三

五十三　隴西北地上郡雲中郡雁門代郡軍=吏=丞城塞」尉邊縣令尉年長及能不宜其官者輒言狀丞相

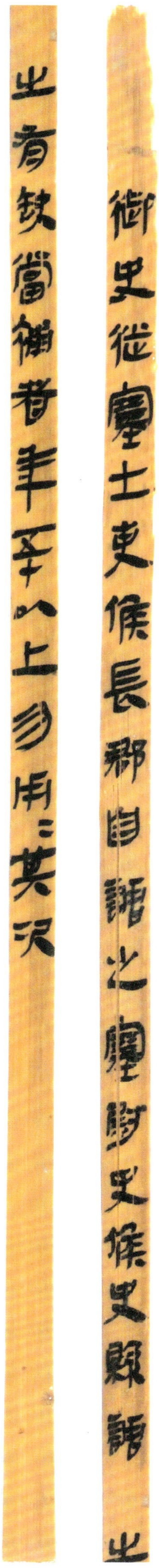
一一四

御史徙塞士吏候長郡自調之塞尉史候史縣調」之有缺當補者年五十以上勿用=其次

丞尉以上老不能治者二千石官免之」 戊

二一五

五十六 東園大匠秘府斗食嗇夫缺得自擇除官佐史習」事者補毋以爵次┘令史應（應）令欲補亦得除

二一六

五十七 爵公夫=以上乃得補中郎謁者夫=以上補外郎

二一七

五十九 外郎執戟家在萬年長陵安陵 以令罷而」欲爲吏者其縣有秩斗食令史節（即）缺以功多能

二一八

宜者補之上造以下事比簪褭勿令爲典求盜」船人郵人

二一九

六十　縣都中置傳馬百匹以上厩嗇夫秩如故不盈」百匹至廿八匹斗食」不盈廿八匹毋置厩嗇夫使

二二〇

如令御史奏請許制曰可二年十一月戊子下

二二一

六十一　上功勞不以實六月及半功以上雖在效前而以丙」申效後得皆毋得宦爲吏犯令者奪爵爲

二二二

士五（伍）智（知）而除與同罪弗智（知）罰金四兩

二二三

一二四

六十二　諸已上功勞而後樀增減其年者皆勿聽

一二五

六十三　請身治斷獄三歲以上乃署能治獄」其=治獄歲」數如式令其以卒史屬主獄而非身斷之也及以

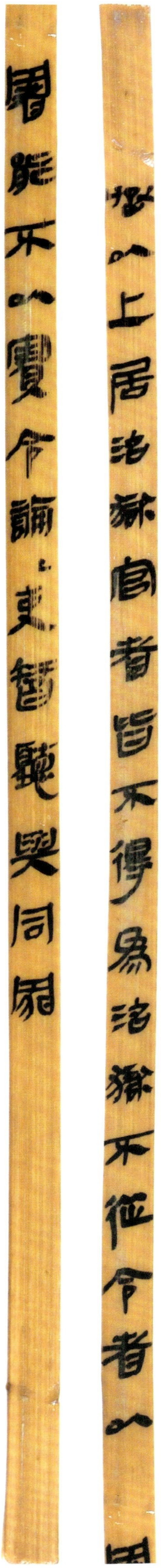

一二六

丞以上居治獄官者皆不得爲治獄不從令者以」署能不以實令論」吏智（知）聽與同罪

一二七

六十四　自令以來功勞已上乃後增其前所不上者皆」勿聽

一二八

七十一　請校長髳長發弩候長士吏以任除而罷官」及有論事已者皆毋得上勞復用

一二九

七十三　議諸侯中夫=得上功與六百石吏通課補八」百石

一三〇

七十五　令史年五十以上與斗食通課補有秩勿以補屬尉」佐

一三一

七十六　吏及宦皇帝受其官屬及所監所治所行吏」民徒隸錢財酒肉它物而非枉法也皆爲不廉

一三二

七十七　制曰萬年長陵安陵北陵民爲吏五百石以下至」屬尉佐不欲罷以令罷者功勞復用

一三三

七十八　制曰謁者出爲吏以視事久次

一三四

七十九　制曰宦者爲吏毋以爵

一三五

八十　制曰五夫＝以上欲爲吏及諸官除者許之

一三六

八十二　諸都官斗食有秩皆移功勞其家在所内＝史＝」郡＝守＝通課以補其縣道及都官在其界中者

一三七

在所郡守=通課用補如令御史奏請許制曰可

一三八

八十三　武士僕射盈四歲以補四百石吏

一三九

八十四　吏當上功勞者獨上今所爲官功勞其從它官來徙而與」今官秩等及免罷復用如故官秩者皆并上故官□

一四〇

爲功勞即各以官秩通相與課功勞遷」免罷復爲」吏而非當上勞復用如故官秩者毋得數免罷前功勞

一四一

八十五　諸當上功勞者過上功時弗上皆毋得上前所」不上功勞

一四二

八十六　郡尉丞有缺以御史不治獄視事久及擇五百石」宜者補▌守丞有缺以尉丞御史治獄視事久者

一四三

補中二千石丞缺以守丞久者補

一四四

八十七　爲有輕車郡卒長員郡一人以誰（推）卒長第高功」多者補爲劾（刻）印車令缺以郡卒長補郡卒長

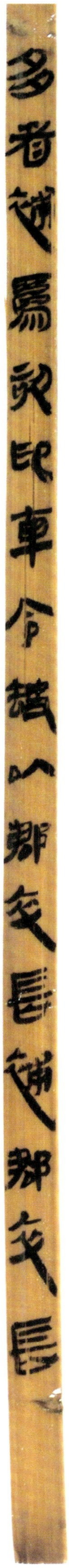

一四五

缺以誰（推）卒長補郡有車令者毋補卒長有卒」長者亦毋補車令隴西北地上郡雲中瘺（雁）門代郡

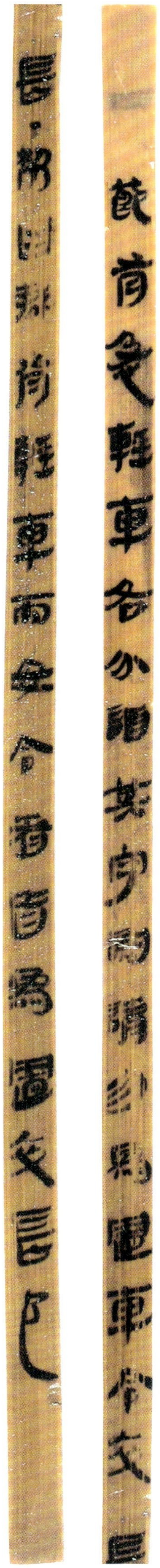

節（即）有恐（急）輕車各分詣其守尉請勿爲置車令卒」長 ● 制曰郡有輕車而毋令者皆爲置卒長它

一四六

如請可

一四七

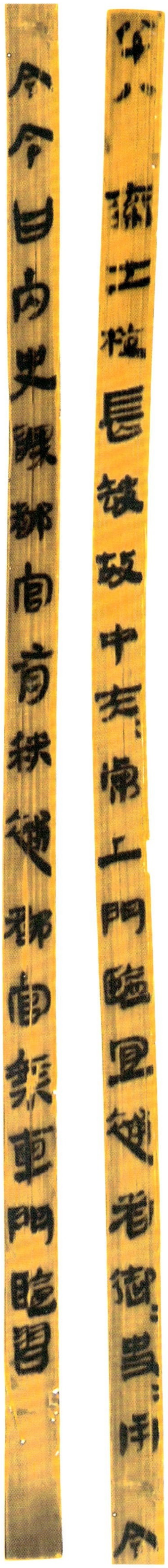

八十八　衛（衛）士校長缺故中夫＝常上門監宜補者御＝史＝用」今令曰內史課都官有秩補都官乘車門監習

一四八

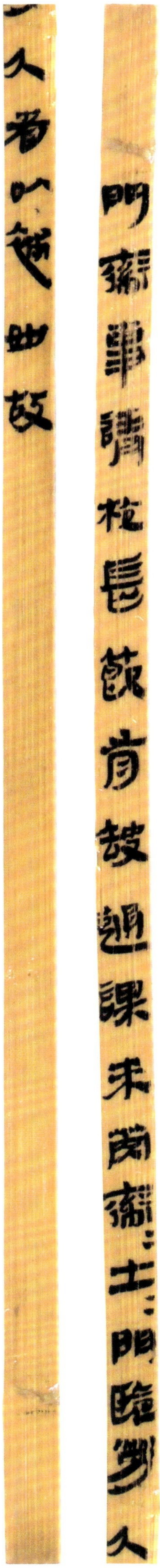

門衛（衛）事請校長節（即）有缺通課未英（央）衛（衛）＝士＝門監勞」久者以補如故

一四九

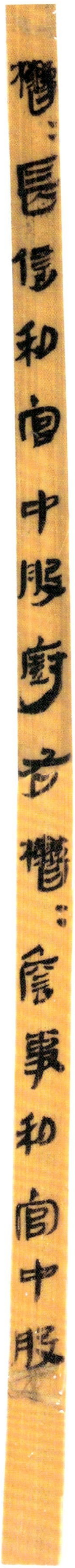

八十九　大（太）官中般┗廚┗右槽（曹）=未英（央）大（太）官右般廚┗右槽（曹）上」槽（曹）=長信私官中般廚右

槽（曹）=詹事私官中般

槽（曹）勮（據）議賜〈賜〉其嗇夫吏及令史常監者勞歲六月」視事不盈歲者以日數計賜〈賜〉之

九十　丞相御史請外郎出爲吏者以補三百石●制曰可●高」皇后時八年八月丙申下

九十一　丞相上長信詹事書言故右厩馬府有秩乘車頻」陽官夫=定罷官當復用┗長信詹事官屬毋乘車有

秩└居縣上其勞年免老及當上勞過上功時不」上及病盈二歲吏以病盈三月免者皆不得

一五四

上勞復用

一五五

九十二　丞相上長信詹事書言令曰二千石補有=秩=乘=車=功」次當補其家居縣缺者調徒之●今頻陽有秩十人家居

一五六

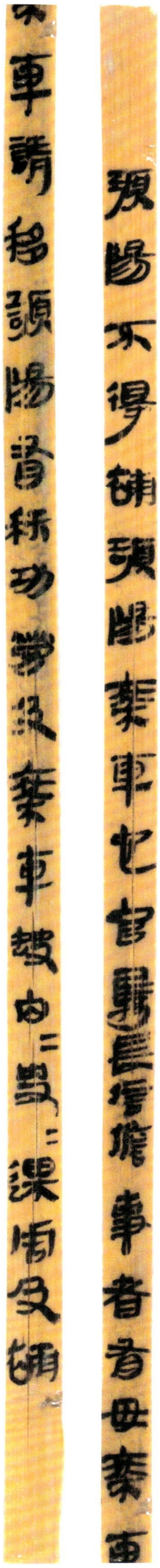

頻陽不得補頻陽乘車它官屬長信詹事者有毋乘」車請移頻陽有秩功勞及乘車缺內=史=課周〈用〉及補

一五七

有=秩=乘車

一五八

●丞相上大（太）傅書請大（太）子湯沐邑在郡者各上斗食學」佴令史年五十以上有秩功勞及有＝秩＝乘車缺

一五九

不得補頻賜〈賜—陽〉請移内史調用它有等比●御史奏請」許●制曰可元年六月戊辰下

一六〇

丞相議西宮詹＝事＝湯沐邑在内史郡者亦移内史郡」守用補比●御史奏制曰可二年十月戊申下

一六一

●丞相上西宮詹事書言令曰二千石補有＝秩＝乘車」斗食學佴通課補有秩有（又）曰令史年五十以與斗食

一六二

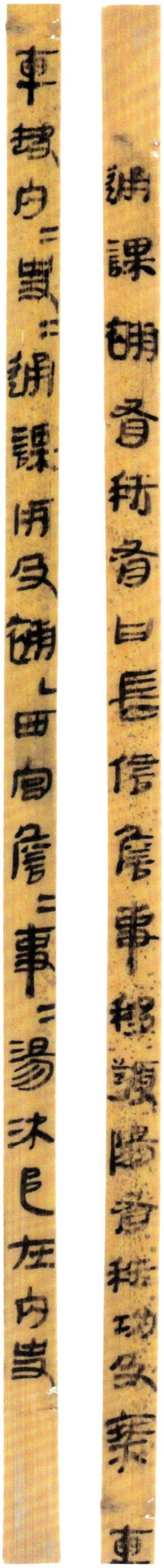

通課補有秩有（又）曰長信詹事移頻陽有秩功及乘」車缺内=史=通課用及補」西宮詹=事=湯沐邑在内史

一六三

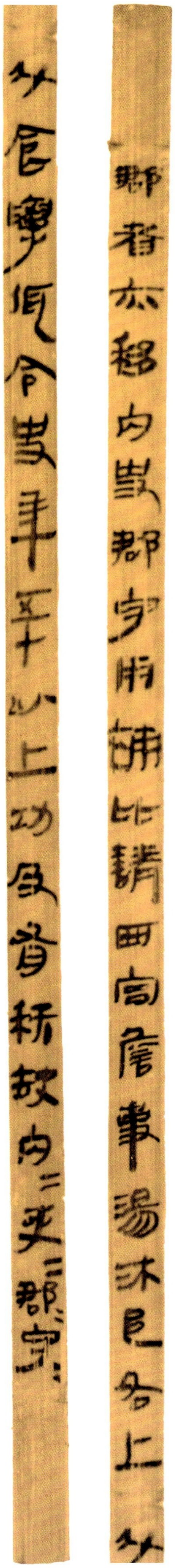

郡者亦移内史郡守用補比請西宮詹事湯沐邑各上」斗食學佴令史年五十以上功及有秩缺内=史=郡=守=

一六四

通課用補比丞相議詹事湯沐邑比御史奏

一六五

九十四　丞相上長信詹事書言令曰御史丞相補屬尉佐以」上二千石官補有秩=乘車今魯淮陰爲奉邑屬長

一六六

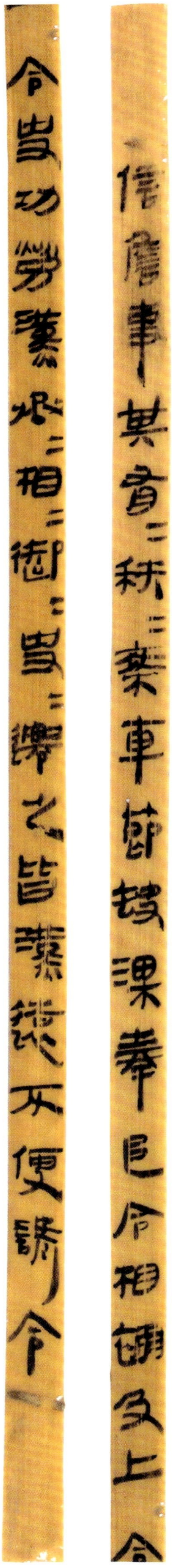

信詹事其有=秩=乘車節（即）缺課（課）奉邑令相補及上」令史功勞漢丞=相=御=史=遷之皆漢遠不便請令

一六七

奉邑在諸侯者各上其有=秩=乘車斗食學佴令史」功勞及有=秩=乘車缺在所國御=史=丞相=郡=守=畧（遷）通〈補〉

一六八

九十五　丞相上奏〈奉〉常書言令曰萬年長陵安陵縣中吏」得上功勞與它縣官吏通課遷 ● 今萬年官毋乘

一六九

車吏而有=秩三人毋所遷請移其功勞內史通」課遷便御史奏請許制曰可

一七〇

一七一

九十六　中夫=言謁者以高第爲長」請長毋適過盈一人」歲有適過盈二歲移御史補六百石以上及謁

一七二

者功勞多者與中郎并用補吏制曰獨用長毋」適過它如請

一七三

九十七　丞相上長信詹事書言令曰上令史」功勞屬所二千石官令史通課補屬

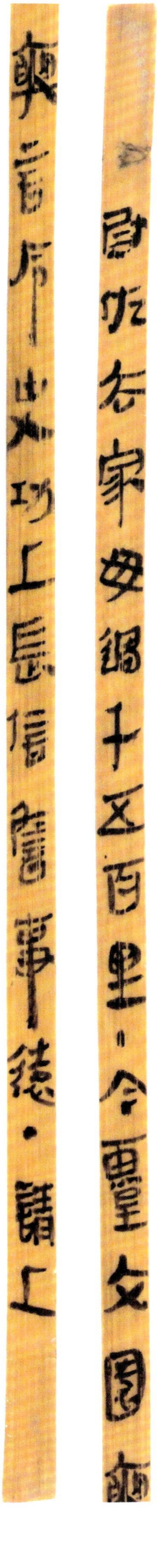

一七四

尉佐去家毋過千五百里●令靈文園」奭言令史功上長信詹事遠●請上

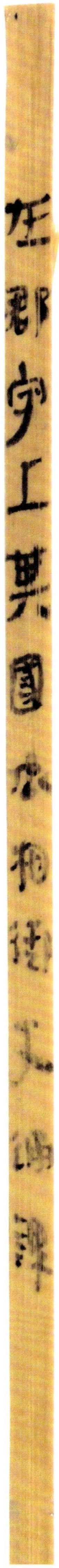

一七五

在郡守上其國丞相御史通課

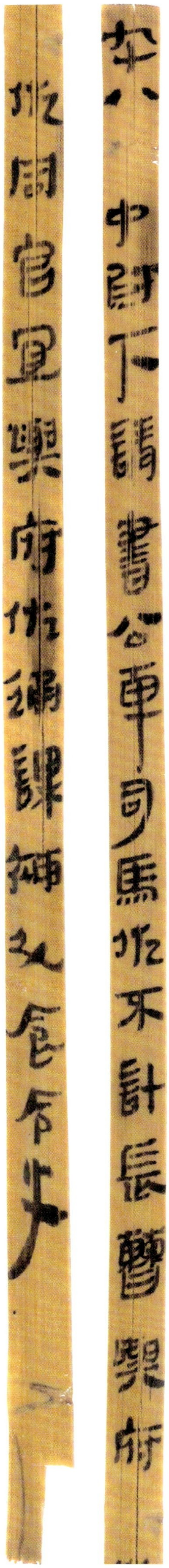

一七六

九十八　中尉下請書公車司馬佐不計長曹與府」佐同官宜與府佐通課補斗食令史

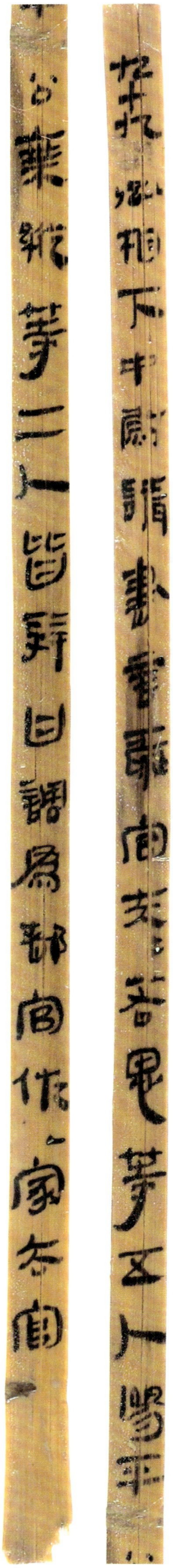

一七七

九十九　丞相下中尉請書言毚官夫=若思等五人陽平」公乘縱等二人皆辭曰調爲都官佐」家去官

一七八

遠不能自給願罷得復歸居縣須缺請所」前調河東郡爲都官佐未遷欲罷者比若思等

一七九

百　丞相上少府書言令曰上令史功勞屬所二千石」官通課補屬尉佐毋過千五百里●今安成國〈園〉勝

一八〇

言令史功上少府遠請上在所郡守〓上其園丞」相御史通課如令

一八一

百一　制詔御史宦爲吏者尚給事前異勮它官而不」得上功議令上功如令〓與外吏通課其當遷

一八二

其官御史請宦者爲吏者皆自占上功勞各以官」秩與外吏通課功次當遷而宦吏有缺遷如令

一八三

百一　丞相御史請隴西北地上郡雲中雁門代郡備塞」軍吏令史視事盈十歲移功勞居=縣=令史

一八四

有秩乘車以上功勞次當補其家居縣缺者皆調徙之

徹穀食氣放大圖版

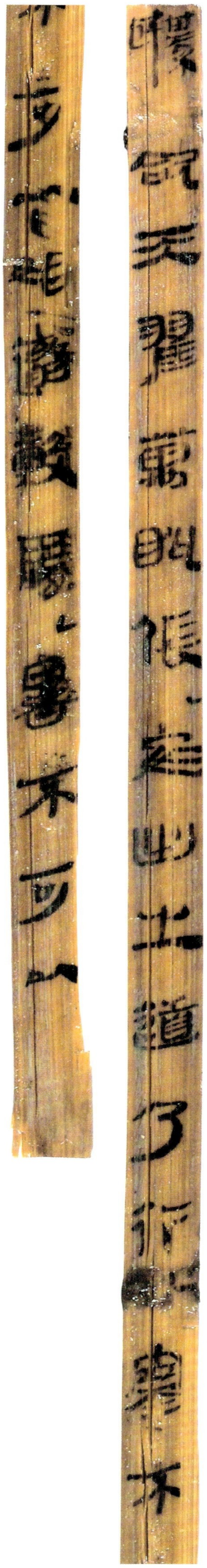

綦氏　欱（歙）天翟（霄）萬眽（脈）張∟安出之道乃行寒不」可以始徹穀□∟暑不可以

一

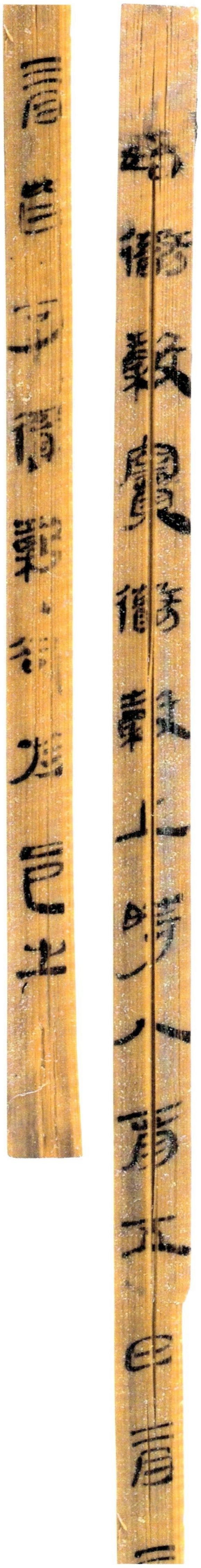

始徹穀竇（投）徹穀上時入正月五日二月」三月皆可徹穀●欲於邑之

二

西南雞鳴食生理生滇（填）生平生卌∟食生皆閉」口目以亓（其）半留歙（飲）玉泉皆滇（填）之

三

平之卌∟取夜半之水小歙（飲）之𤸫（厭）而止兩」手持亓（其）器若坐若起若立必正

四

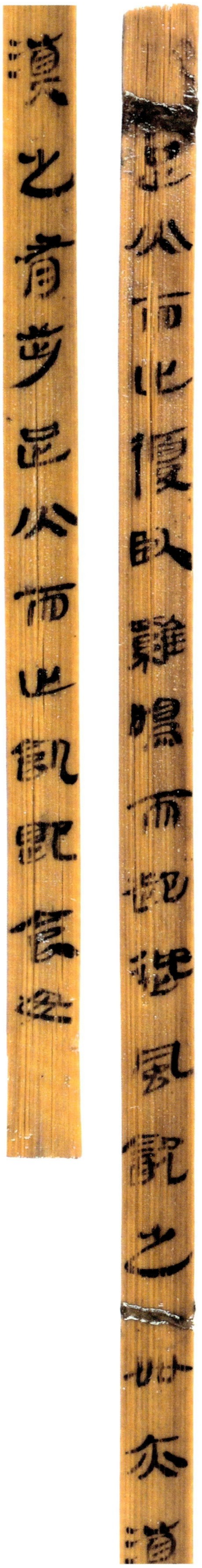

足火而止復卧雞鳴而起迎風歙（飲）之卌亦」滇（填）之有（又）步足火而止飢即食毋（無）

五

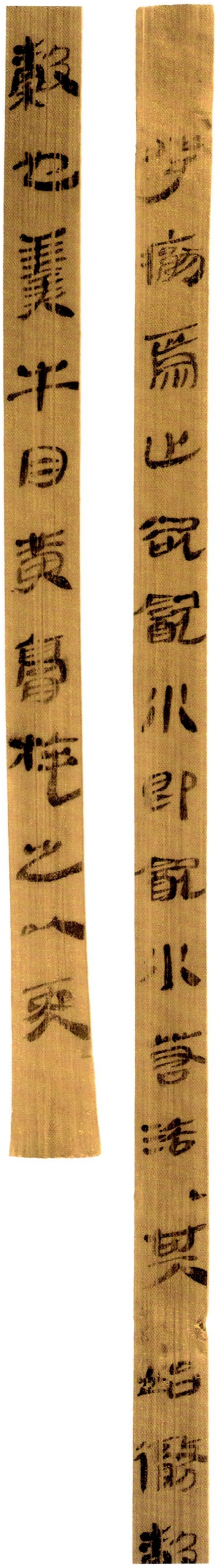

時𤸫（厭）焉止欲歙（飲）水即歙（飲）水若法∟其始徹」穀也羹牛肉黄膏萉（芼）之以奭（薁）

六

而食之三日▍徹穀六七日與旬有餘有（又）羹」牛肉黃膏旄（芼）之以臾（萸）食一小

七

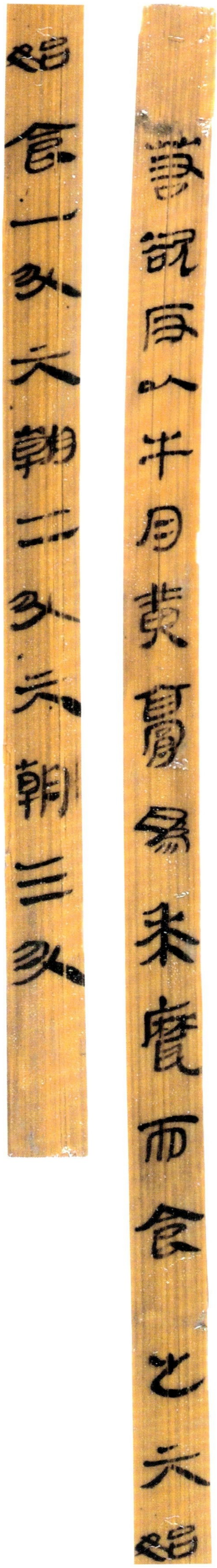

若欲反（返）以牛肉黃膏爲黍靡（糜）而食之亓（其）」始食一升亓（其）朝二升亓（其）朝三升

八

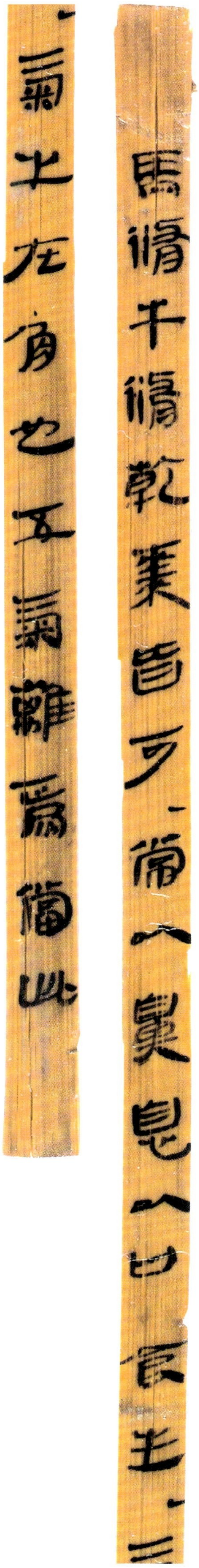

馬脩牛脩乾棗皆可▍常以鼻息以口食生▍」氣之在角也五氣離焉當此

九

一〇

時也以食生不能鋞（徑）罨（遷）者春爲寒氣」在身者除▙秋爲暑氣在身

一一

者除食生歙（飲）風步▙徹縠若法旬四五若二」旬有餘即復▙中之惡氣盡出

一二

梧（痞？）爲惡難出者▙亓（其）食生歙（飲）生也衣而毋」常（裳）若常（裳）高之於宊（胸）其步也亦

衣而毋常（裳）若帶＝亦高之於宂（胸）始徹穀不」欲於室爲多（哆）所維也毋以喜

一三

毋以怒毋以久坐毋以久立毋以久卧毋以」久行毋以久語卧即必先存氣

一四

於心焉卧若起必先欲（歙）氣焉起而行亦」然意必存┗身弟（第）蛤（怠）即浴寒水

一五

以寒水沛〈沐〉首└徹穀六月而外内平腸要之出」也狀若絲└病煩心即食冰└九月而

一六

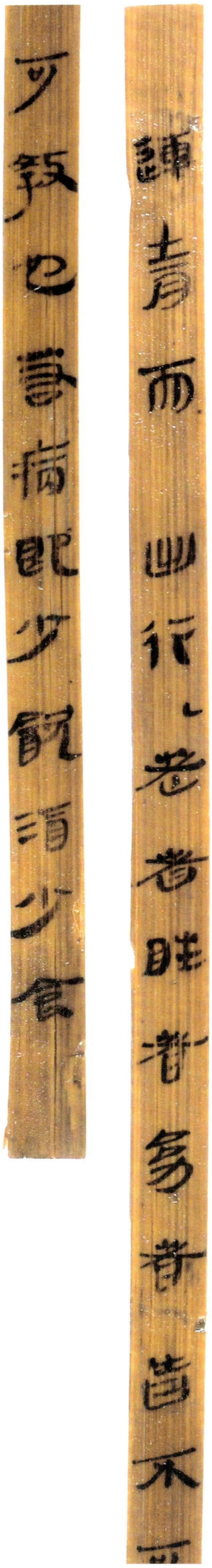

連（輦）十二月而出行└老者耆者幼者皆不」可教也若病即少歙（飲）酒少食

一七

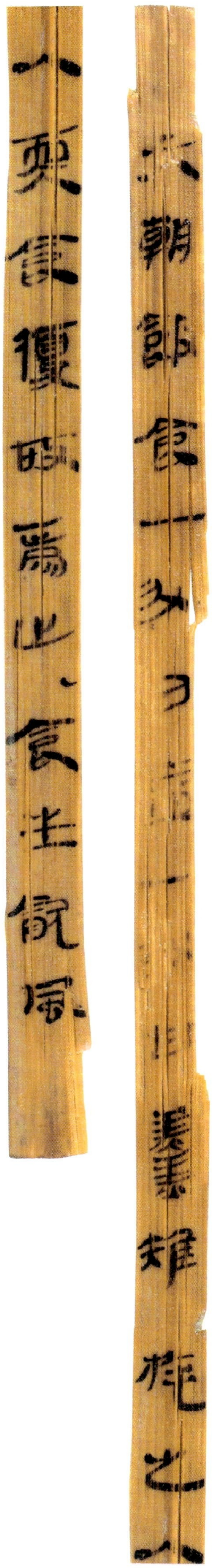

亓（其）朝飯食一升日益一升甘羹雉旄（芼）之」以臾（萸）食復故焉止└食生歙（飲）風

一八

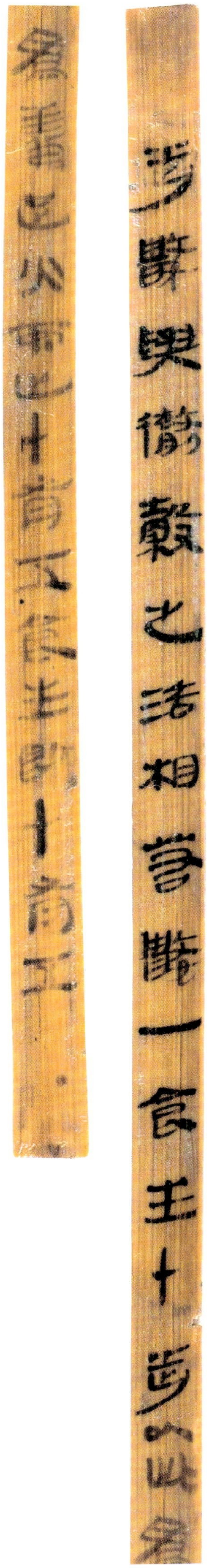

步數與徹穀之法相若數一食生十步以此」爲義足火而止十有五食生即十有五

一九

平生一食暨平若不能步即道（蹈）地十有」五道（蹈）地十有五步」不徹穀

二〇

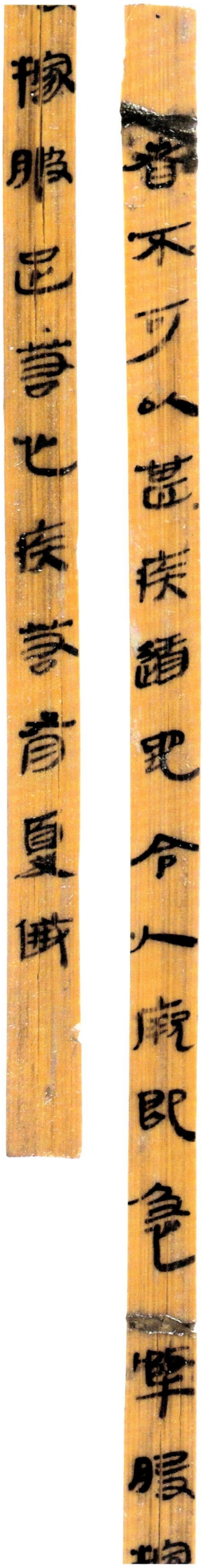

者不可以甚疾道（蹈）地令人厥（厥）即急□股」掾肶（髀）足若心疾若有憂慼（戚—慼）

二一

即伏臥以欲（歙）氣湏（填）之∟若有熱病即七百」土〈七十〉欲（歙）多者千二∟三百即發矣

二二

身佯（癢）即多浴湯而含寒水若煩心即清（静）臥」於室錯（措）火於足錯（措）盆水於首

二三

維（唯？）心縣（懸）因步千五百步壹疾安數鈞（均）∟步」疾奮而安錯（措）之大以此爲義

二四

二五

先〈无（無）〉纍（累）矣

二六

載氏　食氣時毋有所念屬意内（納）=氣=之方正」偃談臥解衣徐以鼻吸=之=令

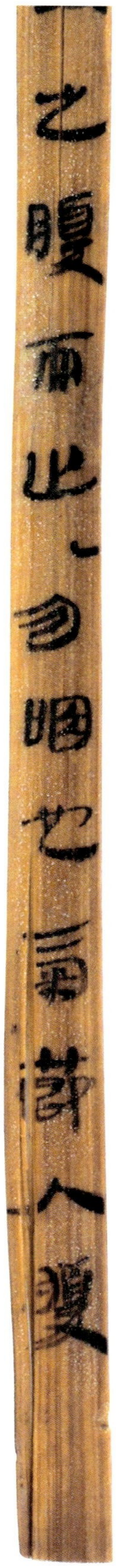

二七

耳勿聞鼻勿智（知）以徹（微）細爲故以意入之致」之腹而止」勿咽也氣節（即）入腹

二八

得而動」胻足皆動至足=熱如火而成」工（功）已

二九

●腹動足不熱先〈无（無）〉功∟足熱如火雖食霜霚（霧）」陰雨邪氣不能傷人∟能以邪

三〇

氣熱足爲成＝工（功）＝之餘先〈无（無）〉疾之不除

三一

●先除鼻中毛

三二

●治氣之時謹避塵煙及糞土不絜（潔）之」處

三三

●內（納）氣必徐定氣及復息=獨意智（知）之勿疾=」則氣復=出=爲之雖多无（無）功

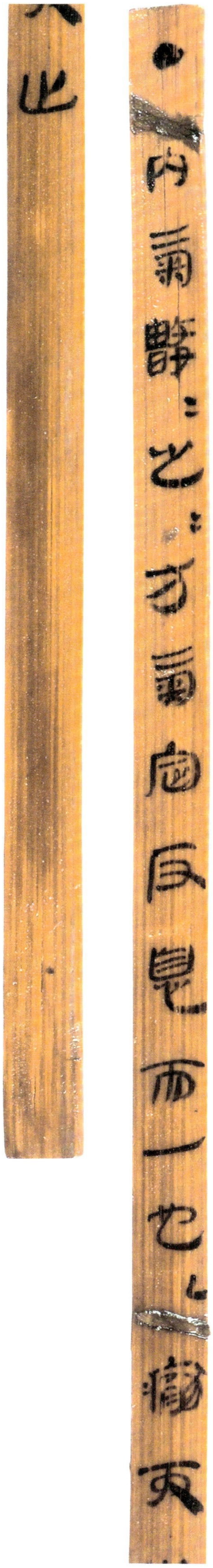
三四

●內（納）氣數=之=方氣定反（返）息而一也」㾐（厭）而」止

三五

●氣節（即）不入腹不動足不熱內（納）氣多毋益」也更精之」使徵〈徵〉見（現）乃止

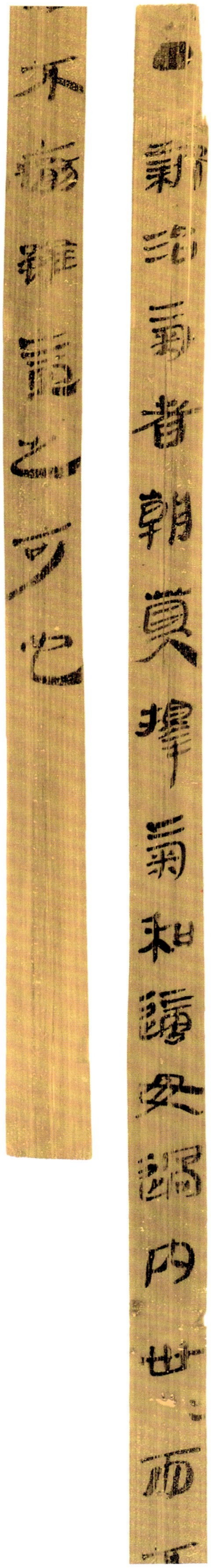

●新治氣者朝莫（暮）擇氣和適毋過內（納）卅=而」不㾾（厭）雖益之可也

三六

●新治氣使人者（嗜）食可一月而氣進食衰

三七

●先少食禁美酒┗葷┗彘┗肉┗且止內（納）┗徵見（現）」足熱成工（功）毋禁如故

三八

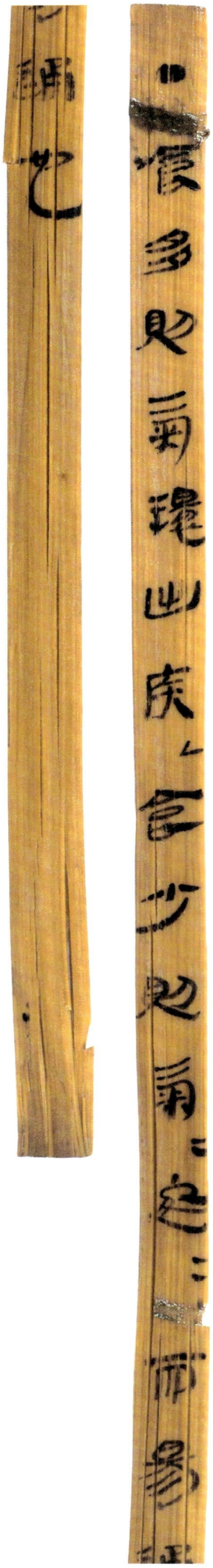

●食多則氣環（還）出疾（疾）┗食少則氣=安=而易」通也

三九

四〇

●爲腹中有病則數氣＝臭」先〈无（無）〉病則不氣雖氣」不臭

四一

●腹虫（蟲）長短皆死而出爲得」腹動虫（蟲）不出」氣未精」務精之

四二

●凡食氣必先呴（呴）炊（吹）去惡精入乃深

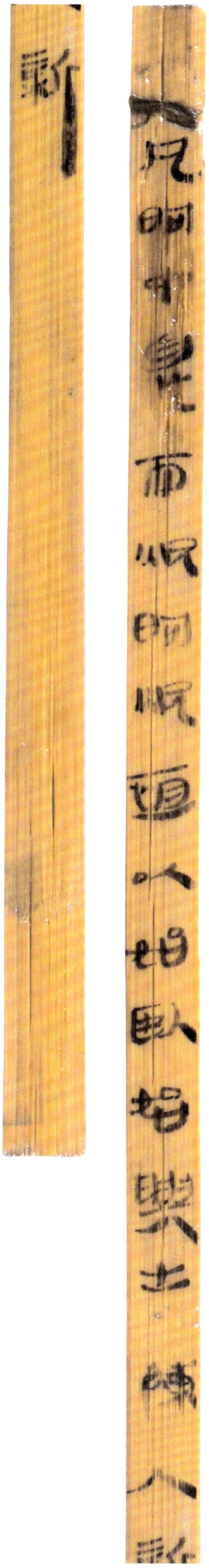

四三

凡呴（呴）中息而炊（吹）呴（呴）炊（吹）恒以始卧始興出陳入」新

凡食氣者東鄉（向）瞑目比齒而立歙其波」氣盡歸之少腹楪之

四四

凡食氣者貴多陰

四五

●女（如）果（裹）之食氣也毋（無）節視利則多食

四六

●節（即）志愍（瞀）念勞勿爲=之雖工（功）不入

四七

●山氣美邑氣惡食氣者摇身四節●垂臂」而深息

四八

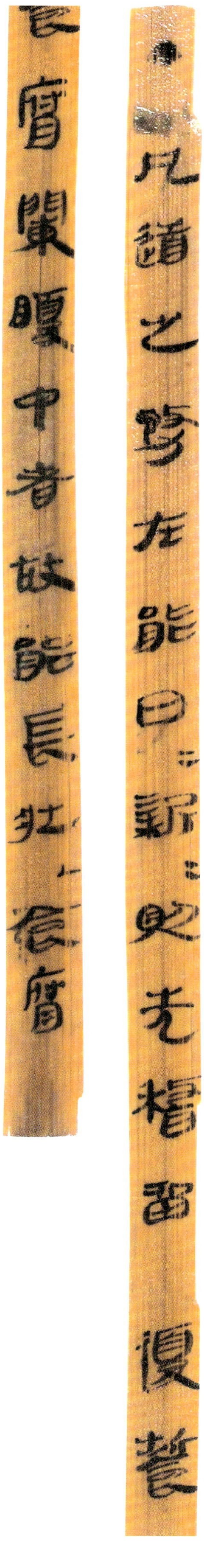

●凡道之務在能日＝新＝則先〈无（無）〉稽留復耆」腐闌（爛）腹中者故能長壯」食腐

四九

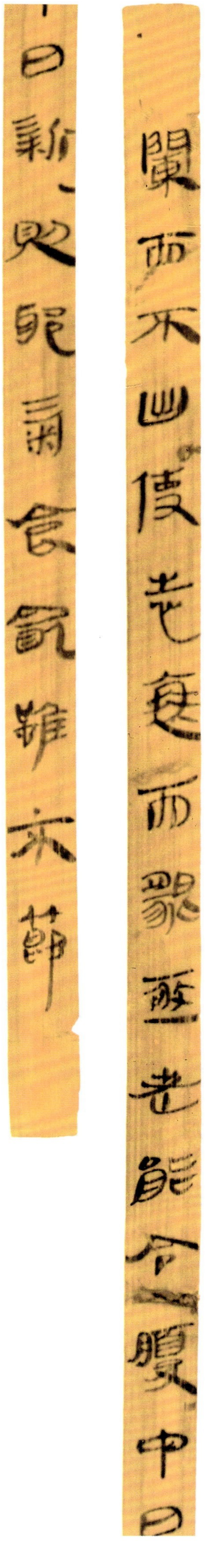

闌（爛）而不出使志衰而貌亟老能令腹中」日新」則邪氣食㱃（飲）雖不節

五〇

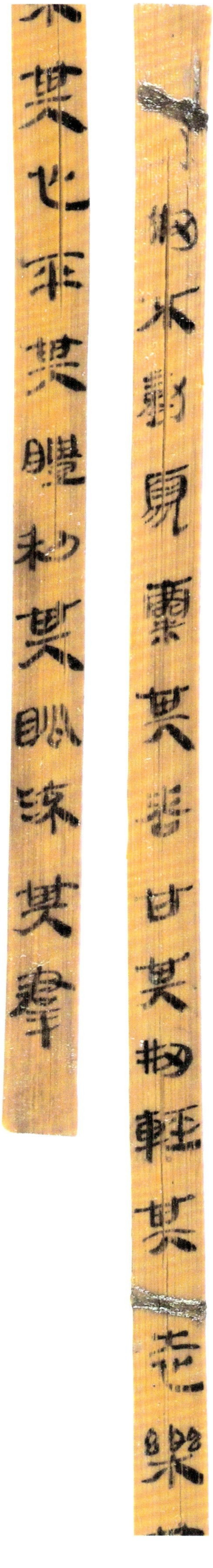

□刑（形）不動須麋（眉）其味甘其刑（形）輕其志樂」其心平其體（體）利其脈（脈）流其群

五一

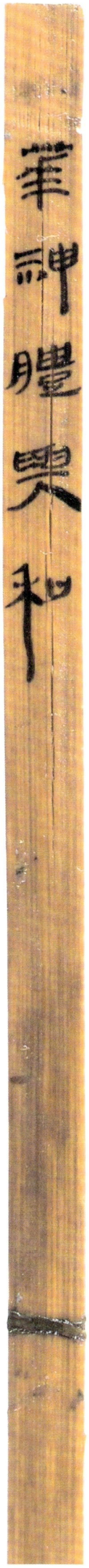

華神體（體）與（舉）和

五二

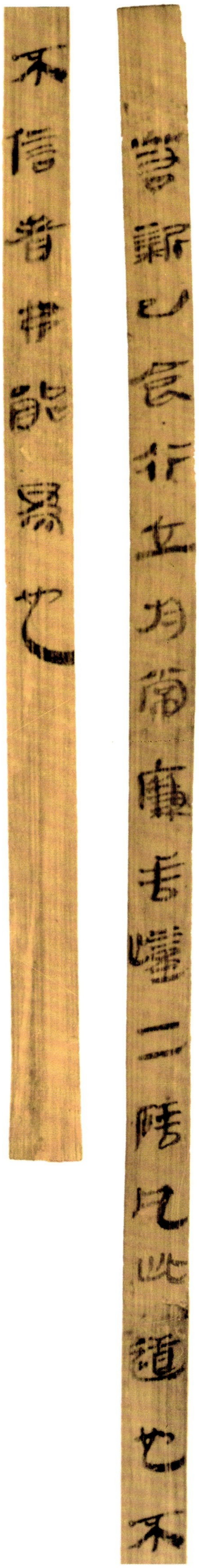

若新（親）已食行立於常（堂）廉垂𨅝（踵）二硾（陲）凡此道也」不信者弗能爲也

五三

擇氣　冬食一去淩陰和以正=陽=日中也東鄉（向）歙」其波閉以小=息=以口入以鼻

五四

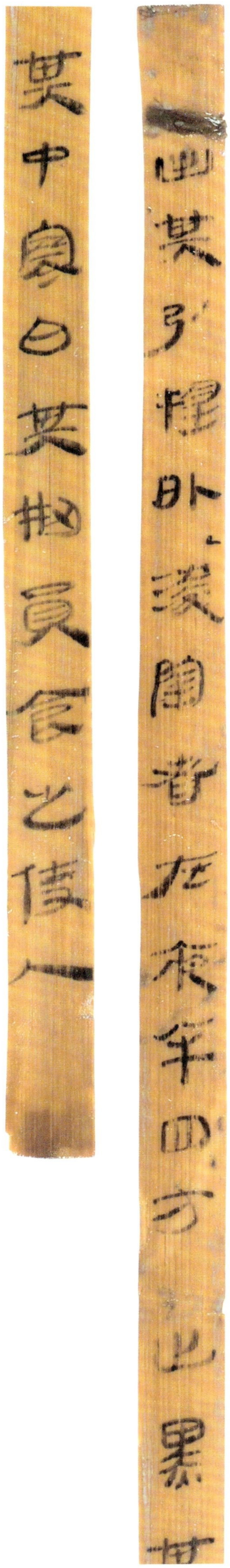

出其引搖外▌淩陰者在夜半四方止〈正？〉黑」其中寒白其刑（形）員（圓）食之使人

五五

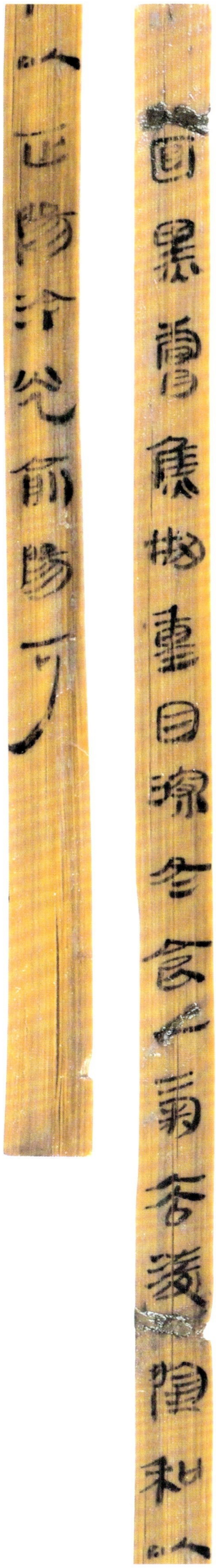

五六

面黑膚焦刑（形）重目深冬食一氣去淩陰和」以正陽泠（閻）光俞（渝）陽可

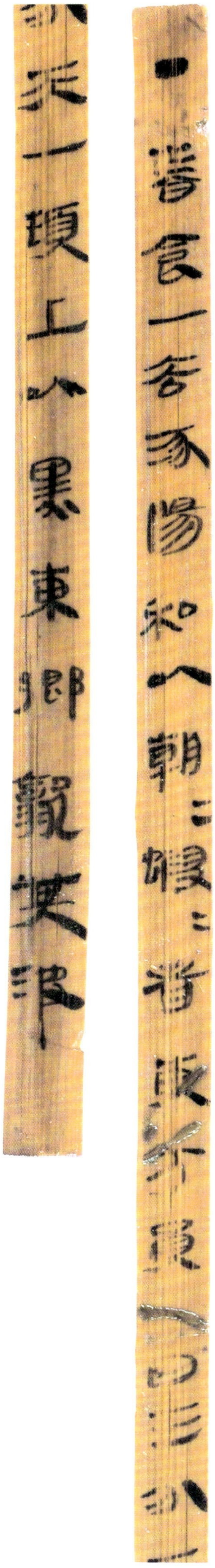

五七

●春食一去涿（涿—濁）陽和以朝=蝦（霞）=者東方員（圓）日三分」天一頓（純？）上以黑東鄉（向）歙其波

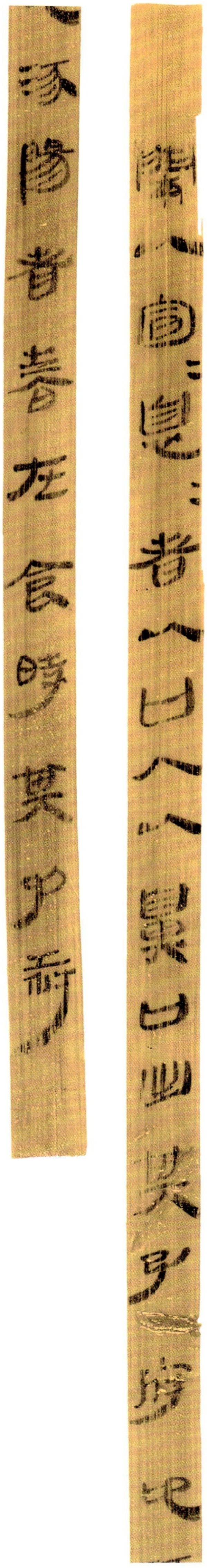

五八

閉以宣=息=者以口入以鼻口出其引府（俯）印（仰）」涿（涿—濁）陽者春在〈在春〉食時其色叔（菽）

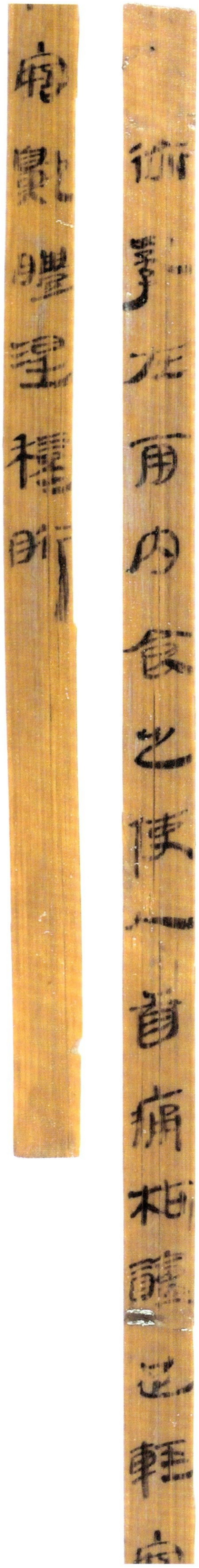

術（秋）亂在雨内食之使人首痛枯〈指？〉醯（鹽）足輕」寤（悟）歎（船）體（體）涅〈淫〉種（腫）胻

五九

春食一氣去涿（涿—濁）陽和以泠（閻）光朝蝦（霞）可

六〇

●夏食一去湯風和以行暨＝者當晝〈晝〉闌暑非」風非波也暨然至使人之志霜（爽）

六一

秀（悠？）然甚樂徹視狼（朗）＝東鄉（向）歙其波閉以徹（微）＝」息＝者以鼻入以鼻出其引八

六二

六三

維湯風者在夏晝〈晝〉風而温如湯食之使人」體（體）解其汗職（膱）其清敗其膚癈（廢）其

六四

心忿嫚（悁）夏食一氣去湯風和以朝蝦（霞）行」暨閻清可

六五

● 秋食一去霜霚（霧）和以渝=陰〈陽〉=者日始出員（圓）」體（體）盡見東方明西方海（晦）東鄉（向）

歙其波閉以昫（呴）＝息＝者以口入昫（呴）出其引詘（屈）」信（伸）霜霚（霧）者在秋亓（其）朝下霜

六六

其莫（暮）出霚（霧）食其霜使人腸痛（痛）蟄欬胕（腑）䬪」稈（汗）代（職）食霚（霧）使人胕（腑）中口糗（臭）頸傷

六七

闌（爛）疥瘤㾞（瘵）痤痢（癘）

六八

秋食一氣去霜霚（霧）和以俞（渝）陽泠（閻）光閻清」可

六九

七〇

●夜當半一氣於氏（是）至先雞鳴一氣再行雞先」鳴爲金石氣於氏（是）至雞中鳴爲

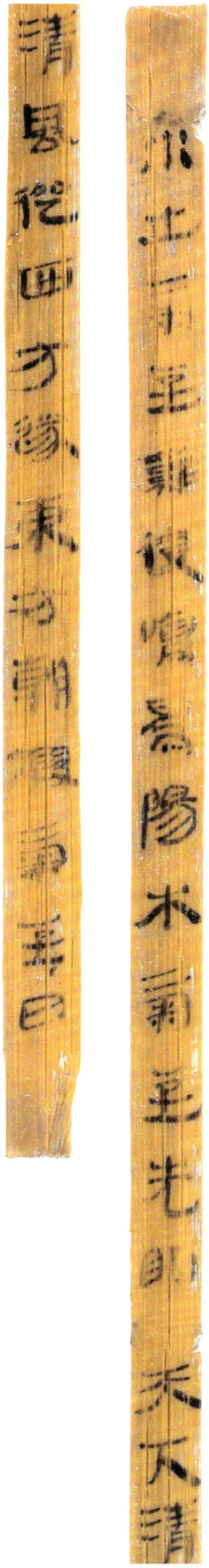

七一

水土氣至雞後鳴爲陽木氣至先明天下」清風從西方遂東方朝蝦（霞）氣至日

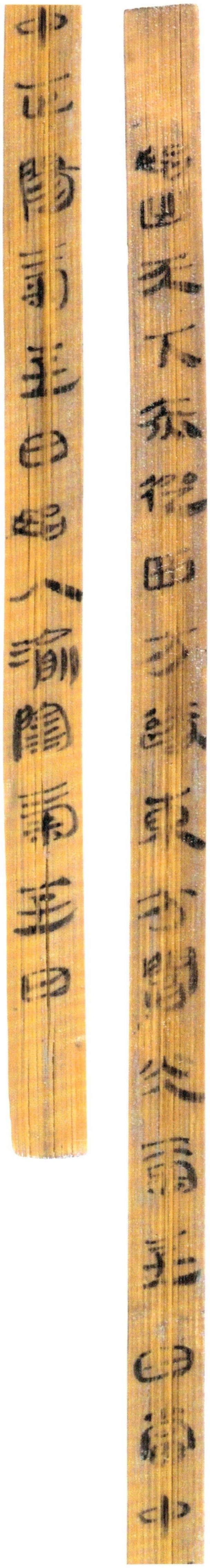

七二

始出天下赤從西方遂東方閣光氣至日當中」正陽氣至日始入渝陰氣至日

已入天下青┗西方赤黃清風從東方來昏」清氣至從明至昏閒氣行┗暨水

七三

生慊

七四

夜半以至日中者皆産氣也

七五

●壹氣者四時寒温壹以夜半至賁糗」其色青白其減（撼？）人也如波通（涌）

七六

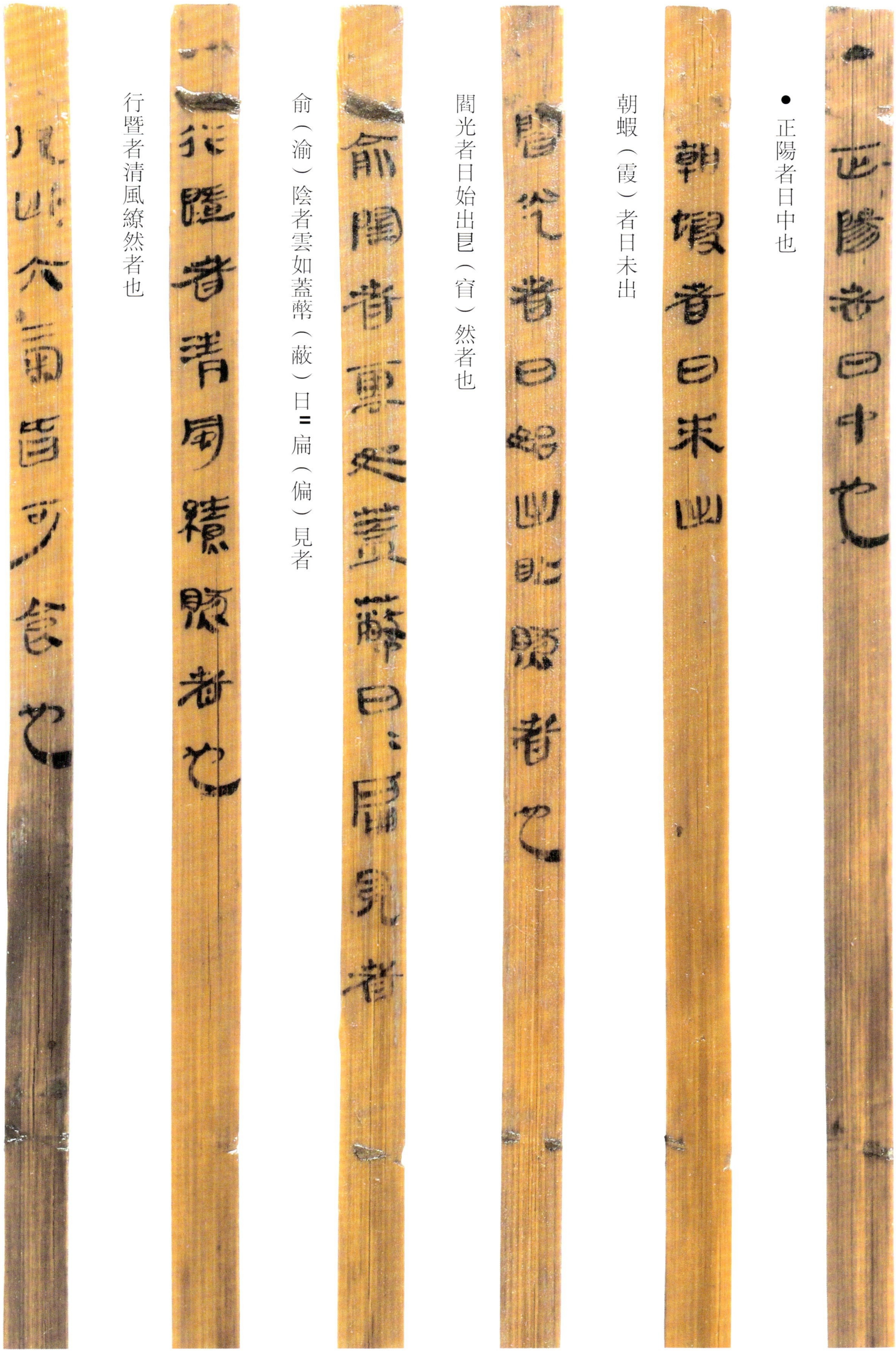

七七 ●正陽者日中也

七八 朝蝦（霞）者日未出

七九 閶光者日始出昆（窅）然者也

八〇 俞（渝）陰者雲如蓋蔽（蔽）日＝扁（偏）見者

八一 行曁者清風繚然者也

八二 凡此六氣皆可食也

● 淩陰者黑四寒清風折首者也

八三

霜雺（霧）者秋之殺氣也

八四

涿（涿—濁）陽者黑四寒滅天之亂氣也

八五

湯風者風而熱中人者也

八六

日失（昳）以下者菀氣也

八七

凡此五氣者不可食也

八八

八九

●夏食陽則和以白=霜=者昧（眛）明也

九〇

●冬食陰則和以正=陽=者日中也

九一

●夜半失氣爲黃附┗雞鳴失氣爲倉（蒼）附┗朝日」失氣爲白附┗闇（陷）日失氣爲黑附┗

九二

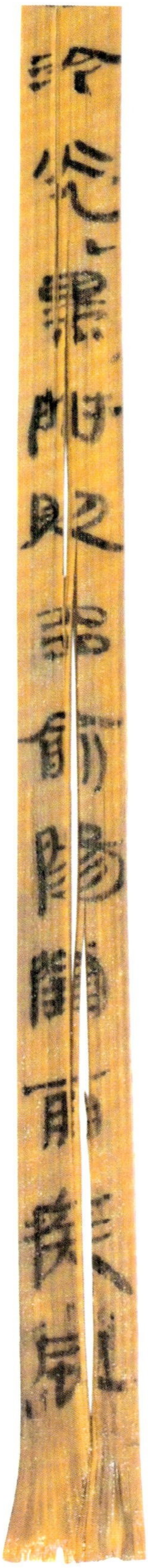

黃附則多正陽┗倉（蒼）附則多朝蝦（霞）┗白附則多」洽（闇）光┗黑附則多俞（渝）陽陰雨疾風

九三

少食日月薄食毋食

盗跖（跖）放大圖版

一背

盗跖（跖）

一

圄者孔=友柳=下=季=弟曰跖（跖）=從卒九千衡（横）行天下」侵暴者諸侯甌（摳）户穴室係人婦女驅

二

囚牛馬不顧議（義）浬（理）貪得孟（忘）豬（祖）所過之邑大都城守小國入」葆萬民苦之孔=胃（謂）柳下季曰夫爲人父者必

三

能詔其子爲人兄者必能教弟若父不能詔子兄不能」教弟則無貴有父兄昆弟之親也今先

生世之賢士也弟爲盜豼（跖）爲天下害而增（曾）弗能」教丘竊爲先生羞之丘請爲先生往說之柳下

四

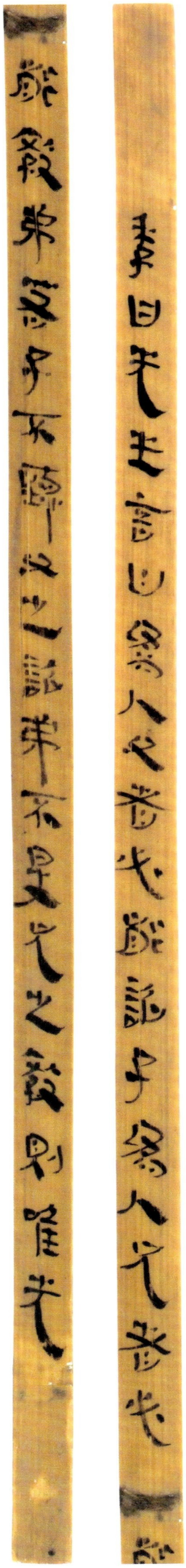

季曰先生言曰爲人父者必能詔子爲人兄者必」能教弟若子不聽父之詔弟不受兄之教則唯先

五

生之辯將奈之何」且夫豼（跖）爲人也心如湧涼（泉）意」如薊（剽）風强足以此閒辯足以飭（飾）非」順其心則喜逆

六

其心則怒不難辱人以言先生必毋也孔=弗聽顔」回爲御子贛爲右往見盜=[豖疋]（跖）=休卒於大山之

七

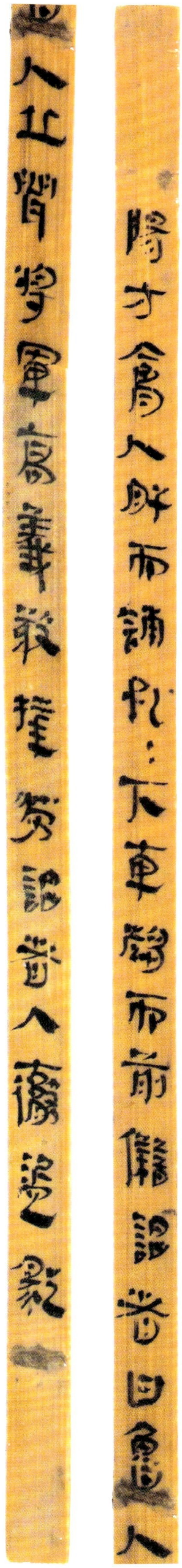

陽方會〈會—膾〉人肝而餔孔=下車趨而前[亻耤]（藉）謁者曰魯」人丘聞將軍高義敬拜勞謁者入徹盜[豖疋]（跖）

八

聞之大怒目如明星髮螢（盈）冠曰此夫魯僞人丘」非邪（耶）往爲我告之曰壹夫作言造語忘（妄）稱文武

九

冠枝木之冠帶死牛之脅多辭繆（謬）說辯於無險（驗）⌐」不耕而食不織而衣搖脣舌古（鼓）是物以惑天下之

一〇

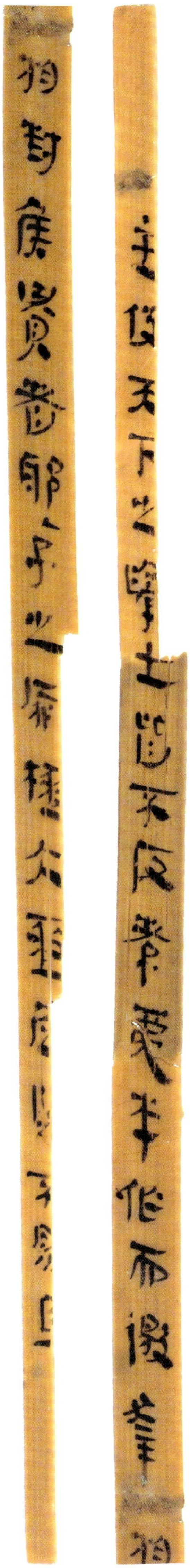

主使天下之學士皆不反（返）孝弟本作而儌（僥）幸」於封侯貴者邪（耶）⌐子之罪極大亟[走][歸][不][然][且]

一一

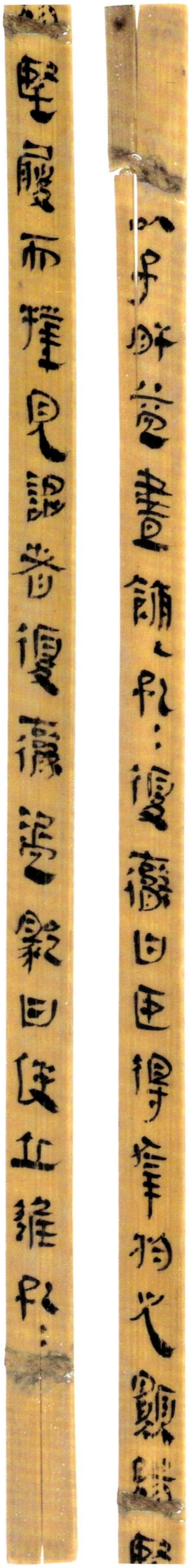

以子肝益晝餔⌐孔＝復徹曰臣得幸於兄願賜〈賜〉」堅（臣）履而拜見謁者復徹盜䟣（跖）曰使丘進孔＝

一二

慁而前避壇反走再拜盜⿰豸足（跖）大怒兩展其足案（按）劍」瞋目聲如乳虎曰丘所言順吾心則生逆吾心

一三

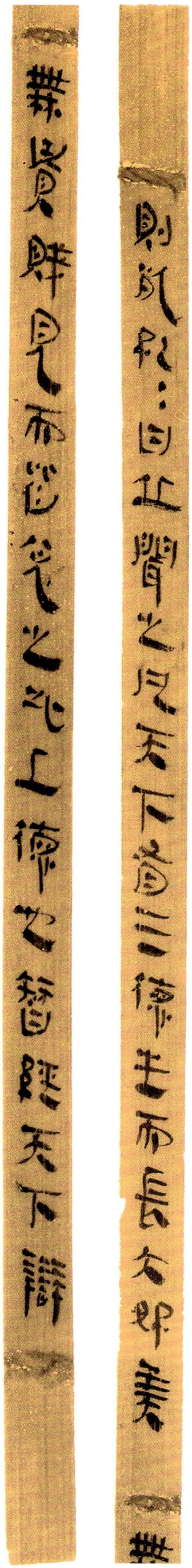

則死孔〓曰丘聞之凡天下有三德生而長大好美」無貴賤見而皆兑（悦）之此上德也智（知）經天下辯

一四

諸物此中德也勇強武果敢此下德也今將軍」長大八尺二寸面目有光脣如巴丹齒如齊米音

一五

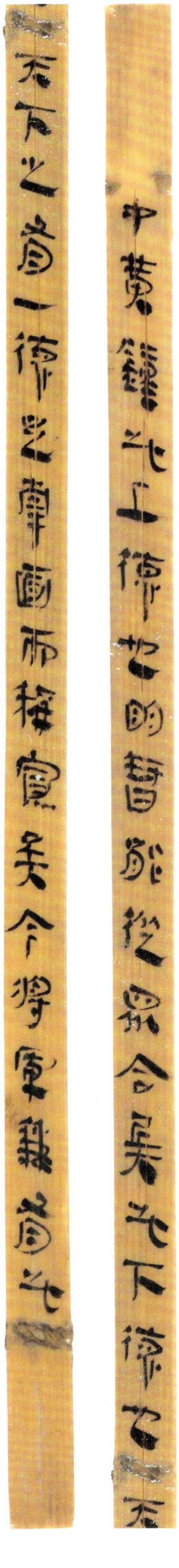

中黄鍾此上德也明智能從衆合兵此下德也」天下之有一德足南面而稱寡矣今將軍兼有此

一六

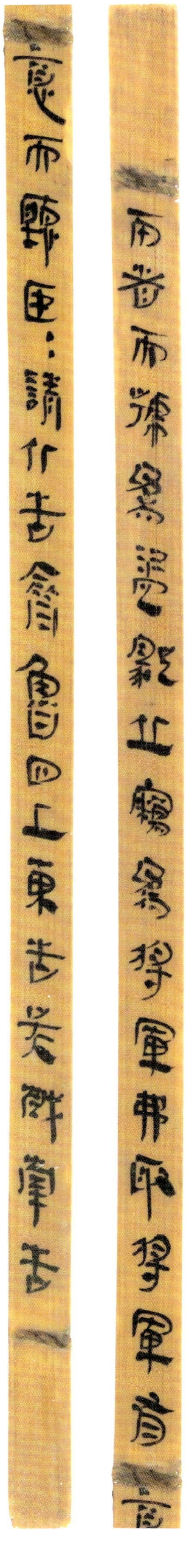

兩者而號爲盜跖（跖）丘竊爲將軍弗取將軍有」意而聽臣＝請北告齊魯四（泗）上東告吴越南告

一七

晉楚西告宋衛使爲將軍城十里萬家之邑立」爲諸侯與天下更始罷兵休卒收養昆弟共

一八

蔡（祭）先沮（祖）此聖人賢士之所期也盜䟢（跖）大怒曰子丘來」可鹽（諂）以利可臾（諛）以言者盡愚㔷（陋）恒民之胃（謂）也吾

一九

長大脩美父母之遺德也丘唯〈雖〉毋吾譽吾剴（豈）弗智（知）」哉且吾聞之面譽人者北（背）而毀人子告我以大＝城＝

二〇

菆（聚）＝民＝安可長有哉城大者莫吾有天下堯」舜有天下今毋立錐之地湯武立爲大王後世絶

二一

威（滅）且聞之古者金（禽）獸多而人民少於是民爲巢」木上以避之晝日拾梩栗而莫（暮）宿其上名曰有巢

二二

氏古者不智（知）衣夏多積薪而冬陽（煬）之故命曰」有生氏神蓐（農）之世卧居＝起于民＝智（知）其母不智（知）其

二三

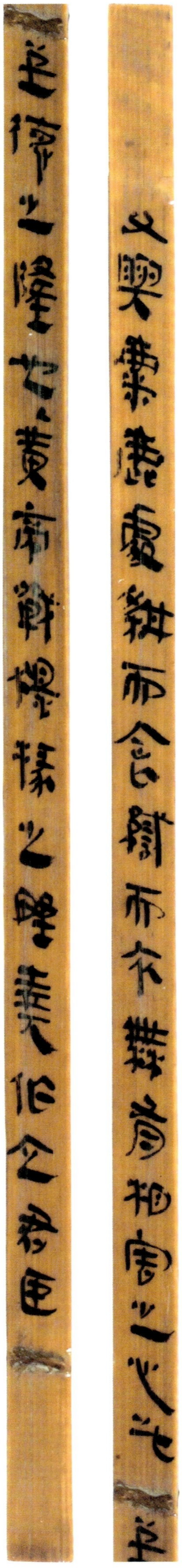

父與麋鹿處耕而食織而衣無有相害之心此」至德之隆也∟黄帝戰獨（涿）禄（鹿）之野堯作立君臣

二四

湯仿（放）其兄武王試〈試—弑〉其主自此之后智勝愚强」勝弱衆勝寡湯武以來盡亂人之徒也今子隨

二五

文武之業長遂試〈試—弑〉亂之道以教后世絳衣淺（淺）帶」譑（矯）言高行以曚惑天下之主而欲求奠（尊）貴焉盜

二六

莫大於子天下何故不胃（謂）子盜丘而乃胃（謂）我盜䟣（跖）」哉」子以甘言流辭説子路而從之路解其危冠去

二七

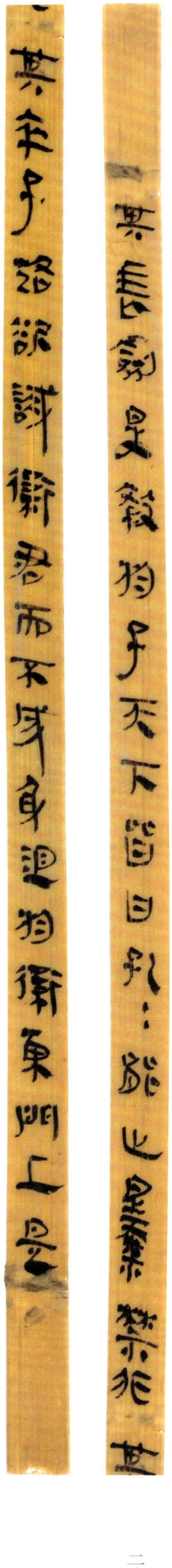

其長劍受教於子天下皆曰孔=能止暴禁非」其卒子路欲誠〈試—弒〉衛君而不成身沮（菹）於衛東門上是

二八

子之教不至也子自以爲賢聖邪逐於魯削」迹於衛窮於齊困於陳祭（蔡）閒」夫子教路則子

二九

路沮（菹）自胃（謂）賢聖而容於天下則異上無以爲賢下」無以教人子之道剴（豈）足貴哉夫世之高莫若黃=

三〇

帝=不能全德戰於獨（涿）椂（鹿）之野流血百里」堯不茲（慈）舜」不孝禹偏殆湯仿（放）其兄武王誠〈試—弒〉主文王拘

三一

牖（羑）里此六子者世之所高也察論其意乃可」羞也」世之所胃（謂）死士柏（伯）=夷=叔=齊=辭孤竹之君

三二

餓而死首山之陽死而不葬鮑〈鮑〉焦劫於行僟」於名不全其生施橋（喬）木而死徵（微）生與女子期

三三

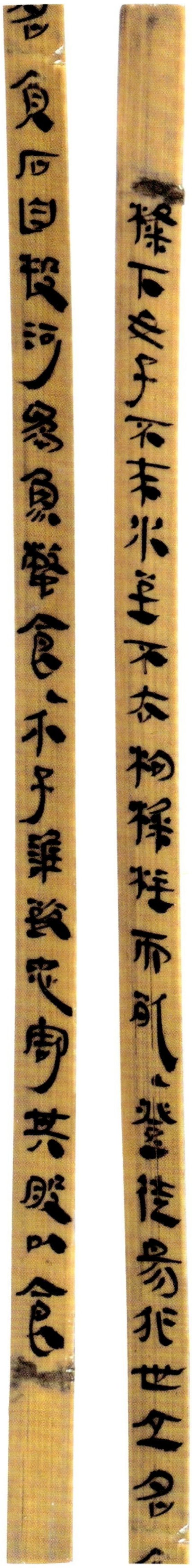

樑下女子不來水至不去枸〈抱〉樑柱而死㇗登徒昜〈易〉非世立名」負石自投河爲魚蟞（鱉）食㇗介子誰（推）致（至）忠割其股以食

三四

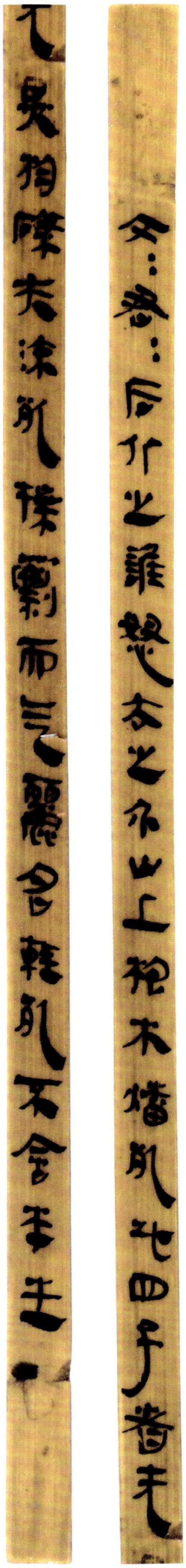

文=君=后北（背）之誰（推）怒去之介山上枹（抱）木燔死此四子者无（無）」異於礫夫流死操蒯（瓢）而气（乞）麗名輕死不含（念）本生

三五

養壽命者也㇗世之忠臣莫若王子比干五（伍）子=胥=」沈（沉）比干心貳子者世之忠臣也而不免於爲天下英（笑）

三六

上論之至黃帝下觀之至子胥皆不足貴也▍丘所以」說我者以鬼事則我弗能智（知）矣若以人事則不

三七

過此＝盡吾所聞智（知）矣今吾告子以人＝請（情）＝目欲美」耳欲聽聲口欲察味說（悅）志意之欲盡百體之安

三八

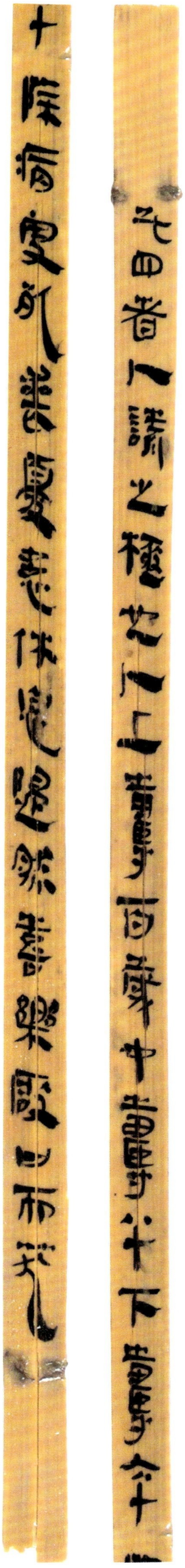

此四者人請（情）之極也人上壽百歲中壽八十下壽六十」除病叟死喪憂患休息歸然喜樂啓口而芺（笑）

三九

一月中不過四五而已矣夫天地無窮而人之死有時操有」死之具而庑（託）於無窮之閒忽然無異於六〈亓—其〉冀（驥）過於

四〇

郤（隙）而已不能説志意此皆非徹於道養生者也丘亟」歸毋復言矣子之語不足論也孔=再拜趨出上車

四一

援綏再失之嘆然無見色如死灰据式（軾）柢（低）頭遂不出氣」至魯東門卒逢柳=下=季=曰今者閒忽然數日不

四二

四三

得見車馬有行色得徹（微）往見⿰豸足（跖）邪孔=曰然柳下」季曰⿰豸足（跖）亦得毋固逆於前虖（乎）孔=曰丘所胃（謂）毋

四四

疾而自久（灸）者也殆不免於虎口

祠馬禖放大圖版

一

祠置狀三席=四腏（餟）從者在後亦四腏（餟）其」一席東鄉（向）牡石居中央

二

一席南鄉（向）一席北鄉（向）先腏（餟）石上沃以酒」祠」及炊亨（享）毋令女子

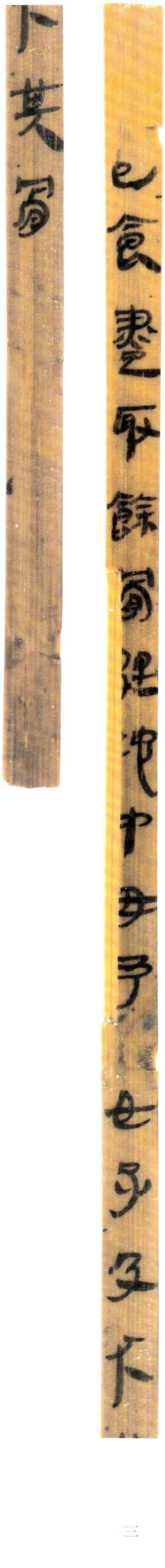

三

已食盡取餘骨貍（埋）地中毋予女子及犬」其骨

三意欺（祈）曰敢謁日丙馬祺〈禖〉大宗小宗騶簪」褱皇神下延次席

四

某以馬故進美肥生（牲）君幸繹（釋）駕就安席」爲某大客」因摵（滅）毛

五

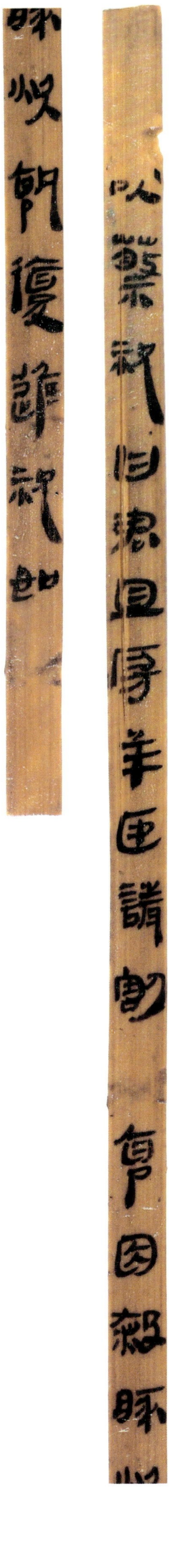

以蔡（祭）祝曰君且房（仿）羊（佯）臣請割亨（享）因殺豚」炊孰（熟）復進祝如

六

七

前曰自褻（饗）進生今進孰（熟）君强歈（飲）强食予」某大福毋予騂（騮）┗驍┗

八

驪┗駮┗騂（騠）千秋勿予口疾令食百草英毋」予腹疾令爲百草

九

棗毋予頸疾令善持厄（軛）衡勿予足疾」令善走善行勿予

一〇

膭（脊）疾令爲百體（體）剛勿予尾疾令毆（驅）閩（蚊）寍（虻）

漢律十六章放大圖版

一

亭郭反降諸侯及守乘城亭郭諸侯人來攻」盜不堅守而棄去之若降之及謀

二

反者皆要（腰）斬

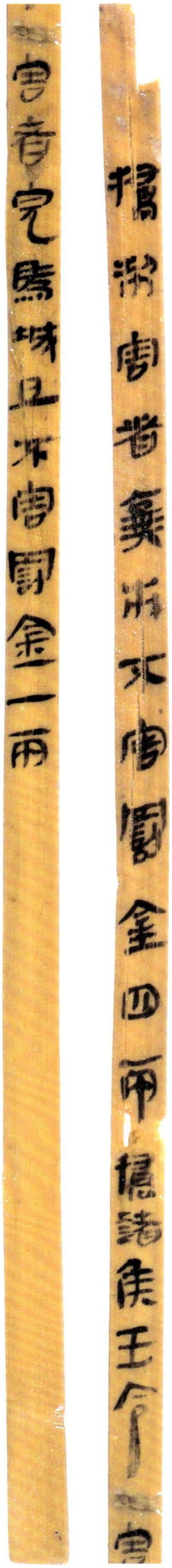

三

撟（矯）制害者棄市不害罰金四兩撟（矯）諸侯王令」害者完爲城旦不害罰金一兩

四

諸上書及有言也而謾完爲城旦舂其誤不」審罰金四兩●不敬耐爲隸臣妾

五

諸教人上書有言而謾若言人之罪而不審」皆以上書謾律論教者

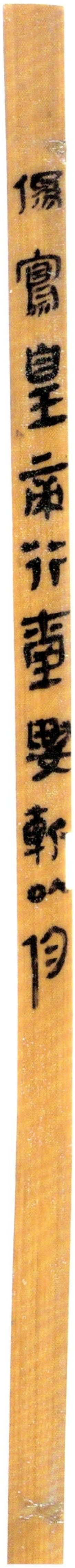

六

僞寫皇帝行璽要（腰）斬以㑬（徇）

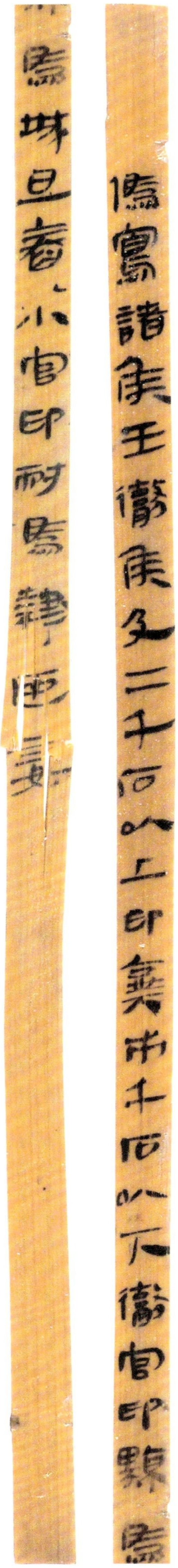

七

僞寫諸侯王徹侯及二千石以上印棄市千石以下徹官印黥」爲城旦舂∟小官印耐爲隸臣妾

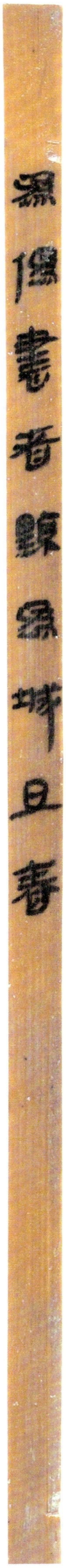

八

爲僞書者黥爲城旦舂

九

詐（詐）爲券書詐（詐）增減券書及爲書故詐（詐）弗副」其以避負償若受賞賜〈賜〉財物皆坐臧（贓）爲盜其

一〇

以避論及所不當得爲以所避罪=之所避毋罪=名=」不盈四兩及毋避也皆罰金四兩

一一

毀封以它完封印=之耐爲隸臣[妾]

一二

爲券書而誤多少其實及誤脱字罰金一兩誤」其事可行者勿論

一三

有挾毒矢若謹（堇）毒∟糶〈蘸〉及和爲謹（堇）毒者皆棄市∟或命」糶〈蘸〉謂鼷毒詔所令縣官爲挾之不用此律

軍吏緣邊縣道得和爲毒〓矢謹臧（藏）節（即）追外」蠻夷盜以假之事已輒收臧（藏）匿及弗歸盈

一四

五日以律論

一五

諸食脯〓肉〓毒殺傷病人者亟盡孰（熟）燔其餘∟其」縣官脯肉也亦燔之當燔弗燔及吏主者皆

一六

坐脯肉臧（贜）與盜同法

一七

賊殺人鬭而殺人棄市∟其過失及戲而」殺人贖死傷人除

一八

一九 賊傷人及自賊傷以避事者皆黥爲城」旦舂

二〇 鬬賊殺傷人與賊同法

二一 鬬而以釖（刃）及金鐵銳錘椎（椎）傷人皆完爲城旦」舂其非用此物而旫人折枳（肢）齒指胅體（體）∟斷

二二 肤（决）鼻耳者耐其毋傷也下爵毆（毆）上爵罰金」四兩毆（毆）同列以下罰金二兩其有疻痏及題

二三 罰金四兩

毆（毆）庶人以上黥以爲城=旦=舂=也黥之

二四

奴婢毆（毆）庶人以上黥顔（顔）頯畀主

二五

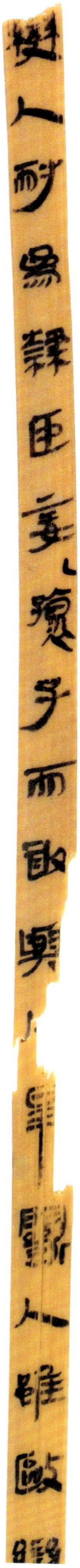

[變]人耐爲隸臣妾∟褱（懷）子而敢與[人]争鬬人雖毆（毆）」變之罰爲人變者金四兩

二六

鬬傷人而以傷辜二旬中死爲殺人

二七

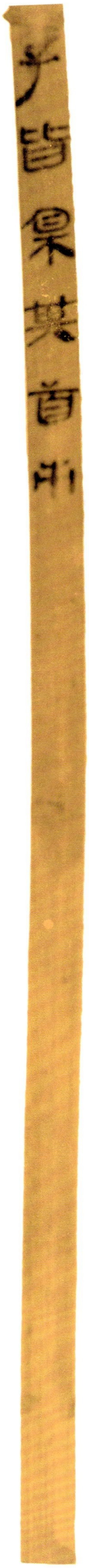

子賊殺傷父母∟奴婢賊殺傷主=父母妻」子皆梟（梟）其首市

二八

孺子良人　下妻子殺父適（嫡）妻及孽子」主母盡如母法

二九

子牧殺父母毆（毆）詈泰（大）父=母=叚（假）大母主母」父母告子不孝皆棄市」其子有罪

三〇

當城旦舂鬼薪白粲以上及爲人奴婢」告不孝勿聽」年七十以上告子不

三一

三=環=之=毄人不孝黥爲城旦舂

三二

婦賊傷[毆]（毆）母皆棄市

三三

毆（毆）兄姊隸臣妾其奊詢詈之贖黥

三四

毆（毆）父下[泰父母之]同」產及夫父母之同產夫之同產若毆（毆）妻之父

三五

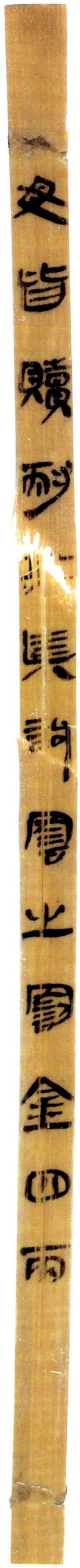

母皆贖耐其奊詢詈之罰金四兩

三六

妻毆（毆）夫耐爲隸妾

三七

妻悍而夫毆（毆）笞之非以兵刃也雖傷之毋」罪

三八

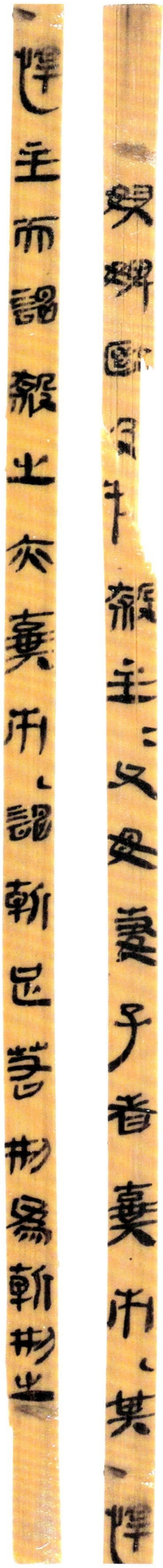

奴婢毆（毆）及牧殺主=父母妻子者棄市┗其」悍主而謁殺之亦棄市┗謁斬足若刑爲斬刑之

三九

其奊詢詈主=父母妻子斬奴左止黥婢顏（顏）頯畀」主

四〇

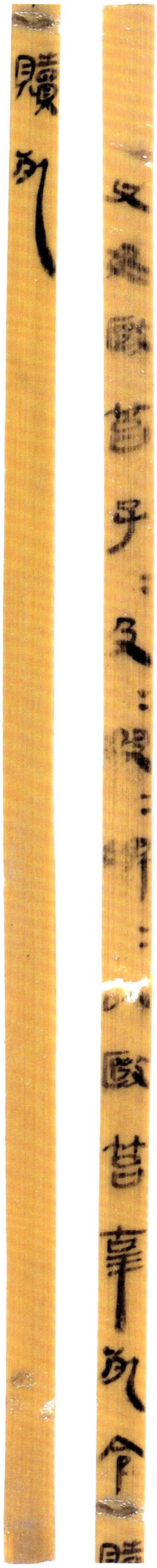

父母毆（毆）笞子=及=奴=婢=以毆（毆）笞辜死令」贖死

四一

諸吏以縣官事笞城旦舂鬼薪白粲以辜」死令贖死

四二

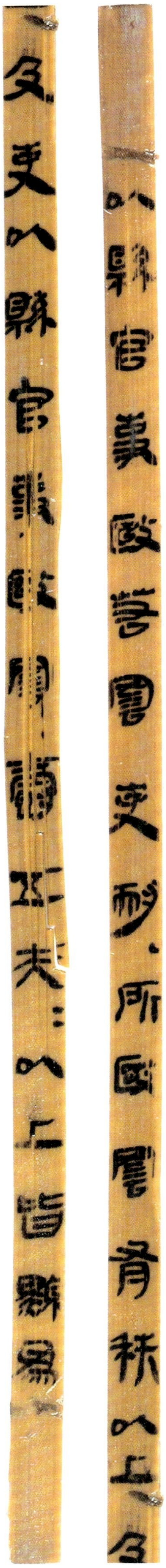

以縣官事毆（毆）若詈吏耐┗所毆（毆）詈有秩以上」及吏以縣官事毆（毆）詈爵五夫=以上皆黥爲

四三

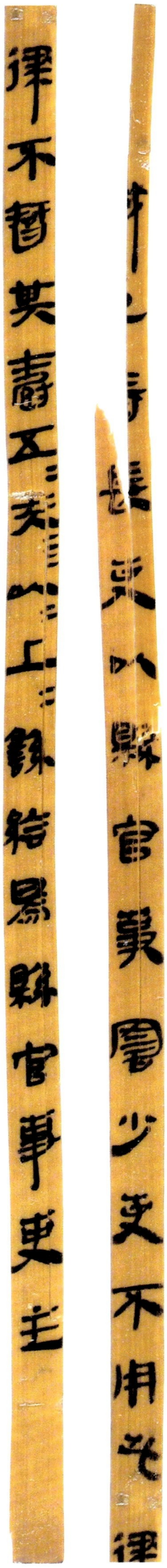

[城][旦][舂]長吏以縣官事詈少吏不用此」律不智（知）其爵五=夫=以=上=繇（徭）給爲縣官事吏主

四四

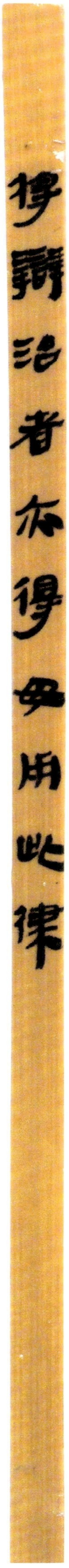

將辯（辨）治者亦得毋用此律

四五

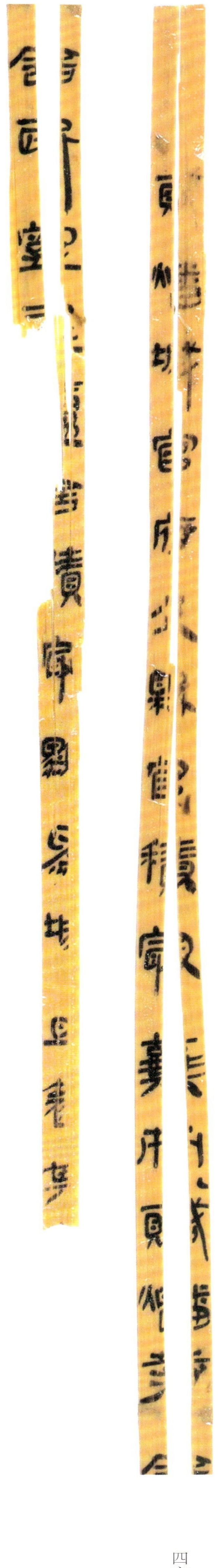

賊燔城官府及縣官積㝡（聚）棄市」賊燔寺」舍民室屋廬舍積㝡（聚）黥爲城旦舂其

四六

火延燔之罰金四兩責（債）所鄉部官嗇」夫吏主者弗得罰金各二兩

四七

失火延燔宮周衛中殿」屋及亶（擅）觀休臺（臺）者皆」贖死責（債）所燔直（值）其行在所宮也耐之官嗇夫吏

四八

主者皆免戍各二歲

四九

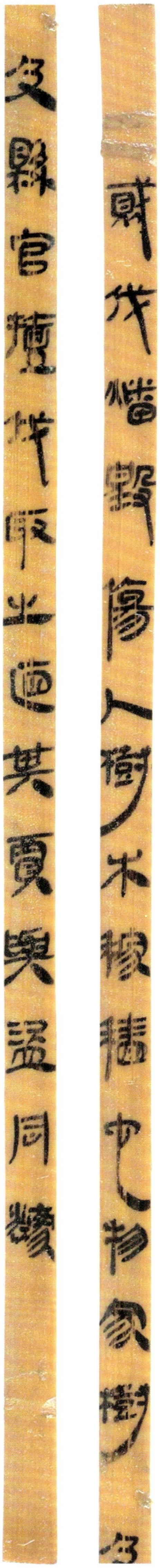

賊伐燔毀傷人樹木稼穡它物冢樹」及縣官擅伐取之直（值）其賈（價）與盜同法

五〇

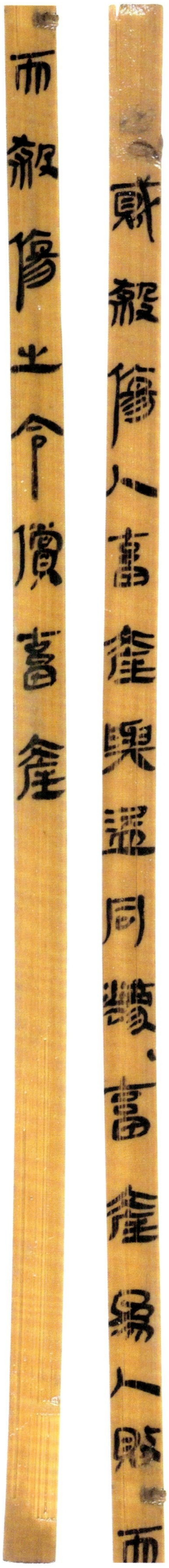

賊殺傷人畜產與盜同法」畜產爲人敗」而殺傷之令償畜產

五一

犬殺傷人畜產犬主償之它畜產相殺」傷共與之

五二

船人渡人而流殺人耐之船嗇夫吏主者」贖耐其殺馬牛及傷人船人贖耐船嗇夫

五三

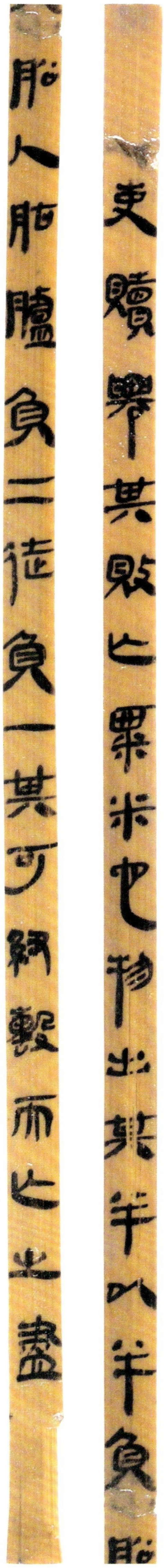

吏贖䙴（遷）其敗亡粟米它物出其半以半負」船人舳艫負二徒負一其可紐毄（繫）而亡之盡

五四

負之舳艫亦負二徒負一罰船嗇夫吏金」各四兩」流殺傷人殺馬牛有（又）亡粟米它

五五

物者不負

五六

得亡衣器它物其主識者以畀之

五七

■盜律

五八

盜五人以上相與功（攻）盜爲群盜

五九

群盜及亡從群盜毆（毆）折人枳（肢）胅體（體）及令佊（跛）蹇（蹇）」若縛守將人而强盜之及投書縣（懸）人書

六〇

恐猲人以求錢財」盜殺傷人盜發冢（塚）」略」賣人若已略未賣撟（矯）相以爲吏自以爲吏

六一

以盜皆磔

六二

劫人」謀劫人求錢財雖未得若未劫皆磔之

六三

智（知）人爲群盜而通歓（飲）食餽遺之與同罪」智（知）黥爲城旦舂」其能自捕若斬之除其

六四

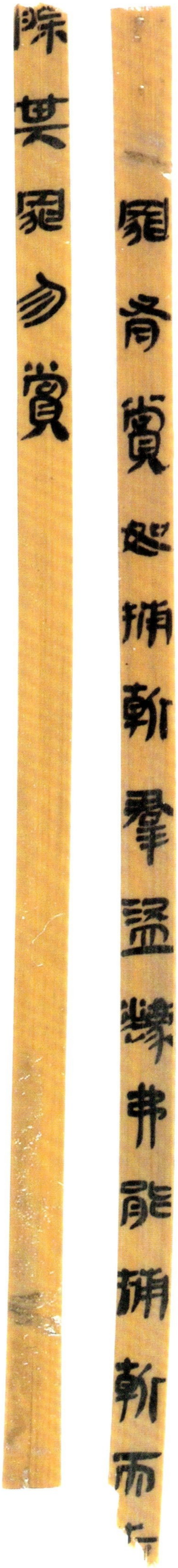

罪有（又）賞如捕斬群盜法（發）弗能捕斬而【告】」除其罪勿賞

六五

智（知）人略賣人而與賈與同罪不當賣而和」爲人賣＝者皆黥爲城旦舂買者智（知）其請（情）

六六

與同罪

六七

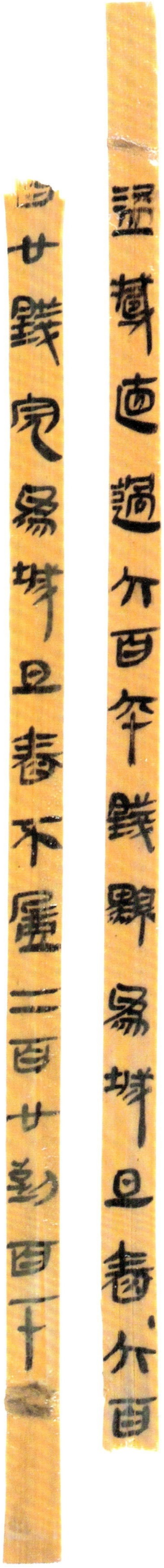

盜臧（贜）直（值）過六百六十錢黥爲城旦舂」六百」【百】廿錢完爲城旦舂不盈二百廿到百一十

六八

錢耐爲隸金」四兩不盈廿二到一錢罰金一兩

六九

謀偕盜而各有取也并直（值）其臧（贓）以論之

七〇

謀遣人盜若往盜」雖不受分及智（知）人盜與分皆與盜同法

七一

盜=人臧（贓）見畀其主

七二

受賕以枉法　坐其臧（贓）爲盜」罪重於盜者以重者論之

七三

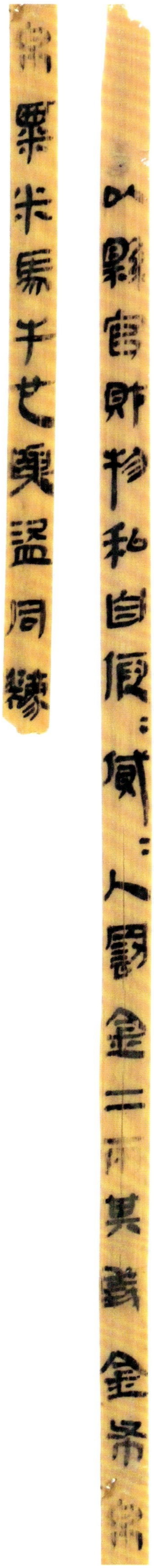

七四

以縣官財物私自假=貣（貸）=人罰金二兩其錢金布」帛粟米馬牛也與盜同法

七五

諸有假於縣道官事已假當歸弗歸盈」假律論其叚（假）別在它所有（又）物故毋道歸叚（假）

七六

以書告叚（假）在所縣道官收之其不自言盈廿日亦以」私自假律論其

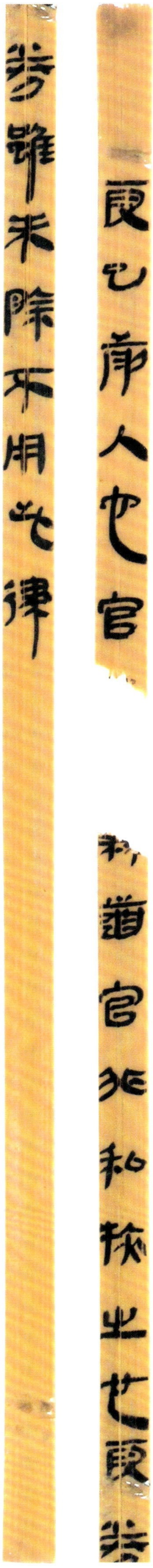

七七

叚（假）已前入它官縣道官非私挾之也叚（假）」券雖未除不用此律

諸盗者皆以獄所平賈（價）直（值）論之

七八

自今以來主守縣官金錢它物而即盗之」罪完城旦舂鬼薪白粲以上駕（加）其罪一等

七九

■告律

八〇

諸欲告罪人及有罪先自告而遠其縣廷」者皆得告所近鄉＝官＝謹聽書其告上縣道

八一

官廷士吏亦得聽告

八二

誣告人以死罪黥爲城旦舂它各反其罪

八三

八四

教人告人而誣┗不審皆以誣人律論教者

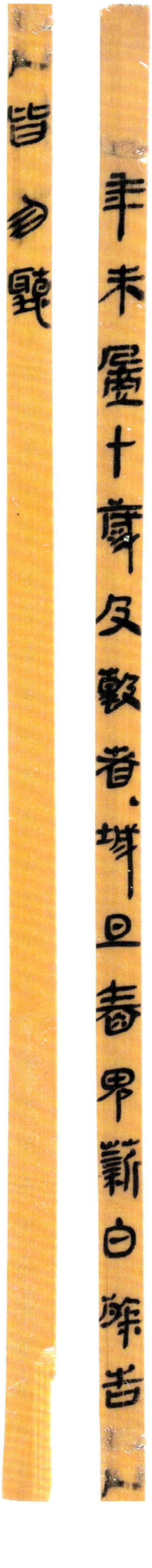

八五

年未盈十歲及毄（繫）者┗城旦舂鬼薪白粲告」人皆勿聽

八六

殺傷大父=母=及奴婢殺傷主=父母妻子自」告者皆不得減

八七

告人不審所告有它罪與告也罪等以上」告者不爲不審

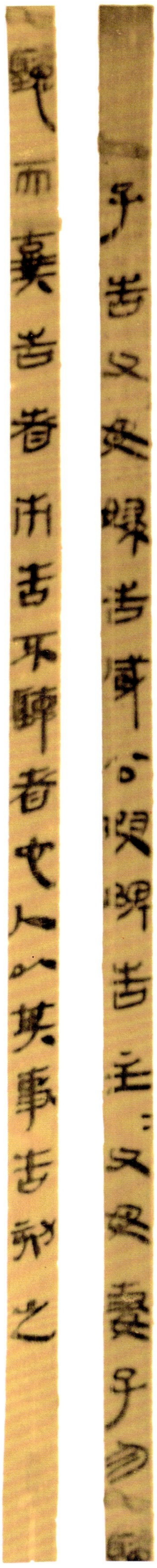

子告父母婦告威公奴婢告主〓父母妻子勿」聽而棄告者市告不聽者它人以其事告劾之

八八

皆勿聽治

八九

告不審及有罪先自告各減其罪一等」死罪黥〓爲城〓旦〓舂〓罪完〓爲〓城〓旦〓舂〓鬼

九〇

薪白粲及府（腐）罪耐爲隸〓臣〓妾〓罪耐爲司〓」寇〓䙴（遷）及黥顏（顏）頯罪贖〓耐〓罪罰金四兩贖

九一

死罪贖=城=旦=舂=罪贖=斬=罪贖=黥=罪贖」耐」罪罰有日及金錢數者各半之

九二

鞫獄故縱不直及診報辟故弗窮審者死罪」斬左止（趾）爲城旦它各以其罪論之其當毄（繫）城

九三

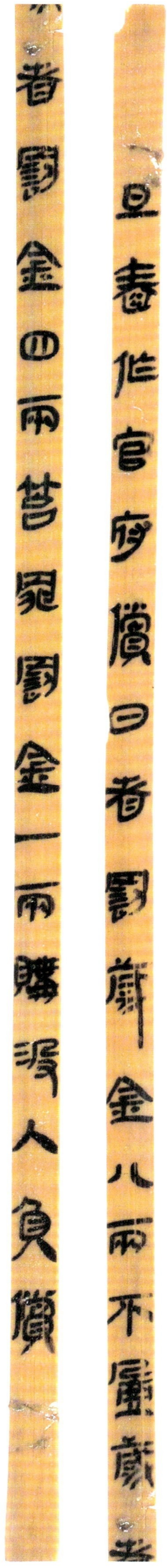

旦舂作官府償日者罰歲金八兩不盈歲」者罰金四兩笞罪罰金一兩購没入負償

九四

各以其直（值）數負之其受賕者駕（加）其罪二等

九五

所受臧（贓）罪重以重者論之亦駕（加）二等其非」故也而失不審各以其贖論之爵┗戍四歲及

九六

毄（繫）城旦舂六歲以上罪罰金四兩贖死」贖城旦舂鬼薪白粲贖斬宮贖劓黥戍

九七

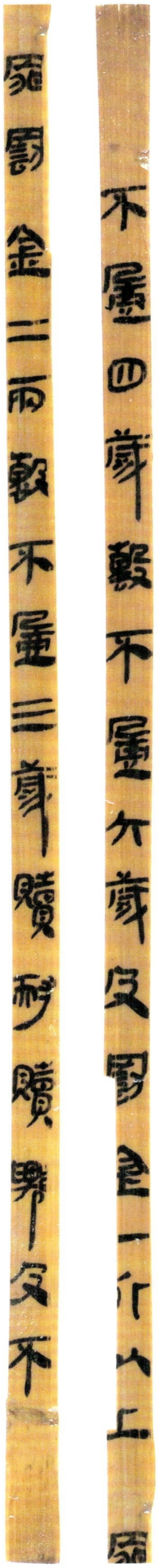

不盈四歲毄（繫）不盈六歲及罰金一斤以上」罪罰金二兩毄（繫）不盈三歲贖耐贖䙴（遷）及不

九八

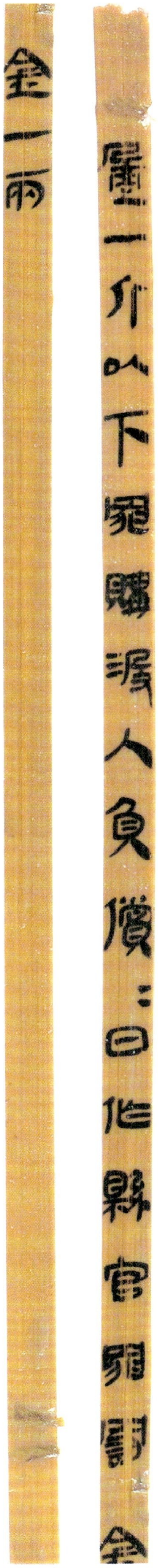

盈一斤以下罪購没入負償=日作縣官罪罰」金一兩

九九

■具律

一〇〇

公=士=妻及老行年七十以上若年不盈十七」歲有罪當刑者皆完之

一〇一

上=造=妻以上及内孫外孫孫玄孫有」罪其當刑及當爲城旦舂者耐以爲鬼薪白粲

一〇二

諸侯王子」内孫」耳孫」徹侯子内孫有罪如上=造=」妻以上

一〇三

公士以上妻殺傷其夫不得以夫爵論

一〇四

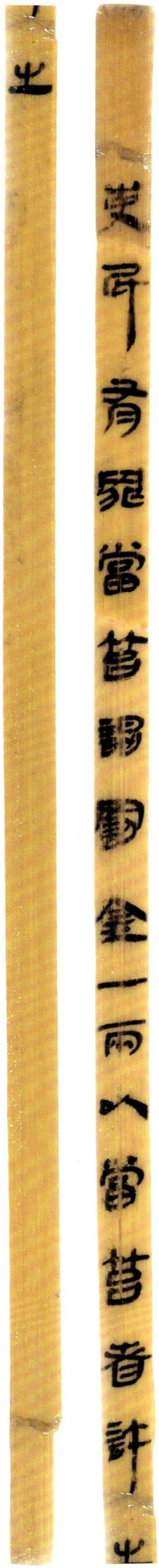

吏民有罪當笞謁罰金一兩以當笞者許」之

一〇五

有罪年不盈十歲除其殺人完爲城旦舂

一〇六

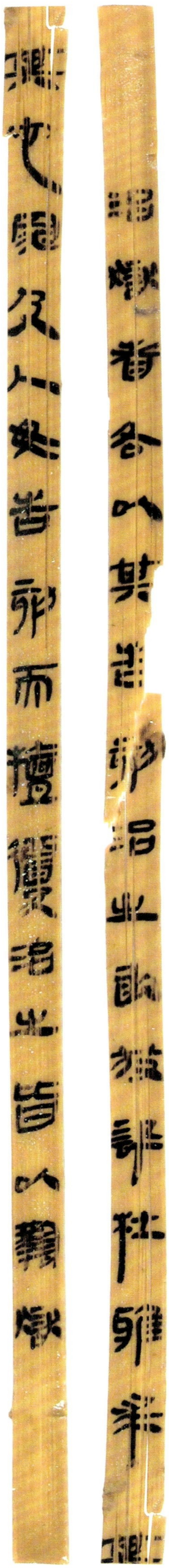

治獄者各以其告劾治之敢放訊杜雅求」其它罪及人毋告劾而擅覆治之皆以鞫獄

一〇七

故不直論

一〇八

毋敢以投書者言毄（繫）治人不𡝮律者以鞫獄故」不直論

一〇九

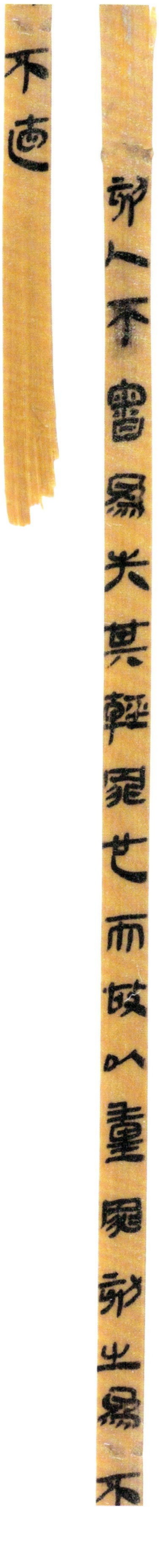

一一〇

劾人不審爲失其輕罪也而故以重罪劾之爲」不直

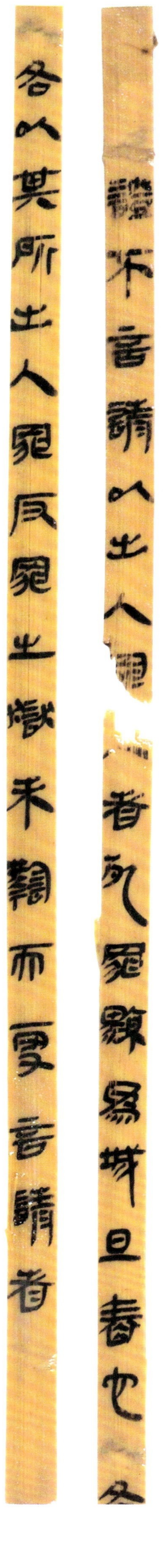

一一一

證不言請（情）以出入罪〔囚〕者死罪黥爲城旦舂它」各以其所出入罪反罪之獄未鞫而更言請（情）者

一一二

〔吏〕〔謹〕〔先〕〔以〕辯告證

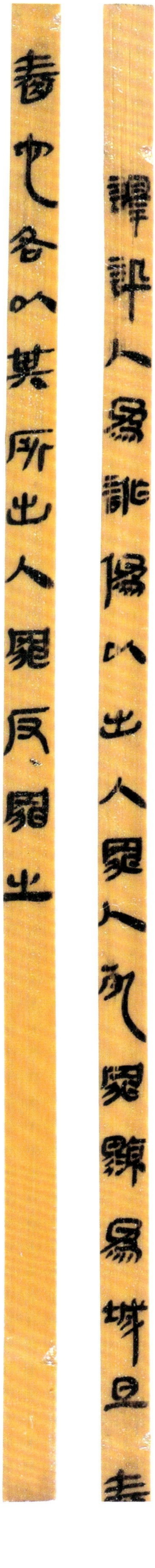

一一三

譯訊人爲詐（詐）僞以出入罪人死罪黥爲城旦」舂它各以其所出入罪反罪之

一一四

縣道官守丞毋得斷獄及讞（讞）相國御史及二」千石官所置守叚（假）吏若丞缺令一尉爲守丞

一一五

皆得斷獄讞（讞）ㄴ獄事當治論者其令長丞或行」鄉官視它事不存及病而非出縣道界也及

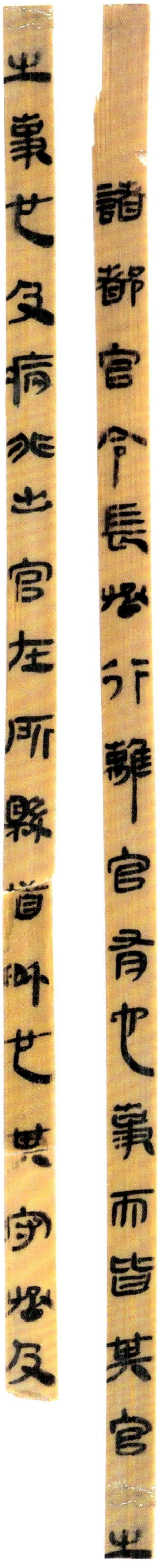

一一六

諸都官令長丞行離官有它事而皆其官」之事也及病非出官在所縣道界也其守丞及

一一七

令長若真丞存者所獨斷治論有不當者令」真令長丞不存及病者皆共坐之如身斷治

一一八

論及存者之罪唯謁屬所二千石官者乃勿」令坐

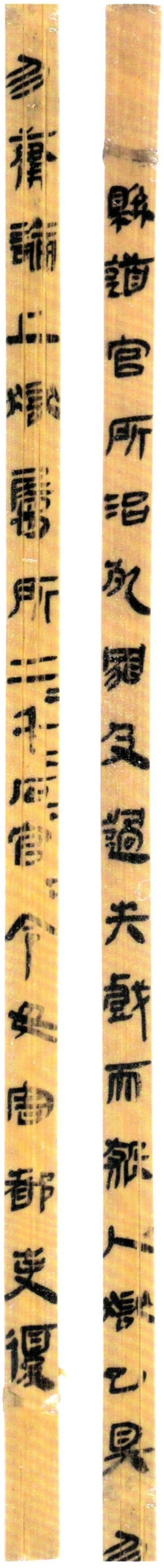

一一九

縣道官所治死罪及過失戲而殺人獄已具」勿庸論上獄屬所二〓千〓石〓官〓令毋害都吏復

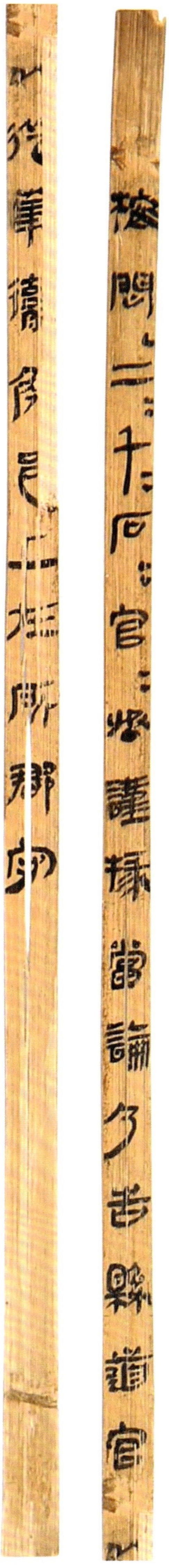

一二〇

桉（案）問」二〓千〓石〓官〓丞謹掾當論乃告縣道官」以從事徹侯邑上在所郡守

一二一

罪人獄已決自以罪不當欲气（乞）鞫者許之气（乞）」鞫不審駕（加）罪一等其欲復气（乞）鞫當刑者刑

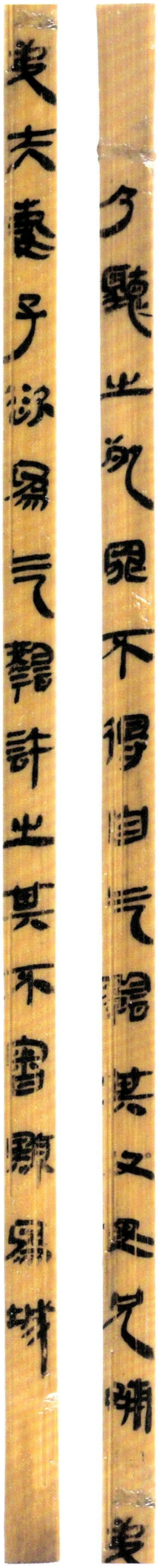

一二二

乃聽之死罪不得自气（乞）鞫其父母兄姊」弟夫妻子欲爲气（乞）鞫許之其不審黥爲城

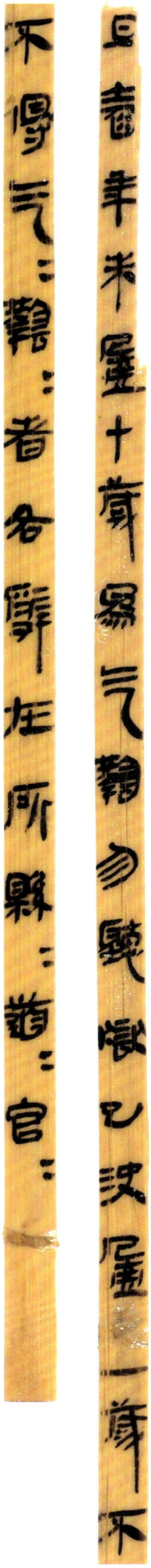

一二三

旦舂年未盈十歲爲气（乞）鞫勿聽獄已決盈一歲」不得气（乞）〓鞫〓者各辭在所縣〓道〓官〓

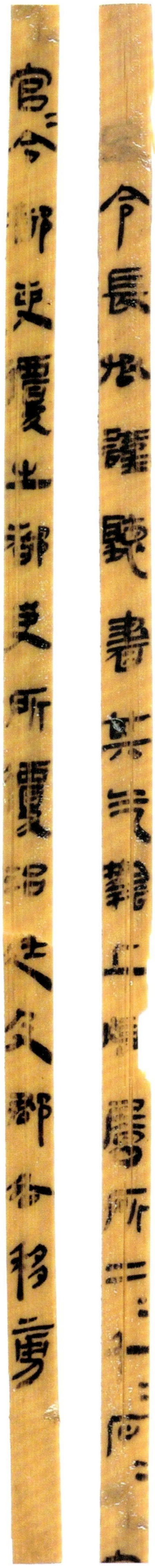

一二四

令長丞謹聽書其气（乞）鞫上獄屬所二〓千〓石〓」官〓令都吏覆之都吏所覆治廷及郡各移旁

一二五

近郡御史丞相所覆治移廷

諸律令中曰與同罪同法其所與同鬼薪白」粲也完以爲城旦舂

一二六

一人有數罪而非駕（加）罪也以其重罪=之

一二七

有罪當黥故黥者劓之故劓者斬=左=止（趾）=者」斬=右=止（趾）=者府（腐）之女子當磔若要（腰）斬者棄市

一二八

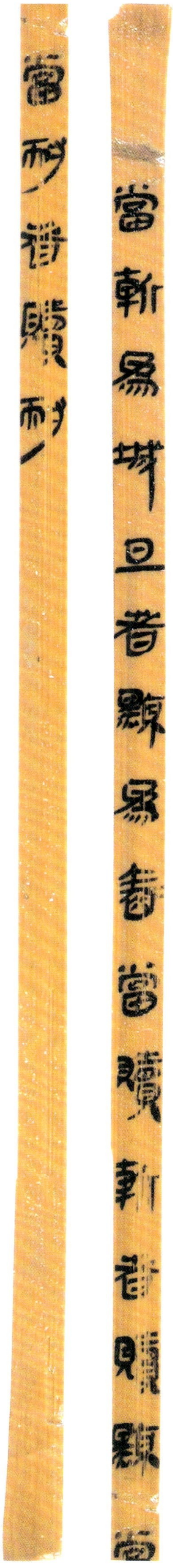

當斬爲城旦者黥爲舂當贖斬者贖黥」當耐者贖耐

一二九

有罪當耐其法不名耐者庶人以上耐爲」爲隸=臣=妾　有耐罪毄（繫）城旦舂

一三〇

六歲毄（繫）日未備而復有耐罪完爲城」旦舂

一三一

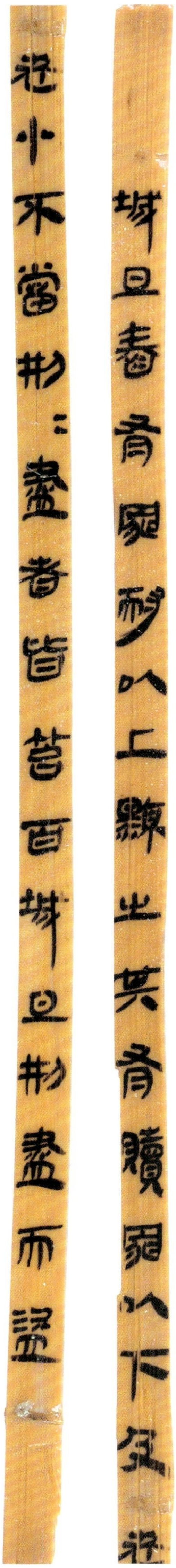

城旦舂有罪耐以上黥之其有贖罪以下及」老小不當刑=盡者皆笞百城旦刑盡而盜

一三二

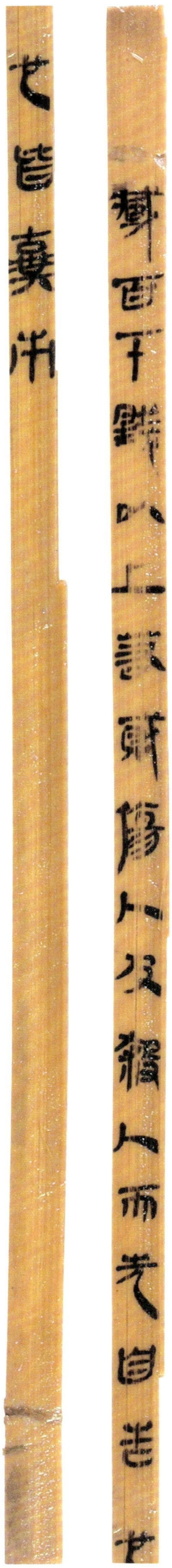

臧（贓）百一十錢以上若賊傷人及殺人而先自告」也皆棄市

一三三

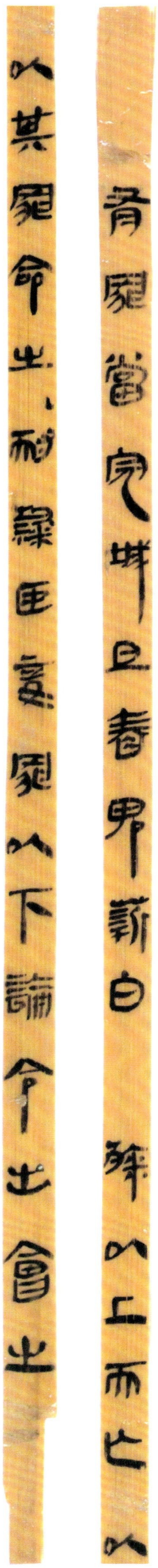

一三四

有罪當完城旦舂鬼薪白粲以上而亡」以其罪命之」耐隸臣妾罪以下論令出會之

一三五

其以亡爲罪=當完城旦舂鬼薪白粲以上不」得者亦以其罪論命之

一三六

城旦舂鬼薪白粲有罪䙴（遷）耐以上而當刑復」城旦舂及曰黥之若刑爲城旦舂及奴婢當

一三七

刑畀主其證不言請（情）誣告=之不審[鞫][之][不]」[故]縱弗刑若論而失之及守將奴婢而亡

之墓遂縱之田曰圓同法同罪其」所與同當刑復城旦舂及曰黥之若鬼薪白

粲當刑爲城旦主之罪也皆如耐」罪然其縱之而令亡城旦舂鬼薪白粲也縱

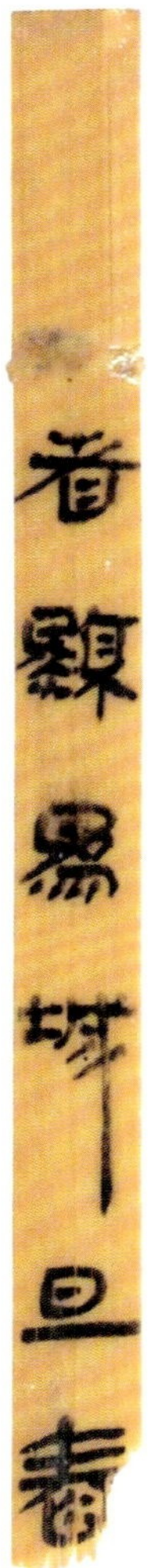

者黥爲城旦舂

鬼薪白粲有耐罪到完城旦舂罪黥以爲城」旦舂其有贖罪以下笞百

一四二

人奴婢有刑城旦舂以下至䙴（遷）耐罪黥䫉（顏）頯」畀主其有贖罪以下及老小不當刑＝盡者

一四三

皆笞百刑盡而賊傷人及殺人先自告也棄市

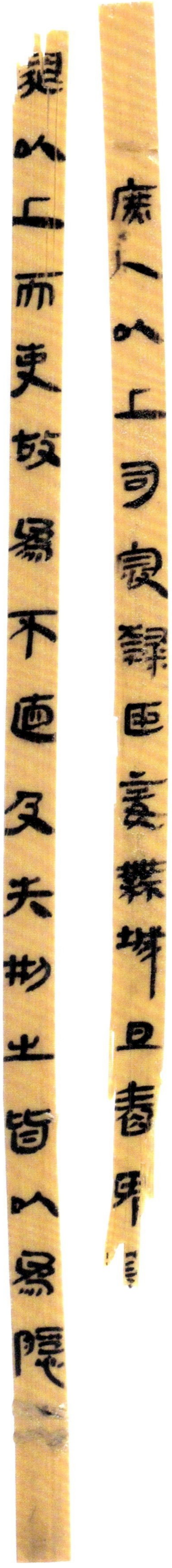

一四四

庶人以上司寇隸臣妾無城旦舂鬼薪」罪以上而吏故爲不直及失刑之皆以爲隱

一四五

官女子庶人毋筭（算）身令自常

一四六

贖死金二斤八兩贖城旦舂鬼薪白粲金一斤」八兩贖斬府（腐）金一斤四兩贖劓黥金一斤」贖

一四七

耐金十二兩贖䙴（遷）金八兩

一四八

有罪當府（腐）者移內=官=府（腐）之

一四九

■囚律

一五〇

爵五夫=吏六百石以上及宦　皇帝而」智（知）名者有罪當盜戒（械）者頌毄（繫）官府令人善司

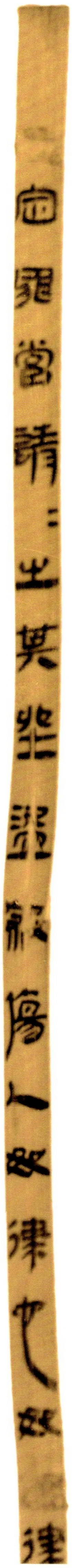

一五一

定罪當請=之其坐盜殺傷人如律它如」律令

有罪自刑以上盜戒（械）毄（繫）之耐罪頌毄（繫）之其遂亡」守者耐牢監官嗇夫吏主者贖耐令丞令史罰

一五二

金各四兩∟其頌囚也守者贖耐牢監官嗇夫」吏罰金四兩令丞令史各一兩能捕得之皆除

一五三

諸當盜戒（械）=者男子丁壯桎衺二尺六寸厚三寸」曼六寸杅衺二尺厚三寸曼五寸

一五四

男子老小及丁女子桎衺二尺厚二寸少半寸曼」五寸半寸杅衺尺八寸厚二寸曼四寸

一五五

女子老小者桎衺尺八寸厚二寸曼五寸杅衺」尺六寸厚二寸曼三寸大半寸

一五六

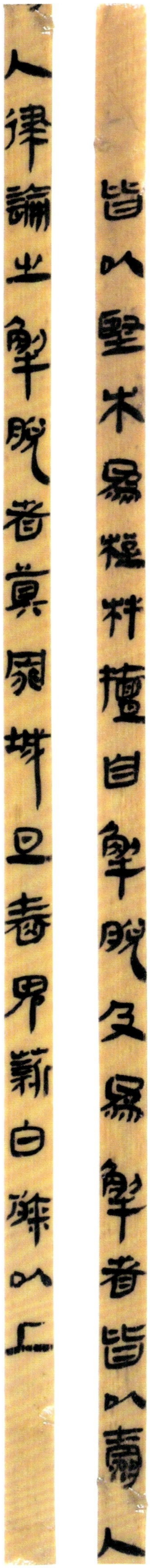

皆以堅木爲桎杅擅自解脱及爲解者皆以爵」人律論之解脱者真罪城旦舂鬼薪白粲以上

一五七

駕（加）一等牢監吏徒主守將智（知）弗告劾與同罪弗」智（知）及吏主爲桎＝杅＝不如令皆罰金二斤有（又）戍二

一五八

歲其隸臣司寇也耐之

一五九

黥罪人其大半寸劓羡半寸牢工刑人不中律六」分寸一以上笞二百其詐（詐）弗刑黥爲城旦而皆復刑

一六〇

之令中律官嗇夫吏弗閲=弗得以鞫獄」故縱論之令丞令史弗得罰金各一斤

一六一

諸治獄者毋得擅移獄傳囚=有它告劾皆移」毄（繫）所并論其同獄別毄（繫）不服必相須决者乃

一六二

得移傳相從令輕從重=輕等少從多=少等」後從先贖罪以下移告劾人在所不當移傳擅

一六三

移傳及當而弗移傳者皆奪爵一級戍二歲」所擅移傳到其縣=道=官=受治論勿敢環（還）

一六四

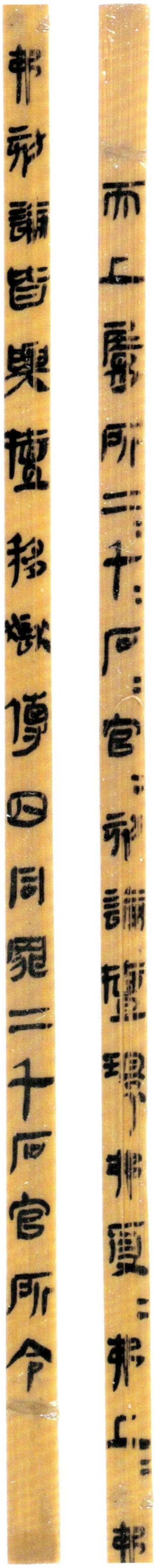

而上屬所二=千=石=官=劾論擅環（還）弗受=弗上=」弗劾論皆與擅移獄傳囚同罪二千石官所令

一六五

其屬官治論不用此律

一六六

囚遝人若引證校（案）盈三百里來而不審」毋出入」其罪者駕（加）罪一等」辭者所言及贖罪以下證

一六七

一六八

桉（案）治者具爲散移人在所縣=道=官=獄訊以」報之勿徵=遝=者以擅移獄論

一六九

囚遂駕（加）其罪一等笞者罰=金=一=兩=者罰=」二=兩=者罰=四=兩=者贖=耐=者贖=黥=者贖=斬=

一七〇

者贖=城=旦=舂=者贖=死=䙴（遷）及當耐爲司寇」者耐=爲=隸=臣=妾=者 完=爲=城=旦=舂=及鬼

一七一

白粲者黥=爲=城=旦=舂=者駕（加）其刑=盡者棄市罪罰」有日數者各倍之

一七二

簒遂縱囚死罪斬左止（趾）爲城旦女子黥爲舂」它各與同罪

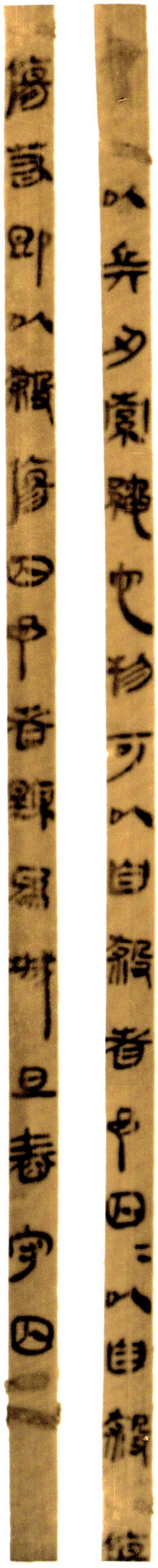

一七三

以兵刃索繩它物可以自殺者予囚＝以自殺」傷若即以殺傷囚予者黥爲城旦舂守囚

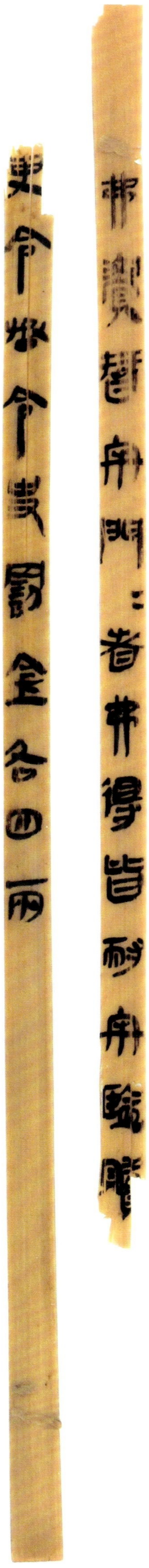

一七四

弗覺智（知）牢門＝者弗得皆耐牢監贖」吏令丞令史罰金各四兩

一七五

城旦舂鬼薪白妾之毄（繫）城旦舂居罰」贖責（債）皆將司之弗將＝司＝而亡之徒耐吏贖

一七六

耐能捕得之皆縱令亡若與偕亡城」旦舂也將者黥爲城旦舂它各與同罪

一七七

囚罪當刑以上及盜賊亡人之囚數更言諒（掠）訊」以定之不當諒（掠）＝及盜戒（械）之捕罪人毄（繫）留弗詣

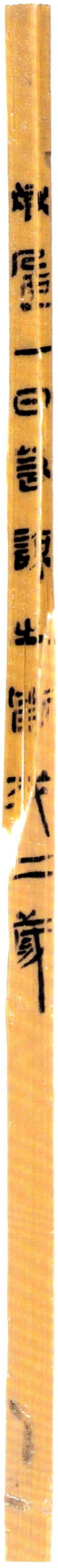

一七八

獄盈一日若諒（掠）之皆戍二歲

一七九

囚以諒（掠）辜五日死諒（掠）者完爲城旦

一八〇

囚懷子而當報者須其乳乃報之

當以月晦報囚于市春戌夏丑秋辰冬未及壬乙」戊辰戊戌戊午┗月省（眚）及宿直心虛張皆勿以報

一八一

囚┗朔日望入朔八日二旬三日勿以治獄報囚晦日不」可以報囚以望後利日

一八二

工官及爲作務官其工及冗作徒隸有罪〓自城」旦舂以下已論皆復詣其故官

一八三

有罪完城旦舂鬼薪白粲以上入鞫縣耐隸臣」妾以下復詣其縣官

一八四

■捕律

一八五

捕磔若要（腰）斬罪一人購金一斤捕盜賊亡人略妻」略賣人强奸僞寫印者棄市罪一人購金十兩刑

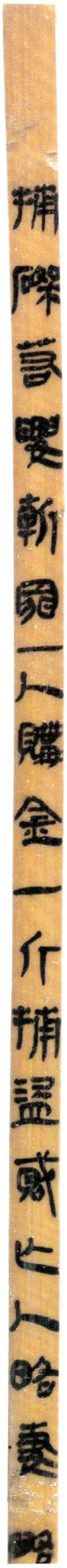

一八六

城旦舂罪購金四兩完城旦舂鬼薪白粲」刑耐罪購金二兩其人奴婢當畀其主者主購

一八七

之雖老小不當刑及刑盡者皆購金二兩」吏」所捕其部中及諸捕告而不當購者主入購

一八八

縣官其主弗欲取者入奴婢縣=官=購之

一八九

詗告罪人吏捕得之半購【詗者】

一九〇

群盜〓殺傷人賊殺傷人强盜節（即）發縣〓道〓」亟爲發吏徒足以追捕之尉分將令兼將亟

一九一

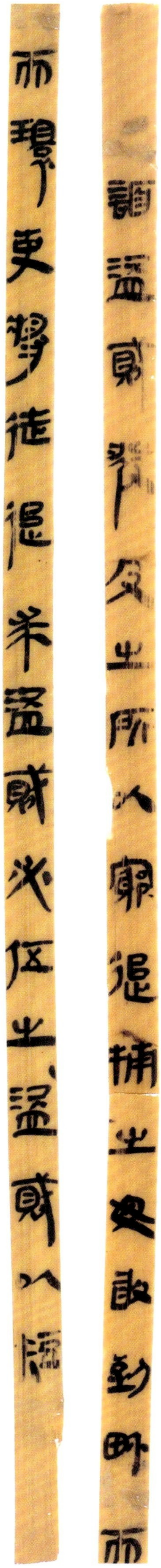

詣盜賊發及之所以窮追捕之毋敢到界」而環（還）吏將徒追求盜賊必伍之▆盜賊以短

一九二

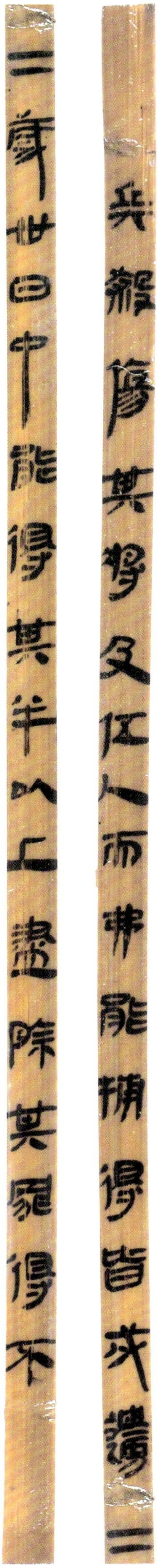

兵殺傷其將及伍人而弗能捕得皆戍邊」二歲卅日中能得其半以上盡除其罪得不

一九三

能半得者獨除

一九四

死事者置後如律大痍臂臑股胻或誅」斬除

一九五

與盜賊遇而去北及力足以追逮捕之而回」避詳（佯）勿見及逗留畏耎弗敢就奪其將

一九六

爵一級免之毋爵者戍邊二歲而罰其」所將吏徒以卒戍邊各一歲

一九七

興吏徒追盜賊已受令而逋以畏耎論之

一九八

一九九

盜賊發士吏求盜部者及令丞尉弗覺智（知）士」吏求盜皆以卒戍邊二歲令丞尉罰金各四

二〇〇

兩令丞尉能先覺智（知）求捕其盜賊及自劾」論吏部主者除令丞尉罰」一歲中盜賊發

二〇一

而令丞尉所不覺智（知）三發以上皆爲不勝任」免之

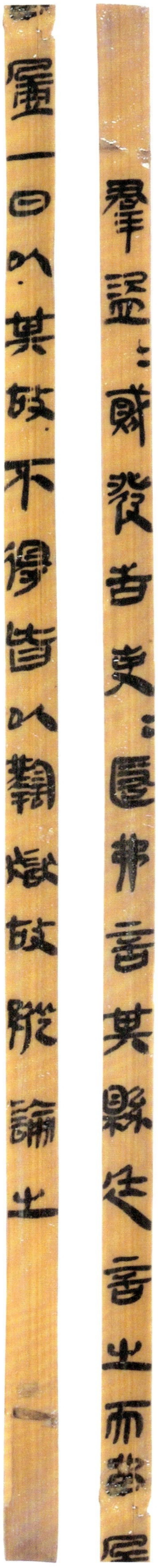

二〇二

群盜＝賊發告吏＝匿弗言其縣廷言之而留」盈一日以其故不得皆以鞫獄故縱論之

官嗇夫坐官有罪贖囚上令丞令史弗得罰＝」金＝四＝兩＝罪罰＝二＝兩＝罪罰一兩令丞令史或

二〇三

偏先自得之相除

二〇四

群盜＝賊劫人發及鬬殺人而不得官嗇夫」士吏＝部主者罰金各二兩尉＝史各一兩而輒

二〇五

言得不得所殺傷及臧（贜）物數屬所二＝千＝」石＝官＝上丞相御史

二〇六

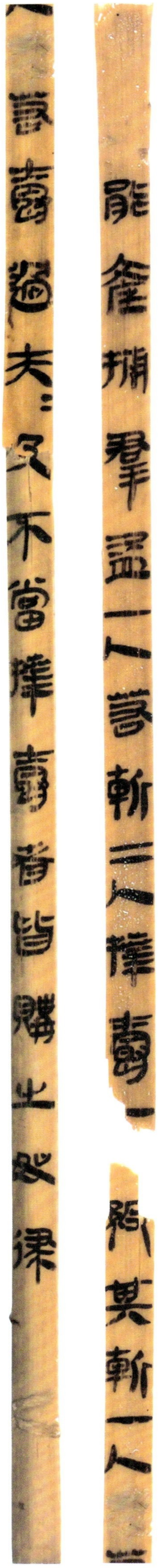

能産捕群盜一人若斬二人拜爵一級其斬一人」若爵過夫=及不當拜爵者皆購之如律

二〇七

斬群盜必有以信之乃行其賞

二〇八

群盜┗命者及有罪當命未命能捕群盜┗命者」若斬之┗一人免以爲庶人所捕過此數者購如律

二〇九

捕從諸侯來爲閒者一人拜爵一級有（又）購二萬」錢不當拜爵者級賜萬錢有（又）行其購數人共

二一〇

捕罪人而當購賞欲相移者許之

二一一

捕盜鑄錢及予爵一級其欲以免」除罪人者許之捕一人免除　城旦舂鬼

二二二

薪白粲二人若隸臣　司寇三人以爲庶人其當」刑未報者勿刑𠃊有（又）復告者一人身毋有所與詷告

二二三

吏=捕得之賞如律

二二四

其捕告若詷告曰盜鑄錢而佐也𠃊告曰佐而鑄」也皆行其賞

二二五

二一六

捕若告盜鑄錢者未賞而有罪及吏雖部主」而捕之皆賞如律丞尉以上及都吏勿賞

二一七

誘紿教人犯法而捕若告及令人捕若告欲以」受購賞者皆與所誘紿教同罪毋行其購賞

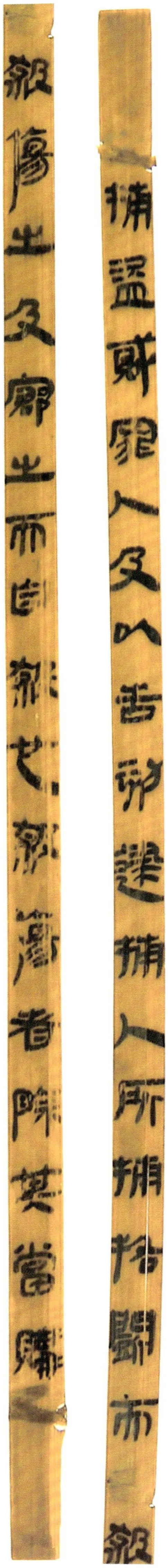

二一八

捕盜賊罪人及以告劾逮捕人所捕挌（格）鬭而」殺傷之及窮〈窮〉之而自殺也殺傷者除其當購

二一九

賞者半購賞之殺傷捕者以賊論之

二二〇

數人共捕罪人而獨自書者勿購賞

吏主若備盜人若」有告劾非亡也或捕之」而非群盜也皆勿購賞

二二一

捕罪人弗當移予它人及詐（詐）僞皆」以取購賞者坐臧（贜）爲盜

二二二

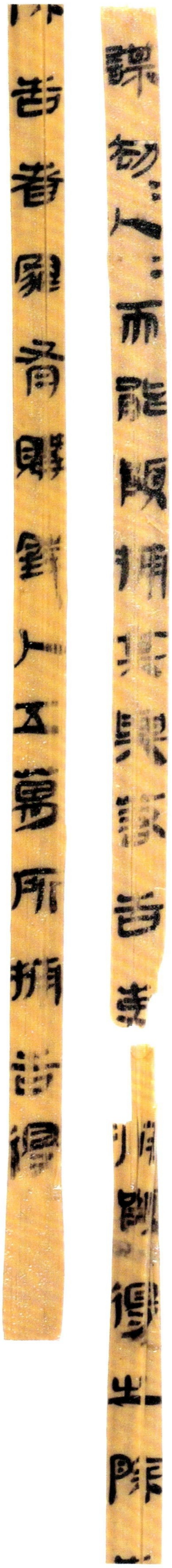

謀劫=人=而能頗捕其與若告吏捕頗得之除」告者罪有（又）購錢人五萬所捕告得

二二三

者多以人數購之而勿責其劫人所得臧（贜）」所告毋得者若不盡告其與皆不得除罪

二二四

諸予劫人者錢財及爲人劫者同居智（知）弗告」吏皆與劫人者同罪劫人者去未盈一日能

二三五

自頗捕若偏（徧）告吏皆除

二三六

■亡律

二三七

從諸侯來誘及爲閒者磔

二三八

亡之諸=侯=人亡之漢雖未出徼若有事而亡」居焉皆黥爲城旦舂自出也笞百

二三九

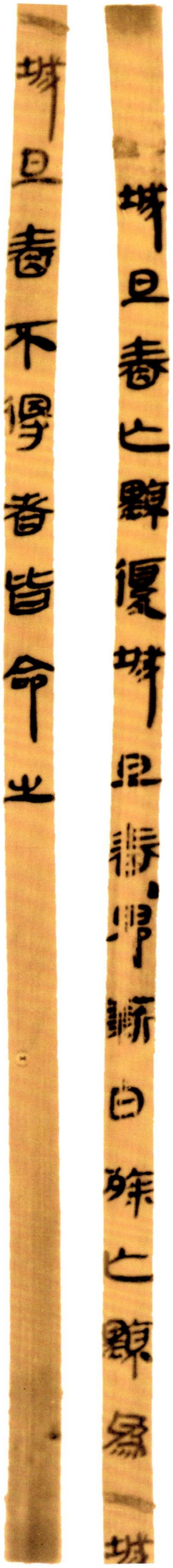

城旦舂亡黥復城旦舂▙鬼薪白粲亡黥爲」城旦舂不得者皆命之

二三〇

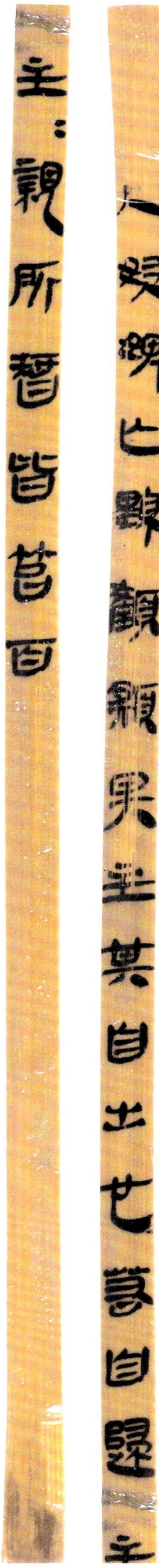

人奴婢亡黥顏（顔）頯畀主其自出也若自歸」主=親所智（知）皆笞百

二三一

奴婢亡自歸主=親所智（知）及主=父母子若同」居求自得之其當論畀主而欲勿詣吏論

二三二

者皆許之

二三三

奴婢爲善而主欲免者許之奴命曰私屬」婢爲庶人皆復使及筭（算）事之如奴婢主

二三四

死若有罪以私屬爲庶人刑者以爲隱官」所免不善身免者得復入奴婢之其亡

二三五

有它罪以奴婢律論之

二三六

吏民亡盈卒歲耐不盈卒歲毄（繫）城旦舂」公＝士＝妻以上作官府皆賞（償）亡日其自出也笞

二三七

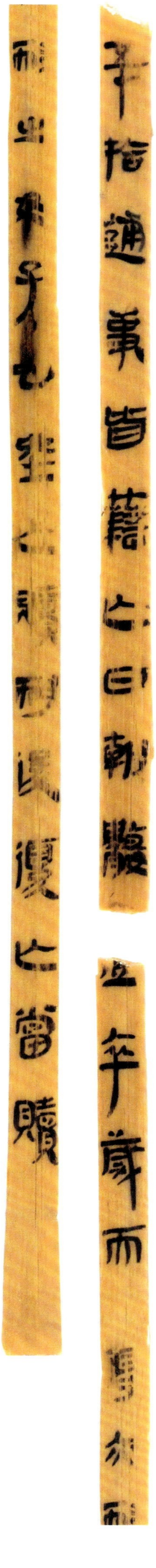

二三八

五十拾（給）逋事皆籍亡日軵數圂卒歲而得亦」耐之女子已坐亡贖耐後復亡當贖

二三九

耐者耐以爲隸妾

二四〇

司寇隱官坐亡罪隸臣以上輸作所官

二四一

隸臣妾　亡盈卒歲毄（繫）城旦舂六歲不盈」卒歲毄（繫）三歲自出也笞百其去毄（繫）三歲亡毄（繫）

二四二

六歲去毄（繫）六歲亡完爲城旦舂

諸舍匿罪＝人＝自出若先自告罪減亦減」舍匿者罪所舍笞罪也毋論舍者

二四三

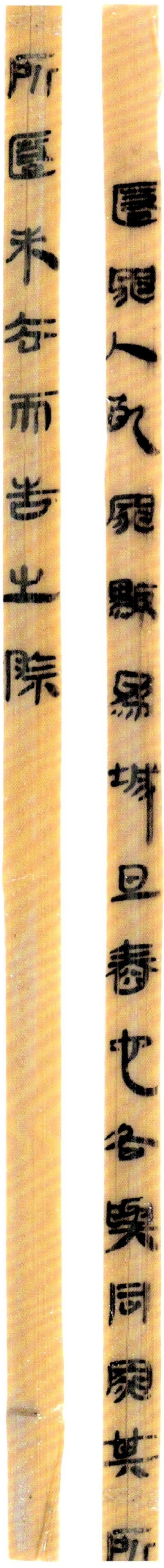

匿罪人死罪黥爲城旦舂它各與同罪其」所匿未去而告之除

二四四

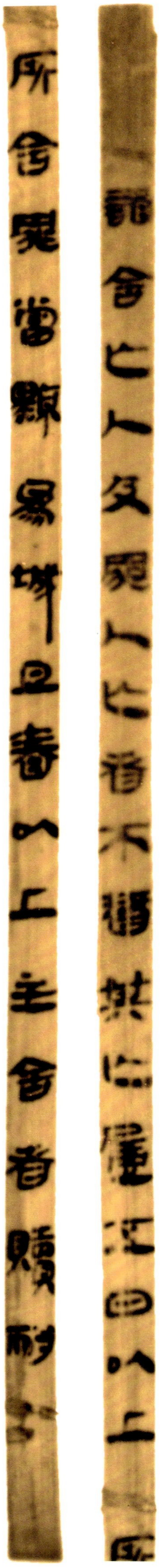

諸舍亡人及罪人亡者不智（知）其亡盈五日以上」所舍罪當黥爲城旦舂以上主舍者贖耐

二四五

完城旦舂罪以下到耐罪及亡　隸臣妾」奴婢及亡盈十二月以上者罰金四兩

二四六

取（娶）人妻及亡人以爲妻及爲亡人妻取（娶）及」所取（娶）爲媒者智（知）其請（情）皆黥以爲城旦舂

二四七

其真罪重以匿罪人律論弗智（知）贖耐

二四八

取亡罪人爲庸不智（知）其亡以舍亡人律論之所」舍取未去若已去後智（知）其請（情）而捕告及

二四九

詷告吏=捕得之皆除其罪勿購賞

二五〇

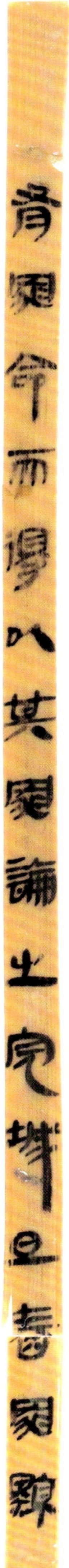

有罪命而得以其罪論之完城旦舂罪黥」之鬼薪白粲罪黥以爲城旦舂其自出者

二五一

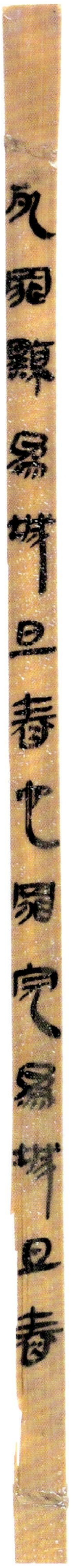

死罪黥爲城旦舂它罪完爲城旦舂

二五二

諸以亡爲罪自出減之毋名者皆減其罪一等

二五三

諸除有爲若有事縣道官而免斥事已屬」所吏輒致事之其弗致事及其人留不自致

二五四

團盈廿日吏罰金二兩以亡律論不自」致事者

二五五

■錢律

二五六

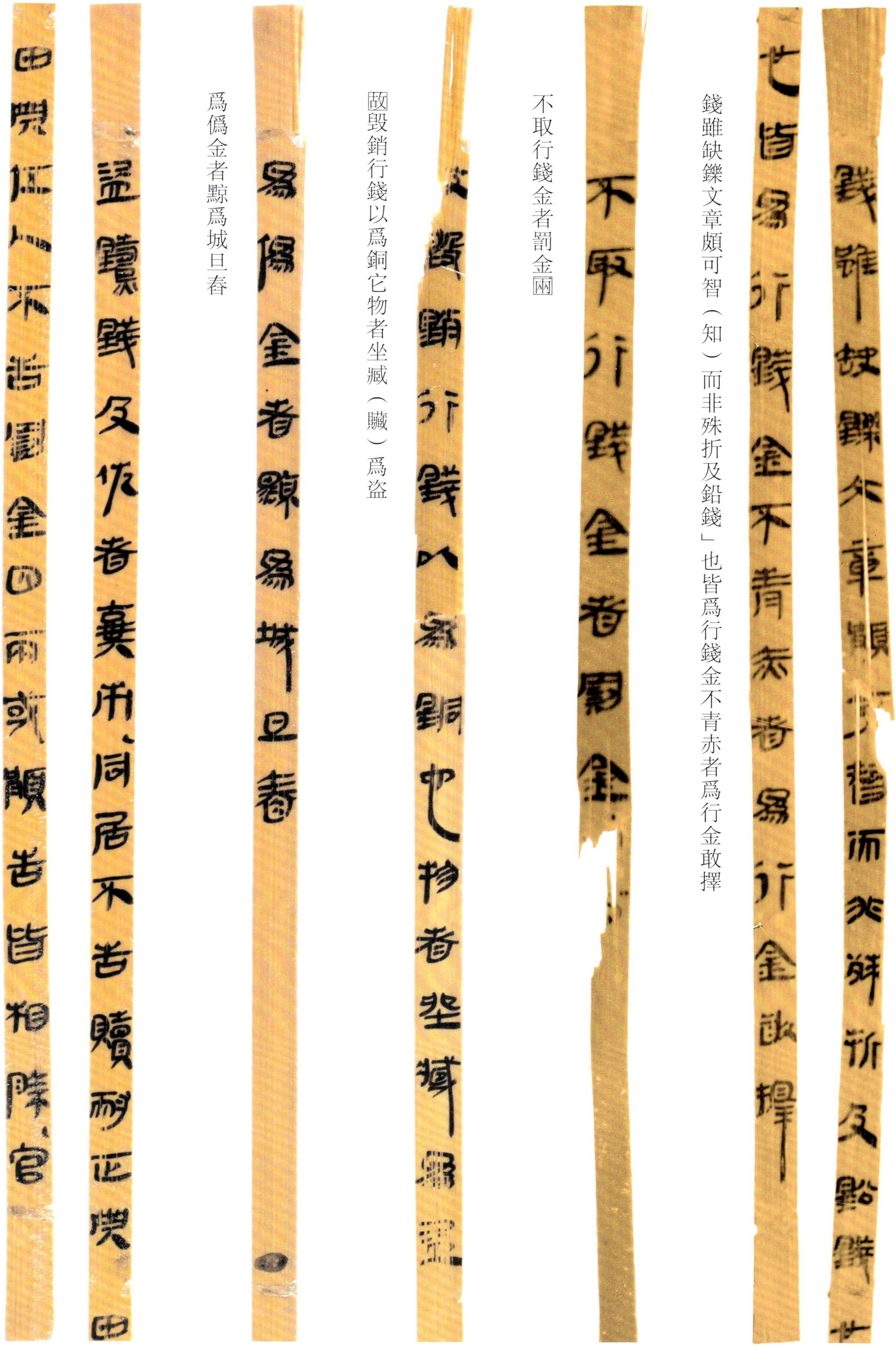

二五七 錢雖缺鑠文章頗可智（知）而非殊折及鉛錢」也皆爲行錢金不青赤者爲行金敢擇

二五八 不取行錢金者罰金[兩]

二五九 [故]毀銷行錢以爲銅它物者坐臧（贓）爲盜

二六〇 爲僞金者黥爲城旦舂

二六一 盜鑄錢及佐者棄市」同居不告贖耐正典」田典伍人不告罰金四兩或頗告皆相除」官

嗇夫士史=部主者弗自得爲不勝任尉=史」奪爵一級令丞令史奪勞二歲部主者

二六二

國頗捕得及令丞尉先劾其盜鑄錢皆除坐者

二六三

盜鑄錢及佐者智（知）人盜鑄錢爲買銅炭」及爲行其新錢若爲通之而能頗相捕若

二六四

先自告=其與吏捕頗得之除捕告者罪

二六五

智（知）人盜鑄錢爲買銅炭及爲行其新錢」若爲通之與同罪

二六六

諸謀盜鑄錢頗有其器具未鑄者皆黥」以爲城旦舂智（知）爲=及買鑄錢具者與同罪

二六七

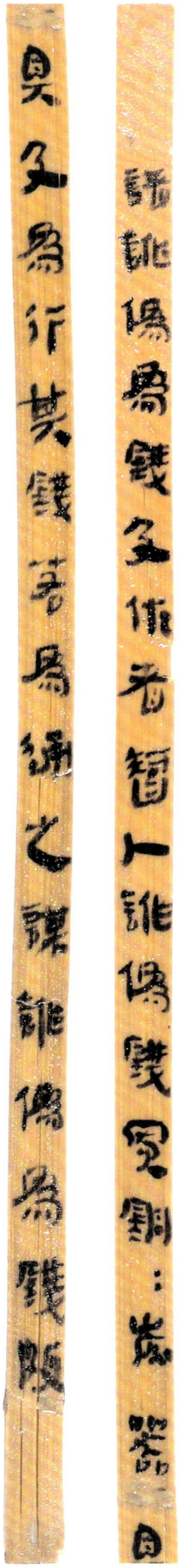

諸詐（詐）僞爲錢及佐者智（知）人詐（詐）僞錢買銅=炭器」具及爲行其錢若爲通之謀詐（詐）僞爲錢頗

二六八

有其器具而未爲智（知）爲=及爲買詐（詐）僞爲」錢具者及其捕若先自告=其與及當坐者

二六九

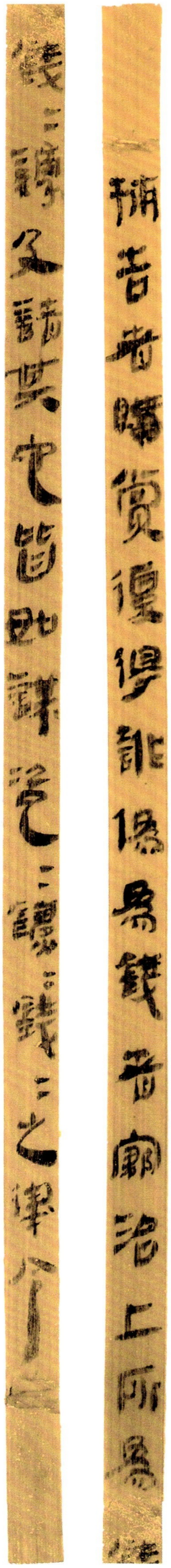

捕告者購賞復得詐（詐）僞爲錢者竆〈窮〉治上所爲」錢=法（范）及諸其它皆如謀盜=鑄=錢=之律令

二七〇

■效律

二七一

實官吏免徙必效代者

二七二

效梭（案）官及縣料而不備者負之

二七三

縣道官令長及官毋長而有丞者節（即）免徙二」千石官遣都吏效代者雖不免徙居官盈

二七四

三歲亦輒遣都吏梭（案）效之

二七五

效梭（案）官而不備其故吏不效新＝吏＝居之未」盈歲新吏弗坐

二七六

出實多於律程及不宜出而出罰負之

二七七

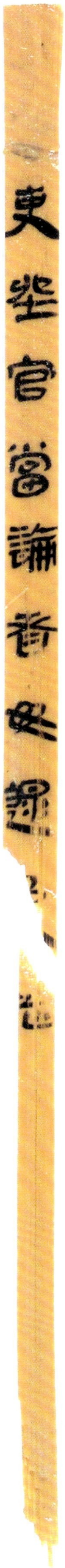

吏坐官當論者毋遝（及）免徙

二七八

■廄律

二七九

諸乘置其傳不名急及乘傳者繹（釋）駕皆」令葆（保）馬三=日=中死負之

二八〇

以民馬牛給縣官事若以縣官事守牧民」馬牛畜產而殺傷亡之令以平賈（價）償貧

二八一

毋以償令居之其城旦舂鬼薪白粲也笞」百縣官皆爲償主

二八二

■興律

二八三

乘徼亡人道其署出入弗覺罰金各二兩

二八四

徼外人來入爲盜者要（腰）斬吏所興能捕若斬」一人拜爵一級不欲拜爵購如律非吏所興

二八五

償如所興

二八六

當奔命而逋不行完爲城旦

二八七

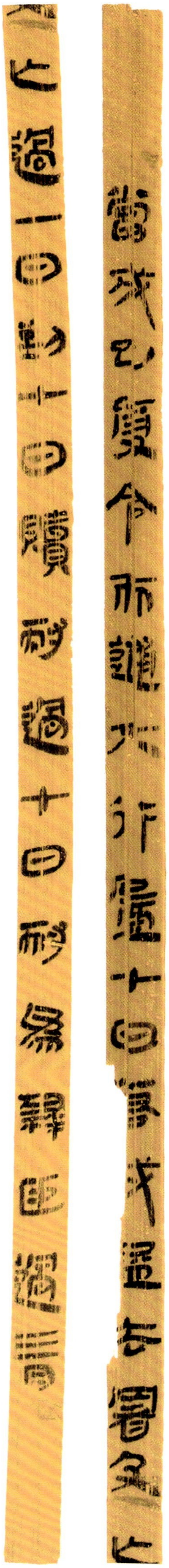

當戍已受令而逋不行盈七日若戍盜去署及」亡過一日到七日贖耐過七日耐爲隸臣過三月

二八八

完爲城旦

二八九

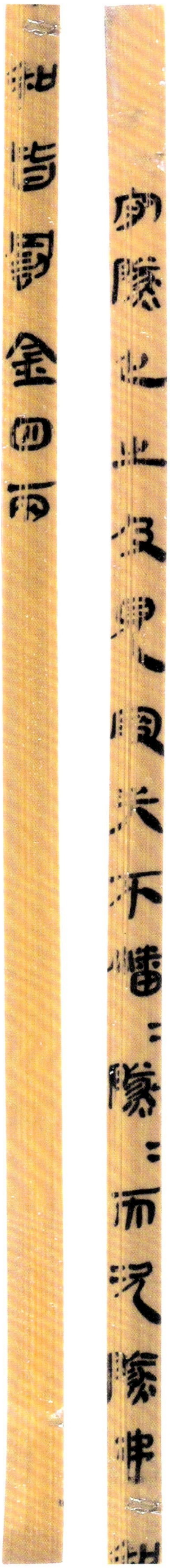

守隧（燧）乏之及見寇失不燔＝隧（燧）＝而次隧（燧）弗」和皆罰金四兩

二九〇

發徵及有傳送若諸有期會而失期乏事」罰金二兩非乏事也及書已具留弗行＝

二九一

二九二

書而留過旬皆罰金一兩●制書當下留弗」下而留不行盈一日及行制書而留之盈一日皆罰金四兩

二九三

乏繇（徭）及車牛當繇（徭）而乏之皆貲日廿二錢」有（又）償乏繇（徭）日車牛各當一人

二九四

■襍律

二九五

越城斬左止（趾）爲城旦越邑里官市院垣若故壞」決道出入及盜啓門户皆贖黥其垣壞高不盈

二九六

五尺者除

二九七

捕罪人及以縣官事徵召人所徵召捕越城邑」里官市院垣追捕徵者得隨迹出入

二九八

盜書棄書官印以上耐

二九九

亡印罰金四兩而布告縣官毋聽亡璽」符券入門衛木久塞門城門之蘥（鑰）罰金各二兩

三〇〇

擅賦斂者以不平端論責所賦斂償主

三〇一

博戲相奪錢財若爲平者奪爵各一級戍」二歲必身居毋得以爵賞除

三〇二

吏六百石以上及宦　皇帝而敢字」貸錢財者免之

三〇三

諸有責（債）而敢强質者罰金四兩

三〇四

盜侵巷術谷巷樹巷及豤（墾）食之罰金二兩

三〇五

同産相與奸若取（娶）以爲妻及所取（娶）皆棄」市其强與奸除所强

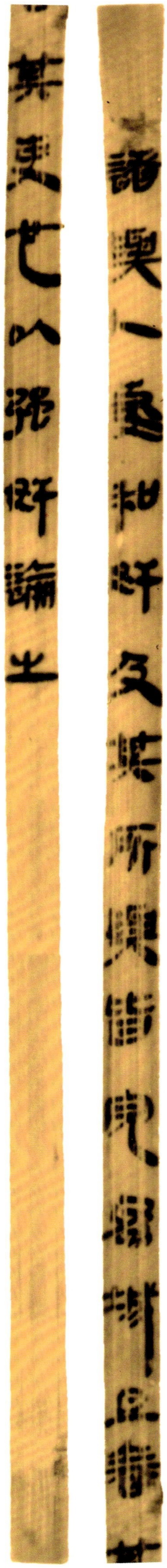

三〇六

諸與人妻和奸及其所與皆完爲城旦舂」其吏也以强奸論之

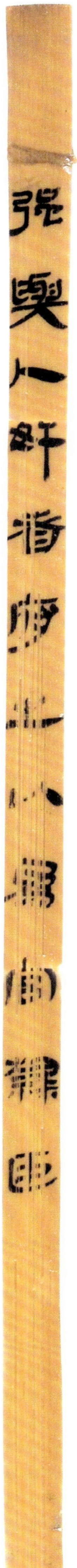

三〇七

强與人奸者府（腐）之以爲宮隸臣

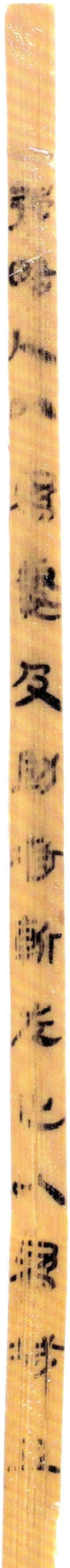

三〇八

强略人以爲妻及助者斬左止（趾）以爲城旦

三〇九

民爲奴妻而有子=畀奴主婢奸若爲[它]」家奴妻有子=畀婢主皆爲奴婢

三一〇

奴婢自訟不審斬奴左止（趾）黥顔（顏）頯畀其主

三一一

奴取（娶）主=之母及主妻子以爲妻若與奸」棄市而耐其女子以爲隸妾其强與奸

三一二

除所强

奴與庶人奸有子=爲庶人

三一三

■復律

三一四

復兄弟季父柏（伯）父之妻御婢皆黥爲城旦」舂

三一五

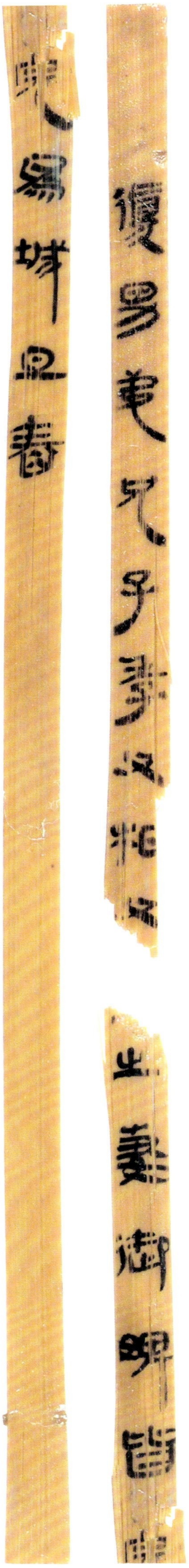

復男弟兄子季父柏（伯）父之妻御婢皆」完爲城旦舂

三一六

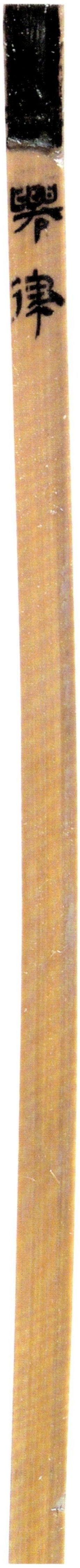

■罨（遷）律

三一七

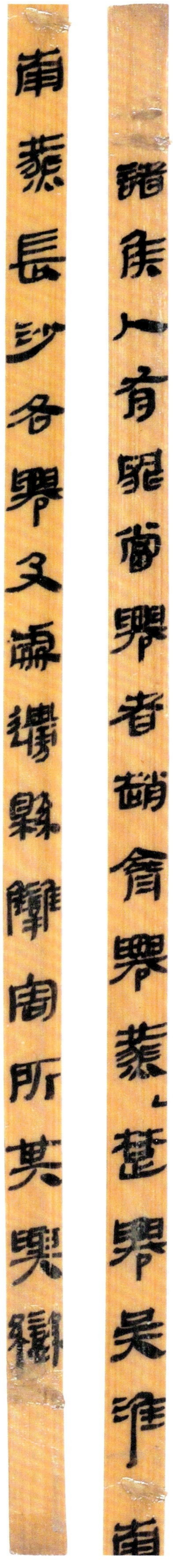

諸侯人有罪當罨（遷）者趙齊罨（遷）燕∟楚罨（遷）吳淮」南燕長沙各罨（遷）及處邊縣雠（稠）害所其與蠻

三一八

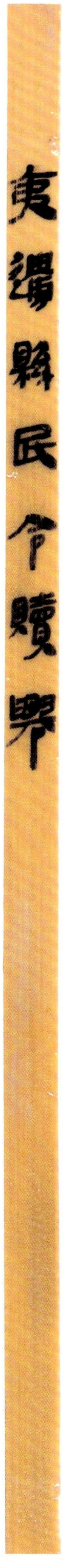

夷邊縣民令贖罨（遷）

三一九

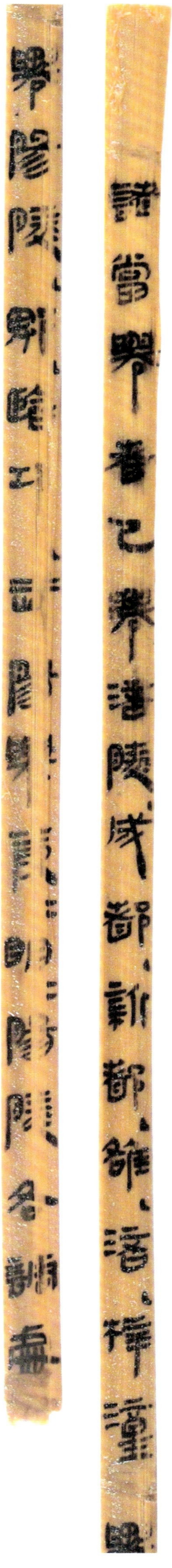

諸當罨（遷）者已罨（遷）涪陵∟成都∟新都∟雒∟涪∟梓潼」罨（遷）陽陵∟郫∟臨邛∟武陽罨（遷）葭＝明＝陽陵各調處

三二〇

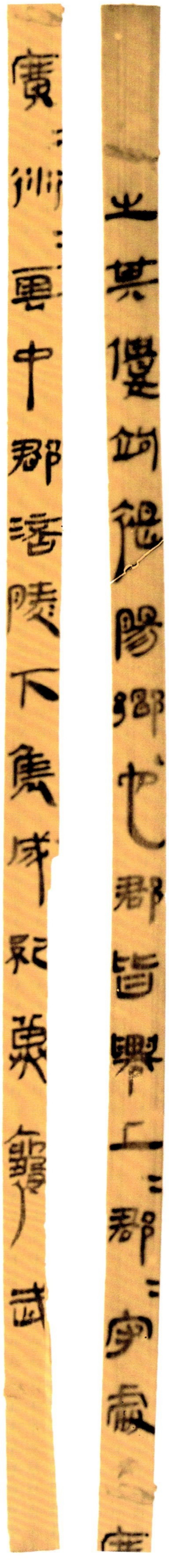

之其傻竘（句）禔（是）陽鄉∟它郡皆罨（遷）上＝郡＝守處」廣＝衍＝雲中郡涪陵下雋成紀冀襄武

三二一

狄道∟臨洮∟氐道∟羌道∟武都道∟葭明∟陽陵及」蜀六道∟涪之氐部民也令贖䙴（遷）∟諸當䙴（遷）

三三二

者皆包妻子同居入其田宅縣䙴（遷）所縣予」田宅∟其女出爲人妻數雖在父母所勿包

三三三

諸不幸病癘者鄉部官令人將詣獄〓謹」診審癘䙴（遷）句章（障）郢（涅）鄉其夫妻子欲與偕

三三四

者許之

三三五

■關市律

三三六

販及賣買文繡縵繒布幅不盈二尺二寸及」粉鋪（黼）晉（埾）若叚（假）繒飾令俗好者及匹販若賣

三二七

買此物而匹不盈四丈皆沒入及賈錢縣」官有能捕告者以畀之嗇夫吏部主者弗

三二八

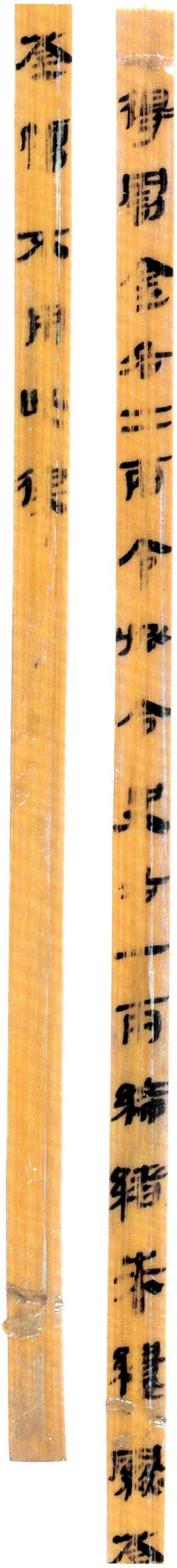

得罰金各二兩令丞令史各一兩綈緒朱縷罽（罽）」荃幅不用此律

三二九

諸詐（詐）紿人以有取及有販賣貿買而詐（詐）」紿人皆坐臧（贓）與盗同法有能捕若詗告吏=捕得

三三〇

三三一

隸臣妾以上一人爲除戍二歲欲除它人者」許之

三三二

盜出財物于邊關徼及吏部主智（知）而出者皆」與盜同法弗智（知）罰金四兩使者所以出必有

三三三

符致毋符致吏智（知）而出之亦與盜同法

三三四

■朝律

三三五

朝者皆袀玄先平明入定立（位）後平明門者勿入中郎帶」劍操戟財（側）立殿上負西序東序北壁中郎八人執盾」四

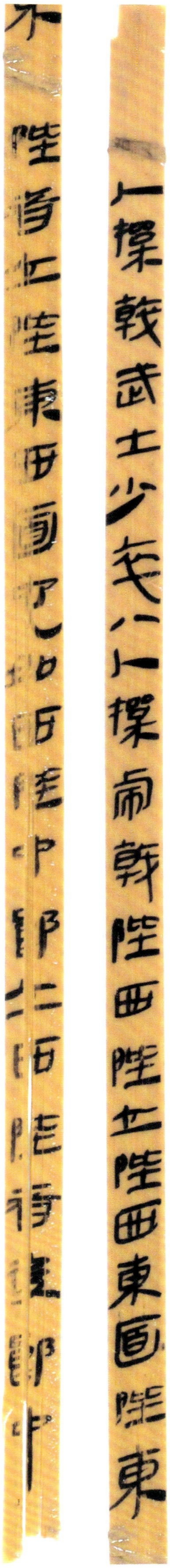

三三六

人操戟武士少卒八人操虎戟陛西陛立陛西東面陛東」陛者立陛東西面它如西陛中郎立西陛者後郎中

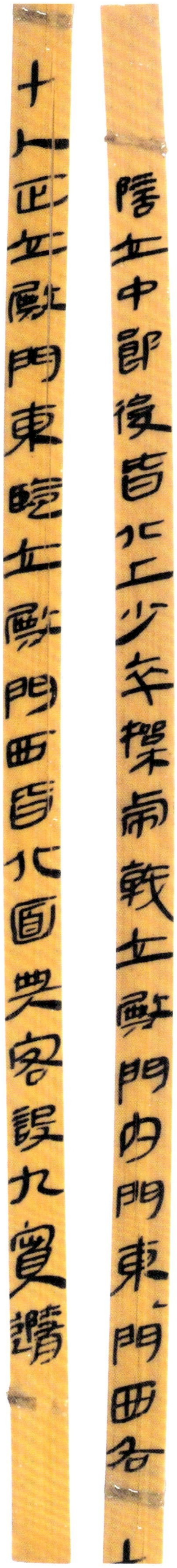

三三七

陪立中郎後皆北上少卒操虎戟立殿門內門東┛門西各」十人正立殿門東監立殿門西皆北面典客設九賓隨

三三八

立殿下北面丞相立東方西面吏二千石次大（太）中夫=次諸侯」丞相次諸侯吏二千石次故二千石次千石中夫=至六百石

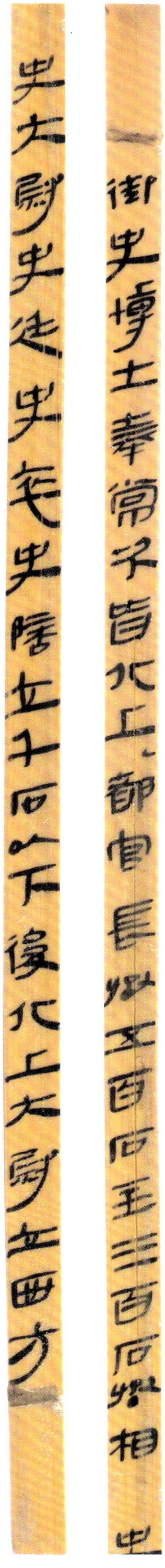

三三九

御史博士奉常次皆北上┛都官長丞五百石至三百石丞相」史大（太）尉史廷史卒史陪立千石以下後北上大（太）尉立西方

東面將軍次北上軍吏二千石次故軍吏二千石次諸侯王」立殿門外西方東面北上徹侯次諸侯王使者立其南

三四〇

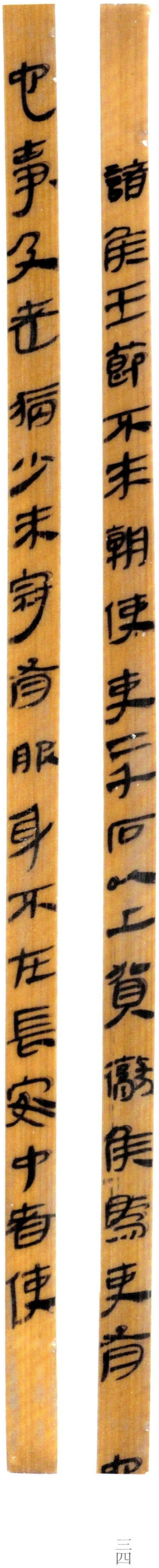

諸侯王節（即）不來朝使吏二千石以上賀徹侯爲吏有」它事及老病少未冠有服身不在長安中者使

三四一

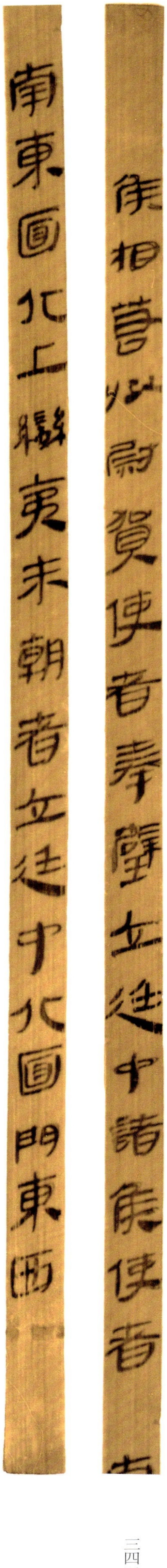

侯相若丞尉賀使者奉璧立廷中諸侯使者」南東面北上蠻夷來朝者立廷中北面門東西

三四二

上」門西東上朝事畢大行出拜受幣典客以」聞

三四三

三四四

諸侯王丞相大尉徹侯將軍用璧吏二千石大（太）中」夫＝諸侯丞相故吏二千石用羔吏千石至六百石中

三四五

夫＝御史博士奉常用鴈（雁）當用羔鴈（雁）賀而身」不在長安中者皆毋賀

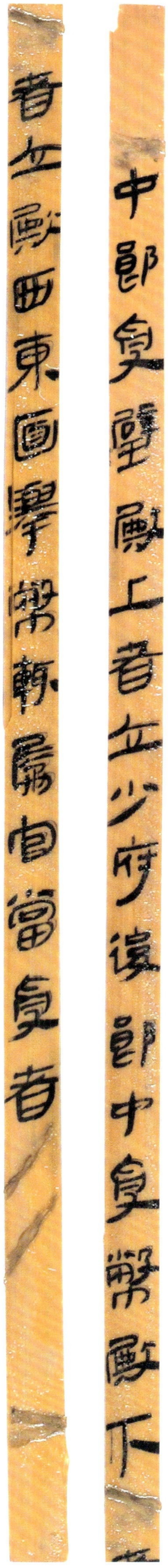

三四六

中郎受璧殿上者立少府後郎中受幣殿下」者立殿西東面舉幣輒屬官當受者

三四七

後五步北上謁者一人立東陛＝者南西面立（位）定典客言」具謁者以聞皇帝出房奉常賓（擯）九賓及朝者

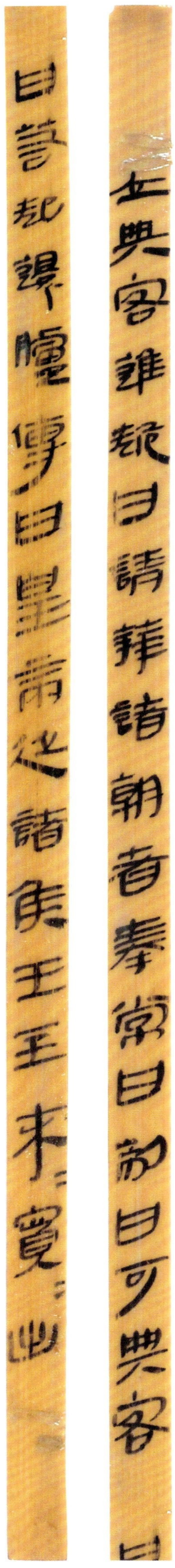

立典客進趨（跪）曰請拜諸朝者奉常曰制曰可典客」曰若起還臚傳曰皇帝延諸侯王至來〓賓〓出

三四八

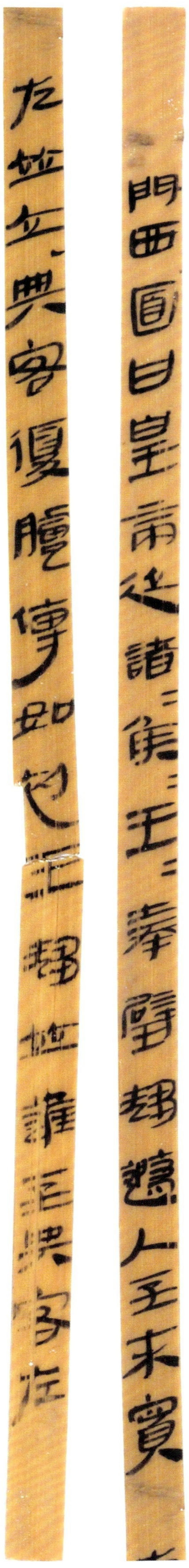

門西面曰皇帝延諸〓侯〓王〓奉璧趨隨入至來賓」左并立▙典客復臚傳如初王趨并進至典客左

三四九

趨（跪）典客進趨（跪）曰諸侯王璧各一再拜賀十月奉常曰」皇帝延王登▙典客曰若起還曰請登王起趨隨

三五〇

上東陛直前北面并趨（跪）以次賀曰某藩臣某璧一再」拜賀十月奉常曰制曰受少府進趨（跪）受璧畢王

三五一

三五二

皆反走下未及陛奉常曰制曰王毋下請成禮于」前王還曰臣敢不敬從述（遂）進北面再拜▙奉常

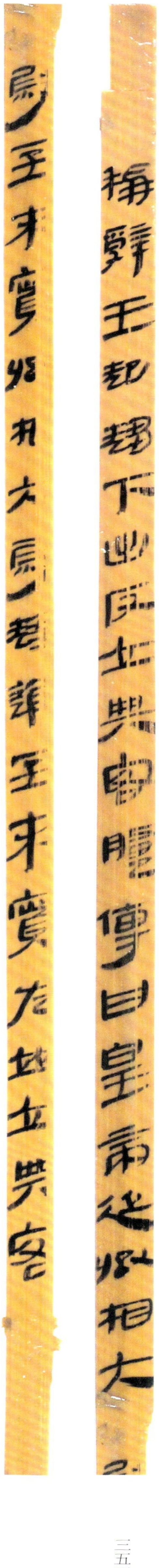

三五三

稱辭王起趨下出反（返）立（位）典客臚傳曰皇帝延丞相大」尉至來賓丞相大尉趨進至來賓左并立典客

三五四

復臚傳如初丞相大尉趨并進至典客左趍（跪）典客」進趍（跪）曰丞相大尉璧各一再拜賀十月奉常曰皇

三五五

帝延君登▙典客曰若起還曰請登丞相大尉以次」趨隨上東陛進以次賀如諸侯王▙丞相大尉起

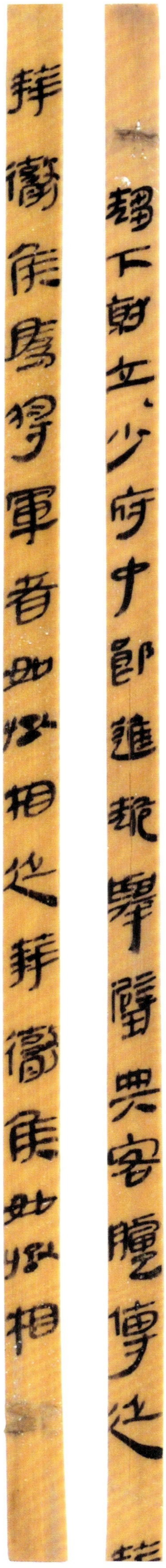

趨下就立（位）」少府中郎進趍（跪）舉璧典客臚傳延」拜徹侯爲將軍者如丞相延拜徹侯如丞相

三五六

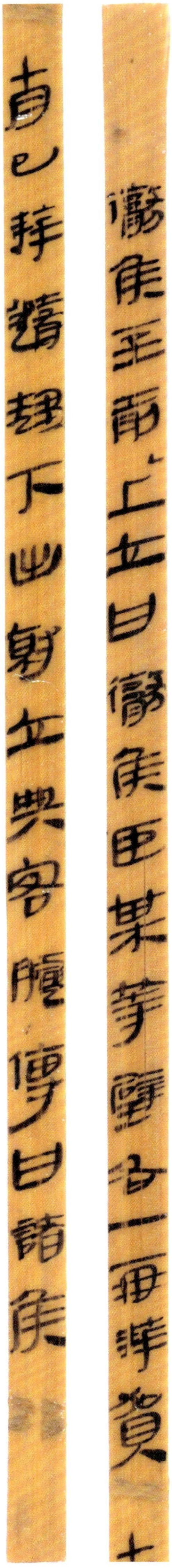

徹侯至前」上立（位）曰徹侯臣某等璧各一再拜賀」十月已拜隨趨下出就立（位）典客臚傳曰諸侯

三五七

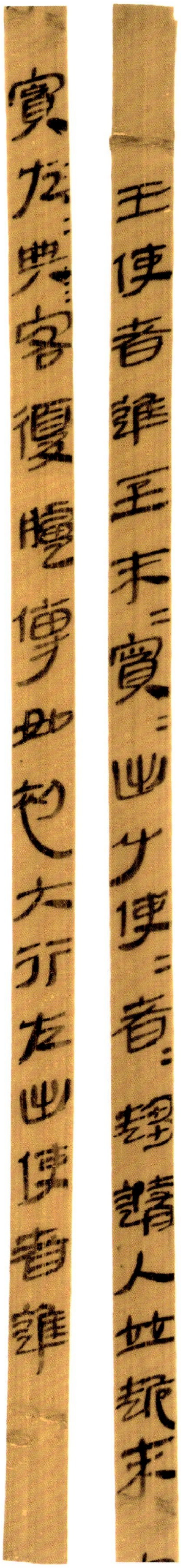

王使者進至來＝賓＝出引使＝者＝趨隨入并趍（跪）來」賓左＝典＝客復臚傳如初大行左出使者進

三五八

并趍（跪）大行左大行進趍（跪）曰諸侯王使陪臣某等」璧各一再拜賀十月奉常曰制曰可大行曰若起還

三五九

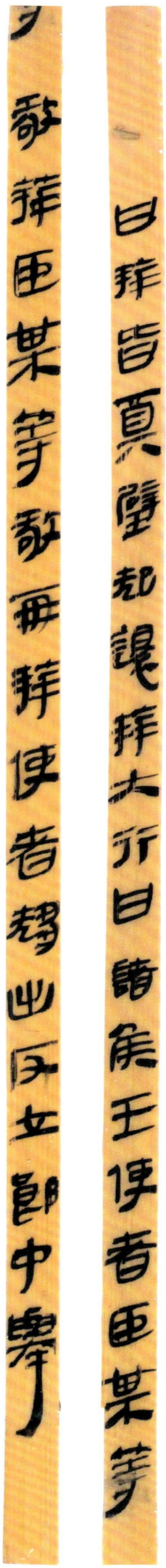

三六〇

曰拜皆真壁起還拜大行曰諸侯王使者臣某等」敬拜臣某等敬再拜使者趨出反（返）立（位）郎中舉

三六一

壁典客臚傳曰將軍進大行左出進趍（跪）曰將軍」臣某等壁各一再拜賀十月奉常曰制曰可

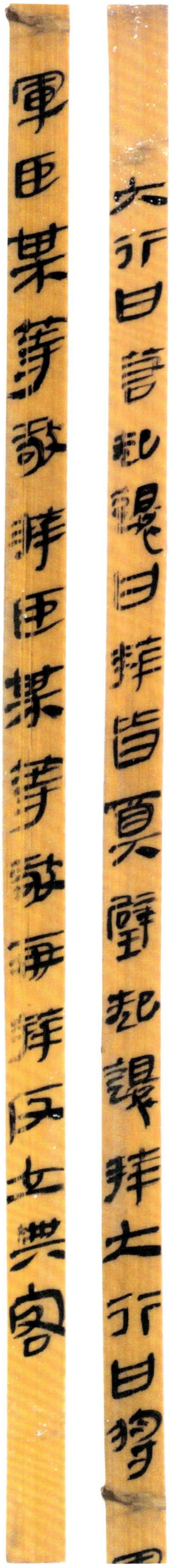

三六二

大行曰若起還曰拜皆真壁起還拜大行曰將」軍臣某等敬拜臣某等敬再拜反（返）立（位）典客

三六三

臚傳吏二千石諸侯丞相進大行拜如將軍典」客臚傳故吏二千石進大行拜如二千石典客臚

傳吏千石至奉常進大行拜如故二千石大行左出進」趨（跪）曰帬（群）臣不敢離立（位）者再拜賀十月奉常曰

三六四

制曰可大行曰若起還曰群臣不敢離立（位）及給」事堂上賓者皆拜已拜典客進起〈跪〉曰請令

三六五

群臣有請者進奉常曰制曰可典客曰若起還」臚傳曰群臣有請者進至來賓群臣莫

三六六

進來賓句傳曰群臣無請至典=客=進趨（跪）曰」群臣無請朝事畢請退朝者奉常曰制曰

三六七

可典客曰若起還右顧曰朝者退立東方者左」還退立（位）▃ 左顧曰朝者退立西方者右還退立（位）

三六八

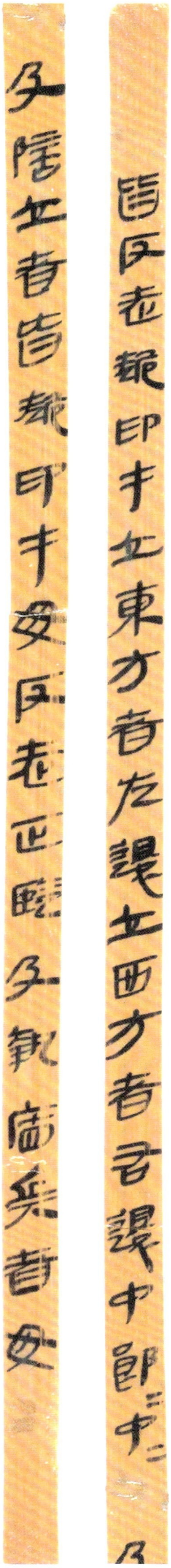

皆反走趍（跪）印（抑）手立東方者左還立西方者右還中郎＝中＝」及陪立者皆趍（跪）印（抑）手毋反走正監及執盾兵者毋

三六九

反走毋趍（跪）印（抑）手陛者慢（挽）戟中郎從皇帝者立握（幄）東」握（幄）西握（幄）後皇帝南鄉（向）定立（位）

奉常曰起皆起復就

三七〇

奉常進趍（跪）曰朝事畢請就燕皇帝入房來賓趨」出罷外立▃ 賓者朝者皆以次趨出立東方者從門

三七一

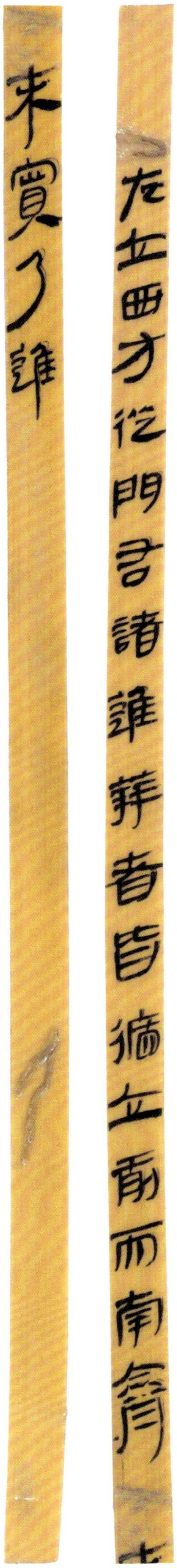

左立西方從門右諸進拜者皆循立前而南齊」來賓乃進

三七二

內史選立東方者典客選諸侯及蠻夷中尉選立西」方者中夫＝郎中官各選其當朝及給事者

三七三

當朝而再霤下毋朝其已在立（位）而再便休侍（待）」詔

三七四

先朝肄丞相府

三七五

七年質日放大圖版

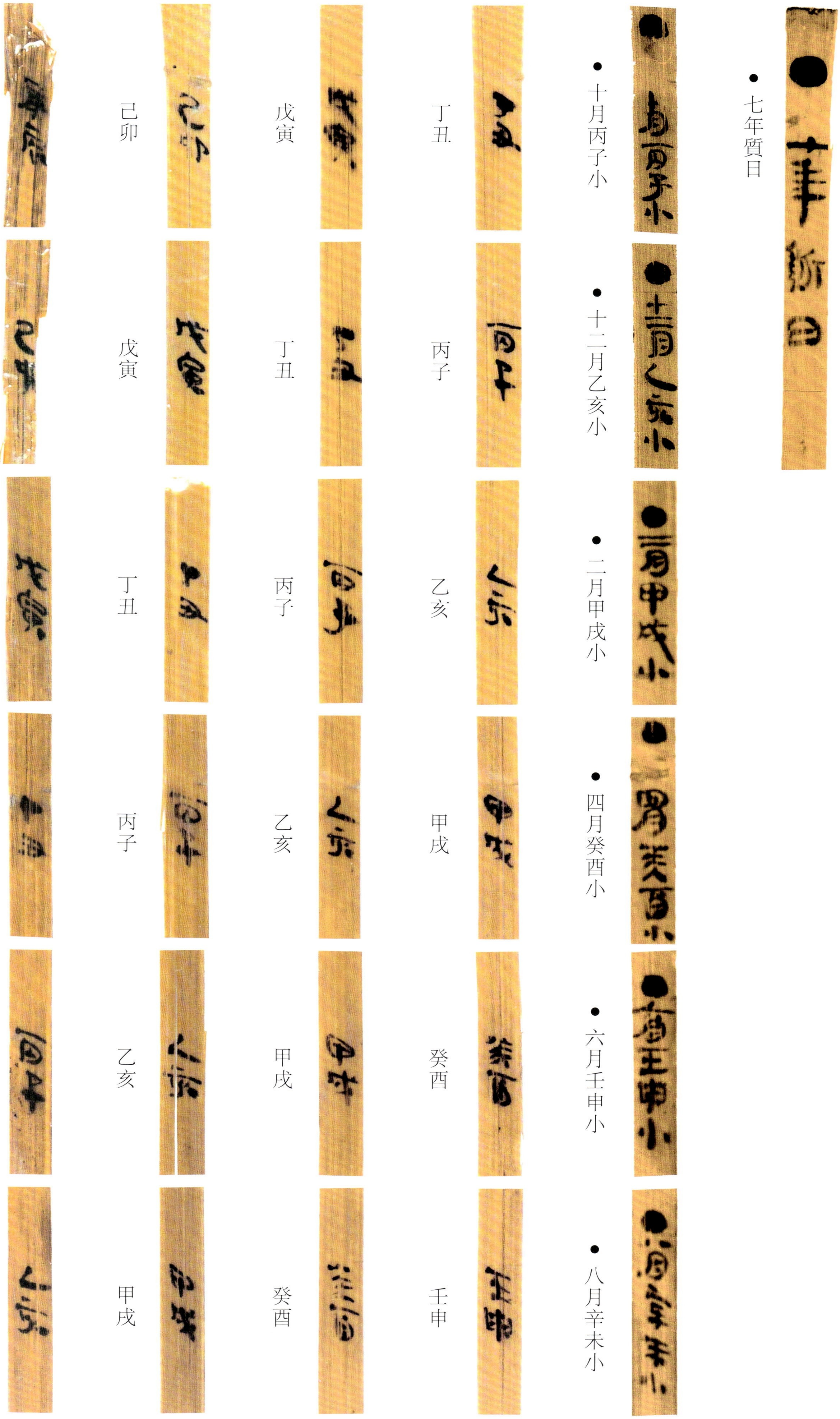

一背
- 七年質日

一
- 十月丙子小
- 十二月乙亥小
- 二月甲戌小
- 四月癸酉小
- 六月壬申小
- 八月辛未小

二
- 丁丑
- 丙子
- 乙亥
- 甲戌
- 癸酉
- 壬申

三
- 戊寅
- 丁丑
- 丙子
- 乙亥
- 甲戌
- 癸酉

四
- 己卯
- 戊寅
- 丁丑
- 丙子
- 乙亥
- 甲戌

五
- 庚辰
- 己卯
- 戊寅
- 丁丑
- 丙子
- 乙亥

辛巳　庚辰　己卯　嫗若宛　戊寅　丁丑　丙子

六

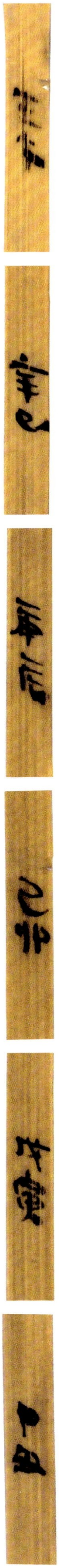

壬午　辛巳　庚辰　己卯　戊寅　丁丑

七

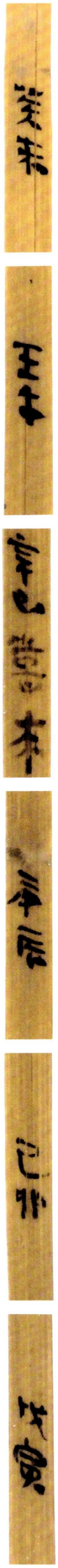

癸未　壬午　辛巳　喜來　庚辰　己卯　戊寅

八

甲申　癸未　壬午　辛巳　庚辰　己卯

九

乙酉　甲申　癸未　壬午　辛巳　庚辰

一〇

丙戌　乙酉　甲申　癸未　壬午　辛巳

一一

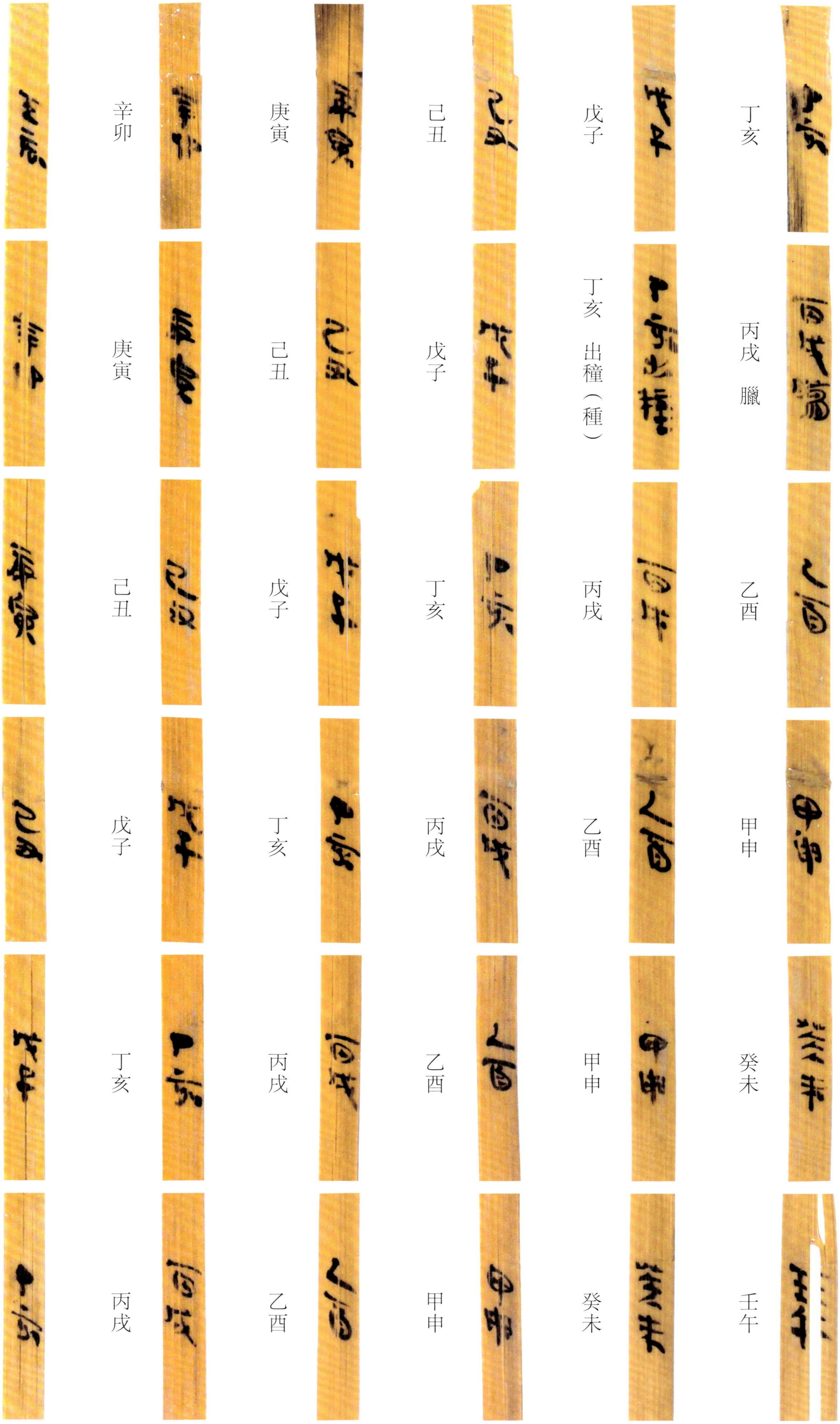

一二　丁亥　丙戌　臘　乙酉　甲申　癸未　壬午

一三　戊子　丁亥　出穜（種）　丙戌　乙酉　甲申　癸未

一四　己丑　戊子　丁亥　丙戌　乙酉　甲申

一五　庚寅　己丑　戊子　丁亥　丙戌　乙酉

一六　辛卯　庚寅　己丑　戊子　丁亥　丙戌

一七　壬辰　辛卯　庚寅　己丑　戊子　丁亥

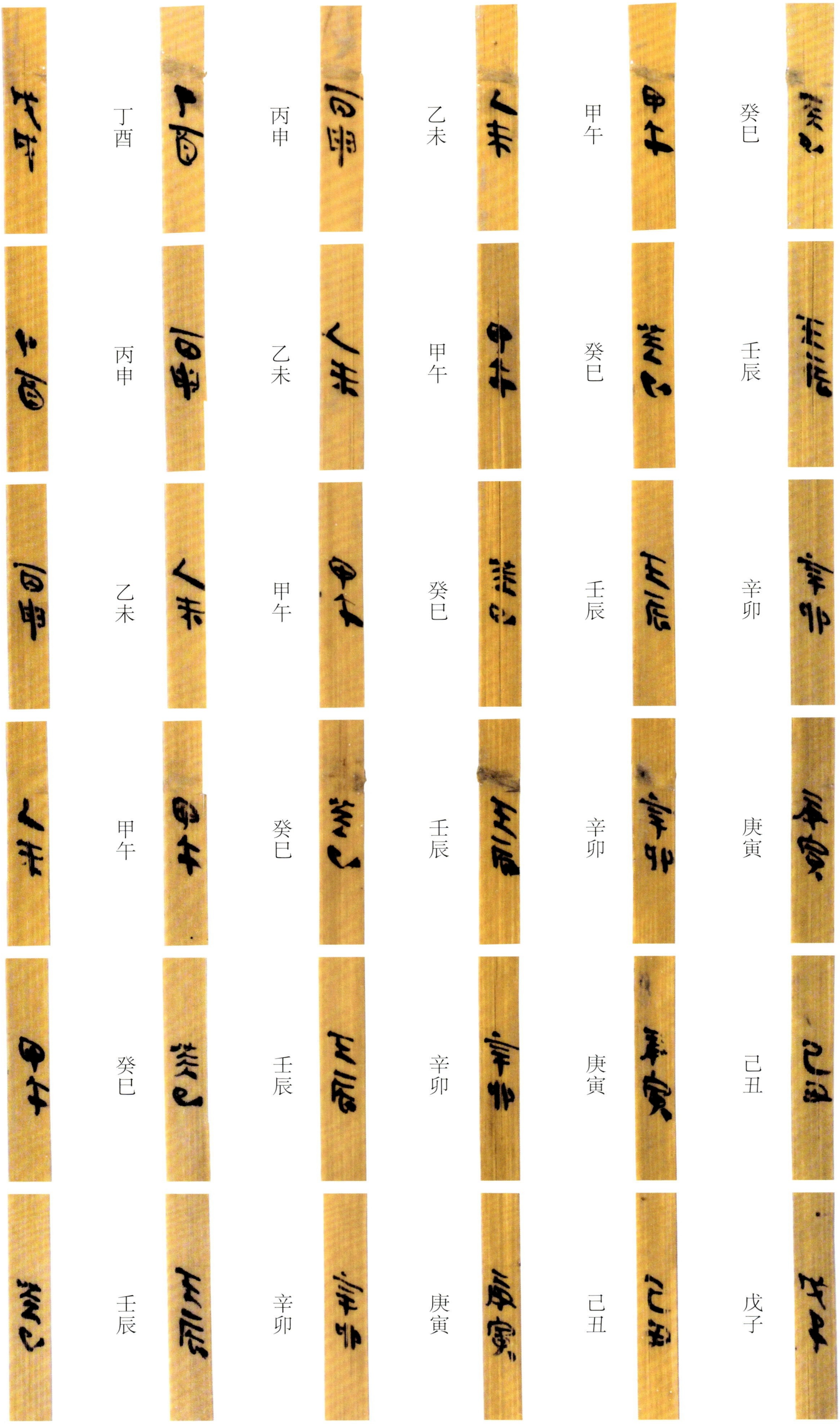

癸巳 壬辰 辛卯 庚寅 己丑 戊子 一八

甲午 癸巳 壬辰 辛卯 庚寅 己丑 一九

乙未 甲午 癸巳 壬辰 辛卯 庚寅 二〇

丙申 乙未 甲午 癸巳 壬辰 辛卯 二一

丁酉 丙申 乙未 甲午 癸巳 壬辰 二二

戊戌 丁酉 丙申 乙未 甲午 癸巳 二三

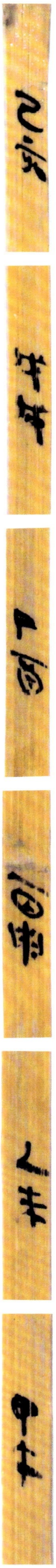

己亥
戊戌
丁酉
丙申
乙未
甲午

二四

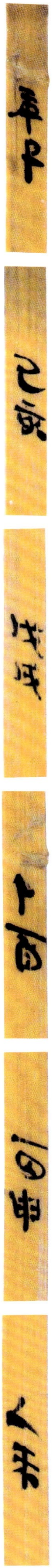

庚子
己亥
戊戌
丁酉
丙申
乙未

二五

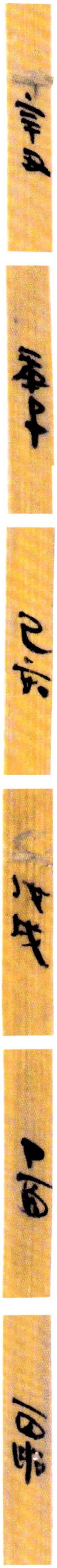

辛丑
庚子
己亥
戊戌
丁酉
丙申

二六

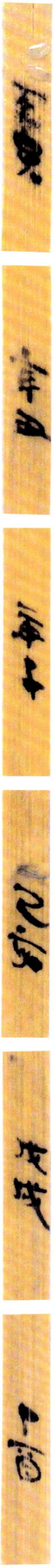

壬寅
辛丑
庚子
己亥
戊戌
丁酉

二七

癸卯
壬寅
辛丑
庚子
己亥
戊戌

二八

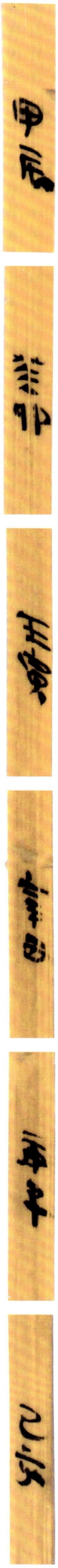

甲辰
癸卯
壬寅
辛丑
庚子
己亥

二九

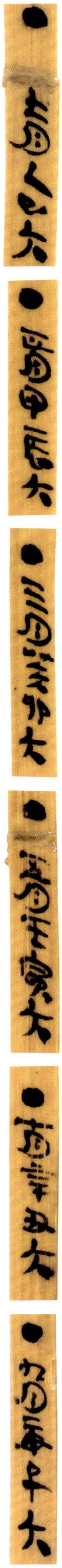

•十一月乙巳大　•正月甲辰大　•三月癸卯大　•五月壬寅大　•七月辛丑大　•九月庚子大

三〇

丙午　乙巳　甲辰　癸卯　壬寅　辛丑

三一

丁未　丙午　乙巳　甲辰　癸卯　壬寅

三二

戊申　丁未　丙午　乙巳　甲辰　癸卯

三三

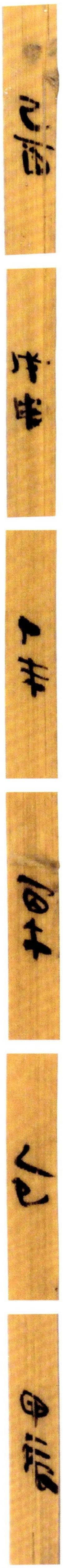

己酉　戊申　丁未　丙午　乙巳　甲辰

三四

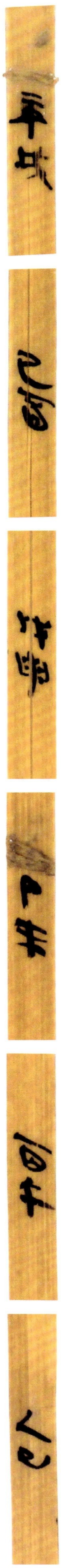

庚戌　己酉　戊申　丁未　丙午　乙巳

三五

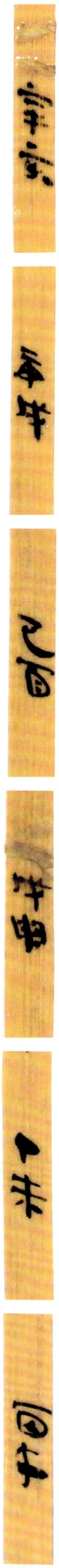
辛亥
庚戌
己酉
戊申
丁未
丙午

三六

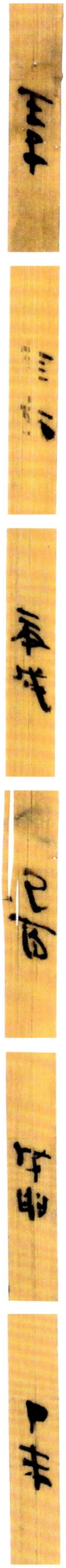
壬子
辛亥
庚戌
己酉
戊申
丁未

三七

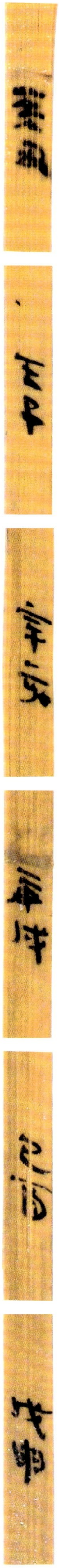
癸丑
壬子
辛亥
庚戌
己酉
戊申

三八

甲寅
癸丑
壬子
辛亥
庚戌
己酉

三九

乙卯
甲寅
癸丑
壬子
辛亥
庚戌

四〇

丙辰
乙卯
甲寅
癸丑
壬子
辛亥

四一

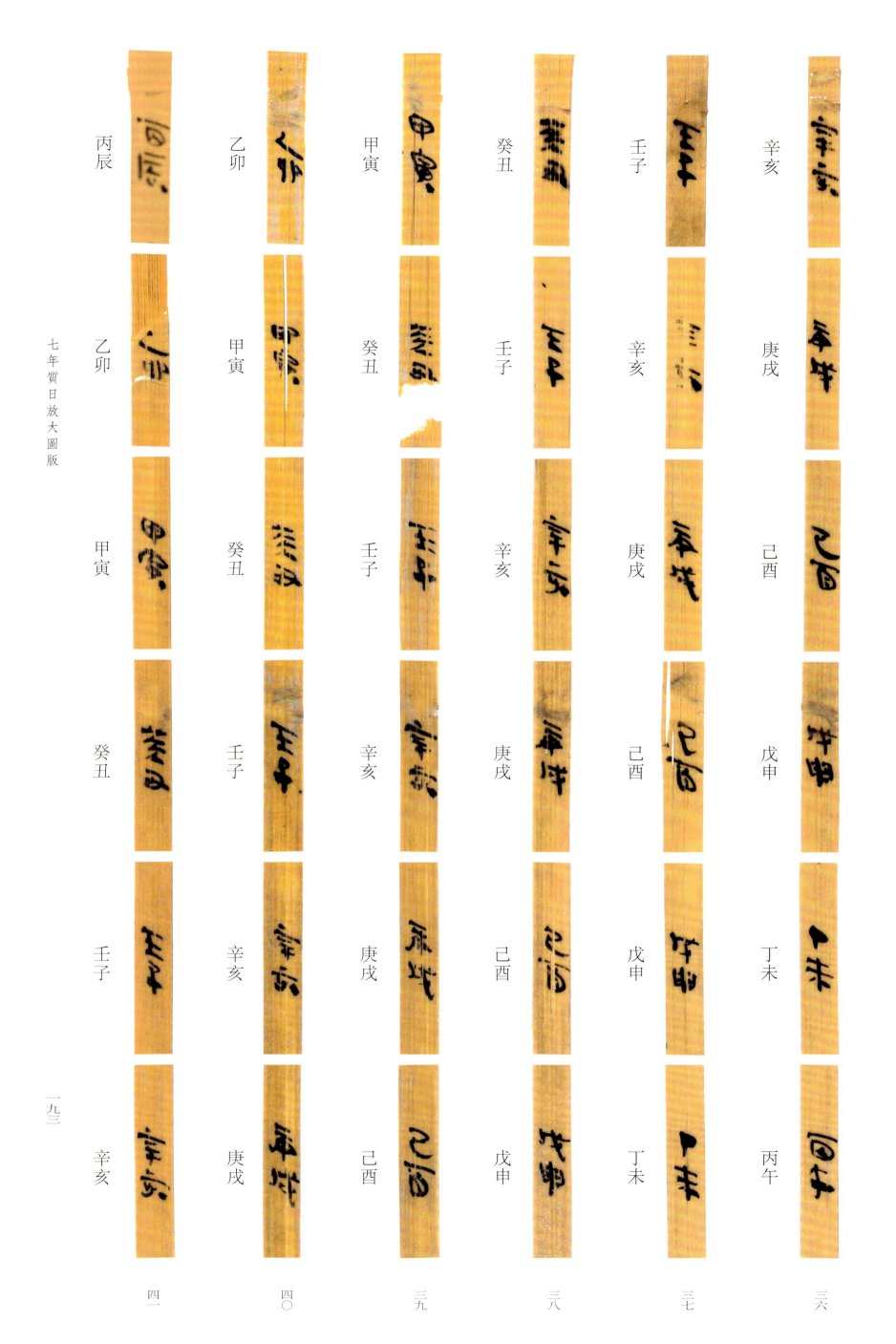

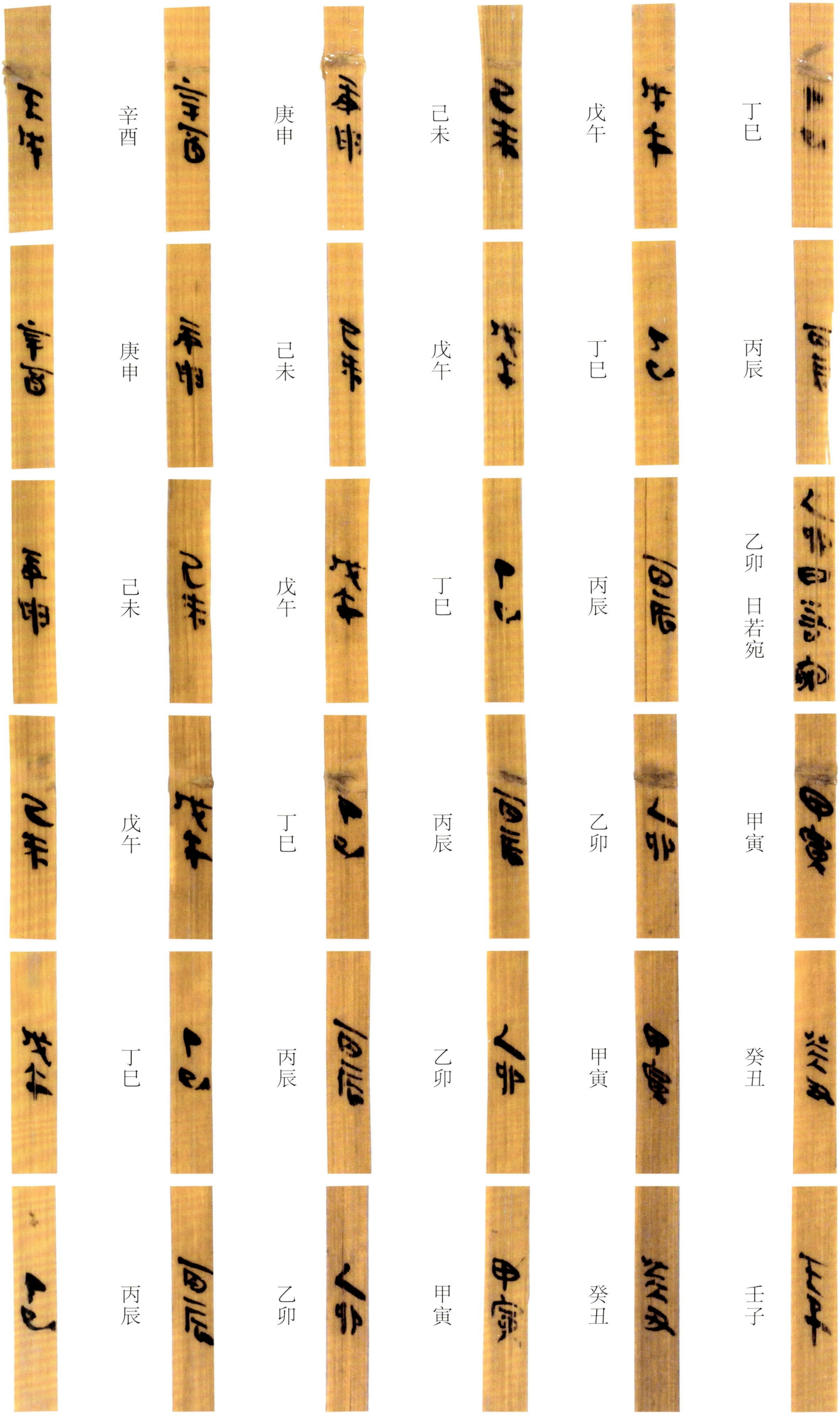

丁巳 丙辰 乙卯 日若宛 甲寅 癸丑 壬子 四二

戊午 丁巳 丙辰 乙卯 甲寅 癸丑 四三

己未 戊午 丁巳 丙辰 乙卯 甲寅 四四

庚申 己未 戊午 丁巳 丙辰 乙卯 四五

辛酉 庚申 己未 戊午 丁巳 丙辰 四六

壬戌 辛酉 庚申 己未 戊午 丁巳 四七

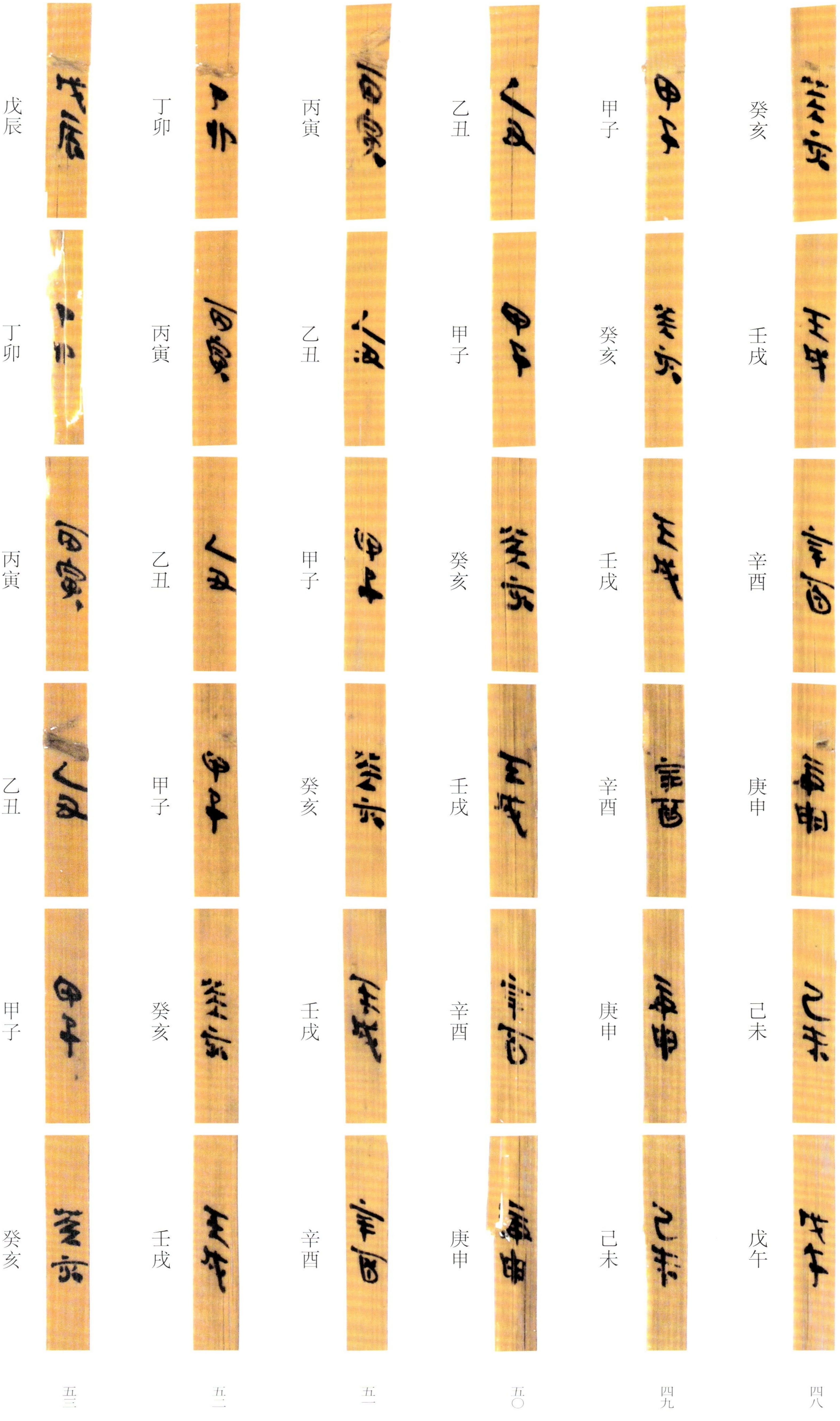
四八
癸亥 壬戌 辛酉 庚申 己未 戊午
四九
甲子 癸亥 壬戌 辛酉 庚申 己未
五〇
乙丑 甲子 癸亥 壬戌 辛酉 庚申
五一
丙寅 乙丑 甲子 癸亥 壬戌 辛酉
五二
丁卯 丙寅 乙丑 甲子 癸亥 壬戌
五三
戊辰 丁卯 丙寅 乙丑 甲子 癸亥

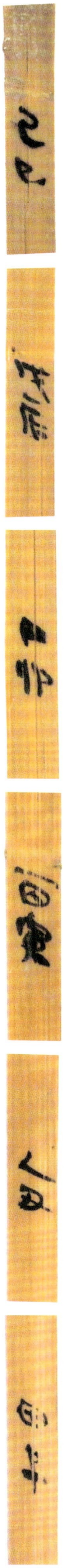

己巳
戊辰
丁卯
丙寅
乙丑
甲子

五四

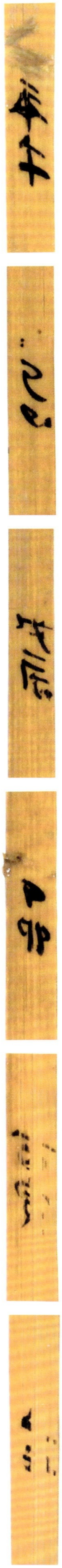

庚午
己巳
戊辰
丁卯
丙寅
乙丑

五五

辛未
庚午
己巳
戊辰
丁卯
丙寅

五六

壬申
辛未
庚午
己巳
戊辰
丁卯

五七

癸酉
壬申
辛未
庚午
己巳
戊辰

五八

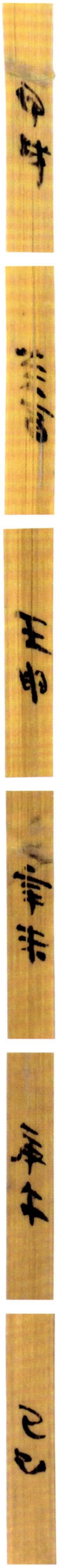

甲戌
癸酉
壬申
辛未
庚午
己巳

五九